高等院校"互联网+"系列教材 土建专业

U0661096

工程项目管理

（第二版）

主　编　张之峰　胡文军
副主编　王培森　王慧敏　孙道建
　　　　杨广晖　隗　娜　户桂灵
参　编　苏　静

南京大学出版社

图书在版编目(CIP)数据

工程项目管理 / 张之峰，胡文军主编. — 2 版. —
南京：南京大学出版社，2020.5(2022.8 重印)
ISBN 978 - 7 - 305 - 22805 - 6

Ⅰ.①工… Ⅱ.①张… ②胡… Ⅲ.①工程项目管理
Ⅳ.①F284

中国版本图书馆 CIP 数据核字(2019)第 287880 号

出版发行　南京大学出版社
社　　址　南京市汉口路 22 号　　　　邮编　210093
出 版 人　金鑫荣

书　　名　**工程项目管理**
主　　编　张之峰　胡文军
责任编辑　朱彦霖　　　　　　　编辑热线 025 - 83597482

照　　排　南京开卷文化传媒有限公司
印　　刷　常州市武进第三印刷有限公司
开　　本　787×1092　1/16　印张 17.25　字数 426 千
版　　次　2022 年 8 月第 2 版第 2 次印刷
ISBN　978 - 7 - 305 - 22805 - 6
定　　价　48.00 元

网　　址：http://www.njupco.com
官方微博：http://weibo.com/njupco
官方微信号：njuyuexue
销售咨询热线：(025)83594756

第二版前言

《工程项目管理》是工程类专业一门专业理论与技能的提升课程,是工程项目管理人员的必修课程。编者在开发教材的过程中,紧密结合高等教育院校专业人才培养方案;参考项目教学模式,突出行动能力导向,注重提高学生素质,体现整体-局部-整体-局部-整体循环提升;注重以提高项目管理理念为目标、以学习项目管理方法技能和培养实践能力为落脚点的理论与实践相结合的教学宗旨。因此,本教材有以下几个突出特点:

(1)按照高等教育院校专业技术人员的培养目标,合理编排理论知识的深度、广度,以实践能力培养和提高学生素质为重点,加强项目意识、理念教育。

(2)教材结合工程项目管理中的岗位设置,按照项目过程编排教学内容,考虑整体与局部的结合,适应多岗位需求,易学易懂。

(3)在教学中,增加必要的训练项目,在实际案例中不断地进行角色扮演,加强岗位能力训练,达到职业能力培养和职业岗位要求“零”距离。

(4)本课程建议使用突出行为能力导向教学法,以学生自主学习为主,有效利用多种教学资源,提高学生分析问题、解决问题能力以及资料参阅能力。

本书既可作为本科院校、高等职业院校教材,也可作为工程类专业继续教育教材,还可作为拓宽视野、增长知识的自学用书。

本书编写单位及编写人员分工如下:

山东职业学院——项目一(张之峰)、项目三(张之峰、王慧敏)、项目七(张之峰、王慧敏)、项目十(张之峰)、项目十二(张之峰、王慧敏);

山东建筑大学——项目二(胡文军)、项目四(王培森)、项目五(王培森、杨广晖)、项目六(王培森、隗娜)、项目八(胡文军)、项目九(胡文军、户桂灵);

山东公路技师学院、西京学院——项目十一(孙道建、苏静)。

由于编者水平有限,书中错漏难免,恳请读者批评指正。在编写的过程中,编者引用了项目管理领域的大量资料,在此,对涉及的作者、编者表达深深的感谢!

编　者

2019 年 11 月

目　录

项目与项目管理

任务一 明确项目含义	任务二 认知项目管理与管理过程	任务三 了解"零缺陷"理论

培养目标

知识目标：
认识项目的几种定义；
掌握项目特点；
能力目标：
能够领悟项目的含义；
能够把握做项目的主旨；
素质目标：
树立项目理念；
具有做项目的态度。

培养目标

知识目标：
熟知项目管理的含义；
掌握项目管理特点；
掌握项目管理过程；
能力目标：
运用项目理念进行项目管理；
能够形成项目管理的思路；
素质目标：
在项目管理过程中思考的是项目，按项目要求进行项目管理活动。

培养目标

知识目标：
了解"零缺陷"理论；
能力目标：
在项目管理中运用"零缺陷"理论进行项目管理；
素质目标：
能够把项目管理理念与"零缺陷"理论作比较，灵活把握项目管理，按项目要求进行项目管理活动。

教学内容

教学内容：
1. 项目定义
2. 项目特点
3. 项目与工作
训练内容：
项目与工作的讨论

教学内容

教学内容：
1. 项目管理定义
2. 项目管理特点
3. 项目管理过程
训练内容：
结合具体项目案例分析项目特点，明确项目管理过程

教学内容

教学内容：
1. "零缺陷"理论
2. "零缺陷"管理原则
3. "零缺陷"管理要求
训练内容：
用"零缺陷"理论指导完成n个项目，体会"零缺陷"理论的意义

◉◉◉▷ 引例

哥伦比亚航天飞机事故

哥伦比亚号航天飞机,1981年4月12日首次发射,是美国第一架正式服役的航天飞机,哥伦比亚号机舱长18米,能装运36吨重的货物,外形像一架大型三角翼飞机,整个组合装置重约2 000吨,在滑行中它还能向两侧方向作2 000公里的机动飞行,以选择合适的着陆场地。2003年2月1日,哥伦比亚号航天飞机在以10 000英里/小时的速度返回地球途中,突然解体了。事故导致7名宇航员都丧生,价值40亿美元的航天飞机彻底损坏,碎片散落在美国德克萨斯州200平方英里的范围内。

美国政府1日宣布成立一个独立调查机构,调查"哥伦比亚"号航天飞机失事事件。美国国家航空与航天局局长肖恩·奥基夫说,美国空军和海军的有关专家将加入美国运输部及其他政府部门官员组成的独立调查机构,联手调查这次航天飞机失事事件。

美国航空航天局(NASA)12月30日公布了400页的《哥伦比亚号机组生存调查报告》,详细介绍了机上7名宇航员在航天飞机高空解体之时试图对其恢复控制等情况,并且逐渐公布了关于哥伦比亚号航天飞机事故的具体分析结果等内容。

哥伦比亚号的失事使得航天飞机为国际空间站运送宇航员和物资这一主要作用也暂时被搁置,太空和军事政策智囊团公司的主任约翰—佩克表示航天飞机本来预计的使命并非仅仅是为国际空间站运送物资,而现在这却成了主要任务,而且用航天飞机给国际空间站运货成本太高,合计下来每磅货物的运输成本高达2万美元。而且,在事故后几个月的调查当中,也花费了上百亿美元的费用。由此看来,哥伦比亚号航天飞机的失事可以说是人类航天史上最为严重的悲剧,同时对于后世的警告意义也非常重大。

◉◉◉▷ 思考

1. 项目的定义?
2. 项目与工作的区别?
3. 项目管理的特点?
4. 项目管理的过程?
5. 什么是"零缺陷"管理?

任务一　明确项目含义

项目管理知识体系包含了许多内容,它是对项目管理专业知识的一个总结,正如哲学、医药和会计等其他专业一样,这一知识体系有赖于那些不同专业实践者对它加以应用和提高。可以说项目管理有一定的基础性,在某种程度上对其他专业或从业者有基础理论指导作用。整个项目管理知识体系不仅包括那些已经被求证过的理论知识和已经被广泛加以应用的传统经验,而且还容纳了新的理论知识以及还没有被充分应用的先进经验。项目管理是目前几乎所有专业都应该掌握和利用的。首先,我们要明确几个基本概念及特点。

从人类开始有组织的活动起,"项目"便应运而生:史前人类的围猎是人类历史上最早的项目;中国的古长城、埃及的金字塔是古代大型、复杂的工程建设项目;美国的"曼哈顿计划""阿波罗登月计划"、中国的原子弹、氢弹"两弹计划"是近代成功的科技、军事项目;中国的三峡工程、英法海底隧道、香港新机场已是现代项目管理的经典案例;我们开发一种软件、设计一堂讲座、举办一场舞会也是项目;甚至,教育孩子、编写书籍、完成试验都是项目,可以说项目无处不在。正如美国项目管理专业资质认证委员会主席 Paul Grace 所讲,"在当今社会中一切都是项目,一切都将成为项目。"

一、项目定义

那么,究竟什么是项目?

针对项目的定义有不同的说法:

一个项目是一组人员和其他资源临时被集合起来去完成一个明确目标,该目标通常具有一个固定的预算和一个固定的时期。

Graham(1985)(引自 Buchanan 和 Boddy)

项目具有开端和结局,是人们在成本、进度和质量等参数范围内为达到预定目标而实施的一种独特事业。

Buchanan 和 Boddy(1992)

一个项目有专门的资源,专一的责任点,资源和可交付物品移动的清楚界限,有限的持续时间,它是一件一次性的工作任务,并具有目标。它是组织工作的一种有用方式。如果没有有意的介入,项目就不会自动产生。

Gray (1994)

美国项目管理协会(Project Management Institute,PMI)在其出版的《项目管理知识体系指南》(Project Management Body of Knowledge,PMBOK)中为项目所做的定义也许是最容易理解的表达。项目是为创造独特的产品、服务或成果而进行的临时性工作。以下活动都可以称为一个项目:

(1) 建造一栋建筑物

(2) 开发一项新产品

(3) 计划举行一项大型活动(如策划组织婚礼、大型国际会议等)

(4) 策划一次自驾游旅游

(5) ERP 的咨询、开发、实施与培训

PMI 认为项目是一种被承办的旨在创造某种独特产品或服务的临时性努力。一般来说,项目具有明确的目标和独特的性质:每一个项目都是唯一的、不可重复的,具有不可确定性、资源成本的约束性等特点。

项目是指一系列独特的、复杂的且相互关联的活动,这些活动有着一个明确的目标或目的,必须在特定的时间、预算、资源限定内,依据规范完成。项目参数包括项目范围、质量、成本、时间、资源。

综上所述,我们可以为项目下这样一个定义:

项目是在一定的时间范围内,一定的条件下,耗费一定的资源以达到特定目标而进行的

一次性任务。

这个定义包含几层含义：

（1）项目是一项有明确目标的任务，这个目标可以是产品、成果或服务。

（2）项目是临时任务，有明确的时间限制，有开始，有结束。这个时间可以很短，几个小时，如做个材料试验。也可以很长，若干年，如三峡工程，总工期 17 年。

（3）可计量的资源耗费。包括人力、物力、财力等。

（4）项目任务的一次性。不可重复，不能试做。

二、项目特点

通过对项目定义的理解和认识，可以归纳出项目作为一类特殊的活动所表现出来的区别于其他活动的属性。

（1）项目有明确的目标（目的）。项目管理的目的是追求一个特定的、可能实现的目标，目标贯穿项目工作的始终，所有的项目工作都围绕这个目标进行，这个目标可以是产品，也可以是服务。

（2）项目都有客户。客户是提供必要的资金、以达成目标的实体，它可能是一个人、一个或多个组织、一个团队或政府。客户不仅包括目标资助人，而且包括其他利害关系方，项目的基本目标可简单地表达为使客户满意。

（3）项目包含一定的不确定性。项目开始时会在一定的假定和预算基础上进行时间、成本、质量的估计，假定和预算存在一定程度的不确定性，带来了项目目标实现的不确定性。另一方面项目不像其他事情可以试做，失败了可以重来，项目后果的不可挽回决定了项目具有较大的不确定性。

（4）项目需要资源。无论是简单还是复杂的项目都需要消耗资源，都要受到人力、物力、财力的限制。

（5）项目的生命期是有限的。项目是一种临时性的任务，它要在有限的期限内完成，当项目的基本目标达到时就意味着项目已经寿终正寝，尽管项目所建成的目标也许刚刚开始发挥作用。

（6）项目要经过一系列相互关联的任务。项目的复杂性是固有的，必须完成多个任务而且这些任务是相互关联的，前期任务未完成之前，后面的任务就无法启动，并且如果这些任务不能协调地进行，就不能实现整个项目的目标。

（7）项目组织具有临时性和开放性。项目往往需要临时组建一个班子去实现，一旦项目完成，班子就会解散。参与项目的组织往往有多个，它们通过合同、协议或其他的社会联系组合在一起，项目组织没有严格的界限。

三、项目与工作（操作）

项目是来源于人类有组织的活动。而人类有组织的活动随着人类的发展逐步分化为两类。一是连续不断、周而复始的活动，人们称之为"工作或操作"（operation），如企业加工零件等日常生产产品的活动；二是临时性、一次性的活动，人们称之为"项目"（projects），如软件开发、图书馆建设工程、城市污水处理等。

我们来看以下几种活动，区分一下哪些是项目，哪些是工作。

（1）加工活塞

（2）教师讲课

（3）开发游戏软件

（4）嫦娥登月

（5）接送孩子

（6）三峡工程

很简单，根据对项目的理解，应该很容易把开发游戏软件、嫦娥登月、三峡工程定位为项目，而加工活塞、接送孩子、教师讲课应该是工作或操作。

但是，以加工活塞为例。加工一个活塞，有时间约束，有开始有结束，耗费一定的资源，需要加工出符合要求的产品，每个活塞的成品即便都是符合要求，也不是复制品，这样又具备了项目的一次性特点。对照项目的定义无一不符合，那就应该把加工活塞看成项目。那么这样就会把工作和项目模糊起来。那究竟工作与项目的区别在哪里呢？其实区别在于看问题的态度。马小良老师讲过："工作一不小心就变成了项目。"反之，项目在你不经意之间也会变成工作。

显然，如果把加工活塞看成工作，那交付的是一个又一个的零件，在数量上增加，劳动与技术上重复，产品的要求符合度是个未知。如果把加工每一个零件都看成项目，既耗费了一定的时间、人力、物力、财力，又只有一次机会，那势必要交付一个满意的产品。通过这个例子不难看出项目与工作的区别。

所以说，"在当今社会中一切都是项目，一切都将成为项目。"

项目对社会、对企业、对个人的意义都是非常重要的，所以项目管理被视为未来二十年的黄金职业也不无道理。

任务二　认知项目管理与管理过程

"项目管理"给人的一个直观概念就是"对项目进行的管理"，这是其最原始的概念。从这个角度讲，项目管理是通过项目各方干系人的合作，把各种资源应用于项目，以实现项目的目标，使项目干系人的需求得到不同程度的满足的一系列活动的总和。随着项目及其管理实践的发展，项目管理的内涵得到了较大的充实和发展，"项目管理"已成为新的管理方式、新的管理学科的代名词，即项目管理是以项目管理活动为研究对象的一门学科，是探求项目活动科学组织管理的理论与方法。前者是一种客观实践活动，后者是前者的理论总结；前者以后者为指导，后者以前者为基础，就其本质而言，两者是统一的。

很多人认为项目管理就是对项目的运作过程进行管理，无非是"拍脑袋"决策的东西，只要项目经理是技术高手，可以帮助项目小组的成员解决所有的技术难题，就能保证项目的顺利实施。但是普遍存在并逐渐被人们认识的"2-8法则"告诉我们，20％项目失败的原因来自技术能力的缺陷，而另外80％来自对项目运作的管理和控制不当。

一、项目管理定义

关于项目管理，同样有很多不同的定义，诸如：

项目是实现创新的事业,那么项目管理可以理解为为了实现创新的管理。

项目管理就是合理地把各种资源应用到项目中去,以实现项目的目标,满足既定的需求。

项目管理是对各种资源的投资活动全过程进行决策、计划、组织、指挥、协调、监督、控制和评价等一系列规律活动的总称。

项目管理就是为了满足甚至超越项目涉及人员对项目的需求和期望而将理论知识、技能、工具和技巧应用到项目的活动中去。

以上观点可以帮助我们从中了解项目管理的实质,并进一步认识项目管理的四个基本目标:

P:Performance 即达到预期的绩效

C:Cost 即在费用成本和预算约束内

T:Time 即必须按时完成

S:Scope 即符合指定的工作范围大小。

而且这里四个变量是相互联系的,比如成本可以表示为绩效、时间和范围的函数。越来越多的组织正在要求项目经理寻求缩短项目完成时间的办法,同时还要控制甚至减少成本,还要保证绩效范围不变。

二、项目管理特点

项目管理与传统的部门管理相比,最大特点是项目管理注重于综合性管理,并且项目管理工作有严格的时间期限。项目管理必须通过不完全确定的过程,在确定的期限内生产出不完全确定的产品,日程安排和进度控制常对项目管理产生很大的压力。具体来讲表现在以下几个方面:

(1)项目管理的对象是项目。项目管理是针对项目的特点而形成的一种管理方式,因而其适用对象是项目,特别是大型的、比较复杂的项目,鉴于项目管理的科学性和高效性,有时人们会将重复性的"作业"中某些过程分离出来,冠以项目的含义,以便于在其中应用项目管理的方法,这也是广义上的项目管理。

(2)项目管理的全过程都贯穿着系统工程的思想。项目管理把项目看成一个完整的系统,依据系统论"整体—分解—综合"的原理,可将系统分解为许多责任单元,由责任者分别按要求完成任务,然后汇总、综合成最终的成果,同时,项目管理把项目看成一个有完整生命周期的过程,强调部分对整体的重要性,促使管理者不要忽视其中的任何阶段,以免造成总体的效果不佳甚至失败,甚至把项目的各阶段看成不同的项目,所谓的子项目。

(3)项目管理的组织具有特殊性。项目管理的一个最为明显的特征就是其组织的特殊性。其特殊性表现在以下几个方面:

① 有了"项目组织"的概念。项目管理的突出特点是以项目本身作为一个组织单元,围绕项目来组织资源。

② 项目管理的组织是临时性的。由于项目是一次性的,而项目的组织是为项目的建设服务的,项目管理有时被描述为对连续性操作进行管理的组织方法。这种方法,更准确地应该被称为由项目实施的管理,这是将连续性操作的许多方面作为项目来对待,以便对其可以采用项目管理的方法。虽然如此,对于一个通过项目实施管理的组织而言,对项目管理的认识显然是非常重要的。项目终结了,其组织的使命也就完成了。

③ 项目管理的组织是弹性的、灵活的。所谓弹性即是可变的,不是凝固不化的,也不是墨守成规的。项目的组织打破了传统的固定建制的组织形式,而是根据项目生命周期各个阶段的具体需要,适时地调整组织的配置、以保障组织高效、经济的运行。

④ 项目管理的组织强调其协调控制职能。项目管理是一个综合管理过程,其组织结构的设计必须充分考虑到组织各部分的协调与控制,以保证项目总体目标的实现。因此,目前项目管理的组织结构多为矩阵结构,而非直线职能结构。

⑤ 项目管理的体制是一种基于团队管理的个人负责制。由于项目系统管理的要求,需要集中权力以控制工作正常进行,因而项目经理是一个关键角色。

⑥ 项目管理的方式是目标管理。项目管理是一种多层次的目标管理方式。由于项目涉及的专业领域十分宽广,而项目管理者谁也无法成为每一个专业领域的专家,对某些专业虽然有所了解但不可能像专门研究者那样深刻。因此现代的项目管理者只能以综合协调者的身份,组织被授权的专家执行项目,确定项目目标以及时间、费用、进度、工艺等限定条件,同时,经常反馈信息、检查督促并在遇到困难需要协调时及时给予各方面的有关的支持,余下的具体工作则由被授权者独立处理。可见,项目管理只要求在约束条件下实现项目目标,而且其实现的方法具有灵活性。

⑦ 项目管理的要点是创造和保持一种使项目顺利进行的环境。有人认为,"管理就是创造和保持一种环境,使置身于其中的人们能在集体中一起工作以完成预定的使命和目标。"这一特点说明了项目管理是一个管理过程,而不是一个技术过程,处理各种冲突和意外事件是项目管理的主要工作。

⑧ 项目管理的方法、工具和手段具有先进性、开放性。项目管理采用科学先进的管理理论和方法,如采用网络图编制项目进度计划;采用目标管理、全面质量管理、价值工程、技术经济等理论和方法控制项目总目标;采用先进高效的管理手段和工具,主要是使用电子计算机进行项目信息处理等等。

三、项目管理过程

项目管理同传统的管理一样,需要计划、组织、评价与控制。完善的管理过程是管理成功的基础。

1. 项目计划

项目计划就是根据项目目标的要求,对项目范围内的各项活动所做出的合理安排。它系统地确定项目的任务、进度和完成任务所需的资源等,使项目在合理的工期内,用尽可能低的成本和以尽可能高的质量完成。

项目的成败首先取决于项目计划工作的质量。任何项目的管理都要从制订项目计划开始,项目计划是确定项目协调、控制方法和程序的基础及依据;是制定和评价各级执行人的责任权利的依据;是项目经理和项目工作人员的工作依据和行动指南;是对项目进行评价和控制的标准。

2. 项目组织

组织有两重含义,一是指组织机构,二是指组织行为(活动)。项目管理的组织,是指为进行项目管理、完成项目计划、实现组织职能而进行的项目组织机构的建立、组织运行与组织调整等组织活动。项目管理的组织职能包括组织设计、组织联系、组织运行、组织行为与组织调整五个方面。项目组织是实现项目计划、完成项目目标的基础条件,组织的好坏对于能否取得项目成功具有直接的影响。

3. 项目评价与控制

项目计划只是根据预测而对未来做出的安排,由于在编制计划时难以预见的问题很多,因此在项目组织实施过程中往往会产生偏差。如何识别偏差、消除偏差或调整计划,保证项目目标的实现,这就是项目管理的评价与控制职能所要解决的。项目评价是项目控制的基础和依据,项目控制则是项目评价的目的和归宿。

任务三　了解"零缺陷"理论

零缺陷管理在管理目标上同项目管理有着许多共同点,很多人把"零缺陷"管理应用到项目管理上来。

"零缺陷"思想是由被誉为"全球质量管理大师""零缺陷之父"和"伟大的管理思想家"的菲利浦·克劳士比(Crosbyism)在 20 世纪 60 年代初提出,并在美国大力推行的。后来,零缺陷的思想传至日本,在日本制造业中得到了全面推广,使日本制造业的产品质量得到迅速提高,并且领先于世界水平,继而进一步扩大到工商业所有领域。

零缺陷管理最早应用于美国马丁马里塔公司(Martin Marietta Materials Inc.)的奥兰多事业部,又称零缺点。1962 年该公司为提高产品的可靠性,解决"确保质量"与"按期交货"的矛盾,首先在制造部门实施零缺点计划,获得了成功。第二年,美国通用电气公司在全公司范围内实施零缺陷计划,并增加了消除错误原因建议这一重要内容,从而使零缺点计划更加完善。1964 年初,美国国防部正式要求军工系统的企业普遍采用零缺点计划,许多民用工业企业也相继实施零缺点计划。1965 年 5 月,日本电气股份公司首先在日本开展了零缺陷管理,称为零缺陷运动。日本一协会还专门向美国派遣了"零缺点计划"考察团,并组织了推进零缺点计划研究会。仅一年多的时间,在日本开展零缺点运动的公司就有 100 多家。

1. 内涵原则

零缺陷管理的基本内涵和基本原则可概括为:"基于宗旨和目标,通过对经营各环节各层面的全过程全方位管理,保证各环节各层面各要素的缺陷趋向于零。"

2. 具体要求

其具体要求是:

(1)所有环节都不得向下道环节传送有缺陷的决策、信息、物资、技术或零部件,企业不得向市场和消费者提供有缺陷的产品与服务;

(2)每个环节每个层面都必须建立管理制度和规范,按规定程序实施管理,责任落实到

位,不允许存在失控的漏洞;

(3)每个环节每个层面都必须有对产品或工作差错的事先防范和事中修正的措施,保证差错不延续并提前消除;

(4)在全部要素管理中以人的管理为中心,完善激励机制与约束机制,充分发挥每个员工的主观能动性,使之不仅是被管理者,而且是管理者,以零缺陷的主体行为保证产品、工作和企业经营的零缺陷;

(5)整个企业管理系统根据市场要求和企业发展变化及时调整。完善、实现动态平衡,保证管理系统对市场和企业发展有最佳的适应性和最优的应变性。

3.管理理念

追求质量已是一种管理的艺术,如果我们能建立正确的观念并且执行有效的质量管理计划,就能预防不良品的产生,使工作发挥高效生产力而且充满乐趣,不会整天为层出不穷的质量问题头痛不已。

要树立零缺点的理念,必须正确理解和把握以下三种理念:

(1)人们难免犯错误的"难免论"。一般认为"人总是要犯错误的",所以对于工作中的缺点和出现不合格品持容忍态度,不少企业还设立事故率、次品率等,纵容人们的这种观念。零缺点管理向这种传统观念发出挑战,它抛弃"难免论",认为人都有一种"求全"的基本欲望,希望不犯错误,把工作搞好。

(2)每一个员工都是主角的观念。在日常的企业管理中,管理者是主角,他们决定着工作标准和内容,员工只能照章办事。零缺点管理要求把每一个员工当作主角,认为只有全体员工都掌握了零缺点的思想,人人想方设法消除工作缺点,才会有真正的零缺点运动,管理者则是帮助并赋予他们正确的工作动机。

(3)强调心理建设的观念。传统的经营管理方法侧重于技术处理,赋予员工以正确的工作方法。零缺点管理则不同,它侧重于心理建设,赋予员工无误地进行工作的动机,认为做工作的人具有复杂心理,如果没有无误地进行工作的愿望,工作方法再好,也是不可能把工作做得完美无缺。

4.管理核心

第一次把正确的事情做正确,包含了三个层次:正确的事、正确地做事和第一次做正确。因此,第一次就把事情做对,三个因素缺一不可。

(1)正确的事:辨认出顾客的真正需求,从而制定出相应的战略部署。

(2)正确地做事:经营一个组织、生产一种产品或服务以及与顾客打交道所必需的全部活动都符合客户和市场的客观要求。

(3)第一次做正确:防止不符合要求的成本的产生,从而降低质量成本,提高效率。

5.实施步骤

把零缺陷管理的哲学观念贯彻到企业中,使每一个员工都能掌握它的实质,树立"不犯错误"的决心,并积极地向上级提出建议,必须有准备、有计划地付诸实施。实施零缺陷管理可采用以下步骤进行:

（1）建立推行零缺陷管理的组织。事情的推行都需要组织的保证，通过建立组织，可以动员和组织全体职工积极地投入零缺点管理，提高他们参与管理的自觉性；也可以对每一个人的合理化建议进行统计分析，不断进行经验的交流等。公司的最高管理者要亲自参加，表明决心，做出表率；要任命相应的领导人，建立相应的制度；要教育和训练员工零缺陷管理。

（2）确定零缺陷管理的目标。确定零缺陷小组或个人在一定时期内所要达到的具体要求，包括确定目标项目、评价标准和目标值。在实施过程中，采用各种形式，将小组完成任务的进展情况及时公布，注意心理影响。

（3）进行绩效评价。小组确定的目标是否达到，要由小组自己评议，为此应明确小组的职责与权限。

（4）建立相应的提案制度。直接工作人员对于不属于自己主观因素造成的错误原因，如设备、工具、图纸等问题，可向组长指出错误的原因，提出建议，也可附上与此有关的改进方案。组长要同提案人一起进行研究和处理。

（5）建立表彰制度。无缺点管理不是斥责错误者，而是表彰无缺点者；不是指出人们有多少缺点，而是告诉人们向无缺点的目标奋进。这就增强了职工消除缺点的信心和责任感。

6. 实施要点

（1）需求明确——它要求完全满足客户的要求，并以此作为工作的出发点和归宿。

（2）预防在先——按客户要求的内容充分做好达到需求的各种准备，积极预防可能发生的问题。

（3）一次做对——实施中要第一次做对，不能把工作过程当试验场或改错场。

（4）准确衡量——任何失误或制造的麻烦都以货币形式衡量其结果，不用抽象的名词含糊不清。

（5）责任到位——把产品质量和服务的"零缺陷"分解成目标，并将责任落实到各个部门各专业组直至各岗位，按计划分步实施。

（6）调整心态——利用各种方式不断地扫除心理障碍，从思想上认识到实现"零缺陷"有利于公司也有利于自己，改变做人做事的不良习气。

（7）完善机制——把实现"零缺陷"的优劣与个人在公司组织中的地位和收入直接挂钩，对出现问题根据权衡进行相应赔偿。

（8）强化训练——通过学习、技能竞赛等强化技能，达到"零缺陷"。

| 项目二 |
建设工程项目管理

任务一
建设工程项目的含义与分类

任务二
建设项目的组成及特点

任务三
熟悉建设工程项目干系人构成及相关项目管理

培养目标

知识目标：
掌握建设项目的基本特征；
明确建设项目分类；
能力目标：
能够领悟建设项目的含义；
根据不同的建设项目探寻不同的项目管理；
素质目标：
具有准确确立目标的能力；
项目管理理念在工程项目中的思索与应用。

培养目标

知识目标：
掌握建设项目组成；
熟知建设项目、单项工程、单位工程、分部分项工程的概念；
理解项目特点；
能力目标：
能够正确鉴别建设项目的各组成部分；
能够准确理解项目特点；
素质目标：
根据建设项目的特点思考项目的内涵，加强项目理念。

培养目标

知识目标：
掌握项目干系人与项目参与人内涵；
掌握项目干系人构成；
熟悉项目参与人的项目管理；
能力目标：
理解项目干系人与项目参与人，明确其构成、责任；
能够以不同参与者身份理解项目管理；
素质目标：
透过项目干系人的构成，明确角色责任，加强自己的责任感。

教学内容

教学内容：
1. 建设项目的基本特征
2. 建设工程项目要求
3. 建设工程项目分类
训练内容：
1. 根据具体建设工程项目分析项目特征
2. 对不同的建设项目进行分类鉴别
3. 讨论不同建设项目的项目管理

教学内容

教学内容：
1. 建设项目组成
2. 建设项目特点
训练内容：
1. 鉴别建设项目组成
2. 根据具体项目分析、讨论建设项目特点

教学内容

教学内容：
1. 建设工程项目干系人
2. 建设工程项目参与人
3. 建设工程项目干系人构成
4. 建设工程项目参与人之项目管理
训练内容：
项目干系人角色体验，明确责任，体会各自项目管理

引例

长江三峡水利枢纽工程

三峡水电站,即长江三峡水利枢纽工程,又称三峡工程。中国湖北省宜昌市境内的长江西陵峡段与下游的葛洲坝水电站构成梯级电站。

三峡水电站是世界上规模最大的水电站,也是中国有史以来建设最大型的工程项目。而由它所引发的移民搬迁、环境等诸多问题,使它从开始筹建的那一刻起,便始终与巨大的争议相伴。三峡水电站的功能有十多种,航运、发电、种植等等。三峡水电站1992年获得中国全国人民代表大会批准建设,1994年正式动工兴建,2003年六月一日下午开始蓄水发电,于2009年全部完工。

机组设备主要由德国伏伊特(VOITH)公司、美国通用电气(GE)公司、德国西门子(SIEMENS)公司组成的VGS联营体和法国阿尔斯通(ALSTOM)公司、瑞士ABB公司组成的ALSTOM联营体提供。它们在签订供货协议时,都已承诺将相关技术无偿转让给中国国内的电机制造企业。三峡水电站的输变电系统由中国国家电网公司负责建设和管理,预计共安装15回500千伏高压输电线路连接至各区域电网。

三峡水电站大坝高程185米,蓄水高程175米,水库长2335米,静态投资1352.66亿元人民币,安装32台单机容量为70万千瓦的水电机组。三峡电站最后一台水电机组,2012年7月4日投产,这意味着,装机容量达到2240万千瓦的三峡水电站,2012年7月4日已成为全世界最大的水力发电站和清洁能源生产基地。2018年12月21日8时25分21秒,三峡工程在充分发挥防洪、航运、水资源利用等巨大综合效益前提下,三峡电站累计生产1000亿千瓦时绿色电能。

思考

1. 建设工程项目根据建设性质分为哪几种?
2. 项目干系人一般由谁构成?
3. 如何进行项目干系人的管理?
4. 项目管理中顾主的管理责任是什么?

任务一　建设工程项目的含义与分类

一、建设工程项目

建设工程项目(construction project)是为完成依法立项的新建、改建、扩建的各类工程(土木工程、建筑工程及安装工程等)而进行的有起止日期的达到规定要求的一组相互关联的受控活动组成的特定过程,包括策划、勘察、设计、采购、施工、试运行、竣工验收和移交等。

1. 建设项目的基本特征

（1）在一个总体设计或初步设计范围内，由一个或若干个互相有内在联系的单项工程组成，建设中实行统一核算、统一管理。

（2）在一定的约束条件下，以形成固定资产为特定目标。约束条件有时间约束即有建设工期目标，资源约束即有投资总量目标，质量约束即一个建设项目都有预期的生产能力（如公路的通行能力）、技术水平（如使用功能的强度、平整度、抗滑能力等）或使用效益目标。

（3）需要遵循必要的建设程序和特定的建设过程。即一个建设项目从提出建设的设想、建议、方案选择、评估、决策、勘察、设计、施工一直到竣工、投入使用，均有一个有序的全过程。

（4）按照特定的任务，具有一次性特点的组织形式。其表现是投资的一次性投入，建设地点的一次性固定，设计单一，施工单一。

（5）具有投资限额标准。即只有达到一定限额投资的才作为建设项目，不满限额标准的称为零星固定资产购置。

2. 建设工程项目应满足的要求

（1）技术上满足一个总体设计或初步设计；

（2）构成上由一个或几个相互关联的单项工程组成；

（3）每一个单项工程可由一个或几个单位工程组成；

（4）在建设过程中：在经济上实行统一核算，行政上实行统一管理。

二、建设工程项目分类

建设工程项目的划分方式有多种。

1. 根据建设性质分类

分为新建、扩建、改建、迁建、恢复项目。

（1）新建项目。是指根据国民经济和社会发展的近远期规划，按照规定的程序立项，从无到有、"平地起家"的建设项目。现有企、事业和行政单位一般不应有新建项目。有的单位如果原有基础薄弱需要再兴建的项目，其新增加的固定资产价值超过原有全部固定资产价值（原值）3 倍以上时，才可算新建项目。

（2）扩建项目。是指现有企业、事业单位在原有场地内或其他地点，为扩大产品的生产能力或增加经济效益而增建的生产车间、独立的生产线或分厂的项目；是事业和行政单位在原有业务系统的基础上扩充规模而进行的新增固定资产投资项目。

（3）改建项目。是指原有企业为了提高生产效率，改进产品质量或改进产品方向，对原有固定资产进行技术改造的项目；有的企业为了平衡原有的生产能力而增建的一些附属车间，或非生产性固定资产也属于改建性质。

（4）迁建项目。是指原有企业、事业单位，根据自身生产经营和事业发展的要求，按照国家调整生产力布局的经济发展战略的需要或出于环境保护等其他特殊要求，搬迁到异地而建设的项目。

（5）恢复项目。是指原有企业、事业和行政单位，因在自然灾害或战争中使原有固定资产遭受全部或部分报废，需要进行投资重建来恢复生产能力和业务工作条件、生活福利设施等的建设项目。这类项目，不论是按原有规模恢复建设，还是在恢复过程中同时进行扩建，都属于恢复项目。但对尚未建成投产或交付使用的项目，受到破坏后，若仍按原设计重建的，原建设性质不变；如果按新设计重建，则根据新设计内容来确定其性质。

基本建设项目按其性质分为上述五类，一个基本建设项目只能有一种性质，在项目按总体设计全部建成以前，其建设性质是始终不变的。更新改造项目包括挖潜工程、节能工程、安全工程、环境保护工程等。

2. 根据建设规模分类

为适应对工程建设项目分级管理的需要，国家规定基本建设项目分为大型、中型、小型三类；更新改造项目分为限额以上和限额以下两类。不同等级标准的工程建设项目国家规定的审批机关和报建程序也不尽相同。

划分项目等级的原则：

（1）按批准的可行性研究报告（初步设计）所确定的总设计能力或投资总额的大小，依据国家颁布的《基本建设项目大中小型划分标准》进行分类。

（2）凡生产单一产品的项目，一般按产品的设计生产能力划分；生产多种产品的项目，一般按其主要产品的设计生产能力划分；产品分类较多，不易分清主次、难以按产品的设计能力划分时，可按投资总额划分。

（3）对国民经济和社会发展具有特殊意义的某些项目，虽然设计能力或全部投资不符合大、中型项目标准，经国家批准已列入大、中型计划或国家重点建设工程的项目，也按大、中型项目管理。

（4）更新改造项目一般只按投资额分为限额以上和限额以下项目，不再按生产能力或其他标准划分。

（5）基本建设项目的大、中、小型和更新改造项目限额的具体划分标准，根据各个时期经济发展和实际工作中的需要而有所变化。现行国家的有关规定：

① 按投资额划分的基本建设项目，属于生产性建设项目中的能源、交通、原材料部门的工程项目，投资额达到 5 000 万元以上为大中型项目；其他部门和非工业建设项目，投资额达到 3 000 万元以上为大中型建设项目；

② 按生产能力或使用效益划分的建设项目，以国家对各行各业的具体规定作为标准；

③ 更新改造项目只按投资额标准划分，能源、交通、原材料部门投资额达到 5 000 万元及其以上的工程项目和其他部门投资额达到 3 000 万元及其以上的项目为限额以上项目，否则为限额以下项目。

3. 根据投资作用分类

分为生产性建设项目和非生产性建设项目。

（1）生产性建设项目。是指直接用于物质资料生产或直接为物质资料生产服务的工程建设项目。

主要包括：

① 工业建设。包括工业、国防和能源建设；

② 农业建设。包括农、林、牧、渔、水利建设；

③ 基础设施建设。包括交通、邮电、通信建设、地质勘查、勘探建设；

④ 商业建设。包括商业、饮食、仓储、综合技术服务事业的建设。

（2）非生产性建设项目。是指用于满足人民物质和文化、福利需要的建设和非物质资料生产部门的建设。

主要包括：

① 办公用房。国家各级党政机关、社会团体、企业管理机关的办公用房；

② 居住建筑。住宅、公寓、别墅等；

③ 公共建筑。科学、教育、文化艺术、广播电视、卫生、博览、体育、社会福利事业、公共事业、咨询服务、宗教、金融、保险等建设；

④ 其他建设。不属于上述各类的其他非生产性建设。

4.根据投资效益分类

分为竞争性项目、基础性项目和公益性项目。

（1）竞争性项目。主要是指投资效益比较高、竞争性比较强的一般性建设项目。这类建设项目应以企业作为基本投资主体，由企业自主决策、自担投资风险。

（2）基础性项目。主要是指具有自然垄断性、建设周期长、投资额大而收益低的基础设施和需要政府重点扶持的一部分基础工业项目，以及直接增强国力的符合经济规模的支柱产业项目。对于这类项目，主要应由政府集中必要的财力、物力，通过经济实体进行投资。同时，还应广泛吸收地方、企业参与投资，有时还可吸收外商直接投资。

（3）公益性项目。主要包括科技、文教、卫生、体育和环保等设施，公、检、法等政权机关以及政府机关、社会团体办公设施、国防建设等。公益性项目的投资主要由政府用财政资金安排。

5.根据投资来源分类

分为政府投资项目和非政府投资项目。

任务二　建设项目的组成及特点

一、建设项目组成

以一般的建筑工程项目为例，在项目组成上来看一般包括建设项目、单项工程、分部工程、分项工程等。

（1）建设项目

建设项目是指一个建设单位在一个或几个建设区域内，根据上级下达的计划任务书和批准的总体设计和总概算书，经济上实行独立核算，行政上具有独立的组织形式，严格按基建程序实施的基本建设工程。工业建设中的一座工厂、一个矿山，民用建设中的一个居民区、一幢住宅、一所学校等均为一个建设工程项目。

（2）单项工程

单项工程是建设项目的组成部分，是指具有独立的设计文件，竣工后能独立发挥生产能力或使用效益的工程。如工厂中的生产车间、办公楼、住宅，学校中的教学楼、食堂、宿舍等。

（3）单位工程

单位工程是单项工程的组成部分，是指具有独立的设计文件，并且可以单独作为一个施工对象组织施工的工程，但竣工后不能独立发挥生产能力或使用效益。如一栋教学楼可以分为以下几个单位工程：建筑与装饰工程、给排水工程、采暖工程、电气照明工程和通风空调工程等。单项工程与单位工程，两者的主要区别是看它竣工后能否独立地发挥生产能力或产生生产效益。

（4）分部工程

分部工程是单位工程的组成部分，是指在单位工程中，按工程结构、所用工种、材料和施工方法的不同而划分的若干部分，其中的每一部分都称为分部工程。如一般房建的土建工程项目中包括：土石方工程、桩基工程、砌筑工程、混凝土及钢筋混凝土工程等分部工程。

（5）分项工程

分项工程是分部工程的组成部分，是指在分部工程中，按不同的施工方法、不同的材料、不同的规格再分解而成的若干分项工程。如土石方工程可以划分为：基槽挖土、混凝土垫层、砌筑基础、回填土等。

二、建设项目特点

（1）具有明确的建设目标

每个项目都具有确定的目标，包括成果性目标和约束性目标。成果性目标是指对项目的功能性要求，也是项目的最终目标；约束性目标是指对项目的约束和限制，如时间、质量、投资等量化的条件。

（2）具有特定的对象

任何项目都具有具体的对象，它决定了项目的最基本特性，是项目分类的依据。

（3）一次性

项目都是具有特定目标的一次性任务，有明确的起点和终点，任务完成即结束，所有项目没有重复。

（4）生命周期性

项目的一次性决定了项目具有明确的起止点，即任何项目都具有诞生、发展和结束的时间，也就是项目的生命周期。

（5）有特殊的组织和法律条件

项目的参与单位之间主要以合同作为纽带相互联系，并以合同作为分配工作、划分权力和责任关系的依据。项目参与方之间在此建设过程中的协调主要通过合同、法律和规范实现。

（6）涉及面广

一个建设项目涉及建设规划、计划、土地管理、银行、税务、法律、设计、施工、材料供应、设备、交通、城管等诸多部门，因而项目组织者需要做大量的协调工作。

（7）作用和影响具有长期性

每个建设项目的建设周期、运行周期、投资回收周期都很长，因此其影响面大、作用时间长。

（8）环境因素制约多

每个建设项目都受建设地点的气候条件、水文地质、地形地貌等自然环境因素的制约，当然，也会受到当时当地的社会、经济、政治、文化、风俗等环境的影响。

任务三　熟悉建设工程项目干系人构成及相关项目管理

一、建设工程项目干系人（stakeholders）

项目当事人（parties）是指项目的各参与方。简单项目的当事人也简单，如假日旅行只有自己参与，生日家宴只有主人和客人两方参与。大型复杂的项目往往有多方面的人参与，例如业主、投资方、贷款方、承包人、供货商、建筑设计师、监理工程师、咨询顾问等。他们一般是通过合同和协议联系在一起，共同参与项目。所以项目当事人往往就是相应的合同当事人。

项目干系人（stakeholders）比项目当事人的内涵要宽泛得多，包括项目当事人和其利益受该项目影响（受益或受损）的个人和组织，也可以把他们称作项目的利害关系者。除了上述的项目当事人外，项目干系人还可能包括政府的有关部门、社区公众、项目用户、新闻媒体、市场中潜在的竞争对手和合作伙伴等，甚至项目班子成员的家属也应视为项目干系人。可以说大至国际范围，小至项目所在的第三个人，都有可能成为项目干系人。如图 2-1 所示。

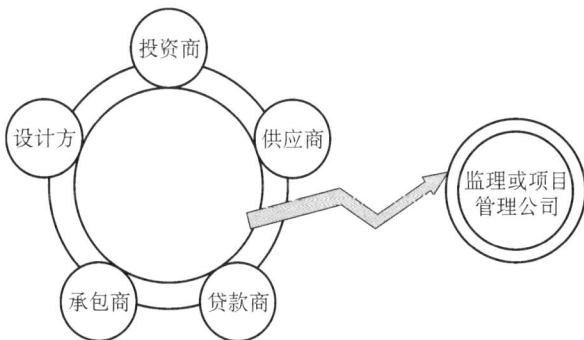

图 2-1　项目参与人

项目干系人既可能是项目的受益者，也可能是项目的风险承担者，甚至有可能是项目的受害者。项目干系人的要求包含明确的和隐含的，也可以分为必需的（NEED）、想要的（WANT）、期望的（WISH）等不同层次。不同的项目干系人对项目有不同的期望和需求，他们关注的目标和重点常常相去甚远。例如，业主也许十分在意时间进度，设计师往往更注重技术,政府部门可能关心税收,附近社区的公众则希望尽量减少不利的环境影响等。

比如某开发小区项目,政府部门可以提供税收政策,简化办事程序,提高办事效率,建设惠及民生的形象工程;开发商要做好调研,快速投资,加快工期,实现投资收益;施工方使工程项目符合标准的同时尽量降低成本,实现利益最大化;监理方则要按规范办事,毕竟职责所在;附近的好事者也可能到项目上起点事端,利益到门前了,咱也要分一杯羹。只要项目已有苗头,各种潜在的干系人都有可能浮出水面,带着各自的目的影响着项目。显然,不同项目干系人的目的与期望是不一致的,甚至是矛盾的,要想对项目干系人的愿望进行平衡可能是相当困难的事情。

如果对项目所有干系人没有进行足够的沟通和影响,使其尽可能地参与项目,则可能因为项目开始时项目范围和一些具体要求不够完整清晰,也可能因为某个项目干系人后期因为认识的变化而提出新的要求,造成工期的延长,成本的增加,甚至项目的完全失败。因此从项目的启动开始,项目经理及其项目成员就要分清项目干系人包含哪些人和组织,他们各自的需求和期望是什么? 通过沟通协调对他们的需求和期望进行管理并施加影响,调动其积极因素,化解其消极影响,驱动他们对项目的支持,减小他们对项目的阻力,以确保项目获得成功。所以说,项目干系人的分析与认知关系项目的成败。

1. 项目干系人构成

(1) 项目的发起人

项目发起人是项目的执行组织内部或外部的个人机体,也可以称为项目投资者。他们以现金或实物为项目提供资金、资源,是对项目的获利负有责任的人。项目发起人有时指首先实际命令执行项目的人,他可能是客户,但在许多情况下是第三方。一般来说,项目发起人负责保证项目得到合适的预算款项,其计划可以接受以及项目组织具有达到要求的结果所需要的资源。发起人这个角色担负着相当大的责任,必须向所有关心项目成功与否的人证明项目的优势。他非常重视项目的成功,因为投资者的目的就是获取收益,不论是经济上的,还是环境、社会或者声誉方面的。

(2) 项目管理团队

这个团队由高级管理人员组成,往往包含项目发起人。团队成员定期会面,对现行项目的状况进行审查。他们选择并提议新的项目,解决主要的问题,并决定组织中哪些项目行动应优先安排。该团队对于跨越职务界限的项目非常重要,可保证大家协调努力,做出决策,并有效地加以实施。项目管理团队是项目有效实施的前提。

(3) 项目执行负责人

项目责任人习惯上被称为项目经理(Project Manager)。建设工程项目经理指受企业法人代表人委托对工程项目施工过程全面负责的项目管理者,是企业法定在工程项目上的代表人。项目经理是对保证按时、按照预算、按照工作范围以及按所要求的性能水平完成项目全面负责的人,他从项目开始到结束都要管理日常的项目实施工作。项目经理必须要有一系列的技能包括提出敏锐问题的能力,察觉未声明的假设以及解决人与人之间冲突的能力,同时还需要更多的系统化的管理技能。

项目经理的主要职责是识别直接影响成功概率的风险,这种风险应该在项目的整个生命周期中进行正式或非正式的测量(measured)。风险主要从不确定中产生,成功的项目经理把关注风险作为主要关心的事。所有影响项目的问题总是以这种方式或那种方式从风险上产生。一个好的项目经理可以显著地减少风险,通常通过坚持开放的沟通政策,以保证每一个重要的参与者都有机会表达自己的意见和关心的事。但在很多情况下,项目经理的职权很弱,不能完全控制这些过程。

（4）项目执行团队

项目执行团队成员负责按时完成所有计划的工作。任何一位执行团队成员,当被项目经理委任子项目小组的领导人时,也必须负责一项子工作。执行团队成员有两种:一种是核心团队成员,一般是以全职身份投入大部分精力,在项目实施全过程中始终是项目执行团队人员;另一种是临时团队成员,他们在需要他的技能与知识时才为项目执行团队所用,通常在核心小组的严密指导下工作。需要强调的是,每个团队成员必须清楚应该向谁汇报工作。

（5）顾主

顾主是项目交付成果的使用者或被服务者,习惯上也可称为客户或经营者。项目中总是要面对多方面的客户,有直接的客户和间接的客户,有内部客户和外部客户,每种客户均有不同的利益。为了定义客户需求,项目完成人必须准确理解客户的业务,区分不同客户的需求,并在不同需求之间求得平衡与折中,这是一项艰难的工作,但必须做好,因为实际上,项目的成功和失败就是用是否满足客户需求来定义的。项目经理有责任把自己与客户的关系转变成为一种契约的形式,这将明确双方各自应履行的任务和职责。通常,这不是一个由各方签署的正式的契约,而是一种态度。

（6）其他与项目有利益关系的组织或个人

一些关键的利益共享者,比如设计方、监理方、供应商、第三人等等,可能会对项目施加非常大的影响。项目或项目中的某些活动影响到这些人的利益时,他们会采取积极、中立或消极的态度来对待项目。项目管理者应列出在项目实施中对项目的目标、工作内容或进展有影响的、除了项目团队成员之外的所有人,分析和了解他们的立场,并对他们加以管理。

2. 对项目干系人的管理

对项目干系人的管理,首先需要收集项目利益共享者的信息,分清他们与项目的关系,确认哪些是对项目至关重要的关键利益共享者、哪些是提供资源或解决争议的决策者、哪些是直接影响项目或受项目直接影响的直接影响者、哪些是间接影响者、哪些是观察者,理解他们的需要,才能有针对性的实施管理。

收集每位利益共享者的信息是不现实的,但对项目决策者和有直接影响的关键利益共享者,是必须给予特别关注的。项目经理和项目成员可初步确定项目重要干系人并设身处地地思考他们的兴趣、了解他们对项目的影响力、组织权及可为项目提供的经验、知识和特殊的技能,他们因项目可能的收益、损失、妨碍、影响以及任何你可以想到的与项目有关的其他问题。

运用所得到的信息加以适度证实,确认最重要的利益共享者并与他们建立联系,持续在项目的过程中定期或不定期地告知利益共享者感兴趣的项目信息,向他们解释参与的重要性,以调动他们参与项目的积极性,把消极和中立的利益共享者转变为积极、热心的利益共享者,从而帮助项目的实施。

客户和项目发起人是两个最重要的利益共享者,因此必须与他们建立良好的工作关系。

一位能发挥作用的发起人可以通过下列行为为项目提供重大帮助：

(1) 对需要高层管理者决策的问题做出迅速反应；

(2) 保持组织中某项自己商定的优先权；

(3) 保持项目的方向，以避免项目范围蔓延；

(4) 保证项目在实施过程中始终集中考虑组织的战略需求；

(5) 与客户建立协作关系；

(6) 使同行按时为项目提供该组织的资源和服务。

许多项目陷入困境都是因为项目发起人没有履行自己的职责，建立与发起人的紧密协作就是使其履行以上职责最基本的方法。

另外，实现客户的期望，让客户满意是项目的工作目标。但客户的满意有一部分是建立在对项目小组工作的了解之上的。并且也只有充分了解客户的需求才能开发出令客户满意的项目。这些只有通过双方良好的沟通与协作才能达到。

总之，识别、理解和管理与所有项目干系人的关系，也是项目管理的一项重要工作。

二、建设工程不同的参与人的项目管理

在项目中不同的参与人扮演不同的角色，从不同的角度对项目进行管理。建设工程项目管理就是不同参与人的项目管理。一般建设工程项目主要有几方面的项目当事人，即投资者、顾主（或称经营者、客户）、设计者和实施者。他们除了遵守项目管理的一般原则外，其管理的具体职责、重点，采用的管理技术甚至各自需要管理的项目生命期的内容都会有区别。

1. 投资者的项目管理

项目投资者通过直接投资、发放贷款、认购股票等各种方式向项目经营者提供项目资金支持，他们自然要关心项目能否成功，能否盈利或能否回收本息。因此，他们必须对项目进行适当的管理。尽管他们的主要责任在投资决策，其管理的重点在项目启动阶段，采用的主要手段是项目评估，但是投资者要真正取得期望的投资收益仍需要对项目的整个生命期进行全程的监控和管理。

世界银行对贷款项目的管理是一个典型的例子，它把每一笔贷款作为一个项目来管理，把项目生命期分为项目选定、项目准备、项目评估、项目谈判（包括贷款协议的签订）、项目实施（主要是监督和控制贷款的使用）和项目后评价六个阶段。

项目的投资者可以是政府、组织、个人、银行财团或众多的股东（组成股东和董事会），不论是哪一类投资者都不应放弃或疏于对他们所投资的项目进行管理。

2. 顾主的项目管理

除了自己投资、自己开发、自己经营的项目之外，多数情况下顾主是指项目最终成果的接收者和经营者，如果它也参与投资的话，将与其他投资者共同拥有项目的最终成果，并从中获取利益和承担风险。顾主是项目的最大关心者，有时还要对投资者负责，可以说顾主对项目负有最大的责任。

顾主的管理责任有：

进行项目可行性研究，或审查受委托的咨询公司提交的可行性研究报告，以确立项目。

筹集项目资金,包括自有资金和借贷资金,满足投资方的各种要求,以落实资金来源。组织项目规划和实施,在多数情况下要采购外部资源,进行合同管理。此时顾主通过他的项目班子主要承担协调、监督和控制的职责,包括进度控制、成本控制和质量控制等。接受和配合投资方对项目规划和实施阶段的监控,进行项目的验收、接收和其他收尾工作,并将项目最终成果投入运行和经营,与项目的各干系人进行沟通和协调。在必要时,顾主也可以聘请外部的管理公司作为他的代理人对项目进行管理。

3. 设计者的项目管理

项目成果的设计可以由顾主组织内部的成员来做,也可以利用外部资源。无论哪种情况,设计者都要接受并配合顾主对项目的管理,同时还要对设计任务本身进行管理。

由于项目成果设计往往比项目中的其他工作带有更多的创新成分和不确定性,因此在管理方法和技术上也有其不可忽视的特点。

项目成果在设计出来之前,并不确切知道其设计成果会是什么样子。因此,顾主的需求和设计任务的目标都不容易表述得十分具体,特别是对设计品质要求的规定往往有相当程度灵活的余地。设计任务的工作量、完成所需的时间和费用难以准确估计。设计工作往往是一种反复比较、反复修改、不断优化的过程。

设计工作是一种创造性劳动,在对人力资源的管理中应更加重视设计人员的自我实现和自我成就。对设计成果的评价难以有统一的尺度,往往采用专家打分的方法。

4. 实施者的项目管理

项目实施必须满足顾主要求达到的项目目标。经过项目的规划和设计,这些目标通常变得更加具体和明确。

项目实施者对项目的管理职责主要是根据项目目标对实施过程的进度、成本和质量进行全面的计划与控制,以及其他相应的管理工作。项目实施者可以是顾主组织内部的,也可以是外部的。无论哪种情况,实施者都要接受顾主的监督和管理,与顾主保持紧密的沟通和配合。如果实施者在顾主组织外部,为取得项目实施任务,他还要参与顾主的采购过程(如投标、谈判等)。

项目完成后,实施者要接受顾主的验收,做好项目的收尾和移交。有的时候,项目的实施者同时又是项目的设计者,接受顾主的全面委托,采取不同的项目管理方式。

当然,一个复杂的项目还会有很多其他的参与人,从项目的角度可以说都在进行着相应的项目管理。但是我们要明白,在这众多的项目管理中,顾主(或称经营者、客户)的项目管理才是整个建设项目的管理核心,尽管其他参与人在项目管理中都有自己的目的或目标,但是,顾主的项目管理目标是项目的最终目标。所以说,建设项目管理实质上是顾主的项目管理。

｜项目三｜
项目采购与合同管理

任务一 熟悉项目采购	任务二 项目招标采购制度与项目采购	任务三 项目招标采购管理要点	任务四 正确理解合同相关内容与有效合同管理

培养目标	培养目标	培养目标	培养目标
知识目标： 掌握项目采购主要过程和基本原则； 了解项目采购方式； **能力目标：** 能够了解项目采购，参与项目采购； **素质目标：** 加强对项目采购的认识； 在项目采购中胜任角色。	**知识目标：** 掌握招标采购制度； 熟知项目招标采购过程； 了解工程项目、货物和咨询服务招标的异同； **能力目标：** 熟知招投标程序； 能够按照法律规定进行项目招投标； **素质目标：** 具有明确的招投标思路； 具有强烈的法律意识。	**知识目标：** 掌握影响招标采购项目管理的主要因素； 熟悉招标采购特点和采购管理任务； 掌握项目采购招标管理控制过程； **能力目标：** 能够掌握项目招标采购管理要点； 能够进行必要的项目招标采购控制； **素质目标：** 达到项目采购招标人员的基本要求； 培养项目全盘掌握的能力。	**知识目标：** 掌握合同法基本要求； 掌握合同管理过程和管理方法； **能力目标：** 熟知合同内涵； 能够处理合同管理常见问题； **素质目标：** 具有合同法律意识，有效规避合同风险。

教学内容	教学内容	教学内容	教学内容
教学内容： 1.项目采购主要过程 2.项目采购基本原则 3.项目采购方式 **训练内容：** 分组进行不同项目采购，分析项目采购共性	**教学内容：** 1.招标采购制度 2.工程项目招标采购 3.货物招标采购 4.咨询服务招标采购 **训练内容：** 模拟招投标，分析招投标要点	**教学内容：** 1.影响招标采购项目管理的主要因素 2.招标采购项目的特点 3.采购管理任务 4.项目采购招标管理控制过程 5.拟订合同条款的注意事项 **训练内容：** 项目招标采购案例纠错，加强招标采购管理	**教学内容：** 1.合同概述 2.项目合同管理过程 3.合同管理方法 4.合同管理常见问题及处理方法 **训练内容：** 阅读具体工程承包合同，进行分组答辩

▶ 引例

因某市风景管理处停车场建设工程项目预算在政府采购集中采购目录 50 万元限额标准以下,该风景处委托该市政府采购代理机构组织了一次竞争性谈判,参加谈判的三家施工单位第一轮报价分别为 39.73 万元、37.93 万元、39.83 万元。经过三轮谈判,三家最终报价分别为 39.73 万元、36.80 万元、39.83 万元。因参与谈判的施工企业串通合谋,且最终报价均超过了采购项目的资金预算,谈判小组当场宣布该项目竞争性谈判失败。

▶ 思考

1. 什么是项目采购?
2. 项目采购管理的主要包括哪些环节?
3. 采购的基本原则是什么?
4. 目前项目采购的主要方式是什么?有什么优点?
5. 工程项目招标采购过程?
6. 工程项目招标采购决标阶段的主要内容有哪些?
7. 什么是履约保证金?
8. 采购管理与项目管理的关系?
9. 如何进行项目采购招标管理过程控制?
10. 什么是合同?合同的要素是什么?
11. 合同的终止的原因?
12. 合同管理的常见问题?

项目采购管理(Project Procurement Management)是项目管理的重要组成部分,有效的项目采购管理是保证项目成功实施的关键环节。如果项目采购不当或管理不善,所采购的产品达不到项目要求,不仅会影响项目的顺利实施,还会降低项目的预期效益,甚至导致整个项目的失败。健全的项目采购管理工作可以降低项目成本、避免合同纠纷、保证按期交付并防止贪污浪费。

项目采购管理几乎贯穿整个项目生命周期,项目采购管理模式直接影响项目管理的模式和项目合同类型,对项目整体管理起着举足轻重的作用。20 世纪 80 年代以来,技术的进步大大提高了生产率,而经济全球化则为利用外部资源提供了便利。利用外部资源可以取得他人的技术,减少资金的投入,克服进入他国市场的障碍,利用他人的地理优势,降低投资风险,利用他人满足客户的急迫要求,保证稳定的原料来源,提高项目成果交付能力等,这都要求项目管理者必须重视采购与合同管理,并在项目管理中提高和加强项目采购和合同管理能力。

任务一　熟悉项目采购一般常识

项目采购管理在项目管理这门新兴学科中被赋予了全新的概念。采购指从项目管理或执行系统外部获得项目所需土建工程、货物和咨询服务(以下统称产品)的完整的采办过程。

PMBOK 将项目采购管理定义为:"为达到项目范围要求而从执行组织外部获取货物或服务所需的过程。"

世界银行(The World Bank)将项目采购分为工程采购(Procurement Of Works)、货物采购(Procurement Of Goods)和咨询服务采购(Procurement Of Consulting Services)。

● 工程采购

工程项目采购即土建工程采购,它属于有形采购,是指通过招标或其他商定的方式选择合格的工程承包单位,承担项目工程施工任务。如修建高速公路、大型水电站的土建工程,市政园林工程等,并包括与之相关的服务(如人员培训、维修等)。

● 货物采购

货物采购属于有形采购,是指购买项目建设所需的投入物(如机械、设备、原材料等)及与之相关的服务(如运输、保险、安装、培训、维修等)。

● 咨询服务采购

咨询服务采购不同于一般的货物采购或工程采购,它属于无形采购,主要指聘请咨询公司或咨询专家提供项目投资前期准备工作的咨询服务(如项目的可行性研究)、工程设计和招标代理等阶段性任务,项目管理或施工监理等执行性服务,技术援助和培训服务等。

一、采购主要过程

各种类型的项目采购,如工程采购、货物采购、咨询服务采购或 IT 项目采购都有其共性。

在美国项目管理协会 PMI 的项目管理知识体系 PMBOK2004 版中,项目采购管理的主要过程包括:

(1) 采购规划——确定采购何物及何时如何采购;

(2) 发包规划——记录产品、服务或成果要求,并确定潜在供方;

(3) 询价——根据情况获取信息、报价、投标书、报盘或建议书;

(4) 供方选择——评定报价,选择潜在的供方,并与供方洽谈书面合同;

(5) 合同管理——管理合同以及买卖双方之间的关系,审查并记录供方当前的绩效或截止到目前的绩效,管理与合同相关的变更,以确定所需要的纠正措施,并在适当时管理与项目外部买方的合同关系;

(6) 合同收尾——完成并结算合同,包括解决任何未解决的问题,并就与项目或项目阶段相关的每项合同进行收尾工作。

上述过程不仅彼此交互作用,而且还与其他知识领域的过程交互。根据项目需要,每个过程可能涉及一人或多人或集体所付出的努力。每个过程在每个项目中至少出现一次。

根据上述知识体系,结合我国的项目管理实践,我们认为项目采购管理一般性的主要过程应包括以下内容:

1. 采购计划

采购计划是指项目中整个采购工作的总体安排。采购计划包括项目或分项采购任务的采购方式、时间安排、相互衔接以及组织管理协调安排等内容。

采购计划的编制依据包括范围说明书、产品说明书、市场状况、约束条件、其他计划。在采购计划的编制中,凡是可获得的其他计划都应该作为编制基础而给予充分考虑,通常必须考虑的其他计划有工作分解结构、初步成本和进度计划估算、质量管理计划、风险控制计划等。

采购计划编制的结果有:

(1) 采购管理计划。采购管理计划应说明如何管理从询价计划到合同收尾的整个采购过程。根据项目需要,采购计划可以是正式的或非正式的、非常详细的或概括的。它是总体项目计划的分项。

(2) 工作说明书。工作说明书应该根据采购项目的性质、买方的需求及采购合同的形式足够详细地说明采购项目,以方便预期的卖方确定其是否具备提供该项目拟购产品的能力。工作说明书应尽可能地明确、完善和简练,它应包括对所附属服务的说明书,如所购产品对项目结束后的运作支持。在一些应用领域,对工作说明书有具体的内容、格式要求。

2. 询价计划

询价计划编制包括建立支持询价工作所需的文档和形成采购评价标准的整个过程。

询价计划编制的依据包括采购管理计划、工作说明书、其他计划编制的结果。其他计划应该作为采购计划编制的一个环节而再次被审查,需要特别注意的是询价计划的编制应该与项目进度计划保持高度一致,这是项目实现进度、成本控制的基本保障。

询价计划编制的结果有:

(1) 采购文档。采购文档用于向可能的供方索要建议书。根据项目采购主要考虑的评价指标情况,采购文档会有不同的名称,如采购主要考虑价格因素时,采购文档被称为"投标"或"报价";当采购主要考虑非价格因素如技术、技能或方法时,采购文档通常采用"建议书"这一术语;此外采购文档常用的名称包括投标邀请、邀请提交建议书、邀请报价、谈判邀请和承包商初步答复等。有时采购文档这些术语会相互交换使用,应注意不要对使用某一术语可能带来的暗示意义作无保证的推测。

采购文档应以方便潜在供方做出准备、全面的答复为目的进行构架设计。它们通常包括有关的工作说明书、对十期望的答复形式的说明书和所有必要的合同条款。

(2) 评价标准。评价标准用于对建议书进行排序或评分。如果项目采购可以迅速地从多个可接受的来源中获得,则评价标准可能仅限于采购成本;否则就必须确定其他的采购评价标准并形成相应的文档。除采购成本标准外,常用的其他采购评价标准有供方的信誉、技术能力、管理方法、财务能力等。

3. 询价

询价是从预期的卖方获取有关项目需求如何被满足的意见反馈(建议书或投标书)。本过程绝大部分实际工作由潜在供方承担,一般说来,这时候项目没有成本。

询价通过召集投标者会议或广告的形式进行。询价的依据有采购文档、合格的卖方清单。

询价的结果是取得建议书(或投标书)。建议书(或投标书)是供方按照有关采购文档的要求准备的说明,是提供项目所需产品的能力和意愿的说明文档。

4. 供方选择

供方选择包括接受建议书(或投标书)及选择供货商的评价标准。在供方选择决策过程中,除了采购成本以外,还可能需要评价许多其他因素,如可接受卖方按时交货的能力的评价,分别评价建议书技术部分和商务部分,或投标书的技术标和方法标,对于关键产品,可能需要有多个供方等。

对主要采购项目,这个过程可以重复。根据初步建议书,列出合格卖主的短名单,然后根据更为详细和综合的建议书进行更为详细的评价。

供方选择通过合同谈判、量化定性指标的加权评价、编制采购成本估算等方法,以建议书(或投标书)、评价标准、组织政策为依据进行。

供方选择的结果就是与被选择的项目采购供货方签订采购合同。合同是一个约束双方的协议,使卖方有义务提供规定的产品,并使买方有义务付款,是维系供求双方关系的纽带。

虽然所有项目文档都经过一定形式的审查和批准,但合同的法律约束性常常意味着合同可能需要经过更广泛的批准过程。总之,审查和批准的重点是应保证合同文本说明能够满足项目产品和服务的特定需求。

5. 合同管理

合同管理是确保卖方履行合同要求的过程。对于具有多个产品和服务承包商的大型项目,合同管理的一个关键方面是管理各个承包商之间的组织界面。合同关系的法律属性要求项目队伍应清楚、强烈地意识到在管理合同中所采取行为的法律含义。

合同管理包括在合同关系中应用适当的项目管理过程,并把这些过程的结果集成到项目的整体管理中。当涉及多个承包商和多种产品时,这种集成和协调经常在多个层次上发生。合同管理也有财务管理的成分。付款条款应在合同中定义,并建立卖方执行进度和费用支付的联系。

合同管理通过合同变更控制、项目绩效报告、成本支付控制等方法,依据合同、卖方工作结果、合同变更申请及卖方发票等材料进行。合同管理的结果有:

(1) 来往函件。合同经常需要买方、卖方通过某些书面的文档进行沟通,例如对不满意绩效、合同变更或澄清的警告。

(2) 合同变更。通过适当的方式对变更(批准的或未批准的)进行反馈,并及时地更新项目计划和其他有关文档。

6. 合同收尾

合同收尾类似于管理收尾,它涉及产品核实(所有的工作是否正确、满意地完成)和管理收尾(更新记录以反映最终结果,并为将来使用而对这些信息归档)。合同条款可以对合同收尾规定具体的程序。合同收尾依据的资料就是合同文档,其内容包括合同本身及其附带的所有支持性进度计划、申请和批准的合同变更、任何卖方编制的技术文档、卖方绩效报告、发票和支付记录等财务文档,还包括与合同有关的检查结果等。合同收尾的结果有:

(1) 合同归档。合同执行完毕应对项目采购做出一套完整的最终的记录并归档管理。

(2) 正式验收和收尾。正式验收和收尾的要求,通常在合同中定义。

当项目从执行组织以外获得产品和服务时,对每项产品和服务都执行一次从询价计划到合同收尾的过程。必要时,项目管理班子可能会寻求合同和采购专家的支持,并且让这些专家作为项目队伍的一员。

当项目不从组织以外获得产品和服务时,则不必执行从询价计划到合同收尾的过程。

二、采购基本原则

（1）择优原则——在众多的产品和服务中找到最符合自身需要、成本又低的产品和服务,以实现其优良的采购目标。

（2）批量原则——是产品和服务采购的基本原则。采购主体应把可以集中采购的放在一起,以实现增加批量、节约采购成本的目标。

（3）竞争原则——利用竞争机制,由供应商之间的销售竞争,取得价格、质量和服务的优势。

（4）时机原则——根据市场情况变化把握时机,以便采购到满足需要、符合要求的产品和服务。一般而言,产品的最佳采购时机是在产品进入技术成熟与生产批量扩大、销售价格出现下降的时刻。

（5）范围原则——指采购者采购货物和服务的选择范围。采购范围的大小,是影响采购效果的一个重要因素,扩大采购的选择范围是优化采购目标必须要坚持的原则。

（6）专业原则——对于技术较为复杂、金额较大的采购,应选择委托专业采购人员进行采购,实行内行采购和专家采购。

（7）方式原则——实现采购目标,必须选择最恰当、最科学的采购方式。同样的采购批量和数额,会由于采购方式、采购程序不同,采购效果出现较大的差别。

三、采购方式

（1）招标采购——招标采购是指买方（招标人）通过公开的方式提出交易条件,并由卖方（投标人）响应该条件而达成货物、工程和服务采购的行为。

招标采购是政府和企业采购的基本方式,具有规范的组织性、公平性和公开性特点。尽管是采购的基本方式,也有一定的适用范围,但并不是所有的采购都适用,招标采购有其优点也有不足。

1) 优点：

① 能有效地实现物有所值的目标,通过广泛的竞争,使买方能够得到价廉物美的工程、货物和服务;

② 能促进公平竞争,使所有符合资格的潜在投标人都有机会参加同等竞争;

③ 能促进投标人进行技术改造,提高管理水平,降低成本,提高工程、货物和服务质量;

④ 公开办理各种采购手续,防止营私舞弊问题的产生,有利于公众监督,减少腐败现象。

2) 缺点：

① 程序和手续较为复杂,耗费时间,从发布招标公告到最后签订合同可能经过几个月时间,对急需的工程、货物和服务采购难以适应。

② 需要的采购文件非常严谨,如考虑不周则容易发生废标的情况,造成时间延误。

③ 招标采购最大的特点是不可更改性,这使招标采购缺乏弹性,有时签订的合同并不一定是招标人的最佳选择。

④ 可能出现投标人靠降低工程、货物和服务质量来降低价格的倾向,提供高质量的工程、货物和服务的投标人因没有价格竞争力而被限制不能中标甚至被逐出市场,买方因此而采购到愈来愈劣质的产品和服务。

(2)询价采购——指采购方选定的供应商发出询价函,让供应商报价,根据报价来选定供应商的方法。询价采购是一种简单而又快速的采购方法,适合于合同价值较低的一般性工程、货物和服务的采购。

(3)竞争性谈判采购——指在选定三家以上供应商的基础上,由供应商几轮报价,最后选择报价最低者的一种采购方式。

(4)议价采购——指买卖双方直接讨价还价以实现交易的一种采购行为。一般向固定的供应商定向采购。分两步进行,第一步,由采购方向供应商分发询价表,邀请供应商报价。第二步,如果供应商的报价基本达到预期的价格标准,即可签订采购合同,完成采购活动。

(5)定价采购——指购买的货物数量巨大,无法由一两个厂家全部提供,或当市面上该项货物缺乏时可以明确订货价格以现款收购。

(6)公开市场采购——指采购方在公开交易或拍卖场所随时机动式的采购,一般适用于大宗、价格变动非常频繁的货物采购。

任务二　项目招标采购制度与项目采购

一、招标采购制度

招标采购制度最早起源于英国,最初是作为一种"公共采购"或"集中采购"的手段出现。在现代经济发达国家,大多立法,在政府出资的项目建设中强制实行招标投标制度。

世界银行根据对采购的基本要求,逐步发展形成了采购工程、货物和服务的各种方式,并在《采购指南》中做了具体规定,这些采购方式和程序还在不断审查修订、改进,以适应世界银行精选市场的变化。招标程序是为了使项目执行单位能够经济有效地采购到所需的工程、货物和服务,并保证世界银行成员国的供货商和承包商有一个公平参与投标竞争的机会,使世界银行的采购政策和原则得以贯彻执行。通常的采购方式可分为招标采购方式和非招标采购方式两大类,前者包括国际竞争性招标、有限国际招标和国内竞争性招标;后者包括国际或国内询价采购(通常称之为"货比三家")、直接采购(又称为直接签订合同)和自营工程。

一个完整的招标采购过程包括策划、招标投标、开标评标、定标、商签合同五个阶段。采购方根据已确定的采购需求,提出招标采购项目的条件,邀请有兴趣的供应商参加投标,最后由招标人通过对各投标人所提出的价格、质量、交货期限和该投标人的技术水平、财务状况等因素进行综合比较,确定其中最佳的投标人作为中标人,并与之最终签订合同的过程。

1. 招标采购的方式

(1)公开招标——指招标人以招标公告的方式邀请不特定的法人或者其他组织投标,

其含义是招标活动在公共监督之下进行。

（2）邀请招标——指招标人以投标邀请书的方式邀请特定的法人或者其他组织投标。采用邀请招标方式的，应当向三个以上具备承担招标项目的能力、资信良好的特定的法人或者其他组织发出投标邀请书。

2. 招标采购的组织方式

（1）自行招标——招标人自行组织招标的方式。《招标投标法》第十二条第二款："招标人具有编制招标文件和组织评标能力的，可以自行办理招标事宜，依法必须进行招标的项目，招标人自行办理招标事宜的，应当向有关行政监督部门备案。"

（2）委托招标——招标人委托招标代理机构代为组织招标的方式。《招标投标法》第十三条："招标代理机构是依法设立、从事招标代理业务并提供相关服务的社会中介组织。"第十五条："招标代理机构应当在招标人委托的范围内办理招标事宜，并遵守本法关于招标人的规定。"

3. 招标采购的适用范围

《招标投标法》第三条："在中华人民共和国境内进行下列工程建设项目包括项目的勘察、设计、施工、监理以及与工程建设有关的重要设备、材料等的采购，必须进行招标：

① 大型基础设施、公用事业等关系社会公共利益、公众安全的项目；② 全部或者部分使用国有资金投资或者国家融资的项目；③ 使用国际组织或者外国政府贷款、援助资金的项目。"

二、项目产品招标采购

1. 工程项目招标采购

工程项目招标采购可分为招标准备、招标、决标三个阶段。

（1）工程项目采购的准备阶段

如前所述，工程项目的采购一般采用国际/国内竞争性招标方法。根据我国《建设工程招标投标暂行规定》，项目单位在开展工程项目采购，即实施项目土建工程招标之前，必须要具备一定的条件，因此工程项目采购准备阶段的主要内容有：

① 向主管部门申请招标并获得批准；

② 准备招标文件，即编制标底并报主管部门审核批准。

工程项目的采购必须具备以下条件：

① 工程建设项目或计划已经批准，并已列入年度投资计划；

② 工程项目设计文件已经批准；

③ 建设资金已经落实；

④ 招标文件已经编写完成并经有关部门批准；

⑤ 施工准备工作已就绪。

按规定"初步设计和概算文件已经批准"是编写招标文件、开展施工招标的基本条件，但我国许多的项目实践表明，只要时间允许，招标时应尽可能采用施工图和费用预算，才最有利于项目业主单位编写招标文件和准备标底。施工准备工作包括征地拆迁、移民安置、环保措施、临时道路、公用设施、通信设备等现场条件的准备已经就绪,当地的施工许可证已经取得。

(2)工程项目采购招标

工程项目采购招标阶段的主要内容有发布招标通告或招标邀请函,对投标单位进行资格预审,发售招标文件,组织现场勘察,工程交底、答疑,接受投标单位报送的投标书。

在这一阶段,投标单位资格预审是一项重要的工作。

投标单位资格预审的目的:

① 了解投标人的财务状况、技术力量以及类似本工程的施工经验,为业主选择优秀的承包商打下良好的基础;

② 事先淘汰不合格的投标人,以减少评标阶段的工作时间和评标费用;

③ 为不合格的投标人节约购买招标文件、现场考察和投标的费用。

资格预审的程序:

① 编制资格预审文件。由业主组织有关专业人员或委托招标代理机构编制资格预审文件。资格预审文件的主要内容有工程项目简介、对投标人的要求、各种附表等。

② 刊登资格预审通告。资格预审通告应当通过国家指定的报刊、信息网络或者其他媒介发布,邀请有意参加工程投标的承包商申请投标资格预审。

③ 出售资格预审文件。在指定的时间、地点出售资格预审文件。资格预审文件售价以收取工本费为宜。

④ 资格预审文件答疑。投标人应将对资格预审文件的疑问以书面形式(如信函、传真、电报等)提交招标人;招标人应以书面形式回答,并同时通知所有购买资格预审文件的投标人。

⑤ 报送资格预审文件。投标人应在规定的截止日期之前报送资格预审文件,在报送截止时间之后不接受任何迟到的资格预审文件。已报送的资格预审文件在规定的截止时间之后不得做任何修改。

⑥ 澄清资格预审文件。招标人在接受投标人报送的资格预审文件以后,可以找投标人澄清报送的资格预审文件中的各种疑点,投标人应按实情回答,但不允许投标人修改报送的资格预审文件的内容。

⑦ 评审资格预审文件。组成资格预审评审委员会,对资格预审文件进行评审,并就评审结果写出书面报告,上报招标管理部门审查。

⑧ 向投标人通知评审结果。在资格预审文件规定的期限内,招标人以书面形式向所有参加资格评审者通知评审结果,并在规定的日期、地点向通过资格预审的投标人发出投标邀请书、出售招标文件。

对于一些开工期要求比较早、工程不复杂的工程项目,为了争取早日开工,有时不预先进行资格预审而进行资格后审。资格后审的内容与资格预审的内容大致相同,主要包括投标人的组织机构、财务状况、人员与设备情况、施工经验等方面。

(3)工程项目采购决标

工程项目采购决标阶段的主要内容有开标、评标、决标、授标。

① 开标,在招标文件规定提交投标文件截止时间的同一时间公开进行。开标应由招标

单位的法人代表或其指定的代理人主持,在招标文件的规定日期、时间、地点,邀请项目业主、投标人、监理机构、执法监督部门等有关人员参加。标书应当众开箱,经公证人检查并确认标书密封完好、合格后,由工作人员一一开封,宣读其中的要点,并做好登记。

② 评标,由业主组织的评标委员会在开标后独立进行。评标委员会由招标人的代表和有关技术、经济等方面的专家组成。成员为5人以上单数,其中技术、经济等方面的专家不得少于成员总数的2/3。评标工作应按照严肃认真、公平公正、科学合理、客观全面、竞争优选、严格保密的原则进行,保证所有投标人的合法权益。

评标的程序与内容:

● 行政性评审——主要对投标人的合格性、投标文件的有效性、投标文件的完整性、报价计算的正确性、投标书的实质性响应等方面进行评审。对投标文件的行政性评审目的是从众多的投标文件中筛选出符合最低要求标准的合格投标文件,淘汰那些基本不合格的投标,以免浪费时间和精力去进行技术评审和商务评审。

● 技术性评审——主要对投标人技术资料的完备性、施工方案的可行性、施工进度计划的可靠性、施工质量保证、分包商的技术能力和施工经验、对项目技术要求的意见、项目建议方案的技术性等进行评审。技术评审的目的是确认备选的中标人完成本工程的能力以及他们的施工方案的可靠性。

● 商务评审——主要对投标人报价的正确和合理性、财务问题、价格调整问题、投标保证金问题以及建议方案进行商务评审。商务评审的目的是从成本、财务和经济分析等方面评审投标报价的正确性、合理性、经济效益和风险等,估量授标给不同投标人产生不同的后果。

● 澄清投标书文件的问题——对评审工作中遇到的问题,约见投标人予以澄清。

● 综合评价与比较——在以上工作的基础上,对筛选出来的若干个具有实质性响应的投标文件进行综合评价与比较,最后选定中标人。中标人的投标应符合下列条件之一,能最大限度地满足招标文件中规定的综合评价标准;能满足招标文件各项要求,并且评审的投标价格最低,但投标价格低于成本者除外。

③ 决标,即最后决定中标人。通常由招标机构和业主共同商讨决定中标人。

④ 授标,是指向中标人发出中标通知书,接受其投标书,并将由项目业主与其签订工程承包合同。投标人中标后即成此项工程的承包商,按照国际惯例,承包商应立即向业主提交履约保证,用履约保证换回投标保证金。

在向中标人授标并商签合同后,对未能中标的其他投标人,也应发出一份未能中标的通知书,不必说明未中标的原因,但应注明退还投标人保证金的方法。

2.货物采购

货物采购(Procurement of Goods)是指业主或称购货方(buyer)为获得货物(一般指设备或材料)通过招标的形式选择合格的供货商或称供货方(supplier),它包含了货物的获得及其获取方式和过程。一般来说,货物采购的业务范围包括确认所要采购货物的性能和数量;供货商的调查分析,合同谈判与签订、合同执行过程中的监督、控制;合同支付及纠纷处理等。

(1)货物采购计划的编制

货物的采购计划编制需要考虑的事项包括从项目组织外部采购哪些产品和服务能够最

好地满足项目需求,即是否采购、怎样采购、采购什么、采购多少及何时采购。为此要做好采购工作的前期准备,进行广泛的市场调查和市场分析,掌握有关采购内容的最新国内国际行情,了解采购物品的来源、价格、支付方式、国际贸易惯例、货物和设备的性能参数以及可靠性等,并提出切实可行的采购清单和计划。

（2）货物采购方式的选择

选择合适的货物采购方法可以节省投资、加快采购速度,但货物采购方式主要还是以国际竞争性招标方式进行,以体现经济性、有效性和公平竞争的原则。

（3）货物采购招标文件

招标文件在经过规定的审批程序之后即成为招标采购的法律文件和唯一依据,其中明确规定了买卖双方的权利、义务、合同价格等。招标文件是投标和评标的依据,是构成合同的重要组成部分,构成了合同的基本框架。

货物采购招标文件一般包含投标邀请书、投标者须知、招标资料表、通用、专用合同条件、货物需求一览表、技术规格和格式样本等7个方面的内容。

（4）包装、运输、保险

在货物采购中,对货物的包装有明确规定。首先,卖方应提供货物运至最终目的地所需的包装,以防货物在运输或转运中损坏或变质,而且这类包装还必须能承受恶劣气候、海水及野蛮装卸的影响;其次,在包装的重量和尺寸方面也有相应的要求;再次,包装箱内必须置入要求的文件,如装箱单、操作维修说明书等;最后,包装箱的外部必须标明收货人、合同号、发货标记、收货人编号、目的港、货物名称、货物重量、货物体积（以长×宽×高厘米表示）和箱号,以及重心、起吊点等。

关于货物运输费,在到岸价合同（FBI）中,货物从出厂至目的港的运输及其费用都由卖方负责;而在出厂价合同中货物出厂后的运输则是卖方按照买方的要求安排但费用由买方承担,即国内贸易中常用的"代办托运"。

关于货物的保险,在到岸价合同中,保险合同以卖方的费用订立;出厂价合同中,则是由买方以自身的费用投保或自身的费用委托卖方投保,保险合同的受益人都是买方,保险的货币应是合同货币或买方接受的其他可自由兑换货币,保额应为发票金额的110%,投保险别至少为一切险。

（5）履约保证金

履约保证金是卖方为顺利执行合同项下的义务提供的一种资金担保。目的是为避免或减轻由于卖方的违约而给买方造成的经济损失。卖方必须在收到买方的中标通知书后30天内向买方提交履约保证金,否则其投标保证金将被没收,并可能被取消中标资格。

履约保证金是由银行出具的,它可以以银行保函或不可撤销的信用证的形式出现,也可以以银行本票或保付汇票的形式出现。其金额应相当于合同额的10%。

按照商业惯例,卖方的责任是随着合同义务的不断履行而减轻。通常情况下,对于简单商品或无质量保证期的货物,在卖方履行交货义务经验收后即可将履约保证金退还给卖方。对于有保证责任的货物,保证期不足1年的,在交货和验收后将履约保证金的金额减至5%,保证期满后将履约保证金退还给卖方;对于保证期超过1年的,则在交货和验收后将履约保证金的金额减至5%,第1年保证期满后减至2%,保证期满后将履约保证金退还给卖方。如果卖方在执行合同过程中有违约行为并给买方造成经济损失时,买方有权没收其履约保证金,且无须得到卖方的同意。

3. 咨询服务采购

咨询服务工作贯穿于项目的整个周期中,如对项目的可行性进行咨询;对项目的总体设计进行评审;就项目中的某一技术方案或技术指标或工艺流程进行咨询;就项目的某一单项工程的设计方案进行咨询或设计;编制招标文件;帮助项目单位培训人员等。

咨询服务采购与工程项目采购一般都采用竞争性采购方法,但从采购程序和合同法律的角度分析,选聘和招标有一系列的不同之处。

① 业主在邀请之初提出的任务范围不是已确定的合同条件,只是合同谈判的一项内容,咨询公司可以而且往往会对其提出改进建议。而工程项目采购时提出的采购内容则是正式的合同条件,投标者无权更改,只能在必要时按规定予以澄清。

② 业主可开列短名单,并且只向短名单上的咨询公司直接发邀请。而工程项目采购则大多要求通过公开广告直接招标。

③ 选聘应当以技术方面的评审为主,选择最佳的咨询公司不应以价格最低为主要标准。工程项目采购一般则是以技术达到标准为前提,必须将合同授予评标价最低的投标者。

④ 咨询公司可以对业主的任务大纲提出修改意见。而工程项目采购的投标书,必须以招标书规定的采购内容和技术要求为标准,达不到标准的即为废标。

⑤ 咨询公司的选聘一般不进行公开开标,不宣布应聘者的报价。对于迟于规定期限送到的建议书也不一定宣布无效而退回。工程项目采购则要求公开招标,宣布所有投标者的报价,迟到的投标书作为废标。

(1) 咨询服务招标方式

国际上通行的咨询服务招标方式有公开招标、邀请招标和指定招标。

① 公开招标

公开招标也称国际竞争性招标,是指在世界范围内公开招标选择咨询公司。采用这种方式可以为一切有能力的咨询公司提供一个平等的竞争机会,业主也可以从众多的咨询公司中挑选一个比较理想的公司为其提供高质量和高效益的咨询服务。

② 邀请招标

邀请招标也称有限竞争性招标,是业主利用自己的经验和调查研究获得的资料,根据咨询公司的技术力量、仪器设备、管理水平、有承担类似项目的经历和信誉等选择数目有限(通常5—7家)的几家咨询公司发出投标邀请函,进行项目竞争。该招标方式参与竞争的公司少,招标工作量小,可以节约时间和费用,适用于工作内容相对不太复杂、金额不大的咨询项目。

③ 指定招标

指定招标也称谈判招标,是由业主直接选定一家公司通过谈判达成协议,为其提供咨询服务。该方式通常在一些特定情况下采用,如业主需要对其项目严格保密;咨询公司拥有独家专利技术;咨询公司曾为业主进行过项目决策研究并建立了良好的信誉,考虑到工作的连续性,为节约时间和费用,便指定招标。

(2) 咨询服务公开招标程序

与货物采购和土建工程采购不同,咨询服务采购不通过竞争性招标,而着重考虑被咨询公司及其人员的能力和资历、咨询意见的质量、客户与咨询人之间关系、财务条件等,其步骤

如下:

　　① 确定任务大纲

　　所谓任务大纲指经批准的提交咨询人的有关所需完成工作的说明文件。包括简明扼要地说明确切的任务目标、咨询服务范围、咨询成果汇报和咨询时间进度表以及项目单位将投入的人力、物力。

　　② 进行成本估算

　　项目单位就商议中的咨询任务应做出咨询费用概算,它包括咨询公司工作人员费用,差旅费用,交通、办公、通讯、工程设备费用,报告复印,生活津贴等。

　　③ 登广告

　　世界银行新的《咨询指南》对咨询人选择和聘用过程的透明度提出了更高的要求,强调应让有资格的咨询人了解有关服务的招标信息,以便他们表达参与竞争的意愿。

　　④ 发出建议书邀请函

　　由项目单位向初步确定的有能力的咨询公司发出一份建议书邀请函,要求咨询人提出咨询建议书,其中应包括一封邀请信、咨询人须知、技术建议书格式、财务建议书格式、任务大纲、合同草案。目前,世界银行已经编制了咨询邀请函样本,对于在 20 万美元以上的合同,强制使用此邀请函,对于 20 万美元以下的合同推荐使用此邀请函格式。

　　⑤ 建议书评审

　　基于质量和费用的选择程序下,建议书的评审应按质量和费用两个阶段进行。必须明确,评审应按邀请函中规定的标准进行,不得随意改变。

　　⑥ 签订合同

　　由项目业主或执行组织与建议书评审中筛选出的最佳咨询公司签订咨询服务合同,进入咨询服务执行阶段。

任务三　项目招标采购管理要点

　　在项目管理的知识体系中,采购管理是其中之一。采购管理是项目管理的重要环节,绝大多数项目的实施都离不开采购活动,其结果好坏,直接影响项目的顺利进行、预计目标。

一、影响招标采购项目管理的主要因素

　　(1) 沟通因素

　　① 委托代理合同中的委托内容、范围等不明确而导致在执行过程中产生争议和纠纷。

　　② 对价格、时间、质量方面的权重把握不准,过分强调某一方面的要求,导致总体效果差。

　　③ 委托人提供的备案手续不全;设备规格、型号、技术要求、技术资料不全;招标的条件不具备;招标工作出现反复,延误时间。

④ 与政府招标监督管理部门沟通不够,导致备案不及时。

(2) 信息因素

① 对市场价格(材料、设备、人力、储运)情况的掌握不够。

② 对潜在的投标人不清楚,公告要求的条件过高或过低,导致投标人数量过少或过多。

③ 对相关政策调整和市场动态变化情况了解不够。

(3) 招标文件因素

① 公告、招标文件、答疑和所附合同文件不协调或矛盾。

② 招标文件不规范、不符合法规要求。

③ 所提供的技术资料深度不够和不完善。

(4) 标底或最高限价因素

① 标底或限价中工程量不准确。

② 计价原则不统一或约定不清楚。

(5) 合同发包与标段划分因素

① 总包与专业分包的工作界面不明确、责任不清、配合工作的报酬无约定。

② 技术资料有重复或有遗漏。

二、招标采购项目的特点

(1) 质量的特点

① 招标采购项目的不确定性:难用一个统一的标准或特性指标来要求和衡量客户的采购需求。

② 招标服务的提供与使用具有同步性:招标服务质量无法经过检查合格后才交付客户。

③ 招标服务的复杂性:招标服务工作的内容复杂多变。

④ 度量招标服务质量的指标有功能性、经济性、时间性。

(2) 进度的特点

招标采购项目的进度计划必须服从于整体项目的进度要求。

(3) 成本的特点

招标采购项目成本与一般的项目成本不同,其组成主要包括人力资源费、市场调研费、资料费、开标的场租费、专家评审费、办公及设施费、企业管理费与税金。

(4) 组织的特点

招标采购项目一般工作内容单纯,工作周期较短,所需人力资源较少,专业人员往往是间歇式介入工作,进行项目群管理(管理团队同时承担若干个招标采购项目)。

三、采购管理任务

招标采购工作本身就具有特定目标的唯一性、临时的一次性、渐进并逐渐完善的周期性等一般项目的特征,其活动是项目管理行为。完成一次招标采购任务同样涉及综合、范围、时间、质量、费用、人力资源、沟通、风险等方面的管理任务。采购管理本身就是项目管理。

（1）综合管理——编制招标采购计划，制定目标和任务，制定招标采购的管理流程计划和制定控制措施，协调各种资源并实施。

（2）范围管理——界定招标范围和招标服务工作范围，合理划分标段与工作包。

（3）时间管理——确定招标工作各环节的顺序，测算所持续的时间，编制进度计划，按季度计划进行控制。

（4）成本管理——制定人力资源使用计划，做出各项成本估算，编制成本预算，进行成本控制。

（5）质量管理——分析招标采购项目的特点，确定质量计划、质量保证体系、技术文件、验收程序、标准，进行过程控制。

（6）人力资源管理——确定项目组织机构的形式，选派与项目相适应的人员，组建团队，分配任务。

（7）沟通管理——制定与政府监管部门、委托人等相关人员的沟通计划，利用或建立信息体系，编制沟通管理的措施，执行情况报告，制定团队成员之间交流与沟通计划并实施。

（8）风险管理——识别招标采购项目的风险，制定风险应对的措施。

（9）采购实施管理——收集并分析市场信息，分析是否需要招标项目组织机构以外的资源（价格信息、咨询专家、合作企业），制定计划并实施。

四、项目采购招标管理控制过程

（1）招标文件的编制

结合项目采购的特点编制的招标文件货物、工程、服务各具特点。如货物招标，强调"价廉物美"；工程招标追求"合理低价"；服务招标的特点是提供咨询服务水平的高低，主要取决于企业的业绩、信誉及人员的素质，故服务招标应更加关注投标人的业绩、信誉以及人员的素质。比如，设计招标的特点是招标的标的物是高技术劳动成果，通常采取设计方案竞选的方式选择承包人。设计招标文件一般要给出设计依据、应达到的技术指标、限定的工作范围、项目所在地的基本资料以及完成的时间等内容，而没有完成的具体工作量的要求。因此，设计招标更多关注的是投标人的业绩、信誉以及设计成果的完备性、准确性，提供设计方案的技术先进性和经济合理性，即对方案进行技术经济论证，而不过分追求完成设计任务的报价额的高低。

工程项目招标特点为，承包商是建设项目产品的生产者，建设项目是金额大、周期长、技术质量法规多以及程序复杂的"期货"产品，所以应综合考虑信誉、经济实力、技术水平、质量、价格和进度等问题。

招标文件要做到合同包的界面完整、清晰、准确、合理；清晰、完整、准确地体现招标人的价值观；技术及商务条款描述完整、专业、准确无歧义、否决条款与一般条款的设置恰当；符合国家相关的法律、法规，适用相关的贸易规则和国际惯例；技术及商务条款既要适合业主的要求又要能形成适度的市场竞争；评标规则标准、明确、客观、公正、可操作性强。

（2）工程标底或最高限价的编制。招标项目需编制标底或最高限价的，应根据批准的扩大初步设计或施工图设计，依据有关计价办法，参照有关工程定额，结合市场供应状况，综合考虑投资、工期和质量等方面的因素合理编制,确定标底过程和标底数额必须保密,编制最高限价的需在开标前3天公布。

(3)刊登招标公告或发出投标邀请书公开招标需通过报刊或信息网络发布招标公告,采用邀请招标方式的,招标人应当向3个以上(含3个)具备承担招标项目能力的、资信良好的特定法人或其他组织发出投标邀请书。项目的建设规模在立项批复中与规划许可中认定的不一致时,应以规划许可认定的规模为准。

通过信息网络或者其他媒介发布的招标文件与书面招标文件具有同等法律效力,但出现不一致时,以书面招标文件为准,招标人或招标代理人应当保证书面招标文件原始正版的完好。

(4)资格审查工作。资格审查分为资格预审和资格后审。资格预审是指投标前,对潜在投标人进行的资格审查。资格后审是指在开标后对投标人进行的资格审查。资格预审不合格的潜在投标人不得参加投标,经资格后审不合格的投标人的投标应作废标处理。

(5)发售招标文件。投标单位收到招标文码、图纸和有关技术资料后应认真核对,核对无误后以书面形式予以确认。

招标人对已发出的招标文件要进行必要的澄清或修改的,应当在招标文件所要求的投标文件截止时间至少15日前,以书面形式通知所有招标文件收受人,该澄清或修改的内容为招标文件的组成部分。

(6)组织勘察现场。招标人或招标代理人如要组织投标单位进行现场勘察,必须统一组织,不得单独或分别组织投标人进行踏勘。投标人若在勘察现场有疑问,应在投标预备会前以书面形式向招标人或招标代理人提出。

(7)组织投标预备会。投标预备会的目的在于澄清招标文件中的疑问,解答投标单位在招标文件及勘察现场中提出的问题。在投标预备会上还应对图纸进行交底和解释。投标预备会结束后,由招标人或招标代理人整理会议记录和解答内容,报招标管理机构核准同意后,尽快以书面形式将问题及解答送到所有获得招标文件的投标单位,该解答的内容为招标文件的组成部分。

(8)开标。招标人在招标文件要求提交投标文件的截止时间前,接收所有投标文件。招标人应充分估计收标书、登记、验证所需要的时间和人力,避免因招标人或招标代理人的原因而到截止时间尚未能办理完成接收投标文件的手续。

(9)评标。当评标委员会提出需要澄清问题时,投标人应以适当的形式进行问题澄清,并应以书面形式送达投标人最终确认,该确认文件即成为投标文件的一部分。评标报告由评标委员会全体成员签字,对评标结论持有异议的,评标委员会成员可以采用书面形式阐述其不同意见和理由,评标报告提交招标人或招标代理人后,评标委员会即告解散。

(10)定标。中标人确定后,招标人应当向中标人发出中标通知书,并同时将中标结果通知所有未中标的投标人。

(11)签订合同。招标人和中标人应当自中标通知书发出之日起30日内,按照招标文件和中标人的投标文件订立书面合同。招标人和中标人不得再订立背离合同实质性内容的其他协议。

五、拟订合同条款的注意事项

以工程招标为例,招标人及其委托的招标代理机构在组织招标及后续商签合同过程中应重点关注以下内容:

(1) 抑制投标人的不平衡报价。不平衡报价是指一个项目的投标报价,在总价基本确定后,调整各子项的报价,以达到既不提高定价,不影响中标,又能在结算时达到更理想的经济效益的目的。

投标人常在以下几种情况采用不平衡报价:

① 工程量核算不明确,技术资料不完备或不明确,预计今后工程量可能会增加的项目,单价适当提高;工程量可能会减少的项目,单价适当降低。

② 开工后业主尚要研究是否实施的暂定项目以及可能要分包的项目,报价低。

③ 在单价包干混合制合同中,有些子项采用包干报价时,报高价,其余子项报低价。

④ 如招标文件要求某些子项报"单价分析表",投标人会将单位分析表中的人工费及机械设备费报高价,而材料费报得较低。

⑤ 投标人一般要压低工程量小的子项单价,让招标人或招标代理人认为工程量清单上的单价大幅度下降,投标人有让利的诚意。其实,虽然压低了较多子项的单价,但总的报价降低得并不多。

(2) 防止中标价低,合同价高于中标价,而结算价又高于合同价的措施要准确、得当。要明确材料、设备的品质、档次、品牌、规格型号、质量标准、技术要求、供应方式、暂定价材料的调整方式;明确人工费调整幅度;详细描述招标范围,报价范围,分包范围界限。

(3) 明确费用包含的内容。采用工程量清单报价时,如果发生扩大或缩小工程量时,要明确约定对清单综合单价调整幅度,明确工程量清单子目以外的工程项目计价办法。

(4) 签订合同的其他注意事项。在招标文件合同条款拟订时,应注意如下几点:

① 对交叉工程的界面一定要划清,列出彼此详细的工作量清单,尽量避免以后出现界面工作的重复或空缺,同时有利于承包商准确报价和建设单位今后的管理。

② 应明确约定总包和分包之间的现场配合、进度衔接、成品保护、运输等相互间的责任权利。

③ 在招标文件的合同条款策划中,应结合个案实际,加强对风险责任条款和特别条款的审查,在合同中尽量限制风险和采取转移风险。如包干范围,调价、调量范围与办法,工程窝工、停工状况下工效下降的计算方式及损失赔偿范围(包括机械停滞合班费的测定与计取基准);工程进度款支付办法,进度款拖欠情况下的工期处理;工程中间交验或建设单位提前、滞后使用工程部分成品的保护、保修处理;合同外工程量的计价原则和支付办法,工程中零星计工处理和违约责任的量化问题等。总之,合同条款应尽量细化翔实,减少不确定因素,防止合同漏洞与争议。

④ 针对当前工程结算中材料价款结算方面问题突出的情况,根据个案实际,事先明确材料结算方式,如供料方式、规格、数量与价格确认、价差调整方式或算式。

⑤ 合同条款的完备性。招标文件中有关合同的条款,应当符合法律、法规以及政府有关管理规定的要求,遵循公开、公平、公正和诚实信用的原则,充分体现招标人与投标人双方的权利和义务的平等性。合同条款应当完备,具有可操作性和较少纠纷发生的可能,方便履

约管理。

合同专用条款用语规范,概念清楚,定性、定量准确合同条款必须具体约定,仅允许部分需要根据招标人的投标结果填写的内容暂时空白。专用条款的约定不宜出现"另议"之类的措辞,例如有关工程价款调整的条款不得简单填写为"按实调整",应明确工程价款调整的具体范围、内容和方法。

(5) 合同备案要求。双方当事人签订的合同,应与招投标过程中形成的要约与承诺保持一致,体现招投标活动的严肃性。如有必要,协议书或专用条款中应当阐明;合同正、副本要在当地建设行政主管部门或其授权的工程招投标监督机构备案,其中的一份合同副本在备案时留存。

全部使用国有资金投资或以国有资金投资为主的招投标工程,在合同签订后另行签订补充协议的,应由发包人报当地建设行政主管部门或其授权的工程招投标监管机构备案,并且补充协议与原合同不得有实质性背离,否则不能作为竣工结算的依据。

任务四　正确理解合同相关内容与有效合同管理

一、合同概述

合同(Contract),又称为契约、协议,是平等的当事人之间设立、变更、终止民事权利义务关系的协议。合同作为一种民事法律行为,是当事人协商一致的产物,是两个以上的意思表示相一致的协议。只有当事人所做出的意思表示合法,合同才具有法律约束力。依法成立的合同从成立之日起生效,具有法律约束力。合同管理就是对合同的执行进行管理,确保合同双方履行合同条款并协调合同执行与项目执行关系的系统工作。成功执行合同管理的前提是具备有关项目合同的基础知识和管理方法。

根据《合同法》第2条之规定,合同是平等主体的自然人、法人、其他组织之间设立、变更、终止民事权利义务关系的协议。

根据《民法通则》,合同是当事人之间设立、变更、终止民事关系的协议。依法成立的合同受法律保护。

1. 合同签订

一般要经过要约和承诺两个步骤。

(1) 要约　当事人一方向他方提出订立合同的要求或建议。提出要约的一方称要约人。在要约里,要约人除表示欲签订合同的愿望外,还必须明确提出足以决定合同内容的基本条款。要约可以向特定的人提出,亦可向不特定的人提出。

要约人可以规定要约承诺期限,即要约的有效期限。在要约的有效期限内,要约人受其要约的约束,即有与接受要约者订立合同的义务;出卖特定物的要约人,不得再向第三人提出同样的要约或订立同样的合同。要约没有规定承诺期限的,可按通常合理的时间确定。对于超过承诺期限或已被撤销的要约,要约人则不受其约束。

（2）承诺　当事人一方对他方提出的要约表示完全同意。同意要约的一方称要约受领人，或受要约人。受要约人对要约表示承诺，其合同即告成立，受要约人就要承担履行合同的义务。对要约内容的扩张、限制或变更的承诺，一般可视为拒绝要约而为新的要约，对方承诺新要约，合同即成立。

2. 合同形式

即合同双方当事人关于建立合同关系的意思表示的方式。中国的合同形式有口头合同、书面合同和经公证、鉴证或审核批准的书面合同等。

（1）口头合同

是以口头的意思表示方式（包括电话等）而建立的合同。但发生纠纷时，难以举证和分清责任。不少国家对于责任重大的或一定金额以上的合同，限制使用口头形式。

（2）书面合同

即以文字的意思表示方式（包括书信、电报、契券等）而订立的合同，或者把口头的协议作成书契、备忘录等。书面形式有利于分清是非责任、督促当事人履行合同。中国法律要求法人之间的合同除即时清结者外，应以书面形式签订。其他国家也有适用书面合同的规定。

（3）经公证、鉴证或审核批准的合同

① 合同公证是国家公证机关根据合同当事人的申请，对合同的真实性及合法性所做的证明。经公证的合同，具有较强的证据效力，可作为法院判决或强制执行的根据。对于依法或依约定需经公证的合同，不经公证则合同无效。

② 合同鉴证是中国工商行政管理机关和国家经济主管部门，应合同当事人的申请，依照法定程序，对当事人之间的合同进行的鉴证。鉴证机关认为合同内容有修改的必要时，有权要求当事人双方予以改正。鉴证机关还有监督合同履行的权利，故鉴证具有行政监督的特点。目前中国合同鉴证除部门或地方性法规有明确规定的以外，一般由当事人自愿决定是否鉴证。

③ 合同的审核批准，指按照国家法律或主管机关的规定，某类合同或一定金额以上的合同，必须经主管机关或上级机关的审核批准时，这类合同非经上述单位审核批准不能生效。例如，对外贸易合同即应依法进行审批程序。

3. 合同内容

可分为基本条款和普通条款，又称必要条款和一般条款。当事人对必要条款达成协议的，合同即为成立；反之，合同不能成立。

确定合同必要条款的根据有 3 种：

（1）根据法律规定。凡是法律对合同的必要条款有明文规定的，应根据法律规定。

（2）根据合同的性质确定。法律对合同的必要条款没有明文规定的，可以根据合同的性质确定。例如买卖合同的标的物、价款是买卖合同的必要条款。

（3）根据当事人的意愿确定。除法律规定和根据合同的性质确定的必要条款以外，当事人一方要求必须规定的条款，也是必要条款。

合同条款除必要条款之外，还有其他条款，即一般条款。一般条款在合同中是否加以规定，不会影响合同的成立。将合同条款规定得具体详明，有利于明确合同双方的权利、义务和合同的履行。

格式条款

格式条款是当事人为了重复使用而预先拟定,并在订立合同时未与对方协商的条款。

4. 合同格式

一般包括四部分:

（1）标题。

（2）合同当事人名称、住所和合同编号。

（3）正文:签订合同的依据和目的;合同内容的基本条款;合同的有效期限;争议解决办法;合同的生效与份数;附件等。

（4）尾部:署名;各方的联系方式;签订合同的时间和地点;合同鉴证或公证机关。

5. 合同的法律约束力

（1）自成立起,合同当事人都要接受合同的约束;

（2）如果情况发生变化,需要变更或解除合同时,应协商解决,任何一方不得擅自变更或解除合同;

（3）除不可抗力等法律规定的情况以外,当事人不履行合同义务或履行合同义务不符合约定的,应承担违约责任;

（4）合同书是一种法律文书,当当事人发生合同纠纷时,合同书就是解决纠纷的根据。

依法成立的合同,受法律的保护。

6. 建设工程合同分类及组成

（1）按承包方式分:

① 勘察设计或施工总承包合同;

② 单位工程承包合同;

③ 工程项目总承包合同;

④ BOT 合同(特许权协议)。

（2）按承包工程计价方式分类:

① 总价合同,总价合同可分为固定总价合同和调价总价合同。

② 单位合同,单位合同分为估计工程量单价合同,纯单价合同,单位与包十混合合同等。

③ 成本加酬金合同。

（3）与建设工程有关的其他合同:

① 建设工程委托监理合同;

② 建设工程物资采购合同;

③ 建设工程保险合同;

④ 建设工程担保合同。

（4）按工程建设阶段分为:

① 工程勘察合同;

② 工程设计合同；

③ 工程施工合同。

7. 建设工程合同的主要内容

(1) 建设工程总承包合同的主要条款包括词语含义及合同文件的组成、总承包的内容、双方当事人的权利义务、合同履行期限、合同价款、工程质量与验收、合同的变更、风险责任和保险、工程保修、对设计分包人的规定、索赔与争议的处理、违约责任等12项内容。

(2) 建设工程总承包的履行。建设工程总承包合同订立后，双方都应按合同的规定严格履行；总承包单位可以按合同规定对工程项目进行分包，但不得不利于转包；建设工程总承包单位可以将承包工程中的部分工程发包给具有相应资格条件的分包单位，但是除总承包合同中约定的工程分包外，必须经发包人认可。

(3) 施工总承包合同协议书的内容包括工程概况、工程承包范围、合同工期、质量标准、合同价款、组成合同的条件、承包人向发包人的承诺、发包人向承包人的承诺、合同的生效等内容。

(4) 组成合同的文件依据优先顺序为合同协议书、中标通知书、投标书及附件、专用条款、通用条款、标准规范及有关技术文件、图纸、工程量清单、工程报价单或预算书等。

(5) 工程分包分为专业工程分包和劳务作业分包。专业工程分包资质设2—3个等级，60个资质类别。劳务分包资质设1—2个等级，13个资质类别。

(6) 其他规定

建筑工程总承包单位按照总承包合同的约定对建设单位负责，分包单位按照分包合同的约定对总承包单位负责，总承包单位和分包单位就分包工程对建设单位承担连带责任。施工单位不得转包或违法分包工程。

劳务分包人需服从工程承包人转发的发包人及工程师的指令，劳务分包人必须为从事危险作业的职工办理意外伤害保险，并为施工场地内自有人员生命财产和施工机械设备办理保险，支付保险费用。

劳务分包的劳务报酬，除合同约定或法律政策变化，导致劳务价格变化，均为一次包死，不再调整。

劳务报酬的支付：全部工程完成后，经工程承包人认可后14天内，劳务分包人向工程承包人递交完整的结算资料，按约定的合同计价方式进行劳务报酬最终支付，结算资料在递交的14天内工程承包人进行核实确认，在承包确认后4天内，向劳务分包人支付劳务报酬。

二、项目合同管理过程

项目合同是指项目业主或其代理人与项目承包人或供应人为完成某一确定的项目所指向的目标或规定的内容，明确相互的权利义务关系而达成的协议。项目合同具有以下特点：它是当事人协商一致的协议，是双方或多方的民事法律行为；其主体是自然人、法人和其他组织等民事主体；其内容是有关设立、变更和终止民事权利义务关系的约定，通过合同条款具体体现出来；它依法订立并具有法律约束力。

1. 合同的签订

项目合同的签订过程也就是项目合同的协商、形成过程，它由合格的法人在公平合理、等价交换、诚信原则指导下,经过要约和承诺两个步骤,在充分协商的基础上达成协议。

所谓要约在经济活动中又称为发盘、出盘、发价、出价、报价等。要约是当事人一方向另一方提出订立合同的愿望。提出订立合同建议的当事人被称为"要约人",接受要约的一方被称为"受要约人"。要约的内容必须具体明确,只要接受要约人承诺,要约人即接受要约的法律约束。所谓承诺即接受要约是受要约人同意要约的意思表示。承诺也是一种法律行为,"要约"一经"承诺",就被认为当事人双方已协商一致,达成协议,合同即告成立。

2. 合同的履行

合同的履行是指合同生效后,当事人双方按照合同约定的标的、数量、质量、价款、履行期限、履行地点和履行方式等完成各自应承担的全部义务的行为。严格履行合同是双方当事人的义务,双方当事人必须共同按计划履行合同,实现合同所要达到的预定目标。项目合同的履行有实际履行和适当履行两种形式:

(1)实际履行——即要求按照合同规定的标的来履行,不得以支付违约金或赔偿损失来免除一方当事人继续履行合同规定的义务。当然,在贯彻以上原则时,还应从实际出发以免给对方和社会利益造成更大的损失。

(2)适当履行——即当事人按照法律和项目合同规定的标的按质、按量地履行,不得以次充好,以假乱真,否则,权利人有权拒绝接受。

3. 合同的变更、转让、解除和终止

合同的变更指由于一定的法律事实而改变合同的内容和标的的法律行为。当事人双方协商一致,就可以变更合同,债权人可以将合同的权利全部或部分地转让给第三人,但债权人转让权利应当通知债务人。未经通知,该转让对债务人不发生效力。

合同的解除指消灭既存的合同效力的法律行为,其主要特征为合同当事人必须协商一致;合同当事人应负恢复原状之义务;其法律后果是消灭原合同的效力。合同解除有两种情况,一是协议解除,指当事人双方通过协议解除原合同规定的权利和义务关系。协议解除有时是在订立合同时在合同中约定了解除合同的条件,当解除合同的条件成立时,合同就被解除;有时在履行过程中,双方经协商一致同意解除合同。二是法定解除,合同成立后,没有履行或者没有完全履行以前,当事人一方行使法定解除权而使合同终止。

合同的终止指当事人双方依照合同的规定,履行其全部义务后,合同即行终止。合同签订以后,是不允许随意终止的。根据我国的现行法律和有关司法实践,合同的法律关系可由下列原因而终止:

(1)合同因履行完毕而终止;

(2)当事人双方混同为一人(即合同权利人和义务人合为一人)而终止;

(3)合同因不可抗力的原因不能履行而终止;

(4)合同因当事人协商同意而终止;

(5)仲裁机构裁决或者法院判决终止合同。

4. 合同的收尾

合同的收尾过程支持项目收尾过程,因为两者都涉及验证所有工作和可交付成果是否是

可以接受的工作。合同收尾过程也包括对记录进行更新以反映最终结果,将更新后的记录进行归档供将来项目使用的管理活动。合同收尾过程只对该项目阶段适用范围的合同进行收尾,在合同收尾后,未解决的争议可能需进入诉讼程序。

合同提前终止是合同收尾的一项特例,可因双方的协商一致产生或因一方违约产生。双方在提前终止情况下的责任和权利在合同的终止条款中规定。

三、合同管理方法

合同管理是项目采购管理的实现阶段,也是项目采购管理乃至项目管理的核心。合同各方,包括业主承包商和咨询工程师,都会十分重视合同的管理工作,合同管理直接关系到项目实施是否顺利,各方的利益是否能够得到保护。

买卖双方进行合同管理都是为了类似的目的,即确保本身与对方都履行其合同义务,并确保自身的合法权利得到保障。合同管理是确保卖方的绩效符合合同要求和买方按照合同条款履约的过程。对使用多个产品、服务和成果供应商的大型项目来说,合同管理的一个关键方面是管理各供货商之间的接口。

做好合同管理工作,应在熟悉合同条款的基础上,有明确的责任划分和严密的合同管理手段,从而将一切可能产生的"扯皮"责任漏洞、责任的交叉与重叠等现象,事先加以防范。下面以项目工程为例从三个方面讨论合同管理的方法。

1. 明确责任划分

合同的主要当事人是业主和承包人(或称承包商),这是合同的主要两方。监理工程师不属于合同的任何一方,但他在项目的执行中起着很重要的作用。责任划分指的是项目业主,承包人和监理工程师三者之间的责任划分,这是合同责任的最重要的划分机制。

(1) 业主的责任与义务:

① 选择和任命监理工程师并将其任命和授权书面通知承包人;

② 签订合同;

③ 审批承包人转包或分包的请求;

④ 在监理工程师认证的基础上按合同支付预付备料款及项目工程进度款;

⑤ 审批合同工期及其他项目变更;

⑥ 处理合同中止、终止或撤销事务;

⑦ 组织验收。

(2) 承包人的责任与义务:

① 在合同规定的时间内,按照图样和技术规范的要求进行施工并完成工程;

② 负责维修在缺陷责任期内出现的任何缺陷。其具体的合同义务,在合同文件中规定得非常详尽。

(3) 监理工程师的职责:

① 按照世界银行的聘用咨询专家指南,监理工程师的职责包括一般职责,即在项目工程进行中就工程质量、工期、费用等向承包人发出各种信息、通知和批示;

② 审核、签发工程进度表及工程进度款支付凭证,解释合同条款等等。

2.坚持工地会议制度

在合同管理中,现场会议(也称工地会议)是业主和监理工程师做好项目管理的一种有效措施。按照不同的任务和目的,现场会议可分为第 1 次现场会议、例行现场会议和每日现场协调会三种会议形式。

(1) 第 1 次现场会议——是承包人进入工地后的首次会议,它可以为监理工程师和承包人之间在开始阶段建立相互合作的良好关系,从而为今后的合同管理的顺利进行打下基础。第 1 次现场会议参加的人员有承包人的代表、项目经理、监理工程师及其代表、业主的代表,由监理工程师主持。会议的议程由监理工程师拟定,并送交承包人和业主及有关方面征求意见,以使与会各方有针对性地准备材料。

(2) 例行现场会议——目的是对施工中发现的工程质量问题、施工进度延误以及承包人提出的工期延长或费用索赔的申请或有关的其他问题进行讨论,做出决定。例行现场会议一般为每月 1—2 次,紧急需要时可随时召开。例行现场会议的记录,一经监理工程师和承包人认可,就成为正式的记录,对双方均有约束力。

(3) 每日现场协调会——指每天(或每隔几天)在指定的时间和地点,由指定的人员参加的,协调承包人和监理工程师之间日常工作的一种碰头会。它只是讨论、论证有关问题、协调工作,一般对问题不做决定。

3.严密管理手段

合同管理工作既要有明确的责任分工,又要有一系列严密的、行之有效的管理手段,包括严格的审批程序、良好的通信和函电往来系统,以及健全的文档与记录管理制度。

(1) 审批程序

合同一经签订,就必须按照各个条款中所规定的报批程序和审查批复的时限办事,否则就会构成不同程度的违约;任何无理拖延都是不允许的,都有损于履行合同的严肃性,如向承包人发出一切指令、通知等,必须由监理工程师发出,业主及其部门不能越过监理工程师直接向承包人发出,以免"令出多门"造成管理上的混乱;监理工程师或其代表的口头指示,在承包人执行后应予书面确认;监理工程师应在收到承包人的工程进度报表或工程款支付证书的 28 天之内核证、签发并报送业主。业主则应在接到该证书的 28 天内向承包人付款;发生索赔事项时承包人必须在索赔事件发生的 28 天内提出索赔意向书,然后在 28 天内提交索赔详细单和索赔依据,否则丧失得到补偿的权利。

(2) 通信和函电往来系统

土建工程,尤其是大型的公路、铁路、水电工程,往往是绵延几十公里或上百公里,或方圆几十平方公里,分成若干合同段同时施工,没有便利的通信和交通条件,就不能有效地进行管理。按照国际惯例,业主已经把合同管理的任务委托给监理工程师,所以监理工程师的通信和交通设备是否齐全和便利,就是一件十分重要的事情了。一般情况下招标文件已明确规定为监理工程师及时地提供这些装备,是承包人的合同义务。

(3) 文档与记录管理制度

在整个项目的全过程中,文档与记录的管理,对于合同的管理起着重要作用。合同管理的基础是合同双方的工作结果以及各种开销的单据。因此,必须管理好与卖方之间往来的各种书面文件、合同变更和卖方的付款申请书等文档。项目业主、监理工程师和承包商都应重视和做好文档和记录的管理工作。

项目管理人员必须正确认识自己采取和不采取行动的法律后果。当卖主履行了合同义务，完成了规定的工作，就要及时验收并向其支付款项。否则，卖方有权暂停工作，终止合同，甚至诉诸法律。合同管理涉及项目管理的其他方面，例如监视承包商在费用、进度和技术方面的表现；检查并核对其工作成果是否满足要求；保证变更经过有关方面的批准，并将其通知所有的有关方面。合同还应明确支付条款。

四、合同管理常见问题及处理方法

1. 合同的转让与分包

没有业主的事先同意，承包人不得随意将合同或任何部分及其收益转让、分包他人。工程分包应经监理工程师事先同意并审查批准。

2. 工程延期

延期是指合同规定的竣工期限的延长。引起延期的原因除了业主主观因素和客观条件外还包括承包人的违约或者未能履行其义务和责任引起的延期。

发生延期后的 28 天内，承包人应将情况通知监理工程师，并抄送业主。若延期是由业主引进的，即使承包人未提出延期要求，监理工程师仍有权延期。若延期是不可抗力造成的或承包人的延期要求是合理的，监理工程师应当批准同意延期。

若延期纯属承包人的责任，则其必须向业主支付合同投标书附件中约定的延期违约赔偿金。

3. 工程变更

项目工程由于自身的性质特点或设计不周或不可抗力的影响或合同双方当事人出于对工程进展有利着想等都会引进工程变更。

只要工程变更在原合同规定的范围内进行，变更是允许的。根据有关规定如果监理工程师在不改变承包人既定方针施工方案的前提下，认为有必要对工程或其任何部分的形式、质量、数量做出变更，他有权指示承包人进行变更，承包人也应执行其变更指示。

当工程变更超过合同总价的 50% 时，监理工程师应与业主或承包人进行协商并调整合同价款，若合同双方协商不能达成一致意见，此款额由监理工程师在考虑合同中承包人的现场管理费用或总管理费用增减的因素后，予以确定。

4. 违约与违约的处理

承包人在签订合同后或合同执行中违约，监理工程师应提出书面的警告并抄送业主，业主在收到监理工程师的警告材料后，应向承包人发出通知并在通知发出 14 天后禁住现场并终止对承包人的雇佣。

若业主违约，承包人有权终止合同向下的受雇，并向业主或监理工程师发出终止合同的通知，合同终止生效应在通知发出 14 天后。业主违约导致承包人单方面终止合同后，承包人可不经监理工程师批准将其施工装备或材料撤离施工现场。当业主拖延支付工程进度款，承包人在向业主发出通知并抄送监理工程师28天后，有权暂停工程或放慢工程进度。由此造成的损失由监理工程师、业主协商解决，协商后追加合同总价。

5. 索赔

索赔是指合同双方根据合同规定正式向对方要求的一种额外的支付，在项目采购中索赔是难以避免的，它直接涉及项目业主和承包人的利益。妥善处理索赔和防止不必要的索赔是监理工程师重要的工作职责。承包人向业主索赔是合同管理中最常见的索赔。索赔的程序如下：

（1）发生索赔事件第28天以内承包人就应向监理工程师发出索赔意向通知并抄送业主一份，同时承包人应继续施工并保持同期记录。允许监理工程师审查所有与索赔事件有关的同期记录并提供副本。

（2）承包商应在发出索赔通知28天内向监理工程师报送详细的索赔材料，索赔依据和款额。若索赔事件具有连续影响，应每隔28天提交详细报告，直至索赔影响终结。

（3）按国际工程索赔处理惯例，监理工程师收到承包商的索赔通知后，应及时论证索赔原因、依据、款额及应给予的工期延长，并与业主或承包商协商尽快作出索赔处理决定。若承包商不满意索赔处理要求，可向监理工程师发出保留继续索赔的意向通知，并在竣工报表中进一步索赔或提交仲裁。

（4）项目合同争端的法律解决途径有仲裁和诉讼。仲裁和诉讼的判决都具有法律权威，对争端双方都有约束力可强制执行，但一般倾向仲裁而非诉讼。因为仲裁具有灵活性、保密性、效率高费用低、宜于护行的优点。在我国，越来越多的项目将进行公开的国际竞争性招标，并按照国际通用的合同模式进行管理。项目合同争端的仲裁机构、仲裁地点，应尽量在合同文件中明确在中国进行。

诉讼属于采用司法程序处理争端的过程，采用诉讼方式解决争端应注意，为了防范风险最好在合同内对诉讼做出一定限制，如将涉及技术性的争端，交由双方各个指定的专家处理，以避免因不熟悉他国司法规则而使自己处于不利的地位。如合同中未明确对争端做出判决有效的法院，可能会造成合同双方向两个法院提起诉讼，从而导致不同的判决结果，造成判决执行困难。解决的方法是在合同中就司法程序解决争端列入一项专属管辖权条款，责成当事各方将合同争端诉讼交由某一有资格判决的法院审理和判决。当决定采用诉讼解决争端时，应充分了解受理案件法院所在国家法律规定中的强制措施及允许采取的抗辩抵制、反诉、上诉等规定，以防不测和保护自身合法权益。

项目管理目标

|任务一
正确理解
和确立项
目目标|任务二
明确项目管理
目标内涵, 合理
把握项目管理
目标|

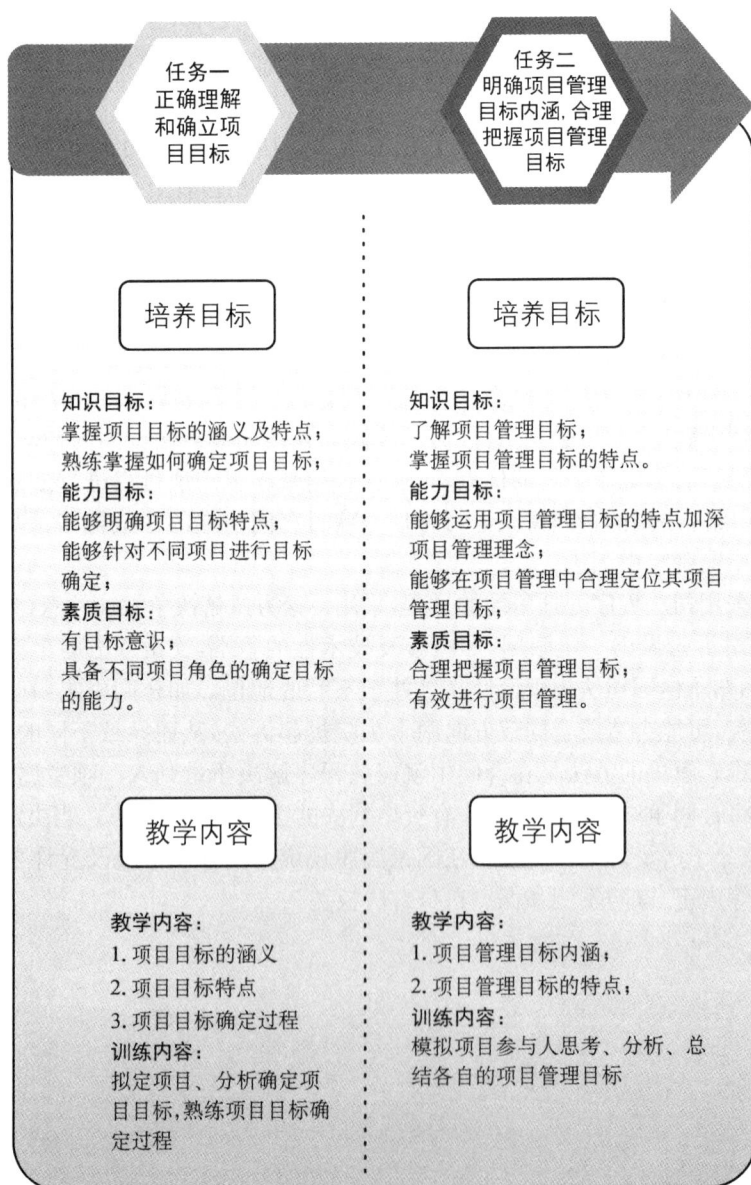

培养目标

知识目标:
掌握项目目标的涵义及特点;
熟练掌握如何确定项目目标;
能力目标:
能够明确项目目标特点;
能够针对不同项目进行目标
确定;
素质目标:
有目标意识;
具备不同项目角色的确定目标
的能力。

培养目标

知识目标:
了解项目管理目标;
掌握项目管理目标的特点。
能力目标:
能够运用项目管理目标的特点加深
项目管理理念;
能够在项目管理中合理定位其项目
管理目标;
素质目标:
合理把握项目管理目标;
有效进行项目管理。

教学内容

教学内容:
1. 项目目标的涵义
2. 项目目标特点
3. 项目目标确定过程
训练内容:
拟定项目、分析确定项
目目标,熟练项目目标确
定过程

教学内容

教学内容:
1. 项目管理目标内涵;
2. 项目管理目标的特点;
训练内容:
模拟项目参与人思考、分析、总
结各自的项目管理目标

●● ⊁ 引例

北京地铁 4 号线是北京市轨道交通路网中的主干线之一,南起丰台区南四环公益西桥,途径西城区,北至海淀区安河桥北,线路全长 28.2 公里,车站总数 24 座。4 号线工程概算总投资 153 亿元,于 2004 年 8 月正式开工,2009 年 9 月 28 日通车试运营,目前日均客流量已超过 100 万人次。

北京地铁 4 号线是我国城市轨道交通领域的首个 PPP 项目,该项目由北京市基础设施投资有限公司具体实施。2011 年,北京金淮咨询有限责任公司和天津理工大学按国家发改委和北京市发改委要求,组成课题组对项目实施效果进行了专题评价研究。评价认为,北京地铁 4 号线项目顺应国家投资体质改革方向,在我国城市轨道交通领域首次探索和实施市场化 PPP 融资模式,有效缓解了当时北京市政府投资压力,实现了北京市轨道交通行业投资和运营主体多元化突破,形成同业激励的格局,促进了技术进步和管理水平、服务水平提升。从实际情况分析,4 号线应用 PPP 模式进行投资建设已取得阶段性成功,项目实施效果良好。

●● ⊁ 思考

1. 什么是项目目标? 有什么特点?
2. 为什么说项目目标是一个体系?
3. 项目管理的目标是什么?
4. 为什么说业主的项目管理目标是其他参与者项目管理目标的根本?

目标是个人、部门或整个组织所期望的成果,就是期望达到的成就和结果,也是行为的导向。人们的行为总是为了实现某种目标。目标的实现使人的需要得到满足,从而结束一个行为过程。目标的实现既是行为的结果,又是满足需要的条件。

在目标一定的情况下,人们估计自己实现目标的可能性越大,积极性就越高。一方面要合理设置目标,目标既要有挑战性,又要有可行性,目标过低或过高,都会影响目标实现的可能性。做项目也必须有一定的目标,同样,项目目标是项目实现的基础,也是项目实施过程的动力。项目管理的目标则是达到项目目标。

任务一 正确理解和确立项目目标

一、项目目标

项目目标(Project Objectives):简单地说就是实施项目所要达到的期望结果,即项目所能交付的成果或服务。

项目的实施过程实际就是一种追求预定目标的过程,因此,从一定意义上讲,项目目标应该是被清楚定义,并且是可以最终实现的。项目目标包括可测量的项目成功标准,项目可能有各种各样的经营、费用、进度、技术和质量目标。项目目标可能还包括费用、进度和质量指标。

二、项目目标特点

项目目标的特点：多目标性；优先性；层次性。

1. 多目标性

对一个项目而言，项目目标往往不是单一的，而是一个多目标系统，希望通过一个项目的实施，实现一系列的目标，满足多方面的需求。但是很多时候不同目标之间存在着冲突，实施项目的过程就是多个目标协调的过程，有同一个层次目标的协调，也有不同层次总项目目标和子目标的协调，项目目标和组织战略的协调等。

项目目标基本表现为三方面，即时间、成本、技术性能（或质量标准）。实施项目的目的就是充分利用可获得的资源，使得项目在一定时间内在一定的预算基础上，获得期望的技术成果。然而这三个目标之间往往存在冲突。例如，通常时间的缩短要以成本的提高为代价，而时间及成本的投入不足又会影响技术性能的实现，因此三者之间要进行一定的平衡。

2. 优先性

项目是一个多目标的系统，不同目标在项目的不同阶段，根据不同需要，其重要性也不一样，例如在启动阶段，可能更关注技术性能，在实施阶段，主要关注成本，在验收阶段关注时间进度。对于不同的项目，关注的重点也不一样，例如单纯的软件项目可能更关注技术指标和软件质量。

当项目的三个基本目标发生冲突的时候，成功的项目管理者会采取适当的措施进行权衡，进行优选。当然项目目标的冲突不仅限于三个基本目标，有时项目的总体目标体系之间也会存在协调问题，都需要项目管理者根据目标的优先性进行权衡和选择。

3. 层次性

项目目标的层次性是指对项目目标的描述需要有一个从抽象到具体的层次结构。即一个项目目标既要有最高层次的战略目标，也要有较低层次的具体目标。通常明确定义的项目目标按其意义和内容表示为一个递阶层次结构，层次越低的目标描述的越清晰具体。

三、项目目标确定过程

1. 项目情况分析

对项目的整个环境进行有效分析，包括外部环境、上层组织系统、市场情况、相关干系人（客户、承包商、相关供应商等）、社会经济和政治、法律环境等。

2. 项目问题界定

对项目情况分析后，发现是否存在影响项目开展和发展的因素和问题，并对问题分类、界定。分析得出项目问题产生的原因、背景和界限。

3. 确定项目目标因素

根据项目当前问题的分析和定义,确定可能影响项目发展和成败的明确、具体、可量化的目标因素,如项目风险大小、资金成本、项目涉及领域、通货膨胀、回收期等。具体应该体现在项目论证和可行性分析中。

4. 建立项目目标体系

通过项目因素,确定项目相关各方面的目标和各层次的目标,并对项目目标的具体内容和重要性进行表述。

5. 各目标的关系确认

哪些是必然(强制性)目标,哪些是期望目标,哪些是阶段性目标,不同的目标之间有哪些联系和矛盾,确认清楚后便于对项目的整体把握和推进项目的发展。

从项目的定义看,项目必须有明确的目标,显然,项目必须要围绕项目目标进行有效的管理,可以说,能够实现项目目标的项目管理才是成功的项目管理,项目的成功与否关键在于项目管理。

任务二　明确项目管理目标内涵，合理把握项目管理目标

一、项目管理目标内涵

项目管理的目标可以说是将项目需求中的所有要求都完成。这是最基本的目标,不过如果仅仅是着眼于这个目标,那么项目管理者就与产品加工者没什么分别。实践证明,如果这样来管理项目,那么十有八九项目最终是要失败的。原因很简单,就是项目管理者把项目做成了一般的工作。我们已经了解了项目的特点,它不像工作那样按要求做或者按合同做就行了,项目从来不像想象的那么简单,一板一眼的按流程完成合同中规定的要求就可以交付项目,使客户满意,通常是可遇而不可求的。所以不能把项目管理的目标仅仅放在实现合同规定的项目需求上。

敏捷方法论提出的观点是,要为客户创造价值,以提高客户的竞争力为出发点,这比仅仅完成合同更进了一步。客户是整个项目的发起者,从这一个角度来讲,客户的满意才是项目管理的目标。而客户的满意究竟在哪里是一个值得思考的问题,提供一个符合合同要求的产品,客户满意吗? 不见得。比如说一个客户计划在一个位置相对偏僻的地方筹建一座写字楼,如果项目管理者按照合同保质保量按时完成,及时交付给客户,客户会面带微笑地接受项目产品吗? 不一定。因为他是接受了一个合格的产品,但可能会让他陷入很难受的境地,位置偏僻,没人来租住,不但收益谈不上,还会不断地加大投入,导致整个投资的失败。项目管理者的项目完成得再好,他也不会感激你,很有可能把项目的失败归于你,毕竟你没让他满意。那客户的真正满意点在哪里? 在于他从项目上得到的收益或者项目的增值。这

样,势必要求项目管理者好好想一想项目管理目标是什么了。

还有一点要注意,客户所说的一切都是对的! 时刻牢记这一点,通常能够使项目的进行保持在一个更接近正确路线的状态。客户需要什么? 客户遇到这个问题会怎么办? 客户觉得这个功能重不重要? 客户在这个功能点上会不会提出变化? 常常问问自己这些问题,通常能够保证项目不会做成想当然的样子。如果自己回答不了这个问题,那么赶快联系客户。理想的情况当然是客户就坐在你的身边,把客户作为项目管理的成员,当然,你也要把需要完成的项目看作是你自己的。

很多人在做项目的时候喜欢和客户对立起来,自己已经按原则、规范、标准、合同要求做了,可能客户会来一句我需要的东西不是这样的,或者客户的需求有变化了,这些事情多了,你就会烦,感到以前做得都没有用了,可能在工期、质量、成本上还会出现超出预想的东西,势必就会带着一股怨念继续做。一直梦想着客户应该是一开始就给出一个明确的需求,而且不会改变,看到你的产品眉开眼笑。这样的世界该是多么美好,但是你已经忘记了你是做项目的,这种心态对一个项目管理者来说是非常可怕的。最终结果往往会是把项目做失败。

二、项目管理目标特点

项目管理目标是项目完成的基础。只有在项目目标的指引下,我们才能有效实施项目管理过程,顺利完成项目。做好项目管理,必须了解项目管理目标的特点,了解的越深入,越有利于项目的成功。

1. 项目管理目标的明确性

项目必须有明确的目标,有了目标,才有方向,所有的项目管理都要朝着预定的目标进行。项目目标是项目管理的指向灯,指引着项目管理的有效进行。项目目标要在项目之初就要明确下来,而且,在整个项目管理过程中,项目目标是不可以改变的,如果,项目目标随着项目的进行而偏离,那么,项目肯定不能如期完成,也可以说项目管理失控。

项目管理目标明确性的另一个体现是目标要合理,我们在做项目之前要对项目有正确的预估,科学的确定,在项目过程中有效控制,不断地进行项目管理过程中的偏差纠正,朝着预定的目标进行有效的科学管理。可以说,能够实现项目目标的项目管理才是成功的项目管理。没有明确目标的项目管理就像无头的苍蝇,根本无法到达目的地。

每个项目参与人都要有明确的目标。

（1）业主方项目管理的目标

业主方项目管理服务于业主的利益,其项目管理的目标包括项目的投资目标、进度目标和质量目标。其中投资目标指的是项目的总投资目标。进度目标指的是项目动用的时间目标,即项目交付使用的时间目标。质量目标包括满足相应的技术规范和技术标准的规定,以及满足业主方相应的质量要求。

项目的投资目标、进度目标和质量目标之间既有矛盾的一面,又有统一的一面,它们之间的关系是对立统一的关系。

（2）设计方项目管理的目标

设计方项目管理的目标包括设计的成本目标、设计的进度目标和设计的质量目标,以及项目的投资目标。

设计方的项目管理工作主要在设计阶段进行,但也涉及设计前的准备阶段、施工阶段、动用前准备阶段和保修期。

(3) 供货方项目管理的目标

供货方项目管理的目标包括供货方的成本目标、供货的进度目标和供货的质量目标。

供货方的项目管理工作主要在施工阶段进行,但它也涉及设计准备阶段、设计阶段、动用前准备阶段和保修期。

(4) 建设项目工程总承包方项目管理的目标

建设项目工程总承包方作为项目建设的一个重要参与方,其项目管理的目标应符合合同的要求,包括:

① 工程建设的安全管理目标;

② 项目的总投资目标和建设项目工程总承包方的成本目标;

③ 建设项目工程总承包方的进度目标;

④ 建设项目工程总承包方的质量目标。

建设项目工程总承包方项目管理工作涉及项目实施阶段的全过程,即设计前的准备阶段、设计阶段、施工阶段、动用前准备阶段和保修期。

(5) 施工方项目管理的目标

项目的整体利益和施工方本身的利益是对立统一的关系,两者有其统一的一面,也有其矛盾的一面。

施工方项目管理的目标应符合合同的要求,它包括:

① 施工的安全管理目标

② 施工的成本目标

③ 施工的进度目标

④ 施工的质量目标

按国际工程的惯例,当采用指定分包商时,不论指定分包商与施工总承包方,或与施工总承包管理方,或与业主方签订合同,由于指定分包商合同在签约前必须得到施工总承包方或施工总承包管理方的认可,因此,施工总承包方或施工总承包管理方应对合同规定的工期目标和质量目标负责。

2. 项目管理目标的多阶段性

任何项目,特别是建设项目,不是一蹴而就的,都需要一个复杂、或长或短的过程。习惯上我们会把项目划分成若干个阶段,分阶段完成项目。把一个复杂的项目分解成多个部分,每个部分可以看成子项目,这样大事化小更有利于进行项目管理。

国际上普遍流行的项目阶段划分是把项目分为两个阶段,即前期阶段(又称定义阶段、FEL 或 FEED)和实施阶段(又称 EPC 阶段,即设计、采购、施工阶段)。所谓 FEL,就是 Front-end Loading 即项目前期工作。

前期阶段指详细设计开始之前的阶段,前期阶段包含了详细设计开始前所有的工程活动,该阶段工作量虽仅占全部工程设计工作量的 20%～25%,但该阶段对整个项目投资的影响却高达 70%～90%,因此该阶段对整个项目十分重要。在项目前期阶段,PMC 的任务是代表业主对项目进行管理。主要负责以下工作:项目建设方案的优化;对项目风险进行优化管理,分散或减少项目风险;提供融资方案,并协助业主完成融资工作;审查专利商提供的设计文件,提出项目统一遵循的标准、规范,负责组织或完成基础设计、初步设计和总体设计;协助业主完成政府部门对项目各个环节的相关审批工作;提出设备、材料供货厂商的名单,提出进口设备、材料清单;提出项目实施方案,完成项目投资估算;编制 EPC(或 EP)招标文件,对 EPC(或 EP)投标商进行资格预审,完成招标、评标。通过项目设计优化,实现项目寿命期成本最低。PMC 会根据项目所在地的实际条件,运用自身的技术优势,对整个项目进行全方位的技术经济分析与比较,本着功能完善、技术先进、经济合理的原则对整个设计进行优化。

国外对前期都非常重视,一般认为前期阶段工作的成功完成是项目有效进行的前提。

在项目实施阶段,由中标的总承包商负责执行详细设计、采购和建设工作。PMC 在这个阶段里,代表业主负责全部项目的管理协调和监理,直到项目完成,主要负责以下工作:编制并发布工程统一规定;设计管理、协调技术条件,负责项目总体中某些部分的详细设计;采购管理并为业主的国内采购提供采购服务;同业主配合进行生产准备、组织装置考核、验收;向业主移交项目全部资料。在完成基础设计之后通过一定的合同策略,选用合适的合同方式进行招标。首先需要把项目分解成若干个工作包,分包时应遵循如下原则:由地域来划分(布置较接近的装置放在一个包内);减少及简化接口;每个包限定一定的投资,以化解或减少 EPC 带来的风险。主要考虑的合同形式为 EPC、EP+C、E+PC 三种,此外其他还有固定单价合同(包括服务合同)、租赁合同等合同形式。PMC 会根据不同工作包设计深度、技术复杂程度、工期长短、工程量大小等因素综合考虑采取哪种合同形式,从而从整体上给业主节约投资。通过 PMC 的多项目采购协议及统一的项目采购策略,降低投资。多项目采购协议是业主就一种商品(设备/材料)与制造商签订的供货协议。与业主签订该协议的制造商在该项目中是这种商品(设备/材料)的唯一供应商。业主通过此协议获得价格、日常运行维护等方面的优惠。各个 EPC 承包商必须按照业主所提供的协议去采购相应的设备。多项目采购协议是 PMC 项目采购策略中的一个重要部分。在项目中,要适量的选择商品的类别,以免对 EPC 承包商限制过多,影响其积极性。PMC 还应负责促进承包商之间的合作,以达到业主降低项目总投资的目标,包括获得合理出口信贷数量和全面符合计划的要求。PMC 的现金管理及现金流量优化。PMC 可通过其丰富的项目融资和财务管理经验,并结合工程实际情况,对整个项目的现金流进行优化。而且,业主同 PMC 之间的合同形式基本是一种成本加奖励的形式,如果 PMC 的有效管理使投资节约,PMC 将会得到节约部分的一定比例作为奖励。

我们对于建设项目的工作阶段一般划分为四个主要的工作阶段。

(1) 项目的定义与决策阶段

在这一阶段中,人们提出一个项目的提案,并对项目提案进行必要的机遇与需求分析和识别,然后提出具体的项目建议书。在项目建议书或项目提案通过以后,需要进一步开展不同详细程度的项目可行性分析,最终做出项目方案的抉择和项目的决策。

(2) 项目的计划和设计阶段

在这一阶段中,人们首先要为已经决策要实施的项目编制各种各样的计划(针对整个项目的工期计划、成本计划、质量计划、资源计划和集成计划等等)。同时,还需要进行必要的项目设计工作,以全面设计和界定项目,以及项目各阶段所需要开展的工作,提出有关项目产出物的全面要求和规定。

（3）项目的实施与控制阶段

在这一阶段中,人们开始项目的实施。在项目实施的同时,人们要开展各种各样的控制工作,以保证项目实施的结果与项目设计、计划的要求和目标相一致。

（4）项目的完工与交付阶段

项目还需要经过一个完工与交付的工作阶段才能够真正结束。在项目的完工与交付阶段,人们要对照项目定义和决策阶段提出的项目目标和项目计划与设计阶段所提出的各种项目要求,首先由项目团队全面检验项目的整个工作和项目的产出物,然后由项目团队向项目的业主或用户进行验收和移交工作,直至项目的业主或用户最终接受了项目的整个工作和工作结果,项目才算最终结束。

正是由于建设项目的多阶段划分,在进行项目管理时,在每个阶段都有必要确定各自的目标,并且每个阶段目标都要与预定的项目目标相符合,都要受到预定目标的约束。

3. 项目管理目标的统一性

在一个项目中有众多的参与者,每个参与者都是项目利益相关者,而项目利益相关者的需求是多种多样的。通常可把需求分为两类,必须满足的基本需求和附加获取的期望要求。我们搞项目管理就要弄清楚项目参与人的真实需求,还要清楚不同参与人各自需求都是什么,以及他们众多需求之间的关系。只有准确了解了各自的需求,才能明确制定正确的项目目标。

我们知道,项目活动是一项很复杂的活动,干系人众多,直接参与人就包括政府部门、投资商、顾主、承包商、设计方、监理方、咨询方、供应商等等,上至政府、行业,下至分包商。这些干系人都要聚集在统一的项目中,每一方都在进行着各自的项目管理活动,显然每个参与人都有自己的目标。

政府需要一个能给地方带来效益的项目,投资商要通过项目投资获取收益,顾主希望项目如期、有效运营,承包商想通过建造产品获取报酬,等等。不同的参与人,目标不同,每个参与人都要为实现自己的目标而努力,但是,不管参与人的目标如何的不同,都要统一在同一个项目上。

分析众多的参与人,我们会发现,业主是整个项目的核心,业主的目标是所有项目参与人的目标,如果业主的目标不能达到,其他参与人的目标也很难实现,所以,在项目管理活动中,项目参与人在制定自己的目标时,必须明确业主的项目目标,并在制定自身目标时,以业主的项目目标为基础。

4. 项目管理目标的冲突性

对于建设项目,基本需求包括项目实施的范围、质量要求、利润或成本目标、时间目标以及安全、风险、环境和必须满足的法规要求等。在一定范围内,质量、成本、进度三者是互相制约的,当进度要求不变时,质量要求越高,则成本越高;当成本不变时,质量要求越高,则进度越慢;当质量标准不变时,进度过快或过慢都会导致成本的增加。

不管是业主,还是承包商,在项目管理过程中都要有管理目标,可以是质量、成本和工期,也可以是一个分目标的统一体。但是,由于目标因素的相互制约性使得很难形成一个理想的统一体,甚至一些在项目中不占主要地位的目标因素也会在某种情况下喧宾夺主,比如安全目标,一旦出现重大安全事故,就会带来投资或成本的巨大增加,有时承包商可能因此破产,为了达到安全目标,就必须进行成本投入,势必会影响其他目标。就是因为项目中的目标因素的相互冲突或者矛盾更使得我们要加强项目管理,通过有效的项目管理,把所有的目标因素统一到一个合理的项目管理目标中。

5. 项目管理目标的层次性

这里谈的项目管理目标的层次性体现在我们看待项目的角度上,我们已经了解,项目管理实质上是业主的项目管理,所有的参与人,所有项目环节的项目管理,都要围绕业主的项目管理进行相应的项目管理工作。

业主是建设项目的经营者或称为顾主,也可以说业主是项目产品的接受者,他的满意是项目顺利完成的标志,整个项目管理的目标就是要使项目成果达到业主的满意。这也是项目管理成功的最低层次,否则,项目根本谈不上成功。

另外,在项目管理活动中我们还要认识到业主对项目真正的需求是什么?业主需求的项目是高质量的项目产品,还是低成本的项目产品?是一个快速上市的项目产品,还是形象美观的项目产品?从不同的角度,在不同的状况下我们都可能看到业主对项目的需求。谁都希望得到一个质量优良的项目,但是如果作为一个商场要在国庆、中秋营业,如期完工是业主最大的期望;一座厂房,在满足功能要求下的低成本投入则是业主所求;一个地标式建筑,它的外观形象又称为业主的喜好。甚至,业主在一个项目上所要求的目标在不停地摇摆,有时注重质量,有时注重工期,有时还要降低成本,有时还要高标准,殊不知,这些都是矛盾的。那项目管理就变得很难,既然所有的项目管理都要围绕业主的项目管理,达到业主的目标,就要不断地投其所好,而且不断地变换项目管理目标,到最后所有的参与者都很难达到各自的项目管理目标,使得项目不能走向成功。那我们就要分析业主究竟要干什么?业主搞项目,应该说要在项目上获取利益,不管是经济、社会,还是环境,都要有所图。这种所图不是赔钱、赔时间,而是有所盈,是自己原有价值上的增值。这就是业主在项目活动中的更高层次的需求,也是所有的项目管理活动的更高层次的管理目标。

在做项目时,通过项目的含义,很清楚地发现,任何项目都要耗费一定的资源,不管是人力、物力、财力还是土地,这些资源都是有限的,你的占用在某种程度上可以说已经剥夺了其他人占用的机会,地球就这么大,你的项目的存在同样剥夺了其他项目存在于该空间的机会。任何一个项目都不是转瞬即逝,要存续好多年,这又直接牵扯到我们的后代。我们是要为后代留下一堆垃圾,还是留下历史的见证?是把这个世界糟蹋的七疮八孔,还是把她变得更加美好?这是我们每个项目参与人都要思索的问题,明白了,就能达到项目管理目标的最高层次。

项目管理目标的层次性可以用彼得·德鲁克的经典三问来表达。

我们在干什么?

我们要干什么?

我们究竟要干什么?

项目五
项目范围管理

任务一 明确项目范围与 项目范围管理 概念	任务二 合理确定 项目范围	任务三 掌握项目 工作分解 结构	任务四 有效进行项 目范围控制 与管理
培养目标	**培养目标**	**培养目标**	**培养目标**
知识目标： 掌握项目采购主要过程和基本原则； 了解项目采购方式； **能力目标：** 能够了解项目采购，参与项目采购； **素质目标：** 加强对项目采购的认识；在项目采购中胜任角色。	**知识目标：** 掌握项目范围规划； 掌握项目范围的确定方法； **能力目标：** 能够运用项目范围确定方法进行项目范围确定； **素质目标：** 具有方法意识； 具有项目范围确定的必要性认知。	**知识目标：** 掌握工作分解结构的意义； 熟练工作分解结构的程序、方法； **能力目标：** 能够制定工作分解结构； **素质目标：** 理解工作分解结构的意义；利用工作分解结构进行项目管理。	**知识目标：** 掌握项目范围变更的原因； 熟练项目范围变更控制； **能力目标：** 能够对项目范围变更的原因进行有效分析； 能够在项目管理中对项目范围变更进行有效控制； **素质目标：** 具有变更的分析能力和控制能力； 具备处事不惊想方法的能力。
教学内容	**教学内容**	**教学内容**	**教学内容**
教学内容： 1. 项目范围 2. 项目范围管理 **训练内容：** 分组讨论，明确项目范围管理	**教学内容：** 1. 工作分解结构的意义； 2. 制定工作分解结构； **训练内容：** 制定某项目工作分解结构	**教学内容：** 1. 工作分解结构的意义 2. 制定工作分解结构 **训练内容：** 制定某项目工作分解结构	**教学内容：** 1. 项目范围变更的原因分析 2. 项目范围变更控制 3. 项目范围管理总结 **训练内容：** 结合具体项目，分析项目范围变更原因

引例

希赛信息技术有限公司(CSAI)原本是一家专注于企业信息化的公司,在电子政务如火如荼的时候,开始进军电子政务行业。在电子政务的市场中,接到的第一个项目是开发一套工商审批系统。由于电子政务保密要求,该系统涉及两个互不联通的子网:政务内网和政务外网。政务内网中储存着全部信息,其中包括部分机密信息;政务外网可以对公众开放,开放的信息必须得到授权。系统要求在这两个子网中的合法用户都可以访问到被授权的信息,访问的信息必须是一致可靠,政务内网的信息可以发布到政务外网,政务外网的信息在经过审批后可以进入政务内网系统。

张工是该项目的项目经理,在捕获到这个需求后认为电子政务建设与企业信息化有很大的不同,有其自身的特殊性,若照搬企业信息化原有的经验和方案必定会遭到惨败。因此采用了严格瀑布模型,并专门招聘了熟悉网络互通互联的技术人员设计了解决方案,在经过严格评审后实施。在项目交付时,虽然系统完全满足了保密性的要求,但用户对系统用户界面提出了较大的异议,认为不符合政务信息系统的风格,操作也不够便捷,要求彻底更换。由于最初设计的缺陷,系统表现层和逻辑层紧密耦合,导致70%的代码重写,而第二版的用户界面仍不能满足最终用户的要求,最终又重写的部分代码才通过验收。由于系统的反复变更,项目组成员产生了强烈的挫折感,士气低落,项目工期也超出原计划的100%。

思考

1. 什么是项目范围?
2. 项目范围管理的主要内容?
3. 如何确定项目范围?
4. 项目范围规划有哪些作用?
5. 项目范围规划的依据?
6. 如何理解工作分解结构(WBS)?
7. 项目分解应符合哪些要求?
8. 工作分解结构的意义?
9. 工作分解结构过程?
10. 工作分解的基本原则?
11. 项目范围变更管理的要求?
12. 项目范围变更的原因?
13. 如何进行范围变更控制?
14. 项目范围管理总结的意义?

不管是软件开发、工程设计还是项目施工管理,只要是做过项目的,都已经或可能遇到项目没完没了的情况,令人头疼。比如,一所医院病房楼工程设计的项目,设计院对整个项目进行了近一年,项目何时交工还是个未知数,因为客户不断有新的需求提出,项目组建筑设计人员也就要根据客户的新需求不断去变更,相应的结构部分也要随之改动,殊不知,建筑设计的更改要简单一些,但是,结构设计就要重新设计一遍。这个项目就像没有目标的公牛,迫使项目没完没了地往下做,特别是结构设计人员无奈的都要疯了,耗费大量的精力,大家对这样的项目完全丧失了信心,只有怠工放弃。这个项目其实一开始就没有很明确地界定整个项目的范围,在范围没有明确界定的情况下,又没有一套完善的变更控制管理流程,任由用户怎么说,就怎么做,也就是说一开始就没有定好规则,从而导致整个项目成了一个烂摊子。

分析原因,总结经验,很容易就能得出结论。首先,一般这种现象的出现是由于在项目采购时,企业没有完善的项目管理体系来指导项目的管理。这种情况是最糟糕的,企业为了争取项目而争取项目,而项目由项目部来完成,靠项目经理和项目团队来完成一个笼统的项目,做起来是非常困难的,当然,成功的概率也是比较小的。其次,是企业及项目组对项目没能制定出清晰规范的范围变更控制过程。企业有管理体系,但不够完善和规范,对项目组的变更过程的制定没能起到有效的指导作用。我们都知道,变更是不可避免的。如果,有效地加以管理、控制,可以达到各方满意的结果。反之,如果项目范围的定义不够明确,做不到可量化、可验证程度或者没有做好项目范围的控制,项目就会变得一团糟,各方前期的友好也会发展到大动干戈,甚至需要到法庭上解决。显然,项目范围管理是整个项目管理中的重要一环,其必要性和重要性可见一斑。

任务一 明确项目范围与项目范围管理概念

一、项目范围

项目范围(Project Scope)是指为了成功达到项目的目标所必须完成的工作总和。这些工作构成项目的实施过程,最终可交付的成果是实现项目目标的物质条件,是确定项目范围的核心。一般认为,确定项目范围就是为项目界定一个界限,确定哪些方面是属于项目应该做的,哪些不应该包括在项目之内,从而定义项目管理的工作边界,明确项目的目标和项目主要的可交付成果。在项目坏境中"范围"(Scope)一词包括两方面的含义:一是产品范围,即产品或服务所包含的特征或功能,二是项目范围,即为交付具有规定特征和功能的产品或服务所必须完成的工作。在确定范围时首先要确定最终产生的是什么,它具有哪些可清晰界定的特性。要注意的是特性必须要清晰,以认可的形式表达出来,比如文字、图表或某种标准,能被项目参与人理解,绝不能含含糊糊、模棱两可,在此基础之上才能进一步明确需要做什么工作,才能产生所需要的产品。也就是说产品范围决定项目范围。

简而言之,项目范围(Project Scope)包括项目的最终产品或者服务,以及实现该产品或者服务所需要执行的全部工作。

二、项目范围管理

项目范围管理(Project Scope Management)是对合同中约定的项目工作范围进行的定义、计划、控制和变更等活动。

项目范围管理一般规定:

（1）项目范围管理应以确定并完成项目目标为根本目的，通过明确项目有关各方的职责界限，以保证项目管理工作的充分性和有效性。

（2）项目范围管理的对象应包括为项目所必需的专业工作和管理工作。专业工作是指专业设计、施工和供应等工作，而管理工作是指为实现项目目标所必需的预测、决策、计划和控制工作，还可以分为各种职能管理工作，比如进度管理、质量管理、合同管理、资源管理、信息管理等。

（3）项目范围管理的过程应包括项目范围确定、项目结构分析、项目范围控制等。

项目范围确定是明确项目目标和可交付成果的内容，确定项目的总体系统范围并形成文件，以此作为项目设计、计划、实施和评价项目成果的依据。

项目结构分析是对项目系统范围进行结构分解（工作结构分解），用可测量的指标定义项目的工作任务，并形成文件，以此作为分解项目目标、落实组织责任、安排工作计划和实施控制的依据。

项目范围控制是指在预定的项目范围内进行项目的实施（包括设计、施工、采购等），对项目范围的变更进行有效控制，保证项目系统的完备性和合理性。

（4）项目范围管理应作为项目管理的基础工作，并对范围的变更进行检查、分析和处置。由于项目范围变更的经常性和近乎不可避免性，项目范围就存在一定的不确定性，所以说项目范围管理实际上是一个动态的过程，整个项目管理也是一个动态的过程。

任务二　合理确定项目范围

项目范围的确定是项目实施和管理的基础性工作，项目实施前，组织应明确界定项目的范围，提出项目范围说明文件，作为进行项目设计、计划、实施和评价的依据。

要正确确定项目范围，必须准确理解项目目标，进行详细的环境调查，对项目的制约条件和同类工程项目的资料进行了解和分析。对承包人来说，还要准确分析和理解合同条件。所以，确定项目范围应主要依据项目目标的定义或范围说明文件、环境条件调查资料、项目的限制条件和制约因素以及同类项目的相关资料等。

在项目的计划文件、设计文件、招标和投标文件中应包括对工程项目范围的说明。项目范围说明文件是项目进度管理、合同管理、成本管理、资源管理和质量管理的依据。

一、项目范围规划

项目范围规划就是确定项目范围并编写项目说明书的过程。项目范围的确定与管理是项目管理的基础性工作，事关项目的成败。每个项目都必须慎重，在考虑与权衡工具、数据来源、方法系、过程与程序以及其他因素时，确保项目范围与项目性质有较好的对应性，科学地进行项目范围的确定与管理。

在项目立项和审批后，就要进行项目规划，其中很关键的环节就是确定项目的范围，即形成详细项目范围说明书。项目范围说明书形成项目的基本框架，说明了项目内容，有很重要的作用。

（1）项目所有者或项目管理者能够据之系统地、逻辑地分析项目关键问题及项目形成中的相互作用要素。

（2）项目的利益相关人员在项目实施或项目有关文件书写以前，能够就项目的基本内容和结构达成一致。

（3）产生项目有关文件格式的注释，用来指导项目有关文件的产生。

（4）形成项目结果核对清单，作为项目评估的一个工具，在项目终止以后或项目最终报告完成以前使用，以此作为评价项目成败的判断依据。

（5）作为项目整个生命周期中监督和评价项目实施情况的背景文件。

（6）作为有关项目计划的基础。在进行范围规划时，依据项目初步范围说明书、项目许可证、事业环境因素、组织过程资产、制约因素及假设前提等，采用一定的工具和技术，从而形成包括项目范围说明书在内的项目范围管理计划。

1. 项目范围规划的依据

项目和子项目都要编写项目范围说明书。一般来说，项目范围说明书要由项目组或项目班子来写，项目组编写项目范围说明书时必须有以下的依据。

（1）成果说明书

所谓成果，就是项目初步范围说明书中所要求交付的产品或服务，它是任务委托者在项目结束时要求项目管理班子交出的成果。在成果说明书中，对要求交付的成果必须有明确的要求和说明。一般在合同中注明。

（2）项目许可证

项目许可证是正式承认某项目存在的一种文件。它可以是一个特别的文件形式，也可以用其他文件替代，如企业要求说明书、产品说明书。项目许可证应该由项目外部的企业高层领导发出，它赋予项目经理利用企业资源、从事项目的有关活动的权力。对于一个合同项目来说，签署的合同可以作为卖方的项目许可证。

（3）环境因素

包括项目所处的政治、政策环境、资源配置环境、市场环境以及自然环境等。所有这些都会影响项目范围的管理方式。

（4）组织过程资产

组织过程资产是能够影响项目范围管理方式的正式或非正式的方针、程序和指导原则，与项目范围规划有具体关系的过程资产包括：与项目范围规划与管理有关的组织方针；与项目范围规划与管理有关的组织程序；可能存放于吸取的教训知识库中的历史资料。

（5）制约条件

制约条件是限制项目团队行动的因素。例如，事先确定的项目预算将会限制项目小组对项目范围、人员配置以及日程安排的选择。对于一个合同项目，合同条款通常被看成制约因素。

（6）不确定因素

在项目实施过程中，有些因素是未知的，在管理中只能靠一定的方法进行预估或假定。这种预估和假定常常包含一定程度的风险。

2. 项目范围规划方法

（1）成果分析

通过成果分析可以加深对项目成果的理解。它主要运用系统工程、价值工程、价值分析、功效分析和质量功能展示等技术确定其是否必要、是否有价值。

（2）成本效益分析

成本效益分析就是估算不同项目方案的有形和无形费用和效益，并利用诸如投资收益率、投资回收期等财务手段估计各项目方案的优选和优化。

（3）项目方案识别技术

这里的项目方案是指实现项目目标的方案。项目方案识别技术泛指提出实现项目目标方案的所有技术。管理学中提出的许多现存的技术，如专家判断法、头脑风暴法和侧面思考法，可用于识别项目方案。

3. 项目范围规划成果

对项目范围规划后应当形成包括项目范围说明书在内的项目范围管理计划。

（1）范围说明书

范围说明书是详细的说明书，它可以帮助项目的有关利益集团就项目范围达成共识，为项目实施提供基础。其内容包括项目的合理性说明，即解释为什么要进行这一项目，项目合理性说明为以后权衡各种利弊关系提供依据；项目成果的简要描述，确定项目成功所必须满足的某些数量标准，通常这些标准应包括质量、费用、进度和技术性能，且尽可能是量化标准，未被量化的目标往往具有风险；项目可交付成果，交付出符合顾主要求，达到顾主满意的产品是项目完成的标志；项目目标的实现程度；辅助说明，作为为项目范围阐述的辅助说明，应该是根据需要记录和编写一些文件，并通过其他项目管理程序，把它变成易被利用的东西。辅助说明总是包括所有已认定的假设文件和制约因素。辅助说明的数量在不同的领域中会有所不同。

（2）范围管理计划

范围管理计划是描述项目范围如何进行管理、项目范围怎样变化才能与项目要求相一致等问题的。它应该包括：

① 说明如何管理项目范围以及如何将变更纳入项目的范围之内；

② 对项目范围稳定性的评价，即项目范围变化的可能性、频率和幅度；

③ 说明如何识别范围变更以及如何对其进行分类等。

根据具体项目工作的需要，范围管理计划可以是正式的或非正式的，可以是非常详细的，也可以是一个大概框架。该计划是整个项目计划的一个附属部分。

二、项目范围确定

范围确定就是把项目的主要可交付成果划分为较小的、更易管理的单元。项目范围的确定要以其组成的所有产品的范围为基础，这也是一个由一般到具体、层层深入的过程。即使一个项目可能是由一个单一产品组成的，但产品本身又包含一系列要素，有其各自的组成部分，每个组成部分又有其各自独立的范围。例如：一个新的电话系统可能包含 4 个组成部分—硬件、软件、培训及安装施工。其中,硬件和软件是具体产品,而培训和安装施工则是服务,具体产品和服务形成了新的电话系统这一产品的整体。如果项目是为顾客开发一个新的电话系统,要定义这个项目的范围,首先要确定这个新的电话系统应具备哪些功能,定义产品规范,然后具体定义系统的各组成部分的功能和服务要求,最后明确项目需要做些什么才能实现这些功能和特征。

1. 项目范围确定的前提

项目的成败是指项目管理者所交付的成果是否令顾主满意,顾主到底需要什么样的产品? 什么程度标准的产品? 顾主的真正企图是什么? 这些问题是项目管理者首先要明白的,连顾主的真正要求都不晓得,我们做什么项目,做哪些工作更谈不上,所以在项目范围确定前首先要进行顾主需求的识别,并把其需求明确下来。

(1) 顾主对项目需求的识别

一个项目没有明确的范围,就不知道具体做什么,项目就像无头的苍蝇,不知道怎么飞,也不知飞向何处,飞到火里也有可能。项目范围的确定来源于项目的需求,不能全面、正确地理解一个需求和其内在含义,或者不能正确地阐述表达它,项目管理必将迷失方向。因此,把项目需求从开始的不确定,逐步进化出一个清晰的框架,直至最终获得正确的理解,是项目管理一个至关重要的环节。项目是针对满足客户需求的。但认识需求却是一件非常困难的事情。因此,对需求的认识需要充分了解客户及其政治、经济、社会背景,与之建立坦诚的合作关系,全面交流、透彻地分析其凌乱的需求建议或观点,进行详尽的研究,不断深化对需求认识的理解,才能归纳整理出清晰的需求说明。做到准确识别需求要做到:

① 全面理解项目的处境和项目已有的现行系统,只有对现实准确认识,才能更好地解决未来问题。

② 识别多元客户需求,以优我顺序排列他们的需求。

③ 组织一个项目不同利益方代表组成的需求定义任务小组,使项目干系人各方需求能充分协调,更好地定义项目需求。

④ 与客户沟通,让客户理解项目涉及的技术功能、问题,明确客户在定义需求时的责任,以配合需求定义。

⑤ 发挥项目管理者技术优势,提供更有利于客户的建议,确定客户需求。

(2) 顾主需求的表达

对顾主的需求进行准确识别后,必须把它清楚地表达出来,在全面、不含糊地表达需求之后,就可以用肯定的词语规定怎样做能满足项目的需求。这也是对项目范围的约束,为后期的项目实施、项目变更提供有力依据。因为,顾主或业主往往不是一个人,即便是一个人,他的想法和需求也是不固定的,没有准确的、文字性的需求表达,常常很被动。在表达项目需求时要做到:

① 让提出需求的人把他们的感觉尽可能清楚地表达出来并做好记录;

② 针对需求的真实性、可行性、重要性和影响,向客户提出问题,从不同的角度理解需求;

③ 从技术和方法的角度对项目做一些必要的研究,更好地处理需求;

④ 根据以上三步得出的结论,尽可能清楚地描述项目需求;

⑤ 客户要确认项目管理人员对需求的认识是否如实反映了项目真实需求,项目管理者根据客户意见做适当修改。

需求自身的模糊性和动态变化性,是导致需求认识困难的最大原因。需求产生时可能只是一闪念,它代表某种新鲜事物、某种不同的想法,具有非常强的不确定性,客户在陈述自己的需求时往往只能提供一些含糊的信息,如"我说不清楚我需求的是什么,但我见到东西时就会知道",这说明客户对自己的需求只是一种感觉,而且这种说不清的感觉还会随着环境的变化而变化,客户需求是存在的,但只是比较粗略,只不过需求会因周围环境的变化而变化。

另外,项目人员需求认识能力的缺陷,也是导致需求定义困难的原因。项目是针对满足客户需求的,但项目不可能满足所有项目干系人的需求,根据项目特征而选择需求来源和需求讨论对象是极其重要的,比如工程移民项目的需求、认识,工程业主和搬迁工程环境中居民的需求和这些居民"迁得走、留得住、能发展"的需求对项目具有同等的重要意义,如果认识需求选择的需求讨论对象不对,必将导致需求认识方向的错误。其中,项目人员在需求认识中往往容易陷入"误解需求""镀金需求""选择性过渡需求""自我定义需求"等误区。

一方面客户模糊、粗略的需求不断变化,永不满足的要求让没有经验的项目管理人员产生不满情绪,并导致误解,而且如果只是根据客户的陈述在做项目计划,也很难给客户交付一个真正满足其需要的产品。另一方面项目管理人员植根于自己职业的、技术能力的自负,往往狭隘地根据自己的经历、价值观和专业知识过滤"客户的需求陈述",对其妄下定义,不屑于以简单、直接的方案满足客户的需求。不进行方案优化,不凭技术,凭感觉、凭经验,提供给客户"我认为他们需要的东西",导致客户拒绝接受项目最终交付产品。问题的症结很简单,因为项目人员认识的需求不是客户所需要的。造成项目成本增加,工期延长,并最终导致项目失败。

2. 项目范围确定的依据

项目范围确定要进一步以项目许可证、项目组织过程资产、项目制约条件及不确定因素为依据,同时充分运用在项目范围规划中所形成的项目范围说明书和项目范围管理计划。除此之外,还应依据以下几个方面的内容:

(1) 其他计划成果。其他知识领域的结果也可以作为确定范围定义所应考虑的因素。

(2) 历史资料。其他项目的相关历史资料,特别是经验教训,也应在确定项目范围时考虑。

(3) 批准的变更请求。批准的变更请求是为了扩大或缩小项目范围并形成文件的变更。

3. 范围确定方法与程序

(1) 参考已有工作分解结构

工作分解结构是由项目各部分构成的、面向成果的树型结构。该结构定义并组成了项目的全部范围,项目组织过去所实施的项目的工作分解结构常常可以作为新项目的工作分解结构的参考。虽然每个项目都是独一无二的,但仍有许多项目彼此之间都存在着某种程度的相似之处。许多应用领域都有标准的或半标准的工作分解结构作为参考。

(2) 分解

分解就是把项目及其主要可交付成果分成较小的、更易管理的组成部分,直到可交付成果定义得足够详细,足以支持项目将来的活动,如计划、实施、控制等。分解的步骤:

① 识别项目的主要组成部分。

通常情况下,项目的主要组成部分即为项目的主要可交付成果,然而,项目的主要组成部分也可以根据项目的管理方式来定义。例如,项目寿命周期的不同阶段可以作为第一层次的分解,而项目的可交付成果可以作为第二层次的分解。

② 确定每一组成部分是否分解得足够详细,以便对它进行费用和时间的估算。

如果每一组成部分已经足够详细,则可以进行第四步,否则进行第二步。这就说明,不同的组成部分可以有不同的分解水平。

③ 确定可交付成果的构成要素。

构成要素应该是可以用有形的、可核查的结果来描述的,以便据此对项目绩效进行评价。有形的、可核查的结果既可以包括产品,也可以包括服务。例如,对某个制造项目,其构成要素可能包括几个单独的配件外加最后的装配。

④ 核对分解是否正确。

核对分解是否正确要分清,低层次的要素对于分解要素的完成是否充分必要,每个组成要素是否都被清楚、完全地定义,每一构成要素都做了预算及时间安排,都已经落实相应的责任部门或人员。否则,就需要进行修改,以保证管理控制。

4. 项目范围核实

范围核实是通过参与者(倡议者、委托人和顾客等)的行为正式确定项目范围的过程。它要求回顾生产工作和生产成果,以保证所有项目都能准确地、满意地完成。如果这个项目已提前终止,这个范围核实过程也应该证实并应以书面文件的形式把它的完成情况记录下来。范围核实与质量控制的不同之处在于,此过程主要关心验收可交付成果,而质量控制主要关心满足为可交付成果规定的质量要求。质量控制一般先于范围核实进行,但两者也可以同时进行。

（1）范围核实的依据

① 项目范围说明书。项目范围说明书包括说明待审项目产品的产品范围说明书和产品验收原则。

② 工作分解结构词汇表。工作分解结构词汇表是详细的项目范围定义的一个组成部分,并用于核实已提交并验收的可交付成果是否已列入批准的项目范围之内。

③ 项目范围管理计划。项目范围管理计划规定了如何正式核实与验收项目已完成可交付成果的过程。

④ 可交付成果。可交付成果就是已经全部或部分完成的,因而是指导与管理项目执行过程的成果的事项与物品。

（2）范围核实的工具与技术

项目范围核实的主要工具与技术就是检查。检查通过诸如测量、仔细检查与核实等过程判断工作与可交付成果是否符合要求与产品验收原则的各项活动。检查有评审、产品评审、审计与演练等各种名称。在某些应用领域中,这些不同名称具有较窄、较具体的含义。通过对项目范围的核实应形成以下成果:

① 验收的可交付成果

范围核实过程记载了已完成并经过验收的可交付成果。已经完成但尚未验收的可交付成果也记载下来,并附有未验收的理由。范围核实包括收到的顾客或赞助人证明文件,并记载利害关系者验收项目可交付成果的事实。

② 请求的变更

在范围核实过程中可能提出变更请求,并通过整体变更控制过程进行审查与批准。

③ 推荐的纠正措施

纠正措施是为了保证项目将来的绩效符合项目管理计划而提出并形成文件的建议。

5. 项目范围确定成果

项目范围确定后,要形成以下成果:

(1) 基本成果

① 项目范围说明书。本阶段形成的项目范围说明书是项目团队控制整个项目范围好坏的重要文件,它详细地说明了项目的可交付成果和为提交这些可交付成果而必须开展的工作;说明了项目的主要目标,是所有项目利害关系者对项目范围的共同理解;使项目团队能够实施更详细的规划,在执行过程中指导项目团队的工作,并构成了评价变更请求或增加的工作是否超出了项目边界的基准。

② 工作分解结构(WBS)。工作分解结构确定了项目的整个范围,也就是说 WBS 以外的工作不在项目范围之内。在项目范围说明的基础上,WBS 有助于加深对项目范围的理解。

WBS(工作分解结构)是 Work Breakdown Structure 的英文缩写,是项目管理重要的专业术语之一。WBS 的基本定义:以可交付成果为导向对项目要素进行分组,它归纳和定义了项目的整个工作范围,每下降一层代表对项目工作的更详细定义。无论在项目管理实践中,还是在 PMP、IPMP 考试中,工作分解结构(WBS)都是最重要的内容之一。WBS 总是处于计划过程的中心位置,也是制定进度计划、资源需求、成本预算、风险管理计划和采购计划等的重要基础。WBS 同时也是控制项目变更的重要基础。项目范围是由 WBS 定义的,所以 WBS 也是一个项目的综合工具。

WBS 是由 3 个关键元素构成的名词:工作(work)——可以产生有形结果的工作任务;分解(breakdown)——是一种逐步细分和分类的层级结构;结构(structure)——按照一定的模式组织各部分。

③ 工作分解结构词汇表。它是制作工作分解结构过程中生成的并与工作分解结构配合使用的文件。

(2) 请求的变更

对项目管理计划及其分计划请求的变更可以在范围定义过程中提出,请求的变更通过整体变更控制过程提交审查处置。

(3) 项目范围管理计划变更

项目范围管理计划是项目管理计划的组成部分,可能需要更新,以便将项目范围定义过程中产生并批准的变更请求纳入其中。

6. 项目范围确定的意义

通常来说确定了项目范围的同时也就定义了项目的工作边界,明确了项目的目标和项目主要的可交付成果。无论是新技术或是新产品的研发项目,或者是服务性的项目,如果不能有效地定义并控制项目的范围,将会带来许多严重问题,如:项目实际要求的、但没有明确定义的工作将不能得到有效执行,或者项目的范围盲目扩大,进而影响项目的预算。例如:迫于客户压力,不得不做一些分外工作,或自身缺乏明确的管理观念时,都将导致这样的结果。因此,确定项目的范围对项目管理来说有重要的意义。

（1）提高费用、时间和资源估算的准确性。项目的工作边界如果被定义清楚,就具体明确了项目的实际工作内容,同时也就为项目实施过程中所需要花费的费用、时间、资源的估计打下了一定的基础。

（2）确定了进度测量和控制的基准。项目范围是项目计划的基础,如果项目范围确定了,就为项目进度计划和控制确定了基准。

（3）有助于清楚地分派责任。在项目范围确定的同时,也就确定了项目的具体工作任务,所以为进一步分派任务打下了基础。

任务三　掌握项目工作分解结构

组织应根据项目范围说明文件进行项目的结构分析。结构分析应包括项目分解、工作单元定义和工作界面分析。项目结构分析是在项目范围确定的基础上进行的,是对项目范围的系统分析。

将项目范围分解到工作单元,即分解到可管理(计划、控制和考核)的活动,如分部工程、分项工程。工作单元通常包括工作范围、质量要求、费用预算、时间安排、资源要求和组织责任等内容。工作界面指工作单元之间的结合部,或叫接口部位,即工作单元之间相互作用、相互联系、相互影响的复杂关系,工作界面分析指对界面中的复杂关系进行分析。项目应逐层分解至工作单元,形成树形结构图或项目工作任务表,进行编码。

项目结构分解的结果是工作分解结构(Work Breakdown Structure),简称 WBS。它是项目管理的重要工具。分解的终端应是工作单元。项目分解应符合下列要求:

（1）内容完整,不重复,不遗漏。

（2）一个工作单元只能从属于一个上层单元。

（3）每个工作单元应有明确的工作内容和责任者,工作单元之间的界面应清晰。

（4）项目分解应有利于项目实施和管理,便于考核评价。

项目工作任务表通常包括工作编码、工作名称、工作任务说明、工作范围、质量要求、费用预算、时间安排、资源要求和组织责任等内容。

项目计划和实施过程中,应充分利用项目结构分解的结果,将其作为合同策划、成本管理、进度管理、质量、安全管理和信息管理的对象。

在项目管理中,大量的矛盾、争执、损失都发生在界面上。界面的类型很多,有目标系统的界面、技术系统的界面、行为系统的界面、组织系统的界面以及环境系统的界面等。对于大型复杂的项目,界面必须经过精心组织和设计。

工作界面分析应达到下列要求:

（1）工作单元之间的接口合理，必要时对工作界面进行书面说明。

（2）在项目设计、计划、实施中，注意界面之间的联系和制约。

（3）在项目实施中，应注意变更对界面的影响。

一、工作分解结构的意义

工作分解结构是将项目的可交付物和活动按照其内在的逻辑结构或实施的过程顺序进行逐层分解而形成的结构图。从这个定义，我们可以分析出如下的内容：

分解的可选角度有两个：按可交付物分解和按活动分解。按可交付物分解而得到的产出物用于进行项目范围确认，以及建立项目验收标准；按活动分解而得到的产出物用于项目时间管理部分的活动定义。

（1）工作分解结构是一张树形结构的逻辑示意图。

（2）通过对项目范围说明书的分解，会得到不同详细程度的工作分解结构。

工作分解结构是一种工作分解技术，是项目在不同细节水平上的概述或描述，它将为项目范围确认和项目活动定义提供支持。

工作分解结构对项目管理有很重要的意义，也可以把工作分解结构看作项目管理的工作方法或进行有效项目管理的工具。工作分解结构能化繁为简，将项目分解到易于管理和控制的程度，并为后续的工作，包括项目范围确认，项目进度控制，项目质量控制，项目成本控制，人员的安排等方面提供有力的支持。这就是制定工作分解结构的目的和意义如图5-1所示。

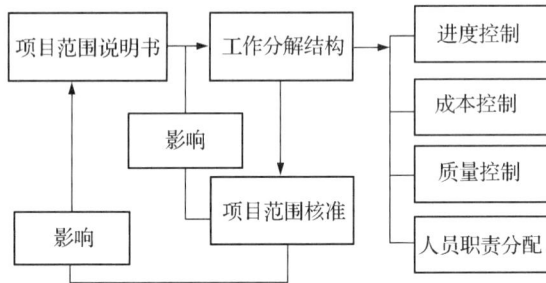

图 5-1　工作分解结构意义

二、制定工作分解结构

1. 工作单元

工作单元是进行工作分解结构的最终产物。它是一系列相关工作或任务，它位于工作分解结构的最底层，是易于被项目组成员所掌控的事物。它同时也是进行后续项目管理工作的基础和依据，所有的进度计划，质量管理计划，成本计划，人员安排都是以它为基础而进行的，它是开展项目管理的最小单位。

在进行工作结构分解，产生一系列工作单元的时候，我们可以参考如下原则：

（1）工作单元是独立的可交付单元，它应该是明确的，唯一的。

（2）工作单元中的工作任务应该能够明确地落实到某个组织或个人。

（3）工作单元的生命周期应该是最短的。

（4）明确工作单元与其他工作单元的关系。

（5）工作单元能够确定实际的成本预算，人力和资源的需求。

（6）工作单元中的大多数工作任务对项目组中相同类型的人员应该具有适应性。

2．关键要素

我们参考上述原则就可以产生一系列工作单元，当一系列工作单元被分解出来、项目组拿到这些工作单元以后，接下来就需要进行如下工作：

（1）内容或活动过程描述。根据项目范围说明书，对每一个工作单元进行描述，表明工作单元的性质。

（2）分配责任人。指明相关的组织和个人对工作单元的任务负责。即由他们来完成这个工作单元的任务。

（3）确定工作单元的生命周期。即确定工作单元的开始时间和结束时间。

（4）依据工作单元制定相关计划或分配必需的资源。如为每个工作单元制定进度计划，成本估计，质量管理计划等。

3．工作分解结构与里程碑

在工作分解结构的单元完成的时候，都会产出一系列的可交付成果。同时，根据项目的实际情况，项目组可以将这个工作单元与一个里程碑关联起来。

里程碑标志着某个成果或者阶段工作的完成。通常，里程碑是和可交付成果紧密联系在一起的。在达到里程碑的时候，项目组成员可以对项目进行总结反思。如果发现问题，可以采取必要的补救措施。里程碑的存在能够使项目组的目标比较专一，与项目的主要目标和可交付成果相比，里程碑的实现更加容易和可控，能够减少项目风险。

根据工作分解结构，在项目运行过程中的某个时间点设定里程碑是有意义的。

4．制定工作分解结构的思维过程

在项目管理方面，我们已经拥有了前人为我们总结的一系列的理论、知识、技巧。然而，项目管理是一门重视实践的学科，项目经理是干出来的。仅仅熟读几本项目管理方面的书是不能成为一名合格的项目经理的。合格的项目经理是理论结合实际，长期锻炼的产物。

因此，同样道理，在制定工作分解结构方面，我们没有一种通用的方法，没有一种让我们可以直接套用的模式、结构或者公式。没有这种绝招，让我们一旦学到就能简单地制作出工作分解结构。我们拥有的是前人给我们总结的一些理论、知识、技能和原则。然后，这些东西还是不够的。这些理论、知识、技巧还需要结合项目的实际情况，经过仔细地思考，才能创造出满意的工作分解结构。

因此，可以这样来说，制作工作分解结构的过程，也就是项目管理人员利用已有的理论、知识、技巧，结合项目实际情况进行权衡、取舍、思考的一个过程。而学会制作工作分解结构的这一过程，也就是学会如何进行思考的这一个过程。这里重点在于如何思考，如何去分析问题。最终，我们达到的目标就是：形成自己的风格，形成自己的东西。

但是，我们必须明白，学习项目管理，就是在改变我们原来的自发的思维方式，学习做事情的方式、方法。在进行项目管理的过程中还是有一定的规律和方法供我们参考的。下面我们熟悉一下一般的工作分解结构过程。

(1) 准确释读项目规划成果

① 详细的项目范围说明书。我们就是要将范围说明书中所描述的项目目标以分解图形的方式表达出来。它相当于这一工作步骤的原材料。这里的详细范围说明书可能是某个项目的整体描述,也可能仅仅是一个工作单元的描述。

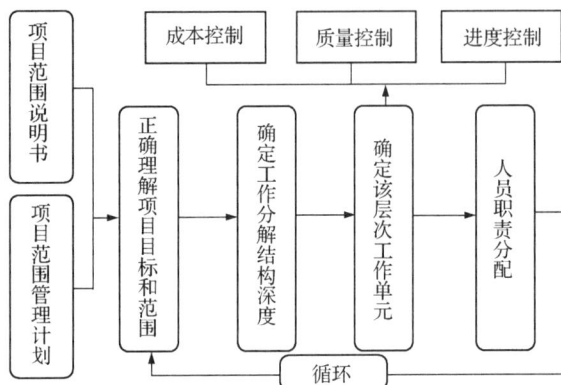

图 5 - 2　项目范围管理计划图

② 项目范围管理计划。它是一个指南。项目范围管理计划里面列出了项目管理者的一些规范、要求,在制作工作分解结构的时候,项目组成员需要遵循它。

(2) 分解标准

对于一个项目系统来说,没有一个统一的标准,按照不同的标准存在多种分解方式,针对不同的项目可以采用不同的标准,同样的项目也可以采用不同的标准,常用的有:

① 可以按照项目的组织结构进行分解,比如项目部—项目职能部门—部门工作等;

② 可以按照项目范围的构成进行分解,比如建设项目—单位工程—分部分项工程;

③ 按照项目的实施阶段进行分解,比如场地平整—定点放线—基坑开挖等。

在进行项目目标分解的时候,还有必要将项目的进程、范围、组织这三种结构形式综合考虑,甚至还要考虑到一些不确定因素。实际上,在创建工作分解结构的时候,还可以多种方式混合使用。比如,工作分解结构的第一层是按组织结构进行分解,而下一层可能就是按照项目的范围进行功能分解。

在制定工作分解结构的时候,具体采用何种方式进行分解,需要结合具体项目、具体的客观实际而定。确保我们工作结构分解后的工作单元具有可分配性和可完成性。要求我们在进行工作分解结构前,对项目本身、项目环境、项目要素等科学的分析与理解,综合理解项目,来解决采用哪一种方式会更有意义,如何将生成的工作单元分配给组织或个人,如何去实现这个工作单元等问题。毕竟,顺利完成项目内容,交付满意的项目产品是我们项目工作的根本。

(3) 分解的详细程度

在建立一个工作分解结构的时候,和没有一个标准的分解模式一样,也不存在一个标准的详细程度,一切都需要根据项目的实际情况而定。

对工作分解结构的详细程度起到影响作用的因素有：

① 管理者所站的高度。项目的工作分解结构,尤其是大型项目,它不是由一个项目管理人员来制定的,它是由不同层次的管理人员相互协作、共同制定的。制定这个工作分解结构的具体流程如图5-3所示。

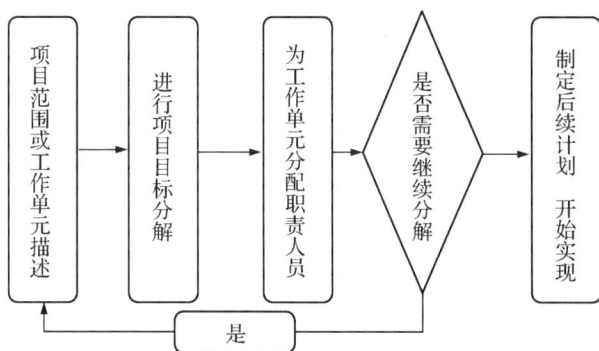

图 5 - 3 工作分解结构流程图

由上图可以看出,在拿到整个项目的范围说明书以后,项目的高层管理人员将项目分解成几个子项目,然后对这些子项目进行职责分配,由处于下一个级别的管理人员对这些子项目负责。当下一个级别的管理人员接收到任务以后,继续对他们手中的子项目进行分解,将这个子项目分解成一系列的子任务,然后进行职责分配。按此规则进行循环(项目越大,这种循环的次数就越多),直到获得一系列的工作单元,并由项目组成员实现。当然,这些工作单元必须是可完成和可控的。

而且,管理者所站的层次越高,那么由他所分解出来的工作分解结构的详细程度就越低;反之,管理者所站的层次越低,那么由他所分解出来的工作分解结构的详细程度就越高。因为,越接近底层,就越接近具体实施,就要求分解的程序更详细。

② 分解出来的工作单元是否可控。如果可控,则实现之;如果不可控,则继续分解,直到可以被项目组成员完全掌握。

③ 分解出来的工作单元的大小不能太大,也不能太小。这里有一个原则:8—80原则。也就是说,这个工作单元最少需要8个小时完成,最多完成时间不要超过80个小时。在计量项目时间进度的时候,可以以天为单位来计算,而一些大的项目则以周为单位。

④ 在整个制作工作分解结构的过程中,需要生成一些配套文件,这些配套文件需要和工作分解结构一起使用。这些文件称为工作分解结构词汇表。

工作分解结构词汇表的主要内容有:工作说明、负责人、进度里程碑清单以及质量要求、计划活动、资源和费用估算等。

（4）分解的方法

在进行工作结构分解的时候,有如下四种方法可以使用。

① 自上而下法。即先从总体考虑,然后逐层分解,直到底层。

② 自下而上法。即先从底层考虑,然后不断归纳。

③ 两者混合。对前面两种方法结合使用。

④ 模板法。在组织过程资产中寻找相关类型的模板,然后使用。

（5）分解的基本原则

在制定工作分解结构的时候，存在一些需要注意的事项或原则，如下：

① 一项任务只能在工作分解结构中出现一次。

② 某一级别的工作任务应该是下一级别的工作任务之和。

③ 工作分解结构的底层应该支持计划和控制。

④ 工作分解结构中的每一项任务必须有人负责，且只有一个人负责，尽管实际有多人参与。

⑤ 尽量使项目团队中的成员都参与工作分解结构的制定。

⑥ 工作分解结构并非一成不变，项目范围的变更会对它产生影响。

任务四　　有效进行项目范围控制与管理

在项目的生命周期中，存在着各种因素不断干扰着项目的进行，项目总是处于一个变化的环境之中。项目管理得再好，采用的管理方法再科学，项目也避免不了发生变化，根据项目管理的哲学思想，这种变化是绝对的。对项目管理者来说，关键的问题是能够有效地预测可能发生的变化，以便采取预防措施，以实现项目的目标。但实际上很难做到这一点，更为实际的方法则是通过不断的监控，有效的沟通、协调、认真的分析研究，力求弄清项目变化的规律，妥善处理各种变化。

组织应严格按照项目范围和项目分解结构文件进行项目范围控制，保证项目系统的完备性。

组织在项目范围控制中，应跟踪检查，记录检查结果，建立文档。要对项目任务的范围（如数量）、标准（如质量）和工作内容等的变化情况进行控制。

项目的变化主要是指项目的目标、项目的范围、项目要求、内部环境以及项目的技术质量指标等偏离原来确定的项目计划。项目范围的变化在项目变化中是最重要、最受项目经理关注的变化之一。一个项目的范围计划可能制订得非常好，但是在实施中不出现任何改变几乎是不可能的。因此对变更的管理也是项目经理必备的素质之一。项目范围变化并不糟糕，糟糕的是缺乏规范的变更管理过程。范围变更的原因是多方面的，比如用户要求增加，产品功能、环保问题导致设计方案修改而增加施工内容。项目经理在管理过程中必须通过监督绩效报告、当前进展情况等来分析和预测可能出现的范围变更，在发生变更时遵循规范的变更程序来管理变更。

项目范围变更涉及目标变更、设计变更、实施过程变更等，范围变更更会导致费用、工期和组织责任的变化以及实施计划的调整、索赔和合同争执等问题的发生。所以，组织在进行项目范围控制中，应判断工作范围有无变化，对范围的变更和影响进行分析与处理。

为规范项目变更管理，需要制定明确的变更管理流程，如图 5-4 所示，其主要内容是识别并管理项目内外引起超出或缩小项目范围的所有因素。它包括三个主要过程：对引起工作范围变更的因素进行识别；确定确实需要发生变更并施加影响以保证变更是有益的；管理那些实际发生的变更。

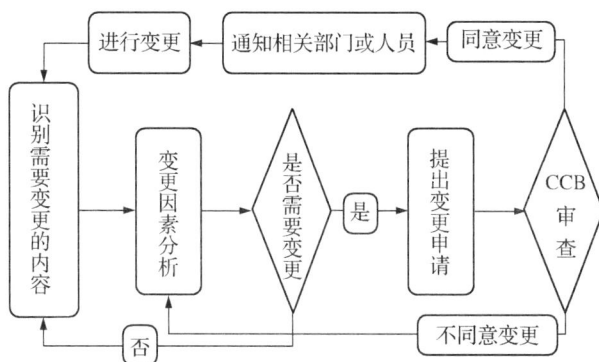

图 5-4　项目范围变更管理的一般流程图

项目范围变更管理应符合下列要求：

（1）项目范围变更要有严格的审批程序和手续。

（2）项目范围变更后应调整相关的计划。

（3）组织对重大的项目范围变更应提出影响报告。

项目范围变更控制关心的是对造成项目范围变更的因素施加影响，并控制这些变更造成的后果，确保所有请求的变更与推荐的纠正，通过项目整体变更控制过程进行处理项目范围控制也在实际变更出现时用于管理这些变更并与其他控制过程结合为整体。未得到控制的变更通常称为项目范围潜变。变更不可避免，因而必须强制实施某种形式的变更控制过程。

一、项目范围变更的原因分析

通过工作分解结构详细地界定的项目范围，确定了项目的工作边界，明确了项目的目标和主要的项目可交付成果。而如果项目的范围发生了变化，就必然会对项目产生影响，这种影响有的可能有利于项目目标的实现，但更多的则是不利于项目目标的实现。

一般来说，项目范围的变化会对项目带来以下影响。

（1）项目目标

项目范围的变化可能会造成项目工期的延长或缩短；项目费用的增加或减少；项目质量的降低或提高。这种影响是项目管理人员最为关心的问题，也是最重要的问题。

（2）生产要素

项目范围的变化可能会导致对项目所需材料、设备或工具等生产要素的更新。项目范围的变化不仅会对以上两个方面产生影响，还会影响到项目的方方面面，比如最终的绩效测量标准、进度计划以及预算成本等等。也就是说项目范围变化及其控制不是孤立的，因此在进行项目范围变更控制时，必须同时全面考虑到对其他因素或方面的控制，特别是对时间、费用和质量的控制。当然，在进行项目范围变更控制之前，我们还必须清楚项目范围变化的影响因素，从而有效地进行项目范围变化的控制。

项目范围变化的规律可能因项目而异，但通常情况下，项目范围变化一般受以下因素的影响。

① 项目的生命周期。项目的生命周期越长，项目的范围就越容易发生变更；

② 项目的组织。项目的组织越科学、越有力,则越能有效制约项目范围的变化。反之,缺乏强有力的组织保障的项目范围则较容易发生变化;

③ 项目经理的素质。高素质项目经理善于在复杂多变的项目环境中应付自如,正确决策,从而使项目范围的变化不会造成对项目目标的影响。反之,则在这样的环境中,往往难以驾驭和控制项目。

当然,除了上述因素以外,还有其他若干因素。例如,对项目的需求识别和表达不准确,计划出现错误,项目范围需要变化;项目中原定的某项活动不能实现,项目范围也需要变化;项目的设计不合理,项目范围更需要变化;外部环境发生变化、新技术、手段或方案的出现,项目范围需要变化;客户需求发生变化,项目范围也需要变化等等。

二、项目范围变更控制

项目范围变更控制是指为使项目向着有利于项目目标实现的方向发展而变动和调整某些方面因素引起项目范围发生变化的过程。项目范围变更是不可避免的,通常对发生的变更,需要识别是否在既定的项目范围之内。如果是在项目范围之内,那么就需要评估变更所造成的影响,以及如何应对的措施,受影响的各方都应该清楚明了自己所受的影响;如果变更是在项目范围之外,那么就需要商务人员与用户方进行谈判,看是否增加费用,还是放弃变更。因此,项目范围变更及控制也不是孤立的。

1. 范围变更控制实施的基础和前提

(1) 进行工作任务分解。建立工作任务分解结构是确定项目范围的基础和前提。

(2) 提供项目实施进展报告。提供项目实施进展报告就是要提供与项目范围变化有关的信息。以便了解哪些工作已经完成,哪些工作尚未完成,哪些问题将会发生,这些将会如何影响项目的范围变化等。

(3) 提出变更要求。变更要求的提出一般以书面的形式,其方式可以是直接的,也可以是间接的;变更要求的提出可以是来自项目内部,也可能来自项目外部;可以是自愿的,也可能是被迫的。

(4) 项目管理计划。项目管理计划应对变更控制提出明确要求和有关规定,以使变更控制做到有章可循。

2. 范围变更控制方法

(1) 范围变更控制系统

该系统用于明确项目范围变更处理程序,包括计划范围文件、跟踪系统和偏差控制与决策机制。范围变更控制系统应与全方位变化控制系统相集成,特别是与输出产品密切相关的系统的集成。这样才能使范围变更的控制能与其他目标或目标变更控制的行为相兼顾。当要求项目完全按合同要求运行时,项目范围变更控制系统还必须与所有相关的合同要求相一致。

(2) 偏差分析

项目实施结果测量数据用于评价偏差的大小。判断造成偏离范围基准的原因,以及决定是否应当采取纠正措施,都是范围控制的重要组成部分。

（3）补充规划

影响项目范围的变更请求批准后，可能要求对工作分解结构与工作分解结构词汇表、项目范围说明书与项目范围管理计划进行修改。批准的变更请求有可能成为更新部分项目管理计划的原因。

（4）配置管理系统

正式的配置管理系统是可交付成果状态的程序，并确保对项目范围与产品范围的变更请求是经过全面透彻考虑并形成文件后，再交由整体变更控制过程处理的。

3. 项目范围变更控制的作用

项目范围变更控制的作用主要体现在以下几个方面。

（1）合理调整项目范围。范围变更是指对已经确定的、建立在已审批通过的 WBS 基础上的项目范围所进行的调整与变更。项目范围变更常常伴随着对成本、进度、质量或项目其他目标的调整和变更。

（2）纠正偏差。由于项目的变化所引起的项目变更偏离了计划轨迹，产生了偏差。为保证项目目标的顺利实现，就必须进行纠正。所以，从这个意义上来说，项目变更实际上就是一种纠偏行动。

（3）总结经验教训。导致项目范围变更的原因、所采取的纠偏行动的依据及其他任何来自变更控制实践中的经验教训，都应该形成文字、数据和资料，作为项目组织保存的历史资料。

4. 项目范围控制的主要步骤

（1）在收集到已完成活动的实际范围和项目变更带来的影响的有关数据，并据此更新项目范围后，对范围进行分析并与原范围计划进行比较，找出要采取纠正的地方。

（2）对需要采取措施的地方确定应采取的具体措施。

（3）估计所采取的纠正措施的效果，如果现在的纠正措施仍无法获得满意的范围调整，则重复以上步骤。

5. 变更控制委员会(CCB)

CCB 是变更控制委员会(Change Control Board)的简称。项目范围变更很可能需要额外的项目资金、资源与时间，因此，应建立包括来自不同领域的项目利益相关者在内的变更控制委员会，以评估范围变更对项目或组织带来的影响。这个委员会应当由具有代表性的人员组成，而且有能力在管理上做出承诺。CCB 需要界定以下几个问题：

（1）范围变更发生时要确定项目经理能做些什么以及不能做些什么。

（2）规定一个大家都同意的办法，以便提出变更并评估其对项目基准的影响。

（3）说明批准或者不批准变更所需的时间、工作量、经费。

许多变化控制系统都包括一个变化控制委员会(英文简称 CCB)，负责批准或抵制变化要求。控制委员会的权力和责任应该仔细地界定，并且要取得主要参与者的同意。在一些大的复杂的项目中，可能会有很多控制委员会，他们负有不同的职责。可以说，这些控制委员会是现代项目管理不可或缺的。

三、项目范围管理总结

在项目的结束阶段,或整个过程竣工时,将项目最终交付成果移交之前,应验证项目范围,检查项目范围规定的工作是否完成和交付成果是否完备。范围确认需要进行必要的测量、考察和试验活动,通常也是工程决算的依据。

项目结束后,组织应对项目范围管理的经验进行总结,以便于工程项目范围管理工作持续改进。应做到:

(1)项目范围管理程序和方法方面的经验。特别是在项目设计、计划和实施控制工作中的利用项目范围文件的经验。

(2)本项目在范围确定、项目结构分解和范围控制等方面的准确性和科学性。

(3)项目范围确定、界面划分、项目变更管理以及范围控制方面的经验和教训。

项目管理环境

任务一
了解项目外部环境

任务二
全面理解项目内部环境

任务三
充分考虑项目环境的全局管理方法

培养目标

知识目标:
了解项目外部环境因素;
能力目标:
能够通过网络了解相关知识;
能够自主分析项目环境影响因素;
素质目标:
具有自主学习能力;
资料搜集、参阅能力。

培养目标

知识目标:
掌握项目生命周期,熟悉全过程管理;
了解项目涉及人员,明确职责;
了解组织系统、结构和文化与风格
能力目标:
能够从整体把控项目;
搞好项目的基础是正确了解项目内部要素,所谓知己知彼方能百战不殆;
素质目标:
准确了解项目内部环境;
合理定位职责。

培养目标

知识目标:
了解成全员管理、全过程管理、全要素管理;
掌握全局管理要点;
能力目标:
能够全面考虑问题;
能够从整体出发,进行全方位项目管理;
素质目标:
提高全局观念;
加强整体意识。

教学内容

教学内容:
1.政治和经济环境
2.科学和技术环境
3.法规和标准环境
4.文化和意识环境
5.地理和资源环境
训练内容:
根据具体建设工程项目分析项目外部环境

教学内容

教学内容:
1.项目的阶段和项目的生命周期
2.项目涉及人员
3.组织对项目的影响
训练内容:
1.项目涉及人员分析
2.项目组织对项目的影响大讨论

教学内容

教学内容:
1.成全员管理;
2.全过程管理;
3.全要素管理;
训练内容:
感情全局管理,提出自己的见解,分组讨论

引例

2014 年 10 月 17 日,中国北车长客股份公司联合 BBC 联合体,与泰国国家铁路公司(SRT)在泰国首都曼谷正式签署了 115 辆米轨铁路客车项目合同。这是泰国国家铁路公司有史以来签署的最大铁路客车采购合同,也是中国不锈钢米轨干线铁路客车的首次出口。

备受关注的是,2013 年 10 月,国务院总理李克强在出访泰国期间,中泰双方签署的谅解备忘录中曾明确透露,中国将用高铁换取泰国的大米和橡胶。在另一份名为《中泰关系发展远景规划》的文件中对"高铁换大米"的具体表述为:中方有意参与廊开至帕栖高速铁路系统项目建设,以泰国农产品抵偿部分项目费用。不过,随后泰国政局变化,让原本备受期望的"中泰高铁换大米"项目陷入僵局。

值得注意的是,2014 年 5 月,泰国交通部一行 10 人专程到中国北车唐车公司访问,实地考察了唐车公司高速动车组生产线,这让中方意愿参与的泰国高铁项目再次变得微妙起来。

思考

1. 分析项目环境影响因素?
2. 项目内部环境主要有哪些?
3. 如何理解全局管理?

项目管理环境是指项目管理应当具有的视野和需要涉及方面的总和,或者说是对项目和项目管理可能产生影响的诸多方面的总和。项目活动和项目管理是在一个比项目本身大得多的相关管理环境中进行的。

项目管理人员必须对项目管理环境(包括其外部环境和内部环境)有正确的认识和足够的了解。

项目是被其母体组织以内或以外的环境所包围,即在一个大系统中运行的小系统,除其内部各部分的相互作用外,还与其他子系统发生联系和作用,项目就像是银河系里的一个小天体。从项目环境作用的直接性程度划分,项目环境可分为内部组织环境、项目环境和一般环境。项目内部组织环境指项目成员在组织内部体现的团队精神、工作作风及特点,即项目组织文化。项目环境指与项目有直接联系的、并对项目实施直接影响的因素。一般环境指可以对项目的活动产生影响的周围环境。或者把项目环境分为外部环境和内部环境。

任务一 了解项目外部环境

项目所处的外部环境问题涉及十分广泛的领域,这些领域的现状和发展趋势都可能对项目产生不同程度的影响,有的时候甚至是决定性的影响。项目环境中较关键的环境因素有:

(1) 政治和经济环境

(2) 科学和技术环境

（3）法规和标准环境

（4）文化和意识环境

（5）地理和资源环境

举世瞩目的英吉利海峡隧道项目投资达100亿英镑，是20世纪的一项巨型工程。从拿破仑时代起近200年来，这个项目的起伏至少26次，主要原因是英国方面担心来自欧洲大陆国家的入侵。直到20世纪80年代，欧洲共同体（后来更名为欧洲联盟）有了重大进展，在当时英国首相撒切尔夫人和法国总统密特朗的推动下，才促成这个项目的实施。可见，英吉利海峡隧道项目不仅取决于科学技术，而且取决于它所处的政治和经济环境。大项目受国际、国内的政治、经济形势的影响，小项目也不例外。来势凶猛的东南亚金融危机对众多项目投资者的沉重打击，再次证明了这一点。这些典型的例子说明国际、国内的政治、经济形势对项目有着重大的影响力。法规和标准是对项目行为、项目产品、项目工艺或项目提供的服务的特征做出规定的文件。它们的区别在于，前者是必须执行的，而后者多带有提倡、推广和普及的性质，并不是强制性的。法规包括国家法律、法规和行业规章，以及项目所属企业的章程等。它们对项目的规划、设计、合同管理、质量管理等都有重要影响。毫无疑问，项目能否成立以及能否正常实施并带来经济效益在很大程度上受制于项目涉及的法规和标准。

文化是人类在社会历史发展进程中所创造的物质财富和精神财富的总和，特指精神财富，如文学、艺术、教育、科学，也包括行为方式、信仰、制度、惯例等。文化差异和风俗习惯的不同给项目管理带来了很大的复杂性，忽略文化上的社会禁忌会使项目陷入困境甚至完全失败。因此，项目管理应注重项目的文化和意识环境，要了解当地文化，尊重当地的习俗，项目沟通要善于在适当的时候使用当地的文字、语言和交往方式，通过不同文化的良好沟通和交流，逐步实现文化与意识的深度融合，以增进理解、减少摩擦、取长补短、互相促进，获得项目成功。

资源的概念内容十分丰富，可以理解为一切具有现实和潜在价值的东西，包括自然资源和人造资源、内部资源和外部资源、有形资源和无形资源。知识经济时代，知识作为无形资源的价值更加突出。由于项目固有的一次性，项目资源不同于其他组织机构的资源，它多是临时拥有和使用的。资金需要筹集，服务和咨询力量可采购（如招标发包）或招聘，有些资源还可以租赁。项目过程中资源需求变化甚大，有些资源用毕后要及时偿还或遣散，任何资源积压、滞留或短缺都会给项目带来损失。资源的合理、高效利用对项目管理尤为重要。

任务二　全面掌握项目内部环境

项目管理内部环境包括（但不限于）项目的阶段和生命周期、项目利益相关者、与项目有关的管理知识和方法、项目组织机构等。

一、项目的阶段和项目的生命周期

因为项目都是些具有唯一性的工作，因此它们包含一定程度的不确定性，组织在实施项目管理时通常会将每个项目分解为几个项目阶段，以便更好地管理和控制，并且将执行组织正进行的工程与整个项目更好的连接起来。总的来看,项目的各个阶段构成项目的整个生命周期。

1. 项目阶段的特征

每个项目阶段都以完成一个或一个以上的工作成果为标志,这种工作成果是有形的,可鉴定的。如一份可行性研究报告、一份详尽的设计图或一个工作模型。这些中间过程,以至项目的各阶段都是总体逻辑顺序安排的一部分,制定这种逻辑顺序是为了确保我们能够正确的界定项目的产品。一个项目阶段的结束通常以对关键的工作成果和项目实施情况的回顾为标志,做这样的回顾有两个目的:

(1) 决定该项目是否进入下一个阶段;

(2) 尽可能以较小的代价查明和纠正错误。这些阶段末的回顾常被称之为阶段出口、进阶之门或是关键点。

每个项目阶段通常都规定了一系列工作任务,设定这些工作任务使得管理控制能达到既定的水平。大多数这些工作任务都与主要的阶段工作成果有关,这些阶段通常也根据这些工作任务来命名:识别需求、设计、构建、测试、启动、运转以及其他恰当的名称。

2. 项目生命周期的特征

项目生命周期确定了项目的开端和结束。例如,当一个组织看到了一次机遇,它通常会做一次可行性研究,以便决定是否就此设立一个项目。对项目生命周期的设定会明确这次可行性研究是否应该作为项目的第一个阶段,还是作为一个独立的项目。

项目生命周期的设定也决定了在项目结束时应该包括或不包括哪些过渡措施。通过这种方式,我们可以利用项目生命周期设定来将项目和执行组织的连续性操作连接起来。

大多数项目生命周期确定的若干个阶段,这些阶段的前后顺序通常会涉及一些技术转移或转让,比如设计要求、操作安排、生产设计。在下阶段工作开始前,通常需要验收现阶段的工作成果。但是,有时候后继阶段也会在它的前一阶段工作成果通过验收之前就开始。当然要在由此所引起的风险是在可接受的范围之内时才可以这样做。这种阶段的重叠在实践中常常被叫作快速跟进。

项目生命周期通常可以确定:

每个阶段所需做的技术性工作(如确定建筑师的工作是不是设计阶段的一部分,还是执行阶段的一部分)。

每个阶段所涉及的人(如工程在识别需求和设计中需要涉及实际操作人员)。

大多数项目生命周期的说明具有以下共同的特点:

对成本和工作人员的需求最初比较少,在向后发展过程中需要越来越多,当项目要结束时又会剧烈的减少。

在项目开始时,成功的概率是最低的,而风险和不确定性是最高的。随着项目逐步地向前发展,成功的可能性也越来越高。

在项目起始阶段,项目涉及人员的能力对项目产品的最终特征和最终成本的影响力是最大的,随着项目的进行,这种影响力逐渐削弱了。这主要是由于随着项目的逐步发展,投入的成本在不断增加,而出现的错误也不断得以纠正。

尽管许多项目生命周期由于包含类似的工作任务而具有类似的阶段名称，但很少有完全相同的情况，大多数项目被划分为四个至五个阶段，但也有一些被划分为九个甚至更多的阶段。甚至在同一应用领域中项目阶段的划分都可能会明显不同——某个组织的软件开发的生命周期中也许只有一个设计阶段，而另一个组织则可能会将基本功能设计与细节设计划分为两个不同的阶段。

项目的子项目可能也会有清晰的生命周期。比如，一家建筑公司承担了一项设计一幢新型写字楼的工作，最初，建筑公司参与了业主描述阶段的工作，在业主的实施阶段，建筑公司又协助其进行建筑施工。建筑公司所承担的设计项目从构思到定稿、实施直到结束也有其自己的生命周期，建筑公司甚至可以将对写字楼的设计和对建筑施工的协助视为两个独立的项目，每个项目都具有自己的阶段划分。

二、项目涉及人员

项目涉及人员是指那些积极参与该项目工作的个体和组织，或者是那些由于项目的实施或项目的成功使其利益受到正面或反面影响的个体和组织。项目管理工作组必须识别哪些个体和组织是项目的涉及人员，确定他们的需求和期望，然后设法满足和影响这些需求、期望，确保项目能够成功。

每个项目的主要涉及人员有：

项目发起人——在执行组织中为该项目提供现金或其他财政支持的个人或团体。

项目执行负责人——或称为项目经理，负责管理项目的个人。

顾主——或称为业主或经营者等，使用项目产品的个人或组织。对一个项目而言，可能会有多个层次的顾客。比如，一种新药的顾客包括了开出药方的医生、使用该药的病人以及为其承保的保险商。

项目执行团队——或称为项目部，指雇员直接从事该项目工作的企业或组织。

除此之外，还有许多不同称谓，不同类别的项目涉及人员——项目内部的和项目外部的，项目所有人和投资者，供应商和承包商，工作组成员及其家属，政府机构、媒介、个体公民、临时的或固定的疏通组织，乃至于整个社会，通过对项目涉及人员命名和分组，我们可以确认哪些个人和组织将自己视为项目涉及人员。

想要完全满足项目涉及人员的期望可能是非常困难的，因为众多项目涉及人员的期望可能有所不同，有时甚至可能会相互冲突，比如：

一个部门的主管可能希望新的管理信息系统运行成本低，系统的建筑师却更注重技术的完善，而项目承包商更感兴趣的可能是如何获得尽可能大的利益。

在一家电子产品公司中，主管开发的副总裁以产品的设计工艺来判定产品的成功与否，主管生产的副总裁则以一流的生产操作判定新产品的成功与否，主管市场的副总裁则更多地考虑产品新特征的数量，以此来定义产品的成功与否。

一个房地产开发项目的业主关心的是要按时完工，地方政府则希望尽量得到更多的税收，环境保护组织要求尽可能减少对环境的负面影响，而附近的居民也许希望将该项目另迁别处。总的来说，要解决项目涉及人员目标的分歧还是要以顾客的期望为准。但是，这并不是意味着我们可以忽略其他项目涉及人员的要求与期望。

对于项目管理而言，寻求一种适当的方式解决这些冲突是一项重大的挑战。

三、组织对项目的影响

组织通常比项目本身更为庞大,比如公司、政府机构、卫生医疗机构、跨国集团、专业团队等。项目通常只是组织的一部分,有时甚至当一个项目本身就是一个组织(合资合作)时,项目仍然会受到设立该项目的一个或多个组织的影响,下面的这一部分内容阐述了这些比项目更大的组织结构中可能会对项目产生影响的关键因素。

1. 组织系统

以项目为基础的组织是通过项目来实现运作的,这些组织可以分为两个大类:通过为其他组织承担项目来获取收入的组织,如建筑设计公司、工程设计公司、咨询机构、建筑施工单位、政府分包商等;通过项目实施管理的组织,这些组织都偏向于建立一个便于项目管理的管理系统,比如:专门设计了能对多个项目同时进行核算、跟踪、汇报的财务系统。

不以项目为基础的组织,如生产企业、金融服务公司等。很少会设计出能够高效满足项目需求的管理系统,缺乏这种以项目为导向的系统常常会使项目管理的难度加大。某些情况下,不以项目为基础的组织会设立一些部门或其他的子单位,这些部门和子单位可以像那些以项目为基础的单位一样,采用相应的管理系统进行管理。

项目工作组应该非常准确地知道组织系统是怎样影响项目的。比如,如果部门经理们会因为能调动员工按时完成项目而受到组织的嘉奖,那么项目管理工作组就需要监督参与项目工作的员工使之高效工作。

2. 组织的文化与风格

多数的组织都已经形成了自己独特的、可描述的组织文化。这种文化在许多方面有所反映。比如在组织的价值观、行为准则、信仰、期望上;在组织的政策、程序上;在对上下级关系的观点上以及其他方面上,组织文化常常会对项目产生直接的影响。比如在一个开拓型的组织中,工作组所提出的非常规性的或高风险性的建议更容易被采纳。在一个等级制度严格的组织中,一个高度民主的项目经理可能容易遇到麻烦,而在一个很民主的组织中,一个注重等级的项目经理同样也会受到挑战。

3. 组织结构

执行组织的结构会对取得项目资源的可能性有所限制,组织的结构类型从职能型到项目型跨度很大,在这两者之间,还有好几种矩阵型。

职能型组织。这种组织具有明确的等级划分,每一个雇员都有一个明确的上级。员工高度地依各人专长进行组合,比如生产、市场、工程、会计。而工程又可能进一步细分机械和电气。职能型组织也有项目,但各部门对项目的研究范围被局限于部门的职能界限内,一个职能型组织中,工程部的工作是独立于生产部、市场部之外的。比如,当一个纯粹的职能型组织准备开发一项新产品时,设计阶段会被称为"设计项目",仅仅由工程部人员来完成,如果涉及生产方面的问题,这些问题将会被逐级地汇报到部门主管处,再由他向生产部主管咨询,然后通知工程部主管,再由工程部主管将解决问题的方法逐级向下传递到项目负责人。

项目型组织。在一个项目型组织中,工作成员是经过搭配的。项目工作会运用到大部分的组织资源,而项目经理也有高度独立性,享有高度的权力。项目型组织中也会设立一些组织单位,这些单位也称作部门,但是这些工作组不仅要直接向某一项目经理汇报工作,还要为各个不同的项目提供服务。

矩阵型组织。这种组织是职能型和项目型的混合体,既具有职能型组织的特征又具项目型组织的特征。弱矩阵型保持了较多的职能型组织特征,项目负责人扮演的是协调者、协助者的角色,还算不上是一个项目经理。同样也是矩阵型,强矩阵型则具备较多的项目型组织的特征——有专职的权力很大的项目经理,有专职的项目行政管理人员。

更为现代化的组织则不同程度地包括以上各种组织类型的结构特点。比如,一个基本上是职能型的组织设立了专门的项目工作组去完成一个重要的项目,这个工作组具有项目型组织中项目组的许多特征:有独立于职能部门的专职项目工作人员;有自己的一套工作程序;可以在组织常规的标准、正式报告架构之外进行运作。

任务三　充分考虑项目环境 的全局管理方法

全局管理涵盖面非常广泛,有人把全局管理分解成全员管理、全过程管理、全要素管理。全局管理要处理一个项目在管理中方方面面的问题,它包括财务和会计、推销和市场、研究和开发、生产和分配、战略性计划、战术性计划、操作性计划、组织结构、组织行为、人事管理、补助方式、利益分配、晋升方式。通过鼓励、授权、监督、团队建设、冲突管理及其他技巧处理好工作关系。通过个人时间管理,压力管理和其他方法实现个人管理。

全局管理方法为项目管理奠定了基础,对项目经理而言是必须了解和掌握的,在任何一个项目中都可能要求运用一定的全局管理方法。本节要阐述的是那些很可能会对大多数项目产生影响的全局管理方法。

1. 指导

科特(KOLER)区分了指导和管理,并且强调这两者对项目而言都是不可或缺的,缺少两者中的任何一个都会产生不良的结果,他指出管理从根本上而言关注的是"稳定地得到项目涉及人员所期望的主要成果",而指导涉及的则是:

(1)确定方向——规划未来构想及发展战略,以便能实现目标。

(2)明确表达——实现这一构想需要很多人的协助,那么就有必要通过语言或行动让所有这些人明白这一构想。

(3)激励——激励大家努力克服遇到的理论和实践上的种种障碍。

在一个项目中,尤其是在一个大的项目中,项目经理通常也被期望成为项目的指导者。但是,并非只有项目经理可以对项目进行指导,项目中众多不同的个体在各个不同的时间都有可能对项目进行指导。项目的各个层次上都需要有指导(项目指导、技术指导、团队指导)。

2. 交流

交流涉及信息的传递,信息发出者要确保信息是清晰明确,不含糊的,而且是完整的,这样才能有利于信息接收者准确接收,信息接收者则要确保接收的完整性,并且要正确地加以理解。交流是多元化的:

(1)书面的和口头的,听和说。

(2)内部的(项目的)和外部的(与顾客、媒介、公众等)。

(3)正式的(报告、摘要等)和非正式的(备忘录、非正式会谈等)。

(4)纵向的(组织上下级)和横向的(与同级同事)。全局管理的交流方法与项目管理交流有一定联系,但并不完全相同,交流本身是一门更为广博的学问,包含了丰富的知识,并不仅仅体现在项目中,如:发出者—接收者模式——反馈回路、沟通障碍等。

(5)媒介选择——何时采用书面形式、何时采用口头形式、何时采用非正式的书面备忘录形式,何时采用正式的书面报告形式等。

(6)书写风格——主动语态、被动语态、句子结构、用词选择等。

(7)表达方法——形体语言、辅助的形象化设计等。

(8)达标管理技巧——日程安排、冲突处理等。项目交流管理就是将这些广义的概念运用到具体的项目需求中去,比如,决定在何时以何种形式向谁怎样汇报项目的实施情况。

3. 协商

协商是指与他人交换意见以便得出结论或达成共识,为了达成共识可能需要进行直接的协商或者通过一些辅助手段进行协商,调解和仲裁就是协商的两种辅助手段。

项目在许多层次、许多观点上会有多次的协商,在一种典型项目的进行过程中,项目工作人员需要就以下全部或部分内容进行协商:

(1)范围、成本和进度目标

(2)范围、成本或进度的变动

(3)合同条款

(4)任务分配

(5)资源

4. 解决问题

解决问题包括明确问题和制定解决方案两方面的组合。它所关注的是那些已经出现的问题(与风险管理相反,风险管理涉及的是潜在的问题)。

明确问题要求将原因和现象进行区分,问题可能出自内部(一个主要成员被分配到别的项目上去了),也可能来源于外部(开始工作所需得到的许可延迟了)。问题可能出在技术上(对产品设计的最佳方案有不同的观点),也可能出在管理上(一个职能部门没有按计划完成工作)或是出在内部人员上(个性或办事风格有冲突)。

制定解决方案包括分析、总结,以便寻求可行的解决办法,以及从中做出选择。我们可以制定解决方案,我们也可以从顾客、工作组或是某一部门主管那儿寻求解决方案,一旦明确了解决方案,就必须实行,解决方案是具有时间性的,如果解决方案制定得太早或太晚,那么即使是正确的解决方案也不一定是最好的解决方案。

5. 向组织施加影响

向组织施加影响是一种"成事"的能力,这就要求必须了解所有项目涉及组织的正式及非正式的结构——执行组织、顾客、承包商和相关的其他组织。向组织施加影响也需要了解运用势力和政治策略的一些技巧。

在这里指的是要从积极的角度运用势力和政治策略,彼弗是这样定义势力的:"一种潜在的能力,可以影响行为,改变事情的发展,可以克服阻力,还可以让人们去做他们本不愿做的事情,"艾克(Eccles)也这样定义了政治:"政治是要让一群可能有完全不同利益的人共同参与的行动,政治就是创造性的利用冲突和无序。"当然,它也有消极的一面,试图协调各种利益冲突的努力有可能导致权力之争以及组织游戏,这时会使得他们自己毫无工作效率。

项目管理组织

| 任务一
掌握项目
组织类型
与作用 | 任务二
有效进行
项目组织
设计 | 任务三
如何胜任
项目经理
与组建项
目团队 | 任务四
了解项目人
力资源管理 |

| 培养目标 | 培养目标 | 培养目标 | 培养目标 |

知识目标:
掌握项目管理组织的职能;
熟悉项目管理组织的作用及体现;
掌握项目组织的类型;
熟知不同组织结构的优缺点及其适应性;
能力目标:
能够识别项目组织形式;
能够根据不同项目选择项目组织形式;
能够熟知各种组织性的优缺点;
素质目标:
管理项目要有一个组织系统观念。

知识目标:
掌握项目组织的设计的原则;
掌握建立项目管理组织的要求;
能力目标:
能够理解项目组织的设计原则;
能够进行项目组织设计;
素质目标:
具有项目组织的正确理解能力;
有项目组织设计能力。

知识目标:
掌握项目经理角色定位和其职责与能力要求;
掌握项目经理的工作技巧;
掌握项目团队的建立和发展;
能力目标:
能够理解项目经理;
能够成为项目经理;
能够建立项目团队;
素质目标:
具有项目经理的素质和建立项目团队的能力。

知识目标:
了解人力资源管理及其特点;
掌握人力资源管理主要内容;
能力目标:
能够明确人力资源管理内涵;
从根本上重视人力资源管理;
素质目标:
具有管理主要在于管人的意识;
做项目管理应有的管理素质。

| 教学内容 | 教学内容 | 教学内容 | 教学内容 |

教学内容:
1. 项目管理组织对项目的影响
2. 项目管理组织的职能、作用和类型;
3. 不同组织结构的优缺点及其适应性
训练内容:
1. 模拟项目,分析采取的项目组织形式;
2. 相同项目采用不同的组织形式,分析、讨论优缺点

教学内容:
1. 项目组织设计的一般原则
2. 建立项目管理组织的要求
训练内容:
根据项目组织的设计原则与要求进行某项目组织设计

教学内容:
1. 项目经理角色定位
2. 项目经理的职责与能力要求
3. 项目经理的工作技巧
4. 项目团队的建立和发展
训练内容:
1. 模拟项目经理,考虑、讨论应该具备的素质;
2. 试建立一个项目团队

教学内容:
1. 项目人力资源管理特点
2. 项目人力资源管理主要内容
训练内容:
讨论项目人力资源管理内容

任务五 项目人力资源管理的载体策划

培养目标

知识目标：
了解项目组织策划；
掌握项目组织策划的内容与管理；
能力目标：
明确项目组织策划内容；
能够进行项目组织策划；
素质目标：
能够参与并进行项目组织建设。

教学内容

教学内容：
1. 组织策划要求
2. 组织策划管理
3. 组织策划内容
训练内容：
模拟项目进行项目组织策划

任务六 项目人员组织建设

培养目标

知识目标：
掌握人员配置要求；
掌握人员组织内容与管理；
能力目标：
能够合理进行人员配置；
面对项目能够建立合理人员组织；
素质目标：
努力达到项目经理的要求。

教学内容

教学内容：
1. 人员配置管理要求
2. 人员组织管理
3. 人员组织内容
训练内容：
分组给定若干人员，拟定某项任务，制定人员配置计划并说明理由

任务七 项目管理的核心－人力资源绩效管理

培养目标

知识目标：
掌握激励与激励理论；
熟悉绩效管理；
能力目标：
从激励理论中探寻自身的需求；
有效利用激励理论进行项目管理；
素质目标：
激励自己并有效激励组织成员。

教学内容

教学内容：
1. 项目人力资源的激励
2. 绩效评估
训练内容：
展开"绩效"的辩论、探讨绩效的意义，做好绩效管理

任务八 明确沟通的基本概念

培养目标

知识目标：
认识沟通的原理；
掌握沟通的特点；
了解信息沟通的渠道；
能力目标：
能够领悟沟通的重要性；
能够理解沟通的原理、过程；
能够理解信息沟通的渠道和程序；
素质目标：
增强项目管理的沟通意识。

教学内容

教学内容：
1. 沟通的重要意义、基本原理
2. 沟通的质量标准和要素
3. 信息沟通的形式、渠道、程序以及格式
训练内容：
结合具体项目案例体会信息沟通的重要意义

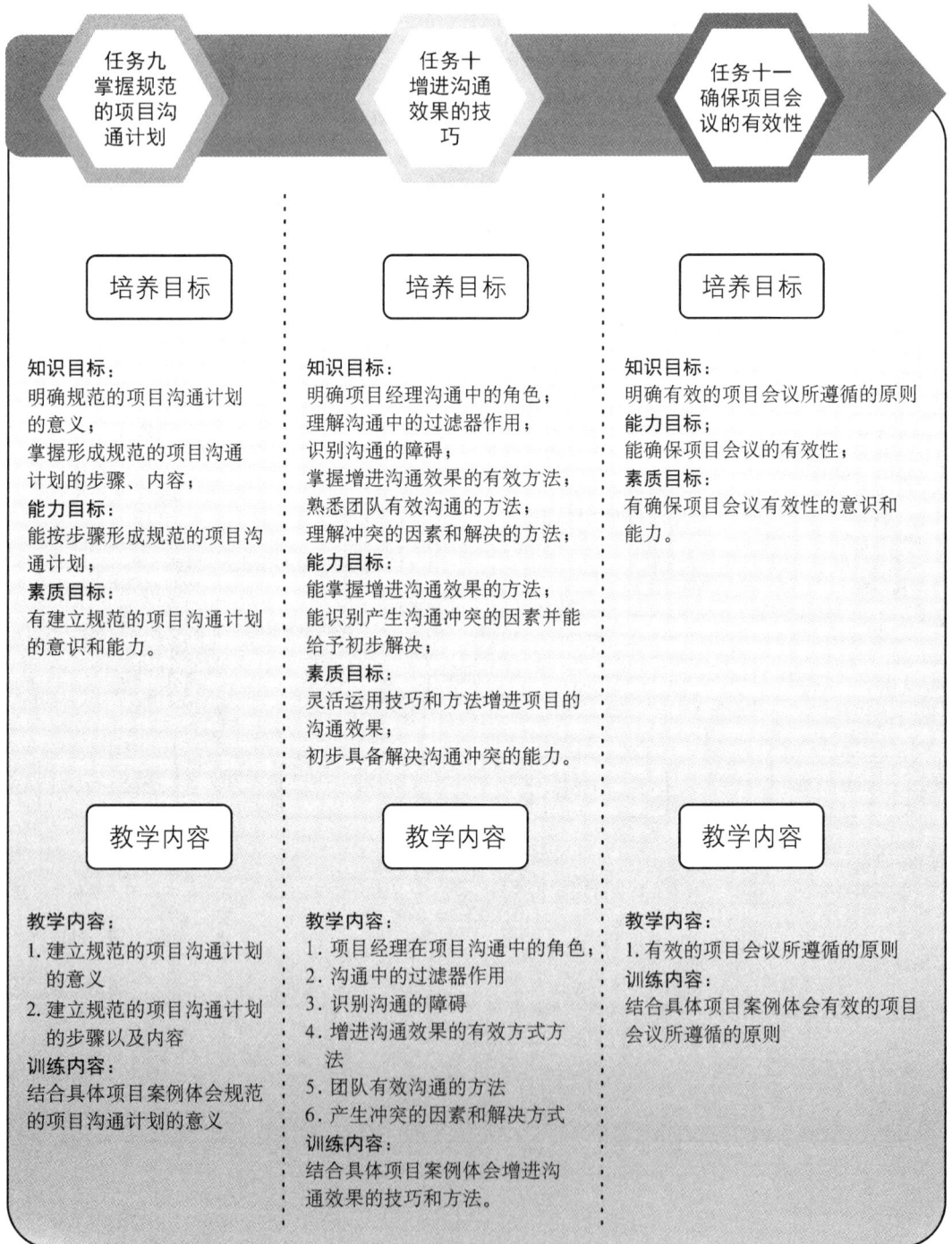

任务九
掌握规范
的项目沟
通计划

任务十
增进沟通
效果的技
巧

任务十一
确保项目会
议的有效性

培养目标

知识目标：
明确规范的项目沟通计划
的意义；
掌握形成规范的项目沟通
计划的步骤、内容；

能力目标：
能按步骤形成规范的项目沟
通计划；

素质目标：
有建立规范的项目沟通计划
的意识和能力。

培养目标

知识目标：
明确项目经理沟通中的角色；
理解沟通中的过滤器作用；
识别沟通的障碍；
掌握增进沟通效果的有效方法；
熟悉团队有效沟通的方法；
理解冲突的因素和解决的方法；

能力目标：
能掌握增进沟通效果的方法；
能识别产生沟通冲突的因素并能
给予初步解决；

素质目标：
灵活运用技巧和方法增进项目的
沟通效果；
初步具备解决沟通冲突的能力。

培养目标

知识目标：
明确有效的项目会议所遵循的原则

能力目标：
能确保项目会议的有效性；

素质目标：
有确保项目会议有效性的意识和
能力。

教学内容

教学内容：
1. 建立规范的项目沟通计划
   的意义
2. 建立规范的项目沟通计划
   的步骤以及内容

训练内容：
结合具体项目案例体会规范
的项目沟通计划的意义

教学内容

教学内容：
1. 项目经理在项目沟通中的角色；
2. 沟通中的过滤器作用
3. 识别沟通的障碍
4. 增进沟通效果的有效方式方
   法
5. 团队有效沟通的方法
6. 产生冲突的因素和解决方式

训练内容：
结合具体项目案例体会增进沟
通效果的技巧和方法。

教学内容

教学内容：
1. 有效的项目会议所遵循的原则

训练内容：
结合具体项目案例体会有效的项目
会议所遵循的原则

引例

空客 A380 项目管理的惨败

2006 年,对于欧洲空中客车集团(Airbus)来说,原本是享受梦幻般荣耀的一年。空客前首席执行官兼总裁洪博达(Gustav Humbert)将坐在法国图卢兹空客总部阔大的办公室里,细细品味人们对空客及其明星产品——世界最大的客机 A380 毫不吝惜地赞美,如同一年前 A380 初次亮相那样。当时,空客 A380 首度亮相,时任法国总统希拉克、英国首相布莱尔、德国总理施罗德和西班牙首相萨帕特罗 4 国元首前来捧场,空客被舆论盛赞为"欧洲的整合的象征,世界民航工业的楷模"。

但现实却令一切成为泡影。A380 的三次延迟交付,推倒了多米诺骨牌,财报亏损、股票暴跌、高层动荡、丑闻不断,坏消息接踵而至。频繁的高层人事变动,让业界和投资者对其逐渐失去信心。而生产环节的调整甚至波及政坛,围绕着 A380 危机,法德两国争吵不休,德国《明镜》周刊甚至评论说:"这场危机重新揭开法德之间封存的敌意,点燃了权力之争"。

事实上,即使拨开遍布周遭的政治迷雾,将其还原为一个庞大的项目管理,空客 A380 也堪称经典的失败案例。

思考

1. 项目人力资源管理的概念。
2. 项目人力资源管理特点。
3. 组织规划内容(成果)。
4. 组织规划的要求。
5. 项目团队的建设的目标。
6. 项目团队的生命历程。
7. 马斯洛的"需求层次理论"。
8. 绩效评估的程序。
9. 沟通的意义在哪里?
10. 沟通的要素有哪些?
11. 如何增进沟通的效果?
12. 产生冲突的原因有哪些?
13. 如何解决冲突?

项目管理组织是指为了完成某个特定的项目任务而由不同部门、不同专业的人员所组成的一个特别工作组织,它不受现存的职能组织构造的束缚,但也不能代替各种职能组织的职能活动。根据项目活动的集中程度,它的机构可以很小,也可以很庞大。项目管理组织职能是项目管理的基本职能。

任务一 掌握项目组织类型与作用

一、组织与项目组织

组织是一切管理活动取得成功的基础,包括它要做的事、相关的人、资源及其相互关系。"组织"一词含义较广,它既是一个名词又是一个动词。当组织被用作名词时,组织是由人员、职位、职责、关系、信息等组织结构要素所构成的一个实体概念。当组织被用作动词时,更为确切的表达就是"组织工作"。

项目组织是指为了完成某个特定的项目任务而由不同部门、不同专业的人员所组成的一个特别的工作组织。在一个既定的项目中,项目组织是所有活动的焦点,它从总体上表明一个项目。它的性质是综合的,并成为所有影响项目内部与外部的活动中心。根据项目活动的集中程度,它的机构可以由少量的人组成,也可以是一个很庞大的系统。项目组织不受现存的职能组织构造的束缚,但也不能代替各种职能组织的职能活动。

二、项目组织特点

项目组织与其他组织一样,要有好的领导、章程、沟通、人员配备、激励机制以及好的组织文化等。同时,项目组织也有其他组织不同的特点:

(1) 为实现项目的目标,项目组织和项目一样有其生命周期,经历建立、发展和解散的过程。

(2) 项目组织根据项目的任务不断地更替和变化,它因事设人,事过境迁,及时调整,甚至撤销。

(3) 项目组织的利益相关者通过合同、协议、法规以及其他各种社会关系结合起来,它们之间的联系是有条件的,松散的项目组织不像其他组织那样有明晰的组织边界,项目利益相关者极其个别成员在某些事务中属于某项目组织,在另外的事务中可能又属于其他组织。

总之,项目组织与传统的其他组织相比最大的特点是其有机动灵活的组织形式和用人机制,更强调项目负责人的作用,强调团队的协作精神,组织形式具有更大的灵活性和柔性。

三、项目组织的职能

(1) 计划。即为实现所设定的目标而制定出所要做的事情的安排,并对资源进行配置。

(2) 组织。即为实现所设定目标,必须建立必要的权力机构、组织层次和组织体系,并规定职责范围和协作关系。

(3) 控制。即采用一定方法、手段使组织按一定的目标和要求运行。

(4) 指挥。即上级对下级进行领导、监督和激励。

(5) 协调。使各层次、各体系之间步调一致,共同实现所设定的目标。

四、项目组织的作用

(1) 为项目管理提供组织保证。建立一个完善、高效、灵活的项目组织,可以有效地保证项目组织目标的实现,有效地应付项目环境的变化,有效地满足项目组织成员的各种需求,使其具有凝聚力、组织力和向心力,以保证项目组织系统正常运转,确保施工项目管理任务的完成。

(2) 便于形成统一的权力系统,集中统一指挥。项目组织机构的建立,首先是以法定的形式产生权力。权力是工作的需要,是管理地位形成的前提,是组织活动的反映。没有组织机构,也就没有权力和权力的运用。组织机构建立的同时还伴随着授权,以便围绕项目管理的目标有效地使用权力。要在项目管理规章制度中把项目管理组织的权力阐述清楚,固定下来。

(3) 有利于形成责任制和信息沟通体系。责任制是项目组织中的核心问题。项目组织的每个成员都必须承担一定的责任,没有责任也就不称其为项目管理机构,更谈不上进行项目管理了。一个项目组织能否有效地运转,关键在于是否有健全的岗位责任制。信息沟通是组织力形成的重要因素。信息产生的根源在组织活动之中,下级(下层)以报告的形式或其他形式向上级(上层)传递信息,同级不同部门之间为了相互协调而横向传递信息。只有建立了组织机构,这种信息沟通体系才能形成。

(4) 项目组织的作用还体现在:

① 项目组织合理化可以提高项目团队的工作效率。

② 合理确定项目组织有利于项目目标的分解与完成。

③ 合理的项目组织可以对资源配置进行优化,避免资源浪费。

④ 良好的项目组织工作有利于平衡项目组织的稳定与调整。

⑤ 工程项目的开展需要协调内外关系。

五、项目组织的类型

1. 职能型项目组织

职能型项目组织具有明确的等级划分,每一个雇员都有一个明确的上级。员工高度地依据各人专长进行组合,比如生产、市场、工程、会计。而工程又可能进一步细分为土建、机械和电气。职能型组织也有项目,但各部门对项目的研究范围被局限于部门的职能界限内,一个职能型组织中,工程部的工作是独立于生产部、市场部之外的。比如,当一个纯粹的职能型组织准备开发一项新产品时,设计阶段会被称为设计项目,仅仅由工程部人员来完成,一旦涉及生产方面的问题,这些问题将会被逐级地汇报到部门主管处,再由他向生产部主管咨询,然后通知工程部主管,再由工程部主管将解决问题的方法逐级向下传递到项目负责人。职能型项目组织结构如图 7-1 所示。

2. 项目型项目组织

与职能型相对应的另一极端是项目型组织。在一个项目型组织中,工作成员是经过搭配的。项目工作会运用到大部分的组织资源,而项目经理也有高度的独立性,享有高度的权力。项目型组织中也会设立一些组织单位,这些单位也称作部门,但是这些工作组不仅要直接向某一项目经理汇报工作,还要为各个不同的项目提供服务。

项目型项目组织又称为线性组织,其系统中的部门是按项目进行设置的,每一个项目部

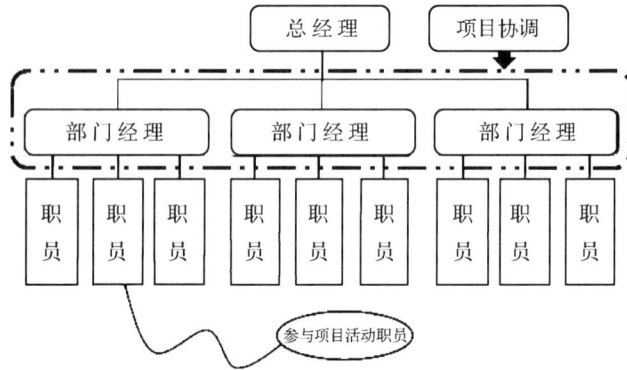

图 7 - 1　职能型项目组织

门均有项目经理负责整个项目的实施。系统中的成员或调用或招聘,以项目进行分配和组合,接受项目经理的领导。项目可直接获得系统中大部分的组织资源,项目经理具有较大的独立性和对项目的绝对权力,对项目的总体负全责。在项目型项目组织结构中,常常设置若干部门,但是这些部门一般直接向项目经理报告工作,或为不同的项目提供支持服务。项目型项目组织结构如图 7 - 2 所示。

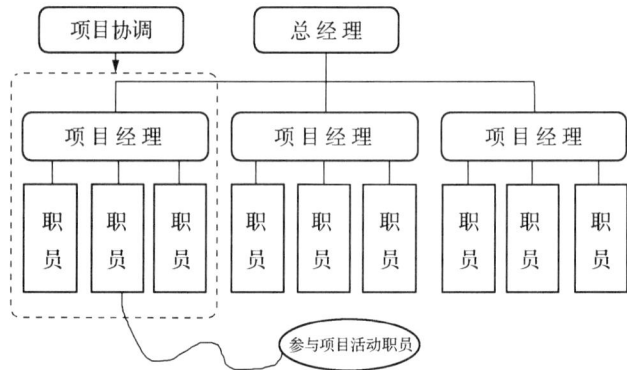

图 7 - 2　项目型项目组织

项目型项目组织的设置完全是为了迅速、有效地对项目目标和客户需要做出反应,此结构常见于一些涉及大型项目的公司,这类大型项目价值高、期限长。

项目型项目组织结构的优点是项目团队成员被选拔而来,每个项目均拥有具备不同技能的独立人员为之全职工作,项目经理可以完全控制所有资源,上下沟通便捷、协调一致、能快速决策及响应,对客户高度负责,注重用户需求,有利于项目的顺利实施。这种组织结构的缺点是设备、人员等资源不能在多个项目间共享导致该组织结构的成本低效;由于内部依赖关系强,导致与外界沟通不利;由于项目各阶段工作重心不同,极易出现专职人员忙闲不均,总体工作效率低下。项目结束后,项目成员将解雇,导致项目成员缺乏事业上的连续性和保障性。

3. 矩阵型项目组织

矩阵型项目组织是职能型项目组织结构和项目型项目组织结构的一种混合体。它既有项目型项目组织结构注重项目和客户的特点,也保留了职能型项目组织结构的职能特点。矩阵型项目组织结构中每个成员和职能部门各司其职,共同为公司和每个项目的成功而贡献力量。项目经理对项目的结果负责,职能经理则负责为项目的成功提供所需资源。

根据项目组织中的项目经理和职能经理责、权、利的大小,又可以分为弱矩阵式、平衡矩阵式和强矩阵式三种形式。

（1）弱矩阵式组织

弱矩阵组织（Weak Matrix Organization）是矩阵型组织的一种形式。弱矩阵组织结构基本保留项目的职能和组织结构的大部分主要特征。由一个项目经理来负责协调各项项目工作,项目成员在各职能部门为项目服务。但是项目经理没有多大权力来确定资源在各个职能部门分配的优先程度,项目经理有职无权。弱矩阵式组织结构如图7-3所示。

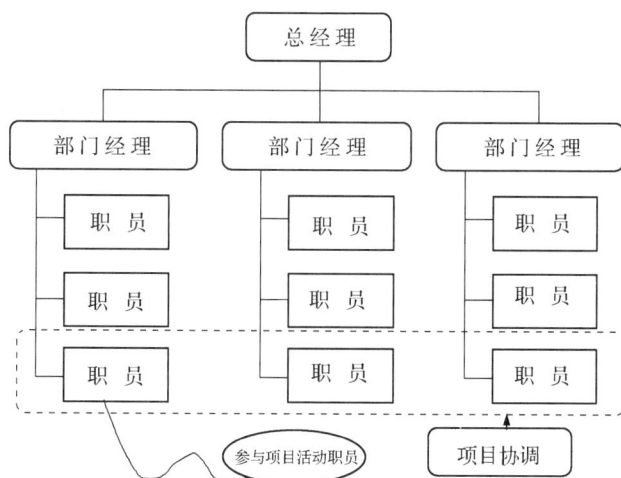

图7-3　弱矩阵式组织

（2）强矩阵式组织

强矩阵组织（Strong Matrix Organization）是矩阵组织形式的另一个极端。强矩阵组织形式类似于项目式组织形式,它们的区别在于项目不从公司中分离出来作为独立的单元。项目人员可根据需要全职或兼职地为项目服务。强矩阵组织结构具有项目的线性组织结构的主要特征。强矩阵组织结构在系统原有的职能组织结构的基础上,由系统的最高领导任命对项目全权负责的项目经理,项目经理直接同最高领导负责,职能部门经理辅助项目经理分配人员。项目经理对项目可以实施更有效的控制,但职能部门对项目的影响却在减小。强矩阵式组织类似于项目式组织,项目经理决定什么时候做什么;职能部门经理决定派哪些人,使用哪些技术。强矩阵式组织结构如图7-4所示。

（3）平衡矩阵式组织

平衡矩阵组织（Balanced Matrix Organization）也称中矩阵组织,是向各部门借调过来的成员当中,指定一个人担任专案主持人（project leader）的角色。一旦专案结束,专案主持人的头衔就随之消失。平衡矩阵中对各项目均任命项目经理,并且赋予他们应有的职权与责任,项目经理以对部门及该部门中主要工作（或重要）人员的控制为主,由职能经理负责各个职能项目团队中一般人员的管理。平衡矩阵组织是对弱矩阵组织结构的改进,为强化对项目的管理,在

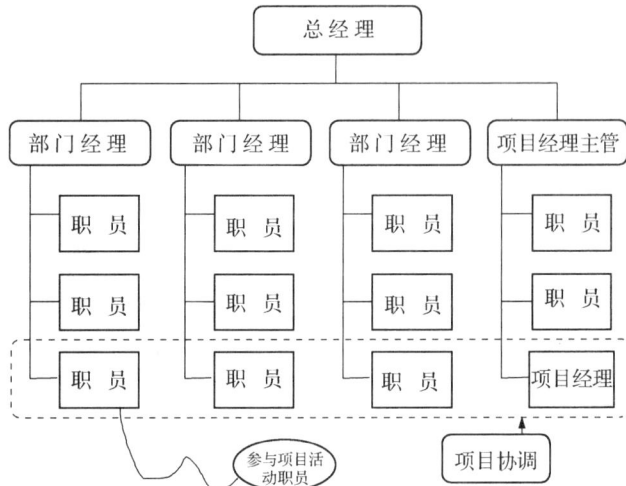

图 7 - 4　强矩阵式组织

项目管理班子内,从职能部门参与本项目活动的成员中任命一名项目经理。项目经理被赋予一定的权力,对项目整体与项目目标负责。

矩阵型项目组织在组织内既按履行职能的不同设立职能部门,又按项目任务的不同设立项目部门(项目负责人),项目负责人对项目结果负责,职能部门提供完成项目所需资源,二者共同发挥作用完成项目任务,该结构努力发扬职能型结构和项目型结构的优点,克服二者的不足之处。

矩阵型项目组织结构的优点是组织成员及相应设备属于职能部门,他们能够为适应项目的变化需要而在各个项目之间流动,成员的基础核心职业技能及设备可供所有项目应用,从而能有效利用资源,减少重复和冗余。不同部门的专家可通过项目实施过程进行交流和合作,信息传递迅速,发现问题及时,反应迅速。

这种组织结构的缺点是项目团队成员有两个汇报关系,如果分配某个成员同时在数个项目中工作,这个成员就会有好几个经理,这会由于工作优先次序而产生不安和冲突。项目经理和职能经理在涉及工作优先次序、项目中具体人员的分配、工作中的技术方案,以及项目变化等方面有可能产生矛盾冲突时,如果二者之间权力分配模糊不清,会因权力斗争而导致项目运行困难。没有一种项目组织结构是十全十美的,关键在于针对不同的项目采用不同的管理方法,应用不同的组织结构,才能收到良好的效果。

以上述三种基本的项目组织结构模式为基础,可以推衍派生出其他形式的项目组织结构。项目组织应结合项目的内外环境和实际情况,综合地构建出能最好地实现项目目标的合适的组织结构形式。

表 7 - 1　三种组织结构形式的比较

组织结构	优　点	缺　点
职能型	● 没有重复活动 ● 职能优势	● 狭隘,不全面 ● 反应缓慢 ● 不注重客户

组织结构	优 点	缺 点
项目型	<ul><li>能控制资源</li><li>向客户负责</li><li>成本较低</li></ul>	<ul><li>项目间缺乏知识信息交流</li></ul>
矩阵型	<ul><li>有效利用资源</li><li>所有专业知识共享</li><li>促进学习与交流</li><li>利于沟通</li><li>注重客户</li></ul>	<ul><li>双层汇报关系</li><li>需要平衡权力</li></ul>

前述三种项目组织结构其实有着内在的联系,他们可表示为一个系列的变化,职能型组织结构在一端,项目型组织结构在另一端,而矩阵型组织结构是介于二者之间的一种结构。

随着某种组织结构的工作人员人数在项目团队中所占比重的增加,该种组织结构的特点也渐趋明显,反之,则相反。一般来说,职能型项目组织结构比较适用于规模较小、偏重于技术的项目,而不适用于环境变化较大的项目。因为,环境的变化需要各职能部门间的紧密合作,但职能部门本身的存在以及权责的界定成为部门间密切配合不可逾越的障碍。当一个公司中包括许多项目或项目的规模较大、技术复杂时,则应选择项目型项目组织结构。同职能型项目组织相比,在对付不稳定的环境时,项目型项目组织显示出了自己潜在的长处,这来自项目团队的整体性和各类人才的紧密合作。同前两种项目组织结构相比,矩阵型项目组织形式无疑在充分利用企业资源上显示出了巨大的优越性。由于其融合了两种结构的优点,这种组织形式在进行技术复杂、规模巨大的项目管理时呈现出了明显的优势。组织结构变化示意图如图 7-5 所示。

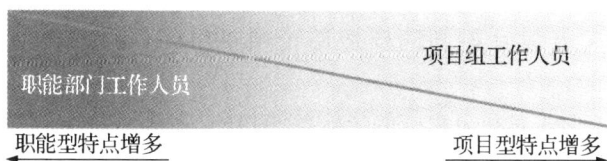

图 7-5 组织结构变化示意图

任务二 有效进行项目组织设计

管理学家巴纳德认为,人类由于受生理的、生物的、心理的和社会的限制,为了达到个人的目的,不得不进行合作。而要使这样的合作以较高的效率实现预定的目的,就必须形成某种组织结构,因此,现代社会存在着难以计数的组织。尽管这些组织形态各异,但他们均有目的性、专业化分工、依赖性、等级制度、开放性等共同特征。任何组织都是为了实现某个目的而产生,在分工的基础上形成,组织中的不同职务和部门相互联系,具有一定的上、下级关系,紧密地相互依赖,所有组织都与外界环境存在着资源和信息的交流,因而使其具有开放性的显著特征。

一、项目组织设计的一般原则

(1)目标一致性原则

组织的设计应有利于实现组织的总目标,建立上下层层保证,左右协调的目标体系。

(2)有效的管理层次和管理幅度原则

管理幅度是一个上级管理者直接领导下级人数的多少。管理层次是一个组织中从最高层到最低层所经历的层次数。管理幅度与管理层次成反比,增加管理幅度则会减少管理层次,相反,减少管理幅度会增加管理层次,要结合具体情况制定出合理的管理层次和管理幅度。

(3)责任与权利对等原则

组织设计要明确各层次不同岗位的管理职责及相应的管理权限,特别注意的是管理职责要与管理权限对等。

(4)合理分工与密切协作原则

组织是在任务分解的基础上建立起来的,合理的分工便于积累经验和实施业务的专业化。合理的分工有利于明确职责,密切协作才能将各部门各岗位的工作努力合成,实现组织整体目标的力量。

(5)集权与分权要适度,适合组织的任务与环境

(6)环境适应性原则

组织是一个与环境有着资源、信息等交换的开放系统,并受环境发展变化的制约,因此,组织的设计要考虑到环境的变化对组织的影响。一方面要建立适应环境特点的组织系统,另一方面要考虑在环境发生变化时组织应该具有的灵活性及可变革性。

一般组织的特征及设计原则同样适用于项目组织,但必须同时反映项目工作的特征。

不同的项目组织形式对项目实施的影响各不相同,表7-2列出了主要的组织结构形式及其对项目实施的影响。

在具体的项目实践中,究竟设计何种项目的组织形式没有一个可循的公式,一般在充分考虑各种组织结构的特点、企业特点、项目的特点和项目所处的环境等因素的条件下,然后才能做出较为适当的选择。因此,在选择项目组织形式时,需要了解哪些因素制约着项目组织的实际选择,表7-2列出了一些可能的因素与组织形式之间的关系。

实际中存在多种项目组织形式且并没有证据证明有一个最佳的组织形式,每一种组织形式有各自的优点与缺点,有其适用的场合。因此人们在进行项目组织设计时,要采取具体问题具体分析的方法,选择合适的满意的组织形式。

表 7 - 2　影响组织选择的关键因素

组织结构 影响因素	职能型	矩阵型	项目型
不确定	低	高	高
应用技术	标准	复杂	新
复杂程度	低	中	高
持续时间	短	中	长
规模	小	中	大
重要性	低	中	高
客户类型	各类	一般	单一
对内依赖性	弱	中	强
对外依赖性	强	中	弱
时间约束性	弱	中	强

二、建立项目管理组织的要求

（1）适应项目的一次性特点，使生产要素的配置能够按项目的需要进行动态的优化组合，实现连续、均衡地施工。

（2）有利于建筑施工企业总体经营战略的实施。面对复杂多变的市场竞争环境和社会环境，项目管理组织机构应有利于企业走向市场，提高企业任务招揽、项目估价和投标决策的能力。

（3）有利于企业内多项目间的协调和企业对各项目的有效控制。

（4）有利于合同管理，强化履约责任，有效地处理合同纠纷，提高企业的信誉。

（5）有利于减少管理层次，精干人员，提高办事效率，强化业务系统化管理。

任务三　如何胜任项目经理与组建项目团队

项目的成功完成除了要具备优良的设备、先进的技术之外，更重要的是人的因素。项目经理作为项目管理的基石，他的管理、组织、协调能力，他的知识素质、经验水平和领导艺术，甚至是个人性情都对项目管理的成败有着决定性的影响。

为了完成某个项目，需要把各种技能的人组织起来，并要求大家关注同样的目标，密切配合，协同工作，这便形成了项目团队。项目团队的优劣，很大程度决定着项目的成败。因此，为项目组建一个优秀的团队，并在项目实施中不断建设、发展，是项目成功的有力保障。

一、项目经理角色定位

项目组织结构模型表明,在整个项目组织中,项目经理就是项目的负责人,有时人们也称之为项目管理者或项目领导者,他们领导着项目组织的运转,其最主要的职能是保证组织的成功,在项目及项目管理过程中起着关键的作用,是决定项目成败的关键角色。项目经理是一个管理者,但他与其他管理者有很大的不同。首先项目经理与部门经理及公司总经理职责不同,这在矩阵组织形式中可以明显看出:项目经理对项目的计划、组织、实施负全权责任,对项目目标的实现负终极责任,是项目的直接管理者、一线的管理者。而部门经理只能对项目涉及本部门的部分工作施加影响,如技术部门经理对项目技术方案的选择、设备部门经理对设备选择的影响等等,公司的总经理通过项目经理的选拔、使用、考核等来间接管理一个项目。因此,项目经理对项目的管理比部门经理和公司总经理更加系统全面,要求具有系统思维的观点。同时,由于项目本质上就跨越各种领域,穿过许多组织界限,所以不存在常规,要经常地、快速地做出决策,实施项目成员、项目执行过程和项目成果的管理,这要求项目经理必须具备多种技能。

1. 项目经理的职责

如果没有一位合适的项目经理,项目管理就不会成功,项目经理在整个项目实施中需要履行以下职责:

（1）计划

项目经理要高度明确项目目标,并就该目标与客户取得一致意见。其次,在与项目团队成员的充分沟通基础上共同制定实现项目目标的计划,并建立项目管理信息系统,以便将项目的实际进程与计划进行比较。

（2）组织

组织职能的履行主要是为项目获取适合的资源,将项目任务分解,授权给项目内部成员或项目团队外部承包商,在给定预算和时间进度计划下完成项目任务。组织职能还有一个更重要的内容是营造一种高绩效的工作环境。

（3）控制

对项目实施过程进行控制,是项目成功的有力保障。因此,项目经理应设计一套项目管理信息系统,跟踪实际工作进程并将其与计划安排进程进行比较,不断纠正项目偏差,完善项目计划。

2. 项目经理的能力要求

由于项目的复杂性和多样性,要求项目经理具备各方面的能力,包括:

（1）领导能力

项目经理的领导能力是项目成功的重要前提之一,它要求项目经理能对项目有明确的领导和指导,能解决和处理各种问题,善于起用新人,并使之与团队融洽相处,能迅速做出集体决策与个人决策,能准确无误地沟通信息,能代表项目团队与外界交流,能平衡经济与人力间的矛盾。

（2）冲突处理能力

各种纠纷、冲突和矛盾在项目管理中难以避免。当纠纷与冲突对项目管理功能产生危害时,会导致项目决策失误、进度延缓、项目搁浅,甚至彻底失败。所以项目经理应保持对冲突的敏锐观察,识别冲突可能产生的不同后果,尽量利用对项目管理有利的冲突,同时降低和消除对项目产生严重危害的冲突。

（3）建设项目团队的能力

建设项目团队的能力是项目经理的主要责任之一。为保证项目有一个高效运作的团队,项目经理应利用项目对团队成员进行训练和培养,创造一种学习的环境,鼓励成员在项目活动中自我发展、勇敢创新,并努力减少他们对失败的恐惧,造就项目团队良好的协作氛围、相互信任的人际关系,从而建设一支有着不竭动力的高绩效的项目团队。

（4）解决问题的能力

项目经理应该有一个及时准确的信息传送系统,要在项目团队、承包商及客户之间进行开放而及时的信息沟通以便及早发现项目存在的问题,利用设计成熟而成本低廉的解决方案解决问题,把问题可能对项目造成的影响或危害降到最低。

不仅项目经理自身要有解决问题的能力,更要鼓励和培训项目团队成员及早发现问题并独立解决问题的能力。当项目出现较复杂的问题时,项目经理要具有洞察全局的能力,领导团队成员及项目利益关系者共同提出最佳的解决方案。

3. 项目经理的工作技巧

在具备上述能力的同时,项目经理还应该具备以下一些与人相处的重要技巧:影响、授权、谈判和沟通。

（1）影响

项目经理的正式权力通常是由项目组织中的高层领导授予的,我们称之为"合法权利"。但项目经理的正式权力往往不大,他们的权力通常来自大家对他们的经验、过去的优秀成绩、说服力和彻底而果断的决策能力的尊重,即影响力。有的时候,项目经理的"影响力"甚至比正式权力更能在项目组织的领导中发挥作用。因此,项目经理应注意培养自己的其他权力形式,不断提升因其具有的专长而形成的"专长权力",或与组织中更有权力的人在一起而获得的"联合权力",或通过获取同事与上司的支持而形成的"政治权力",以增强对项目团队的影响力,获得所有项目组织成员的支持。

（2）授权

和影响一样,授权也是项目经理的重要能力。授权明确组织成员在目标实现过程中的地位与角色,授权是一个过程,这一过程挑选出合适的人选,在合适的范围内给予其做出决策和采取行动的合适权力。

授权可以使项目经理从日常琐事中脱身,全力处理全局性、战略性问题;同时也是充分利用项目成员人才资源,提高决策速度及采用科学性的有效措施。成功授权应在充分了解项目成员的基础上选择适当的人选,阐明所授权力的内容、时间、成本及成果要求,并建立适当的控制机制,确保授权在正确的范围内运行。但授权不等于放下责任,项目经理仍必须对整个项目负责。

（3）谈判

谈判是在满足项目要求的前提下，与他人达成协议或妥协的过程。项目经理需要就项目的各个方面进行谈判，如资源、时间、质量、程序、成本及成员。在谈判中，结果总是对一方比对另一方更有利或不利。一个优秀的项目经理必须是一个优秀的谈判者，尽量使谈判双方的受益差距最小，避免矛盾。

（4）沟通

经常而有效的沟通有利于项目顺利进行、获取改进项目工作的建议、保持客户的满意度。项目经理应具备良好的沟通能力，通过多渠道进行及时、真实和明确的沟通，以获得客户对项目预期目标的清晰理解，获得项目团队内部的相互信任，协同工作。

二、项目团队的建立和发展

1. 项目团队的定义

团队就是指为了达到某一确定目标，由分工与合作及不同层次的权力和责任构成的人群。团队是相对部门或小组而言的。部门和小组的一个共同特点是：存在明确内部分工的同时，缺乏成员之间的紧密协作。团队则不同，队员之间没有明确的分工，彼此之间的工作内容交叉程度高，相互间的协作性强。团队在组织中的出现，根本上是组织适应快速变化环境要求的结果，"团队是高效组织应付环境变化的最好方法之一"。项目团队，就是为适应项目的实施及有效协作而建立的团队。项目团队的具体职责、组织结构、人员构成和人数配备等方面因项目性质、复杂程度、规模大小和持续时间长短而异。简单地把一组人员调集在一个项目中一起工作，并不一定能形成团队，就像公共汽车上的一群人不能称为团队一样。项目团队不仅仅是指被分配到某个项目中工作的一组人员，它更是指一组互相联系的人员同心协力地进行工作，以实现项目目标，满足客户需求。而要使人员发展成为一个有效协作的团队，一方面要项目经理做出努力，另一方面也需要项目团队中每位成员积极地投入到团队中去。一个有效率的团队不一定能决定项目的成功，而一个效率低下的团队，则注定要使项目失败。

2. 项目团队的组建

要成功组建项目团队，项目经理首先必须拥有一定的人事管理权，能直接参与项目成员的选择，决定其去、留，决定其在项目中的角色，所有项目成员的工作必须直接向其汇报等。项目经理拥有人事管理权，便可为项目选择最胜任的成员，并为这些成员分配适宜的角色，使他们各得其所，发挥出较高的工作水平。

在项目中，项目经理常会和一些不太了解的人一起工作，这些人的性格特点，知识技能和兴趣偏好各不相同，组合在一起不一定能很好地合作。正如将全世界最出色的足球明星组合成一个足球队，并不一定就是全世界最棒的球队一样。一个优秀的足球队不仅要有能够胜任各关键位置的球员，还要求球员能够配合默契。为了选择最胜任的成员，项目经理必须努力去了解项目团队成员的技能、知识和兴趣，把个人的偏好与角色要求相匹配，恰当地运用每个成员的才能，使其各得其所，团队成员才能够相互促进和协作，项目团队才能理想工作。

找到了优秀的项目人员,并将他们组织起来后,项目经理需要不断地对项目成员构成的小组进行调适,建立起广泛的信任基础,并促进真正的合作,才能真正形成项目团队。

项目团队的建设要以形成以下五种特点为目标:

(1)目标一致。每个组织都有自己的目标,项目团队更不能例外。共同的目标是项目团队存在的基石,正是在这一目标的感召下,项目队员凝集在一起,并为之共同奋斗。

共同目标包容了个人憧憬与个人目标,充分体现了个人的意志与利益,共同目标能产生足够的吸引力,能够引发并保持团队成员的激情,并随着环境的变化而有着相应的调整。每个队员也都了解它、认同它,都认为共同目标的实现是达到共同憧憬的最有效途径。

(2)分工与协作。项目团队中每个人的行动都会影响到其他人的工作,因此团队成员都需要了解为实现项目目标而必须做的工作及其相互间的关系。每个成员都应该明确自己的角色、权力、任务和职责,即项目共同目标在团队成员间的分解及具体化,同时,更重要的是在目标明确之后,必须明确各个成员之间的相互关系,以便在以后项目执行过程中少花时间和精力去处理各种误解。

(3)凝聚力。凝聚力是指成员在项目内的团结与吸引力、向心力,它能使团队成员积极热情地为项目成功付出必要的时间和努力。

(4)信任。项目团队成员相互关心,承认彼此存在的差异,信任其他人所做和所要做的事情,能自由地表达不同意见,不怕打击报复地大胆提出一些可能产生争议或冲突的问题,这样的团队必将是一个有效的团队,必将使团队能力得到充分发挥。项目经理应认识到这一点,通过委任、公开交流、自由交换意见来推进彼此之间的信任,努力建立团队成员间的相互信任。

(5)沟通。高效的项目团队还需具有高效沟通的能力,拥有全方位的、各种各样的、正式的和非正式的信息沟通渠道,能保证沟通直接、高效、层次少,实现信息和情感上的沟通,形成开放、坦诚的沟通气氛。

3. 项目团队的发展

一个项目团队从开始到终止,是一个不断成长和变化的过程。项目管理长期的研究表明,项目团队的发展没有任何标准的模式,项目团队不是静止不变的,在小组成员的态度和行为不断地调整过程中,项目经理必须要敏锐地辨识各种冲突的性质,制定并实施切实可行的团队建设措施,建立健全科学的授权与控制机制,使项目团队能长久保持高绩效的运作状态,确保项目任务能顺利完成。

项目团队的生命历程,一般要经历形成、磨合、规范、执行和解散五个阶段,如图 7-6 所示。不同的阶段,项目成员的工作任务及团队间的人际关系有很大的差别,项目经理应采用不同的领导策略加以适应。

(1)形成阶段

在形成阶段,团队成员因项目而走到一起,大家互不相识,不太清楚项目是干什么的和自己应该做些什么。这一时期的特征是队员们既兴奋又焦虑,而且,还有一种主人翁感,他们从项目经理处寻找或相互了解,谨慎地研究和学习适宜的举止行为,以期找到属于自己的角色。

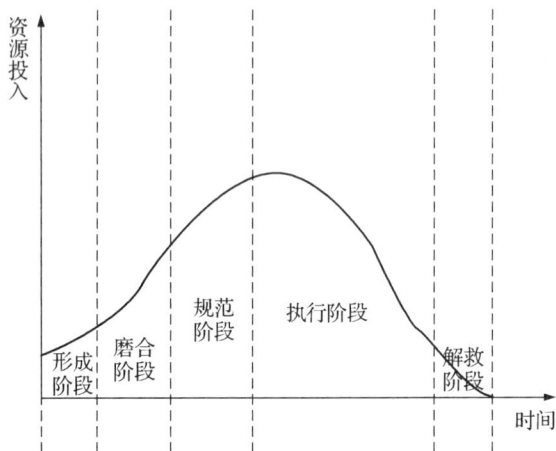

图 7 - 6　项目团队生命周期

在这一阶段,每个成员都试图了解项目目标和他们在团队中的合适角色,项目经理在这个阶段的领导任务是要让成员了解并认识团队有关的基本情况,明确每个人的任务,为自己找到一个有用的角色,培养成员对项目团队的归属感,激发其责任感,努力建立项目团队与项目组织外部的联系与协调关系。

当团队成员感到他们已属于项目并且有了自己作为团队不可缺少的一部分的意识时,他们就会承担起团队的任务,并确定自己在完成这一任务中的参与程度。当解决了定位问题后,团队成员就不会感到茫然而不知所措,从而有助于其他各种关系的建立。

（2）磨合阶段

这一阶段队员们开始执行分配到的任务。但由于现实可能与当初的期望发生较大的偏离,于是,团队的冲突和不和谐便成为这阶段的一个显著特点。成员之间由于立场、观念、方法、行为等方面的差异而产生各种冲突,人际关系陷入紧张局面,队员们可能会消极地对待项目工作和项目经理,甚至出现敌视、强烈情绪以及向领导者挑战的情形。冲突可能发生在领导与个别团队成员之间,领导与整个团队之间以及团队成员相互之间、团队成员与周围环境之间、团队成员与项目外其他部门之间。这些冲突或是情感上的,或是与事实有关的,或是建设性的,或是破坏性的,或是公开性的,或是隐瞒性的,整个项目团队工作气氛趋于紧张,问题逐渐暴露,团队士气较形成阶段明显下沉。

不管怎样,在这一阶段,团队成员逐步在明确自己所扮演的角色及其功能、权限和责任,项目经理的领导任务是建立切实可行的行为和工作标准,在团队中树立威信、排除冲突,以理性的、无偏见的态度来解决团队成员之间的争端。

（3）规范阶段

经历了磨合阶段的考验,项目团队确立了成员之间、成员与项目经理之间、团队与外部环境之间的良好关系。在这一阶段随着个人期望与现实情形—即要做的工作、可用的资源、限制条件、其他参与人员的逐步统一,队员的不满情绪不断减少,项目团队逐步适应了工作环境,项目规程得以改进和规范化,控制及决策权从项目经理移交给了项目团队,团队凝聚力开始形成,每个成员为取得项目目标所做的贡献都能得到认同和赞赏,团队成员开始自由地、建设性地表达他们的情绪及评论意见,成员之间开始相互信任,合作意识增强,团队的信任得以发展。

团队经过这个社会化的过程后，建立了友谊、忠诚和信任，团队成员大量地交流信息、观点和感情，团队成员有了明确的工作方法、规范的行为模式，这一阶段的矛盾程度明显低于磨合时期，项目经理的领导任务主要是在项目成员及任务间进行适当的资源配置。

（4）执行阶段

经过前一阶段，团队确立了行为规范和工作方式，能开放、坦诚、及时地进行沟通，有集体感和荣誉感，信心十足，工作积极，急于实现项目目标。在这一阶段团队能感觉到高度授权，会根据实际需要，以团队、个人或临时小组的方式进行工作，团队相互依赖度高，他们经常合作，并在自己的工作任务外尽力相互帮助。随着工作的进展并得到表扬，团队获得满足感，个体成员会意识到为项目工作的结果使他们正获得职业上的发展。

相互的理解、高效的沟通、密切的配合、充分的授权、宽松的环境加上队员们的工作激情使得这一阶段容易取得较大成绩，实现项目的创新。团队精神和集体的合力在这一阶段得到了充分的体现，每位队员在这一阶段的工作和学习中都取得了长足的进步和巨大的发展，这是一个 1＋1＞2 的阶段。

在这一阶段，项目成员相互配合，充分发挥着团队集体的主动性、积极性和创造性。项目经理的领导任务主要是适当授权和分派工作，放手让成员自主完成项目任务，通过有效的控制、尊重和信任来激发成员。

（5）解散阶段

对于完成某项任务，实现了项目目标的团队而言，随着项目的竣工，团队准备解散，团队成员开始骚动不安，考虑自身今后的发展，并开始做离开的准备，团队开始解散。有时，团队仿佛回到了组建阶段，必须改变工作方式才能完成最后各种具体任务，但同时由于项目团队成员之间已经培养出感情，所以彼此依依不舍，惜别之情难以抑制，团队成员们领悟到了凝聚力的存在。

在这一阶段项目经理的主要任务是收拢人心，稳住队伍，适度调整工作方式，向团队成员明确还有哪些工作需要做完，否则项目就不能圆满完成，目标就不能成功实现。只有根据项目团队成员在这一阶段的具体情况不断调整领导艺术、工作方式，充分利用项目团队凝聚力和团队成员的集体感和荣誉感，才能完成最后的各项具体项目任务。

任务四 了解项目人力资源管理

所谓项目人力资源管理，就是要在对项目目标、规划、任务、进展以及各种变量进行合理、有序的分析、规划和统筹的基础上，对项目过程中的所有人员，包括项目经理、项目班子其他成员、项目发起方、投资方、项目业主以及项目客户等给予有效的协调、控制和管理，使他们能够与项目班子紧密配合，尽可能地适合项目发展的需要，最大可能地挖掘人才潜力，最终实现项目目标。

美国项目管理协会（PMI）的《项目管理知识体系指南》PMBOK（Project Management

Body of Knowledge)第 4 版提出,项目人力资源管理包括组织、管理与领导项目团队的各个过程。中国专家学者认为,项目人力资源管理就是通过不断地获得人力资源,把得到的人力整合到项目中融为一体,保持和激励他们对项目的忠诚与积极性,控制他们的工作绩效并做相应的调整,尽量开发他们的潜能,以支持项目目标的实现。袁家军提出,项目人力资源管理是指项目有关参与方为提高项目工作效率、科学合理分配人力资源、实现人力资源与工作任务之间的优化配置、调动其积极性、高质量地完成顾客委托的任务,对项目的人力资源进行计划、获取和发展的管理过程。由此可见,不同地域文化背景和行业领域特点,使得人们对项目人力资源管理内涵的理解和认识有所差异,但核心理念和关键要素都保持一致性。

对项目人力资源管理的研究和探讨,国内外专家学者更多地把焦点集中于项目组织设计、招募与甄选、团队激励、绩效考核、团队文化等领域。随着项目管理理念不断深入,项目管理方法在各行各业得到广泛运用,催生出许多项目人力资源管理的新思想和新技术。比如透明流程组织、学习型组织、高绩效团队、虚拟团队、项目"全团队"管理等,有效促进了项目人力资源管理的理论发展,同时也更加丰富了项目人力资源管理职能领域的内涵。可以说,项目管理界对人力资源管理更加重视,对项目人力资源管理职能领域的研究也逐步深入。

项目人力资源管理是组织计划编制,也可以看作是战场上的"排兵布阵",就是确定、分配项目中的角色、职责和回报关系。在进行组织计划编制时,我们需要参考资源计划编制中的人力资源需求子项,还需要参考项目中各种汇报关系(又称为项目界面),如组织界面、技术界面、人际关系界面等。一般采用的方法包括:参考类似项目的模板、人力资源管理的惯例、分析项目干系人的需求等。

一、项目人力资源管理特点

(1)管理周期短,工作强度大;

(2)选聘与解聘的非常规性:一个组织的选聘往往有严格的程序,而由于项目的自身特点,选聘往往具有权变与随意性;

(3)绩效考核的效果性:考核具有明确的成果性,强调短期考核;

(4)激励的重物质性,培训的具体性与针对性。

二、项目人力资源管理主要内容

(1)项目组织规划

项目组织规划是根据项目的目标,确定项目管理所需的工作,进行工作分析、确定岗位、明确责任及岗位从属关系,并做出项目的人力资源预测。

(2)建立项目组织

建立项目组织就是根据项目实际需要,为空缺和潜在空缺的岗位寻找合适的候选人,按组织规划明确各自的角色和责任。

(3)项目组织建设

项目组织建设就是将建立好的项目组织成为一个有机协作的整体,每个人都为项目目标而努力,使整个组织的工作更加默契。

任务五　项目人力资源管理的载体策划

组织策划包括确定书面计划并分配项目任务、职责以及报告关系。任务、职责和报告关系可以分配到个人或团队。这些个人和团队可能是执行项目的组织的组成部分，也可能是项目组织外部的人员。内部团队通常和专职部门有联系，如工程部、市场部或会计部。

在大多数项目中，组织策划主要作为项目最初阶段的一部分。但是，这一程序的结果应当在项目全过程中经常性地复查，以保证它的持续适用性。如果最初的组织策划不再有效，就应当立即修正。

一、组织策划要求

1. 项目层次

项目层次通常有三个方面。

（1）组织层面——不同的组织单位之间正式的或非正式的报告关系。组织层面可能十分复杂，也可能非常简单。例如，建设一个复杂的电讯系统可能需要花费几年时间去协调无数分包商的关系，而修正一个要装在简单地点的系统中的程序错误只需要通知用户和工作人员完成工作。

（2）技术层面——不同的技术规程之间的正式或非正式的报告关系。技术层面既存在于项目各阶段之中，例如，土木工程师提出的设计方案必须与结构工程师提出的上层构造方案相匹配；也存在于项目各阶段之间，例如，当自动系统设计小组将它的工作结果交付给具有交通工具制造能力的生产小组时。

（3）人际层面——在项目中工作的不同个人之间的正式的或非正式的报告关系。这些层面往往同时存在，例如，当一个设计公司雇用的建筑师向建筑承包商的项目管理小组解释关键性的设计思路，而该项目小组与他并无直接关系时，上述各个层面就同时存在。

2. 人员需求

人员需求界定了在什么样的时间范围内，对什么样的个人和团体，要求具备什么样的技能。人员需求是在资源规划过程中决定整体资源需求中的一部分。

3. 制约因素

制约因素是限制项目小组选择自由的因素。一个项目的组织选择可以从很多方面加以制约。常用的可以制约团队如何组织的因素一般包括以下几点：

（1）执行组织的组织结构——一个以强矩阵型为基础结构的组织，意味着它的项目经理承担着与此相关的重大责任，比以弱矩阵型为基础结构的组织中的项目经理所担负的责任更为重大。

（2）集体协商条款——与工会或其他雇员组织达成的合同条款可能会要求特定的任务

或报告关系,因为,在实质上,雇员组织也是项目相关人员。

(3)项目管理小组的偏爱——如果项目管理小组在过去运用某些特定的管理结构取得过成功,他们就可能在将来提倡使用类似的结构。

(4)预期的人员分配——项目的组织常受专业人员的技术和能力的影响。

二、组织策划管理

(1)样板法。虽然每个项目都是独一无二的,但大多数项目会在某种程度上与其他项目类似。运用一个类似项目的任务或职责的定义或报告关系有助于加快组织规划程序的运行。

(2)人力资源经验。许多组织有各种政策指导和程序,在组织规划的各方面为项目管理小组提供帮助。例如,一个把经理看作"教练"的组织很可能拥有关于"教练"的任务如何执行的文件资料。

(3)组织理论。有大量的书面规定阐述了组织能够而且应当如何构建。虽然这些书面规定中仅有一小部分是以项目组织为专门目标的,但项目管理小组仍应从总体上熟悉组织理论的主旨,以便更好地满足项目的需要。

(4)相关人员分析。各个相关人员的需求应得到仔细分析,保证他们的要求能得到满足。

三、组织策划内容(成果)

(1)任务和职责分配。项目任务(谁做什么)和职责(谁决定什么)必须分配到合适的项目相关人员。任务和职责可能会随时间而改变。大多数任务和职责将分配给积极参与项目工作的有关人员,例如项目经理、项目管理小组的其他成员以及为项目做出贡献的个人。

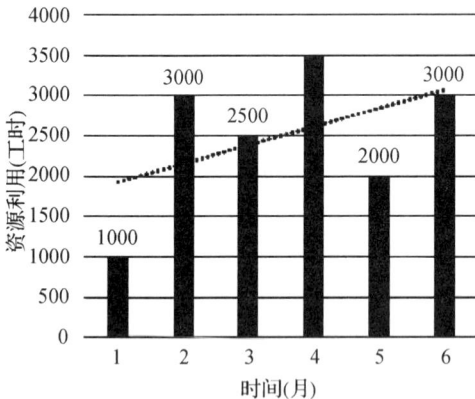

图7-7 资源直方图

(2)人员管理计划。人员管理计划阐述人力资源在何时,以何种方式加入和离开项目小组。人员计划可能是正式的,也可能是非正式的,可能是十分详细的,也可能是框架概括型的,都根据项目的需要而定,它是整体项目计划中的辅助因素。

应特别注意项目小组成员(个人或团体)不再为项目所需要时,他们是如何解散的。适当的再分配程序可以是:

① 通过减少或消除为了填补两次再分配之间的时间空当而制造工作的趋势来降低成本。

② 通过降低或消除对未来就业机会的不确定心理来鼓舞士气。

(3)组织策划图表。组织表是项目报告关系的图表展示。它可以是正式的或非正式的,十分详细的或框架概括型的,依据项目的需要而定。项目分层结构(CBS)是一种特殊类型的组织表,它显示了哪些组织单位负责哪些工作。

(4)组织策划详细说明。组织策划的详细说明随着应用领域和项目规模的不同而改变。通常作为详细说明而提供的信息包括以下几点：

① 组织的影响力——哪些选样被组织工作以这种方式排除。

② 职务说明——写明职务所需的技能、职员、知识、权力、物质环境，以及其他与该职务有关的素质。又称职位说明。

③ 培训要求——如果并不期望要分配的人员具备项目所需要的技能，则需要把培训技能作为项目的一部分。

任务六　项目人员组织建设

人员组织指获取所需的人力资源（个人及团队），并将其分配到项目中工作。在大多数情况下，可能无法得到"最佳"的人力资源，但项目管理小组必须保证所利用的人力资源能符合项目的要求，并在项目执行过程中有足够的凝聚力，共同完成项目任务。

一、人员配置管理要求

（1）人员配置管理计划。人员配置管理计划要包括项目人员配置的要求。

（2）人员组成说明。当项目管理小组能够影响或指导人员分配时，它必须掌握和利用可能利用的人员的素质与特点。

主要考虑以下几点：

① 工作经验——哪些个人或团队以前从事过类似的或相关的工作？他们做得如何？

② 个人兴趣——哪些个人或团体对从事的这个项目的哪些内容感兴趣？

③ 个性——这些个人或团体对于以团队合作的方式工作是否适应？

④ 人员市场——能否在必要的时间内得到项目最需要的个人或团体？

（3）人员配置管理经验。参与项目的一个或多个组织可能拥有类似的策略，方法或指导人员分配的程序。当这些经验存在时，它们就成为人员组织程序的制约因素。

二、人员组织管理

（1）协商。人员分配在多数项目中必须通过协商进行，使之人尽其才。例如，项目管理小组可能需要与以下人员协商：

① 负有相应职责的部门经理，目的是保证在必要的时间限度内为项目组织得到具有适当技能的工作人员。

② 执行组织中的其他项目管理小组，目的是适当分配难得或特殊的人力资源。

管理小组的影响力在人员分配协商中扮演着十分重要的角色，如同组织工作中的政治手段。例如，对一个部门经理的奖励可以是基于他对人员的使用情况，这会对经理形成一种激励。可能他不一定胜任项目的所有工作，但他能带出成功完成项目任务的团体。

（2）人员指定。在某些情况下，可以预先将人员分配到项目中。这些情况常常是：

① 该项目是完成一项提议的结果，而使用特定的人员是该项提议允诺的一部分；

② 该项目是一个内部服务项目，而且人员的分配已在项目安排表中有规定。

（3）临时雇用。这是开展项目工作在特定时间而取得的特定个人或团队的服务。当执行组织缺少内部工作人员去完成这个项目时，就需要临时雇用人员，例如，有意识地决定不长期雇用某些人员，或让具备合适技能的人员先去从事更重要的其他项目，或其他项目过程的临时增加项目等。

三、人员组织内容（成果）

（1）确定项目组织的关键人员——项目经理。

（2）项目人员分配。把适当的人选有效地分配到项目中并使之胜任工作。依据项目的需要，项目人员可能被分配全职工作，兼职工作或其他各种类型的工作。

（3）项目人员分配表。项目小组名单罗列了所有的项目小组成员和其他关键的项目相关人员。这个名单可以是正式的或非正式的，十分详细的或框架概括型的，根据项目的需要而定。

任务七　项目管理的核心——人力资源绩效管理

人力资源的绩效管理是项目管理的核心内容，是实现项目目标的基础和前提，是依据项目团队成员和他们的项目负责人之间达成的协议，来实施的一个双向式互动的沟通过程。

一、项目人力资源的激励

1. 激励

激励，顾名思义，它是"激"和"励"的组合。我们可定义为：通过调整外因来调动内因，从而使被激励者向着预期的方向发展。因此，"激"即引发动机，"励"即强化行为，所以激励实质上是一个通过外部引导行为来激发内部动机的过程。

所谓动机，是指人去行动的主观原因，经常以愿望、兴趣、理想等形式表现出来。它是个人发动和维持其行为，使其导向某一目标的一种心理状态。

产生动机原因有：

（1）需要，包括生理需要和社会需要；

（2）刺激，包括内部刺激和外部刺激。

在同一时刻，人的动机有若干个，但真正影响行为的动机只有一个，有时还会产生复杂多样的甚至互相矛盾的动机，这时就需通过思想斗争，使其中某一动机占优势，即为优势动机。动机具有始发功能、选择功能、强化功能和为了达到目标而形成一定模式的调整功能。

1943 年，美国心理学家马斯洛提出著名的"需求层次理论"假设每个人都有五个层次的需要，如图 7-8 所示：

图 7-8　需求层次理论

（1）生理需要

（2）安全需要

（3）交际需要

（4）尊重需要

（5）自我实现的需要

从激励的角度来看，员工未被满足的需要是有效激励的前提条件。马斯洛认为，上述五种需要是按次序逐级上升的。当下一级需要获得基本满足后，追求上一级的需要就成为驱动行为的动力。实际上今天社会中大多数人在正常情况下，他们的每种基本需要都是部分得到满足，部分得不到满足。

美国心理学家麦克里兰提出一种"成就动机理论"。成就动机是社会性动机之一，是指个人对于自己认为重要的工作、任务去从事、完成，并希望达到某种理想地步的一种内在驱动力。简单地说，就是人们在执行任务时追求成功的动机。麦克里兰认为，成就动机强的人对工作和学习非常积极，对事业有冒险精神，对与事业成功有关的词汇非常敏感，能约束自己，不受社会所左右。已有的研究表明，成就动机大小同父母和教师对儿童期的"独立性训练"有关。

因此，项目管理人员必须了解项目团体中每个成员的主要需要，以便组织满足这些人的特别需求，引导他们为项目目标服务。

2. 激励理论

了解了人的动机以后，如何有效地将人的动机和项目所提供的工作机会、工作条件和工作报酬紧密地结合起来，是项目人力资源激励的主要内容。

以下四个理论将对激励过程的具体实施起指导作用：

（1）赫茨伯格的双因素理论（two-factor theory）

美国心理学家赫茨伯格对工程师和会计群体进行调查后发现，促使员工在工作中产生满意或良好感觉的因素与产生不满或厌恶感觉的因素是不同的，前者往往和工作内容本身联系在一起，后者则和工作环境或条件相联系，它们分别被定义为"激励因素"和"保健因素"。

赫茨伯格指出，激励因素，也称内部因素，包括工作富有成就感，工作成绩能得到社会承认，工作本身具有挑战性，负有重大责任，在事业上能得到发展和成长等。这类因素的改善，往往能给员工很大程度的激励，产生工作的满意感，有助于充分、有效、持久地调动他们的积极性。保健因素，也称外部因素，是指和工作环境或条件相关的因素，包括组织的政策与行政管理、技术管理、工资、工作条件、安全设施和人际关系等，这是保持职工达到合理满意水平所必需的因素，不具备这些因素，员工则不满意。但是这些因素并不构成激励，就像保健可以防病，但不可治病一样。

赫茨伯格认为，在两种因素中，保健因素的扩大会降低一个人所做的工作中的内在满足度，而外部动机的扩大会引起内部动机的萎缩，因此，要避免削弱内在动机的作用，应该尽量扩大人努力工作的内在动机的积极作用。

管理人员必须了解哪一种因素导致个人满意，哪种因素使人不满意。为了调动个人积极性，管理者应该设法利用这些因素，将个人的不满意限制到最低程度，增加个人的满意程度。根据具体情况，采取适宜的措施，既要认识"保健因素"的重要性，又要注意更多地用"激励因素"来调动职工的积极性。

（2）弗隆姆的期望理论

维克多·弗隆姆认为，员工对工作选择做与不做主要基于三个具体因素：

① 员工对自己做某项工作的能力的知觉。如果员工相信他能够做，则动机就是强烈的。如果认为不能，动机将降低。

② 员工的期望。如果他做了这件事，会带来一定的结果。换句话说，如果员工相信从事这项工作会带来渴望的结果，则做这项工作的动机会很强烈。相反，员工若认为不能带来所期望的结果，则动机不足。

③ 员工对某种结果的偏好。如果一位员工真的渴求加薪、晋升或其他结果，则动机会很强烈。但如果员工认为这是一个消极的结果，如额外压力、更长的工作时间或合作者的嫉妒，则他就不会受到激励。

根据弗隆姆的理论，动机依赖于员工认为他们是否能达到某种结果，这种结果是否能带来预期奖赏以及员工是否认为此奖赏有价值。如果这三个因素员工评价都很高的话，动机强度便可能很高。

因此，项目管理人员首先要根据每一个人的能力，分配给他们合适的岗位职责，使他们发挥出自己的专长；其次，要让下属知道，表现好、绩效高会受到组织奖励；另外，管理人员还要能确定哪些奖励对哪些人适用。只有三者具备，才可能实现对项目人员的有效激励。

（3）斯戴西·亚当斯的公平理论

公平理论是美国心理学家斯戴西·亚当斯提出的一种激励理论。该理论着重研究工资报酬分配的合理性、公平性对职工产生积极性的影响。公平理论指出，职工的工作动机，不仅受到其所得绝对报酬的影响，而且受到相对报酬的影响。即一个人不仅关心自己收入的绝对值（自己的实际收入），而且也关心自己收入的相对值（自己收入与他人的比例）。每个人都会不自觉地把自己付出的劳动和所得的报酬与他人付出的劳动和所得的报酬进行社会比较，也会把自己现在付出的劳动和所得报酬与自己过去劳动和所得报酬进行历史比较。如果当他发现自己的收支比例与他人的收支比例相等，或者现在的收支比例与过去的收支比例相等时，则认为是应该的、正常的，因而心情舒畅，努力工作。但如果当他发现自己的收支比例与他人或过去不相等时，就会产生不公平感，从而影响工作的积极性。

亚当斯的研究结果显示，如果报酬制度要有效地促进个人的动机行为，激发职工积极性的话，个人必须相信这种报酬制度是公平合理的。公平理论的关键是输入与输出结果的概念。输入是指个人向组织投入工作上的努力、技能、教育、资历、社会地位等因素。输出是个人感到应获得一定报酬的依据。输出结果是指组织向个人提供的报酬，如工资、福利、表扬、晋升等因素。在同一组织内，一个人的输入与输出结果必须与其他人相同。亚当斯的研究表明，个人将自己的情况与别人相比后，总会调整他们的输入，以求获得输入——输出关系的平等待遇。项目管理人员必须做到合理分配，同工同酬，公平对待组织内的每一个成员。

（4）斯金纳的强化理论

强化理论关注通过运用积极或消极的后果来改变行为。斯金纳认为，人们体验到的需要或动力导致了他们以某种方式行动，这种行动的后果将影响个体是否会重复这种行为。

如果某种行为产生了一种积极的后果，个体就可能有重复它的动机，斯金纳把这叫"积极强化"。如果行为并未产生消极后果,个体也可能重复它,斯金纳把这叫"消极强化"。另一方面,如果某种行为产生消极后果或因此而受到惩罚,个体很可能会减少这种行为。如果一种行为并未产生积极后果,人们也可能会决定不再做它,这种选择斯金纳戏称为"消亡"。斯金纳认为运用积极和消极的后果能影响人们的行为,这叫"行为塑造"。而且,要想使后果积极,它们必须在行为发生后不久就出现。因此,当员工工作表现好、圆满完成任务时,项目经理人员必须从正面引导、强化,而且管理人员应及时发扬好的表现行为。

3. 项目成员激励的协调关系

项目成员在团队中的表现,不仅取决于其个人的态度及努力程度,管理者的管理策略对项目成员也有影响。

（1）管理者采取的激励措施与项目成员为实现组织目标付出的努力成正比。管理者采取的激励措施可以按强度（高与低）和类型（基于行为或结果）进行分类,较强的激励措施将使得成员更加积极地朝着管理者所期望的目标努力,调整个人目标与组织目标之间的差距。这些激励措施可以是物质的,也可以是精神的。

（2）激励措施的边际效用与双方目标的差异程度成正比。采取激励措施的目的是协调管理者和成员之间的不一致性,因此,激励措施的边际效用取决于双方目标的一致程度。如果成员感到努力工作将很自然地给他带来收益,即使管理者采取的激励措施非常少,成员也会努力工作,此时激励措施的边际效用就比较低。相反,双方目标差异越大,激励措施的边际效用越高。

（3）基于结果的激励措施与基于行为的激励措施对成员有不同的影响。总的来讲,基于结果的激励措施对成员的影响比基于行为的激励措施效果更大。

（4）激励措施对不同的成员有不同的影响。

4. 对项目经理的激励与薪酬

对项目经理的激励可采取目标激励、精神激励、薪酬福利激励。

薪酬的设计原则是：

（1）竞争原则；

（2）公平原则；

（3）激励原则；

（4）承认价值原则,承认项目运行对组织的贡献和重要性；【非必要原则】

（5）管理权原则:项目股份化,让项目经理具有更高的积极性；【非必要原则】

二、绩效评估

1. 绩效评估的概述

对于绩效（Performance）有多种理解。有人认为绩效应当着眼于工作结果,是个体或群体劳动的最终成绩或贡献；也有人认为,绩效既应当考虑员工的工作业绩,又应当考虑员工的工作过程和行为方式,认为绩效是员工与客观环境之间有效互动的结果。较为普遍的观点是,绩效是个体或群体工作表现、直接成绩、最终效益的统一体。

绩效评估(performance evaluation 或 performance appraisal)就是工作行为的测量过程,即用过去制定的标准来比较工作绩效的记录及将绩效评估结果反馈给职工的过程。它是以工作目标为导向,以工作标准为依据,对员工行为及其结果的综合管理,目的是确认员工的工作成就,改进员工的工作方式,奖优罚劣,提高工作效率和经营效益。

现代人力资源管理系统有以下几个方面,即人力资源的获得、挑选与招聘、培训与提高、激励与报酬等。绩效评估特别重要,因为绩效评估给人力资源管理的各个方面提供反馈信息,它是整个系统必不可少的部分,并与各个部分紧密联系在一起,它一直被人们称为组织内人力资源管理最强有力的方法之一,没有绩效评估就无法做出最佳管理决策,没有绩效评估就使项目成员在提升职务、工资晋级以及进一步培训提高上缺乏凭据,没有绩效评估管理者就无法考察下属的工作行为。

具体地说,绩效评估的作用主要表现在以下几个方面:

(1)薪资报酬。合理的薪酬不仅是对员工劳动成果的公正认可,而且可以产生激励作用,在组织内部形成进取与公平的氛围。

(2)升降调配。通过绩效评估,可以提供有关员工的工作信息,报据这些信息,可以进行人员的晋升、降职、轮换、调动等人力资源管理。

(3)员工培训。在组织竞争与发展中,努力使人力资源增值,从长远来说是一项战略任务。培训开发是人力资源投资的重要方式,绩效评估可以检查出员工在知识、技能、素质等方面的不足,使培训开发有针对性地进行。

(4)共同愿景的建立。绩效评估要求上下级之间对评估标准、评估方式以及评估结果进行充分沟通,因此,绩效评估有助于项目成员之间信息的传递和感情的融合。

2. 绩效评估的程序

(1)建立业绩考核体系

员工的绩效受技能、激励、环境和机会等多种因素的影响,是员工个人素质和工作环境共同作用的结果,因此,绩效评估是一项较为复杂且具有一定难度的工作,为实施对人力资源绩效的有效评估,必须建立绩效考核体系。一般认为有效的绩效考核体系应同时具备以下五个特征:

① 敏感性。敏感性指的是绩效评估系统具有区分员工工作效率高低的能力。

② 可靠性。可靠性指的是评估者判定评价的一致性,不同的评估者对同一员工所做的评价应该基本相同。

③ 准确性。准确性指的是应该把工作标准和项目目标联系起来,把工作要素和评价内容联系起来,来确定一项工作成败的界限。

④ 可接受性。绩效评估体系只有得到管理人员和员工的支持才能推行。

⑤ 实用性。实用性指的是评估系统的设计、实施和信息利用都需花费时间、努力和资金,项目使用绩效评估系统的收益必须要大于其成本。

(2)将业绩期望告知员工

标准建立后,要将业绩标准告知员工,并将这些标准进行双向交流。

(3)测量实际业绩

测量实际业绩必须取得有关信息:如何测量、测量什么等。通常有四种信息来源:个人观察、统计报表、口头报告、书面报告。

（4）比较实际业绩和标准

将实际业绩与评价标准进行比较，通过与员工的讨论对偏差进行矫正。

（5）进行矫正

矫正有两种类型，一种是迅速及时的，并且主要处理征兆问题。另一种是基础的，主要探讨原因。

3. 绩效评估的方法

绩效评估的方法很多，但没有适合一切目的的通用方法。管理方面的问题就是确定某种绩效评估方法以达到所追求的目的。此外，也没有一种普遍的评估方法能适用于一切项目的一切目的。因此，绩效评估方面的问题就是要设计一种方法，既适合评估目的又适合每一组织的独特的特点。下面介绍一些绩效评估的主要方法及其优缺点。

（1）描述法

这是传统的评估方法，分鉴定法和关键事件法两类。

① 鉴定法

评估者以叙述性的文字描述评估对象的能力、态度、成绩、优缺点、发展的可能性、需要加以指导的事项和关键性事件等，由此得到对评估对象的综合评价。优点是结果比较可靠，资料相对完整。但是往往费时较多、篇幅长，而且写作水平直接影响评价印象，难以对多个对象进行相互比较。

② 关键事件法

在应用这种评价方法时，负责评估的主管人员把员工在完成工作任务时所发现的特别有效的行为和特别无效的行为记录下来，形成一份书面报告。评估者在对员工的优点、缺点和潜在能力进行评论的基础上提出改进工作绩效的意见。如果评价者能够长期观察员工的工作行为，对员工的工作情况十分了解，同时也很公正和坦率，那么这种评价报告是很有效的。缺点是记录事件本身是一项很烦琐的工作，还会造成上级对下级的过分监视。

（2）比较法

对评估考评对象作相互比较，是用排序而不是用评分，从而决定其工作业绩的相对水平。

排序形式有多种，如：简单排序、配对比较或强制分布。简单排序要求评定者依据工作绩效将员工从最好到最差排序。配对比较法则是评定者将每一个成员相互进行比较。如，将成员 1 与成员 2、成员 3 相比，成员 2 与成员 3 相比，赢得最多"竞赛"的成员接受最高等级。强制分布法要求评定者在每一个优胜档次上，如："最好""中""最差"，都分派一定比例的成员。强制分布法类似于在曲线上划分等级，一定比例的成员得 A，一定比例的成员得 B，等等。

比较法的优点是成本低、实用，评估所花费的时间和精力非常少。而且，这种绩效评估方法可有效地消除某些评估误差，如避免了评估者可能给每位员工都做出一个优秀评价的宽厚性错误。实际上，依照定义，只有 50％的雇员能在平均水平之上。通过强制使评估者具体指出绩效最好的人和最差的人，从而使雇佣决策，如提薪和晋升，更容易做了。

比较法有几个缺点。因为判定绩效的评分标准是模糊或不实在的，评分的准确性和公平性就可能受到严重质疑。而且比较系统没有具体说明一个员工必须做什么才能得到好的评分,因而它们不能充分地指导或监控雇员行为。最后,组织用这样的系统不能公平地对来自不同项目的员工的绩效进行比较。例如,A 项目的第 6 名成员可能比 B 项目的第 1 名做得更好。

（3）量表法

量表法是利用一系列标准化的量表进行考核评价,将一定的分数分配给各项考核因素或指标,使每项考核因素都有一个评价尺度,然后由评估者用量表对评估对象在各个考核因素或指标上的表现情况做出评判、打分,最后汇总引算出总分,作为评估对象的考核结果。现在,量表法已经在各类项目得到广泛的采用,常用的有图式评定量表（GRS）、行为锚定式评定量表（BARS）和行为观察量表（BOS）,详细内容可查阅相关资料。

（4）AFP 法

此法是三种方法的综合,其中 A 表示 AHP,即层次分析法,它主要解决考核的项目指标体系结构的设计问题;F 表示 FUZZY,即模糊测评法,它主要解决对考核项目的打分、评定问题;P 表示 Pattern Recognition,即模式识别,它主要解决对评分结果的认定问题。

（5）目标管理（MBO）在项目管理中已得到广泛应用,而作为一种绩效评估工具许多研究表明它更具有有效性。这些研究认为,目标管理通过指导和监控行为而提高工作绩效,也就是说,作为一种有效的反馈工具,目标管理使雇员知道期望他们的是什么,从而把时间精力投入到能最大程度实现重要的组织目标的行为中去。研究进一步指出,当目标具体而具有挑战性时,当雇员得到目标完成情况的反馈以及当雇员因完成任务而得到奖励时,他们表现得最好。

从公平的角度来看,目标管理较为公平,因为绩效标准是按相对客观的条件设定的,因而评分相对地没有偏见。

目标管理相当实用且费用不高。目标的开发不需要像开发行为锚定式评定量表或行为观察量表那么花力气。必要的信息通常由雇员填写,由主管批准、修订。

目标管理的另一个优点是,因为它使员工在完成任务中有更多的切身利益,对其工作环境有更多被知觉到的控制,目标管理也使雇员及上级之间的沟通变得更好。

目标管理也有若干潜在的问题：

① 尽管目标管理使雇员的注意力集中在目标上,但它没有具体指出达到目标所要求的行为。这对一些雇员尤其是需要更多指导的新雇员来说,是一个问题,应给这些员工提供"行为步骤",具体指出他们需要做什么才能成功地达到目标。

② 目标的成功可能部分地归属于员工可控范围之外的因素,如果这些因素影响结果,就难决定员工是否要负责任或在多大程度上负责任。

③ 绩效标准因成员不同而不同,因此,目标管理没有为比较提供共同的基础。例如,为一位"中等"的成员所设置的目标可能比那些"高等"成员所设置的目标挑战性较少,两者如何比较呢？因为有这个问题,所以目标管理作为一种决策工具的有效性就受到了限制。

④ 目标管理经常不能被使用者接纳。经理不喜欢他们所要求的大量书面工作,也许会担心成员参加目标设定而夺取了他们的职权,这样想的经理,就不会恰当地遵循目标管理程序。而且,成员也经常不喜欢目标带来的绩效压力和由此产生的紧张感。

拓展阅读：人力资源管理十大经典理论

1. The Peter Principle 彼得原理

晋升是最糟糕的激励措施

彼得原理是指：在各种组织中，雇员总是趋向于晋升到其不称职的地位。彼得原理有时也被称为向上爬的原理。这种现象在现实生活中无处不在。一名称职的教授被提升为大学校长后，却无法胜任；一个优秀的运动员被提升为主管体育的官员后，而无所作为。对一个组织而言，一旦相当部分人员被推到其不称职的级别，就会造成组织的人浮于事，效率低下，导致平庸者出人头地，发展停滞。因此，这就要求改变单纯的根据贡献决定晋升的企业员工晋升机制，不能因某人在某个岗位上干得很出色，就推断此人一定能够胜任更高一级的职务。将一名职工晋升到一个无法很好发挥才能的岗位，不仅不是对本人的奖励，反而使其无法很好地发挥才能，也给企业带来损失。

2. Wine and Sewage Law 酒与污水定律

及时清除烂苹果

是指把一勺酒倒进一桶污水，得到的是一桶污水；如果把一勺污水倒进一桶酒，得到的还是一桶污水。在任何组织里，几乎都存在几个难弄的人物，他们存在的目的似乎就是为了把事情搞糟。最糟糕的是，他们像果箱里的烂苹果，如果不及时处理，它会迅速传染，把果箱里其他苹果也弄烂。烂苹果的可怕之处，在于它那惊人的破坏力。一个正直能干的人进入一个混乱的部门可能会被吞没，而一个无德无才者能很快将一个高效的部门变成一盘散沙。组织系统往往是脆弱的，是建立在相互理解、妥协和容忍的基础上的，很容易被侵害、被毒化。破坏者能力非凡的另一个重要原因在于，破坏总比建设容易。一个能工巧匠花费时日精心制作的陶瓷器，一头驴子一秒钟就能毁坏掉。如果一个组织里有这样的一头驴子，即使拥有再多的能工巧匠，也不会有多少像样的工作成果。如果你的组织里有这样的一头驴子，你应该马上把它清除掉，如果你无力这样做，就应该把它拴起来。

3. Buckets effect / Cannikin Law 水桶定律（短板理论）

注重团队中的薄弱环节。水桶定律是讲一只水桶能装多少水，完全取决于它最短的那块木板。这就是说任何一个组织，可能面临一个共同问题，即构成组织的各个部分往往是优劣不齐的，而劣势部分往往决定整个组织的水平。

水桶定律与酒与污水定律不同，后者讨论的是组织中的破坏力量，最短的木板却是组织中有用的一个部分，只不过比其他部分差一些，你不能把它们当成烂苹果扔掉。强弱只是相对而言的，无法消除，问题在于你容忍这种弱点到什么程度，如果严重到成为阻碍工作的瓶颈，你就不得不有所动作。

4. Matthew Effect 马太效应

只有第一，没有第二

在社会学中，马太效应是指富者越富，穷者更穷。那些拥有权力和经济社会资本的人会夺取其他人的资源来增加自己的权力和财富。《新约马太福音》中有这样一个故事：一个国王远行前，交给3个仆人每人一锭银子，吩咐道：你们去做生意，等我回来时，再来见我。国王回来时，第一个仆人说：主人，你交给我的一锭银子，我已赚了10锭。于是，国王奖励他10座城邑。第二个仆人报告：主人，你给我的一锭银子，我已赚了5锭。于是，国王奖励他5座城邑。第三仆人报告说：主人，你给我的1锭银子，我一直包在手帕里，怕丢失，一直没有拿出来。于是，国王命令将第三个仆人的1锭银子赏给第一个仆人，说：凡是少的，就连他所有的，也要夺过来。凡是多的，还要给他，叫他多多益善，这就是马太效应。

这反应当今社会中存在的一个普遍现象，即赢家通吃。对企业经营发展而言，马太效应告诉我们，要想在某一个领域保持优势，就必须在此领域迅速做大。当你成为某个领域的领头羊时，即便投资回报率相同，你也能更轻易地获得比弱小的同行更大的收益。而若没有实力迅速在某个领域做大，就要不停地寻找新的发展领域，才能保证获得较好的回报。

5. Zero-sum Game 零和游戏原理

在竞争与合作中达到双赢

零和游戏是指一项游戏中，游戏者有输有赢，一方所赢正是另一方所输，游戏的总成绩永远为零。零和游戏原理之所以广受关注，主要是因为人们在社会的方方面面都能发现与零和游戏类似的局面，胜利者的光荣后面往往隐藏着失败者的辛酸和苦涩。

20世纪，人类经历两次世界大战、经济高速增长，科技进步、全球一体化以及日益严重的环境污染，零和游戏观念正逐渐被双赢观念所取代。人们开始认识到利己不一定要建立在损人的基础上。通过有效合作皆大欢喜的结局是可能出现的。但从零和游戏走向双赢，要求各方面要有真诚合作的精神和勇气，在合作中不要小聪明，不要总想占别人的小便宜，要遵守游戏规则，否则双赢的局面就不可能出现，最终吃亏的还是合作者自己。

6. Washington Company Law 华盛顿合作规律

团队合作不是人力的简单相加

华盛顿合作规律说的是一个人敷衍了事，两个人互相推诿，三个人则永无成事之日。多少有点类似于我们三个和尚的故事。人与人的合作，不是人力的简单相加，而是要复杂和微妙得多。在这种合作中，假定每个人的能力都为1，那么，10个人的合作结果有时比10大得多，有时，甚至比1还要小。因为人不是静止物，而更像方向各异的能量，相互推动时，自然事半功倍，相互抵触时，则一事无成。

我们传统的管理理论中，对合作研究得并不多，最直观的反映就是，目前的大多数管理制度和行为都是致力于减少人力的无谓消耗，而非利用组织提高人的效能。换言之，不妨说管理的主要目的不是让每个人做得更好，而是避免内耗过多。

7. Watch Law 手表定理

目标和方法要统一

手表定理是指一个人有一只表时，可以知道现在是几点钟，当他同时拥有两块表时，却无法确定。两只手表并不能告诉一个人更准确的时间，反而会让看表的人失去对准确时间的信心。手表定理在企业经营管理方面，给我们一种非常直观的启发，就是对同一个人或同一个组织的管理，不能同时采用两种不同的方法，不能同时设置两个不同的目标，甚至每一个人不能由两个人同时指挥，否则将使这个企业或这个人无所适从。手表定理所指的另一层含义在于，每个人都不能同时选择两种不同的价值观，否则，你的行为将陷于混乱。

8. Murphy's Law 墨菲定律

凡是可能出错的事均会出错

墨菲定律是指"凡是可能出错的事均会出错"。引申为"所有的程序都有缺陷"，或"若缺陷有很多个可能性，则它必然会朝令情况最坏的方向发展"。行政管理涉及的因素非常复杂，单就人为而言，管理学家也是极难解释，因此，管理者自不能避免目标制订和执行永不出错，这个管理原则说明，如果一个危机将要发生，它总会出事，换言之，管理者需要时时刻刻做好准备，面对到来的失误和失败。

墨菲法则是管理哲学的一个论点，包含着悲观主义的元素，说明"得不喜，失不忧"，在工作上要时刻准备接受失败，有些人常常说凡事无不可为，只要一鼓作气往前冲，便能获得成功，可是，他们却忽略了一点，就是世上永无常胜将军，人生不免有挫折失败。可是反过来说，我们亦可从乐观一方去想："若要成功，总会成功"，墨菲理论没带有事情必坏或必好的成果，他只是让管理者知道，能发生的事，总会发生，换言之，管理者必须对所有可能会发生的事情做好周全的准备。

9. Mushroom Management 蘑菇管理

尊重人才的成长规律

蘑菇管理是许多组织对待初出茅庐者的一种管理方法，初学者被置于阴暗的角落（不受重视的部门，或打杂跑腿的工作），浇上一坨大粪（无端的批评、指责、代人受过），任其自生自灭（得不到必要的指导和提携）。相信很多人都有过这样一段蘑菇的经历，这不一定是什么坏事，尤其是当一切刚刚开始的时候，当几天蘑菇，能够消除我们很多不切实际的幻想，让我们更加接近现实，看问题也更加实际。

一个组织，一般对新进的人员都是一视同仁，从起薪到工作都不会有大的差别。无论你是多么优秀的人才，在刚开始的时候，都只能从最简单的事情做起，蘑菇的经历，对于成长中的年轻人来说，就像蚕茧，是羽化前必须经历的一步。所以，如何高效率地走过生命的这一段，从中尽可能汲取经验，成熟起来，并树立良好的值得信赖的个人形象，是每个刚入社会的年轻人必须面对的课题。

10. Occam's razor 奥卡姆剃刀定律

把事情变复杂很简单，把事情变简单很复杂

12世纪，英国奥卡姆的威廉主张唯名论，只承认确实存在的东西，认为那些空洞无物的普遍性概念都是无用的累赘，应当被无情地剔除。他主张如无必要，勿增实体。这就是常说的奥卡姆剃刀。这把剃刀曾使很多人感到威胁，被认为是异端邪说，威廉本人也因此受到迫害。然而,并未损害这把刀的锋利,相反,经过数百年的岁月,奥卡姆剃刀已被历史磨得越来越快,并早已超载原来狭窄的领域,而具有广泛、丰富、深刻的意义。

奥卡姆剃刀定律在企业管理中可进一步演化为简单与复杂定律:把事情变复杂很简单,把事情变简单很复杂。这个定律要求,我们在处理事情时,要把握事情的实质,把握主流,解决最根本的问题,尤其要顺应自然,不要把事情人为地复杂化,这样才能把事情处理好。

经理——设定目标——组织——激励——沟通——衡量——并且开发人力。无论是否意识到,每位经理都做着这样的事情,他可能做得很好,也可能不尽人意,但总是在做着这些事情。

——彼得·德鲁克

任务八　明确沟通的基本概念

在所有的项目管理技能中,沟通是最重要的。项目经理的主要工作就是与项目利益相关者沟通。在某种程度上,项目的成败决定于项目利益相关者之间沟通的有效性。

沟通就是信息的传递和接收。信息是经过加工处理的对人们各种具体活动有参考价值的数据资料。因此,信息是由于人们的需要而存在的,如果人们本来没有思想和需求,也就不会有信息的存在。信息是因人而异的,人们会对客观的数据资料进行主观的筛选、过滤、加工和处理。

一、沟通的重要意义

老北京人说:光说不练是假把式,光练不说是傻把式,能说会练才是好把式。也就是说,一个人能干还不够,还需要善于表达。结合项目经理的知识技能结构,不难看到,沟通能力是项目管理知识中唯一被单列出来的技能,可见其重要意义。

在项目管理资质考试中,总有一道考题是必不可少的:项目经理通常花在沟通上的时间占他的工作时间的百分之多少? 选择答案通常有四个,经验告诉我们,你选择那个最高的百分比是绝对不会错的。一个优秀的项目经理通常花在沟通中的时间大约占75%～90%,这意味着他的管理工作基本上体现为沟通工作,他的管理能力绝大部分取决于他的沟通能力。

二、沟通的基本原理

从图7-9我们可以看到,一个完整的沟通过程会涉及七个环节。

(1) 发布者:信息的产生者;

(2) 接收者:完成和截断信息传输过程的人;

(3) 概念:发布者需要表达的意图和思想,即意思;

(4) 编码:将概念转化成规范代码,如语音、文字、音符、数码等;

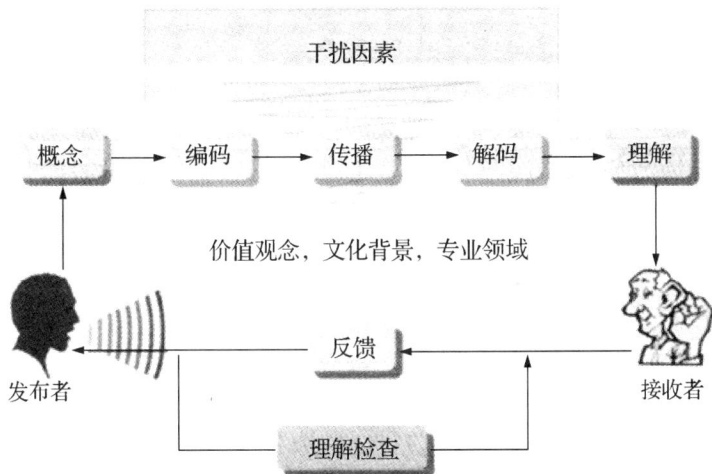

图 7-9　沟通的基本原理

（5）媒介：传达代码信息的工具和方法；

（6）解码：将发布者的代码转换成为接收者可理解的信息；

（7）理解：接收者解读解码后的信息。

在这个过程中还涉及两个附加因素：一是阻碍信息传输的干扰因素；二是检查接收者理解程度的反馈机制，也是保证传输质量的抗干扰因素。形成沟通干扰因素的原因多种多样，最重要的来自三个客观背景：

● 价值观念　即信息交流双方评价事物价值尺度的不同，这好比双方各自带着不同颜色的眼镜观察同一个事物，结果判断的颜色不一样。社会现象中常见的意识形态对立、阶级意识、宗教信仰冲突、民族文化差异、男女的观念差别，归根结底都体现在价值观的分歧上。

● 文化背景　即信息交流双方受教育程度的差别，造成双方对事物理解能力不同等。受过低等教育的人很难理解受过高等教育的人表达的意思。沟通中信息含量的差别，造成了信息交流不对称的现象。

● 专业领域　即信息交流双方互相不了解对方的技术术语，出现解码障碍。隔行如隔山，每个行业都有自己的约定俗成的概念。一个航天领域的专家和一个生物化工的专家，尽管双方都处在同一文化层次上，但是在交流中都会因为解码障碍而出现理解失误。

三、沟通的质量标准

如果把信息作为一项产品，它的传输过程也涉及质量的问题。体现信息传输质量的标准有三条：准确性、完整性、及时性。

（1）准确性　一方面需要发布者具有较好的表达能力，能够准确表述自己的思想；另一方面需要接收者具备较强的理解能力，能够准确地领悟对方表达的概念。另外，传输过程中其他环节的工作质量也会影响到信息传输的准确性。编码失误就成了乱码，媒介失误会导致信息扭曲，解码失误会造成误解。准确性要求在信息传输流程中把误差率控制在最小的范围内,是这三条指标中最难达到的。当个翻译容易,可当一个好翻译难。

(2)完整性 一方面要求发布者有意愿也有能力提供完整的信息;另一方面是接收者有意愿完整接受,也有能力完整理解。信息传输中最经常出现的问题:一是信息本身不完备,主要原因是信息提供者的隐瞒或缺失;二是沟通过程不充分,主要由于信息接收者不认真,或者能力不够而造成的遗漏或疏忽;三是信息传输过程中的过滤造成信息衰减。

(3)及时性 要求信息及时送达相关干系人,并要求信息接收者及时反馈接收质量。项目管理中与决策相关的信息大多都有时效性,信息沟通滞后往往造成决策失误或延误,构成项目风险。信息沟通不及时的原因有主观的也有客观的,主观原因往往是项目干系人和团队成员不够重视,客观原因主要为涉及的组织架构的沟通层次过多,降低了信息传递的效率。

四、沟通的五个要素

如果将上述一般性信息沟通的原理落实在管理沟通上,涉及五个基本要素:概念、形式、格式、程序、渠道。

在上述五个要素之中,最重要的是概念。概念是对事物约定俗成的定义。如果沟通双方的编码和解码方法相同,概念就会形成双方都可以理解的信息,双方就有了相互交流的共同平台。可是如果不相同,双方对某些事物的概念理解不一致,就会出现鸡同鸭讲的局面,误会大多由此而生。

项目管理知识体系最大的贡献之一,就是建立了一套标准化的概念术语。ISO - 9000质量管理体系的最基础内容,就是对质量术语的严格定义。由此我们看出,若想构建一个有生命力的理论体系,首先需要建造标准规格的砖瓦:具有规范定义的概念。一个庞大的理论体系往往是由很多人共同建立的,但是人们通常会把最重要的功劳,归于创造它的基本概念的奠基人。

统一的概念既是沟通的前提,也是沟通的结果。项目自开始之日起,首先需要通过沟通统一概念,然后才能形成团队的合力。如果某些项目经理以为自己学会了项目管理的理论方法就可以一举提高项目的管理水平,那就大错特错了。在最初阶段,你很有可能饱尝曲高和寡、孤掌难鸣的体验,大部分团队成员可能会对你所说的项目管理术语茫然不解。因此你的首要工作,是需要通过沟通去搭建一个管理平台。只有当你的所有团队成员都普遍接受了项目管理的概念之后,这套管理体系才真正发挥作用。

五、信息沟通的形式

信息沟通的形式分为两个方面,如表7-3所示。一是表现形式,分为正式的和非正式的两类;二是表达方式,有口头方式、文字方式、非语言表达方式三种基本类型。图中的矩阵表按照上述分类罗列了几乎所有沟通方式,供读者参考。但是对于项目经理而言,重要的不是了解沟通形式的具体分类,而是要知道各种表达方式的优点和缺点,以便决定在何种情况下采取何种形式最适当,会产生更佳的效果。

表 7-3　信息沟通形式

表达\表现	正式的	非正式的
口头方式	演讲,报告,汇报,谈判,会议	谈话,电话,打招呼,网络聊天
文字方式	合同,报告,计划书,通知,会议记录,报表	备忘录,笔记,便条,手机短信
非语言沟通	旗语,哑语,军号,配乐,敬礼,信号灯(弹)	表情,声调,肢体动作,拥抱,接吻,握手,招手
工具沟通	电话,传真,电子邮件,手机短信,呼机,信函邮件,电报,对话机	

关于口头沟通和文字沟通形式的优劣对比,我们将在后面的章节中专门讨论。在此需要强调的是非语言沟通形式的重要性。人类行为学的研究表明,人们之间的有效交流大约有 55% 以上是通过非正式的非语言方式进行的。语言和文字可以绕着弯违心表达,但是表情、声调和动作的表达更加直白,难以掩饰,因此比较真实,不易误解。这个统计表明,在非正式场合下,非语言方式对表达效果的贡献往往超过语言和文字本身。若项目经理在管理中能善于运用这种简单高效的方法,将取得事半功倍的效果。需要补充的是,项目管理知识体系中忽略了一个更为重要的沟通方式——多媒体。经验证明一幅静态图像所表达的内涵,往往超出语言可以描述的范围。而人们从一幅动画中获取的信息,是平面图像加上时间坐标的三维空间,再加上语音效果就是四维空间,这中间包含的信息量更是文字描述可望而不可即的。尤其是习惯于象形文字的中国人,对于图形结构的理解比西方人更加迅捷敏感,优势更加突出。如果一个项目经理能够学会使用多媒体工具进行表达,在沟通管理中无异于如虎添翼。

六、信息沟通的渠道

如果把每一个信息发布者和接收者都视为一个沟通节点,那么节点之间的信息通道就是沟通渠道。图 7-10 给出了根据沟通节点求出沟通渠道的公式,确定沟通的意义往往在于评估最佳沟通效果所需的沟通成本。

在一般情况下,沟通效果与沟通渠道成正比关系,沟通渠道与沟通成本之间也成正比关系。沟通渠道越多,沟通效果越好,而沟通成本也越高。一个项目经理若头顶五个领导,要让五个

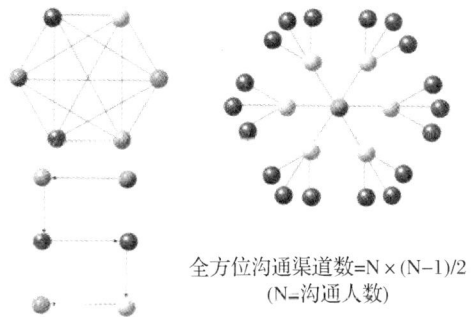

全方位沟通渠道数=N×(N-1)/2
(N=沟通人数)

图 7-10　信息沟通渠道

领导在全方位交流意见的基础上达成共识,就形成 10 个沟通渠道;如果他手下有 8 个员工,让他们全方位沟通就会形成 28 个渠道。沟通渠道越多,耗费在沟通上的时间和精力就越多。因此有人根据这个原理推断出了六人极限授权原则,即一个层面直接沟通的节点最多不超过 6 个,全方位沟通渠道不超过 15 个。

进行全方位沟通的常用办法是会议。会议使沟通节点(人)在空间上高度集中,是成本效益比最佳的形式,这也正是这种古老的方式在信息工具高度发达的今天仍能经久不衰的原因。

七、信息沟通的程序

信息沟通程序的实质问题,是信息的优先知情权,往往具体体现为对信息传输过程的制度性规定。信息由谁产生,由谁筛选,由谁确定,由谁保管,首先报告谁,最后通知谁,形成一套规范化的流程。一个组织的领导权具体就表现在获得信息的优先权和主动权上。

图 7-11 显示了一个项目计划编制过程中通常的信息沟通程序。可以看到,信息从团队成员的头脑风暴直到形成最终计划,整个过程经过了三个关键环节:建议、评审、批准。项目经理主持起草计划,拥有建议权,专家顾问审议计划,拥有评审权,相关高层领导最后核准计划,拥有批准权。对信息知情权和处理权的分配凝固成了制度,决定了信息在空间和时间上的流通顺序,而控制这个程序的制动权在信息发布方手中。

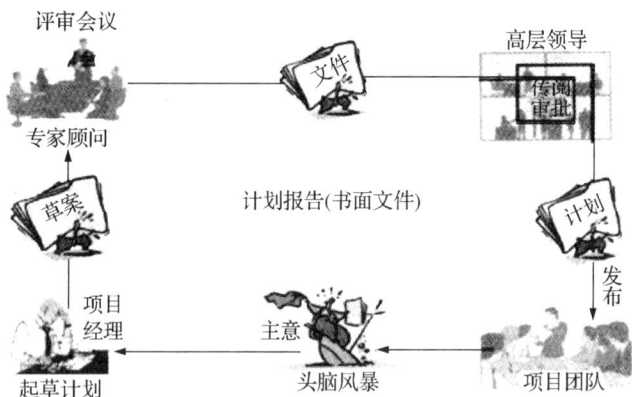

图 7-11 信息沟通程序

图 7-12 显示了另一种形式的信息沟通程序。互联网是跨越时空的革命,使信息在技术层面上具有了高度的共享性。所有的项目干系人,无论身处何处,都可以在同一时刻获得信息和发布信息。这样一来,建立在时空差异上的传统信息流程被打破了,网络上形成了新的信息沟通程序,信息流程的制动权从信息发布方转移到了信息接收方,或者说控制沟通的

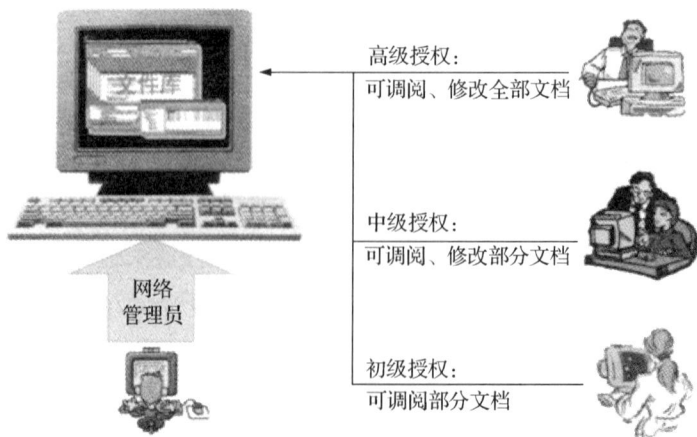

图 7-12 信息沟通程序

阀门从传输环节后退到了解码环节。高层、中层、基层管理者以及团队成员根据级别和分工,分别配予不同程度获取信息和处理信息的授权;同时信息也被分成了共享信息、部分共享信息和保密信息等不同级别,分别针对不同层次的管理者开放。而这套程序的控制工具,最终体现为信息的解码权。

八、信息沟通的格式

沟通格式体现为约定俗成的信息组合模式,其作用在于提高编码和解码的质量和速度,以便提高沟通的效果和效率。例如,我们平时所说的词组和成语,就是一种固定语言组合格式,说者不需要再费力自选词表达,而听者无须追查词源便可直接理解。沟通的格式还包括一些日常管理文件的固定格式,例如合同、报告、报表、调查表格等。这种模块化的表达方式可以最大限度缩短建立共识的学习过程,加速沟通双方的相互理解。

图 7-13 列举了日常生活和工作中常见的信息沟通格式。我们发现,随着计算机网络应用的普及,信息格式的意义在沟通中显得越来越重要了,在计算机上信息能否解码完全取决于格式是否兼容。如果你选择某种兼容性和通用性比较差的格式来编写文件,即使你可以通过电子邮件在一秒钟之内发给别人,但如果对方电脑里没有相应软件,无法解码就打不开你的文件,也无法阅读你的文件。互联网虽然可以让信息毫无障碍地跨越时空,但常常也毫不留情地让它绊倒在格式制造的台阶上。

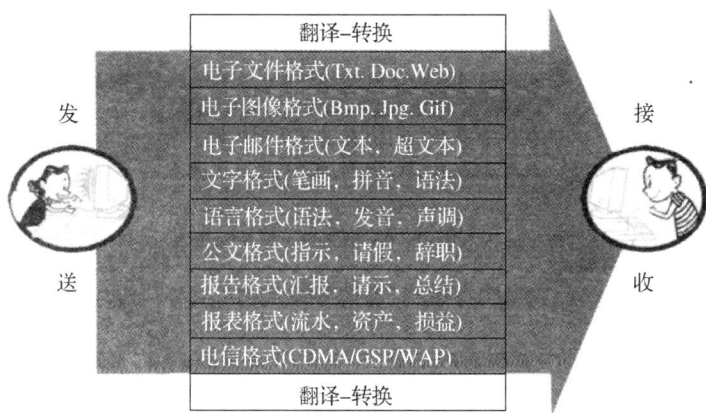

| 翻译-转换 |
| 电子文件格式(Txt. Doc.Web) |
| 电子图像格式(Bmp. Jpg. Gif) |
| 电子邮件格式(文本,超文本) |
| 文字格式(笔画,拼音,语法) |
| 语言格式(语法,发音,声调) |
| 公文格式(指示,请假,辞职) |
| 报告格式(汇报,请示,总结) |
| 报表格式(流水,资产,损益) |
| 电信格式(CDMA/GSP/WAP) |
| 翻译-转换 |

图 7-13　信息沟通格式

任务九　掌握规范的项目沟通计划

信息沟通的每一个沟通环节都可能存在噪声、误解或其他障碍。这些障碍会产生一种"信息漏斗"现象,这种现象可以简单地如图 7-14 表示。假如我们想说的话是 100%,那么受到各方面的影响,我们实际上说出来的话可能只有想说的 80%。因为受到环境、说话人的语速、方言等各个方面的影响,这些话被别人听到的可能只占我们想说的 60%。同样,这些话的含义能被听到者准确理解的可能只占到我们原先想表达意思的 40%。理解之后,这

你想表达的，100%

你实际上表达的，80%

被别人听到的，60%

被别人理解的，40%

被别人记住的，20%

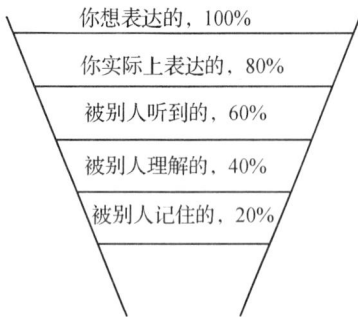

图7-14 沟通中存在的"信息漏斗"

些话能够让他们记住的也可能只占到原来我们想表达意思的20%，能够起作用的就微乎其微了。

由于项目团队成员来自多种专业领域，有不同的专业背景和工作经历，因此，他们比自己部门中的成员更容易在彼此之间的沟通上出现问题，这种"信息漏斗"现象更容易发生，而任何沟通的问题都将给项目带来危害。

要想消除沟通中的"信息漏斗"几乎是不可能的，但是保持项目沟通的有效性却是比较容易做到的。建立规范的项目沟通计划就是一种减少"信息漏斗"危害的有效方式，它比提高项目利益相关者的沟通技巧和沟通艺术更可靠。

尽管所有的项目都会存在沟通的需要，但在大多数项目中，人们把项目计划方面的主要精力放在预算和工期上，而忽视了需要建立规范的沟通计划。

表7-4所示为企业信息沟通的主要渠道调查表。从表中可以看出，企业自己认为的沟通渠道和它们实际采用的沟通渠道是有很大差别的。在实际采用的沟通渠道中，流言蜚语和小道消息居然占到了第2位，而自上而下的沟通渠道则被排到了第10位以后。

表7-4 企业信息沟通的主要渠道调查表

信息来源	调查结果	实际情况	信息来源	调查结果	实际情况
顶头上司	1	1	布告栏	9	4
小组会议	2	3	交流计划	10	15
老板/最上层领导	3	10	群众大众	11	9
年度报告	4	8	视听节目	12	14
员工手册	5	5	工会	13	12
工作计划	6	11	流言蜚语、小道消息	14	2
部门内部刊物	7	7	大众传媒	15	13
公司内部刊物	8	6			

要形成规范的项目沟通计划，需要坚持以下5个步骤：

第一步：明确沟通目的。不同的沟通措施是为了实现不同的项目管理目的。很多管理人员认为只有行动才是最重要的，他们很少在行动前仔细定义清楚行动的目的。还有一种误区是将行动等同于目的。"慢慢计划，快速行动"是很重要又经常被忘记的。

第二步：明确沟通对象。要将正确的信息给正确的人，必须先明确谁是正确的人。需要再一次强调的是，信息的价值是因人而异的。如果我们不能识别和定义清楚我们的沟通对象，那么沟通也就失去了意义。不同的项目利益相关者由于其对项目承担着不同的责任，因此他们需要的信息是不同的。

第三步：确定沟通内容。沟通内容的确定需要包含以下几个原则：

（1）信息要简洁明了、重点明确、表述准确。在一次沟通过程中不能包含太多的信息量,一般不要涉及 3 个以上的问题,否则接收信息的人很难把握信息的关键,或者他们认为的关键与我们希望他们认为的关键不会一致。

(2) 信息要诚实。对信息的内容要有足够的可靠性,千万不要为了某些利益或为了使问题得到暂时的解决而提供虚假的信息,这些虚假的信息不仅会引起项目后期的更大的麻烦,而且还可能产生法律上的纠纷。千万记住:"当你认为别人很傻时,有可能你自己才是最大的傻子。"

(3) 信息要规范。规范化的信息不仅使人看起来清晰、理解起来容易,还会给人以良好的感觉,因为规范程度就是管理程度的反映。

第四步:确定沟通的方式和时间。沟通的形式有时候甚至比沟通的内容还重要。沟通要把握恰当的项目时机,以最适合于项目利益相关角色特点和性格特点的方式展现出来。这方面常见的问题有以下几个:

(1) 语言问题。所采用的语言不同将导致项目沟通中的很多问题。由于项目团队成员来自不同的专业领域,他们或多或少会在沟通时采用各自专业领域内的表达方式,而忽视了项目的其他利益相关者可能会对这些表达方式产生理解上的歧义。

(2) 知识层次的不同。由于项目利益相关者之间知识层次不同,对项目任务的理解程度是不一样的,在沟通形式的制定方面需要充分考虑这一点。

(3) 缺乏面对面交流。随着现代通信技术的发展,越来越多的人喜欢通过电话、电子邮件等方式进行沟通,在远程项目管理过程中尤其如此。这些方式永远不能取代面对面的交流。信息沟通过程中没有面对面的交流将产生错误的信息传递。

(4) 沟通的时机不对。信息沟通既要及时又要注意沟通对象所处的工作和精神状态,过时的信息是没有价值的。像"我忘了告诉你,他们昨天已经招标结束了"这样的信息非但没有价值,而且还很让人气愤。一般说来,在项目生命周期各阶段的过渡期、里程碑节点、项目产生变更的时候都是需要加强项目沟通的时候。

第五步:建立有效的反馈机制。反馈机制主要回答以下三个问题:信息是否已经被接受? 信息是否已经被理解? 信息沟通是否已经达到目的?

如果缺乏有效的反馈,将不能及时纠正沟通中存在的关于信息理解不一致等问题,还会产生"负反馈",加剧项目利益相关者之间的误解。

规范的项目信息沟通计划还必须包含以下内容:

(1) 如何获得信息。这部分内容主要是告诉项目小组成员及其他利益相关者将何去何从、以何种方式获得他们所需要的信息,包含项目文档、文件存在的地方,以及使用电子媒介存储哪些信息等。

(2) 如何收集与更新信息。这部分内容主要讨论项目信息的种类、信息的收集方法,以及当信息产生变更时,将如何保证项目利益相关者得到最新的、一致的信息。

(3) 如何控制与传播信息。这部分内容的目的不是限制那些需要信息的人得到有关的信息,而是提供一种方法以防止那些意图危害项目的不轨之人获得敏感性资料。项目沟通计划中必须要有信息安全政策。

项目沟通计划中包含许多报告形式,主要有:

(1) 项目关键点检查报告。

(2) 项目执行状态报告。

（3）项目任务完成报告。

（4）重大突发性事件的报告。

（5）项目变更申请报告。

（6）项目管理报告。

（7）项目实施后评估报告。

在项目开始的时候必须要制定项目沟通方式，要在项目启动会议上得到利益相关者的确定。

任务十　增进沟通效果的技巧

1. 项目经理的角色

一个项目经理在项目管理的沟通中需要扮演六种角色：

推动者　通过沟通推进计划的制定和实施，激励团队员工努力实现项目目标。

倾听者　通过沟通获取各方信息，了解各方干系人的意图、需求、立场条件。

解释者　通过沟通表达或转达信息，让项目各方干系人充分了解项目的目标、计划、理念，了解项目的实际绩效、进展前景。

谈判者　通过与客户及供应商的沟通洽谈，争取更有利的条件和双赢的结局。

协调者　通过沟通让各方干系人相互了解各自的立场，协调他们之间的利益。

仲裁者　通过沟通判断是非曲直，裁决团队成员在工作间的矛盾冲突。

一个项目经理是否有能力进行有效的沟通，取决于他是否具备以下四个基本素质：

（1）准确定位　恰当把握自己在沟通中扮演的角色。一个人的角色无时无刻不在变化，在老板面前是下级，在员工面前是领导，刚在客户面前扮演基督徒，转身就得在供应商面前当上帝。因此，一个项目经理在与人交往中，必须具备迅速转换角色、准确定位的能力，否则角色错位将构成致命的错误，可能使沟通的效果变成灾难性的负值。如果你在需要倾听的时候，喋喋不休地扮演解释者，在需要仲裁的时候却在左右逢源地扮演谈判者，沟通效果可想而知。

（2）清晰表述　这是一个管理者需要具备的基础素质。一个人是否有资格当管理者，不取决于他的专业能力，而更多地取决于他的表达能力。领导的作用，就是要让员工把各自的作用力集中在统一的目标和计划上。如果一个管理者无法清晰表述项目的目标和计划，员工怎么可能形成合力？一个表达能力差的管理者领导下的团队，必将是一个缺乏执行力的团队。表达能力不但对下属时重要，对上级时更重要。如果你不能向老板清晰地阐述自己的思路，怎么可能指望从他那里获得资源和支持，怎么可能保住你项目经理的位置。

（3）有效聆听　既是获取信息的手段，也是鼓励有效沟通的润滑剂。沟通是人际间的互动行为，需要聆听双方的共同努力，一个巴掌拍不响。若一个项目经理善表达不善聆听，好比一个光呼气不吸气的肺，不可能完整实现管理沟通的使命。

（4）应付冲突　这也是项目经理沟通能力的基本功。同样一个事情，有的人去沟通就会制造矛盾，有的人去沟通就可以解决矛盾。其中的奥妙就是沟通技巧。

2. 沟通中的过滤器

信息的损耗是沟通中一个非常严重的问题。信息传输过程中的每一个环节，都可以被视为一个过滤器，就像电阻对电流的损耗一样，信息在经过这些环节之后往往被丢失或扭曲，其后果将导致非常荒谬的结局。

在图 7 - 15 的过滤器示意图中，我们列举了一些造成信息耗损的主要因素：

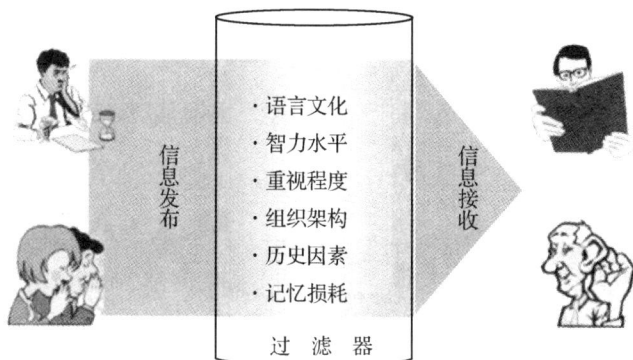

图 7 - 15　过滤器

（1）语言文化　不同语言在相互翻译的过程中，意思肯定会有所损耗。再好的翻译，都未必能够把演讲者母语的韵味不打折扣地转换成为另外一种语言。

（2）智力水平　两个受教育程度不对等的人之间沟通，从高端向低端传输的信息肯定会受到损耗。正如一个小学毕业生坐上了高等院校的课堂，通常会对老师讲的内容似懂非懂。

（3）重视程度　信息发布者敷衍潦草，或信息接收者心不在焉，双方谁也不认真，信息未经解码就流失了。正如俗话所说，从左耳朵进去，右耳朵出去了。

（4）组织架构　我们在人力资源管理的章节中已有论证，组织结构的管理层次越多，信息传递的损耗越大。

（5）历史因素　我们常说的代沟，就是不同历史时代的人进行沟通的过滤器。阅历肤浅使晚辈的理解能力有限，无法完全领悟长辈传递的许多宝贵经验。而历史沉淀的思维定式，使长辈也无法完全接受晚辈表达的新概念。

（6）记忆损耗　就是我们常说的信息时间损耗。一个人第一天获得的信息，第二天可能只记得一半了，而到了一周之后有可能只剩下 5% 了。

在上述信息过滤因素中，有些因素是客观存在的，如智力水平和语言文化的差异、组织结构缺陷和代沟的障碍。有一些是主观可以克服的，如加强对沟通的重视程度、努力提高沟通质量等。克服信息损耗现象的一个有效的方法，是项目管理理念中提倡的文档化管理。口头信息的耗损是最严重的，而信息一旦被凝固成为文字，就不容易损耗了。

3. 识别沟通的障碍

沟通中的障碍指那些影响沟通效果、降低沟通效率的因素，其中有客观因素，也有主观因素。图 7 - 16 中列举了一些主要的沟通障碍因素：

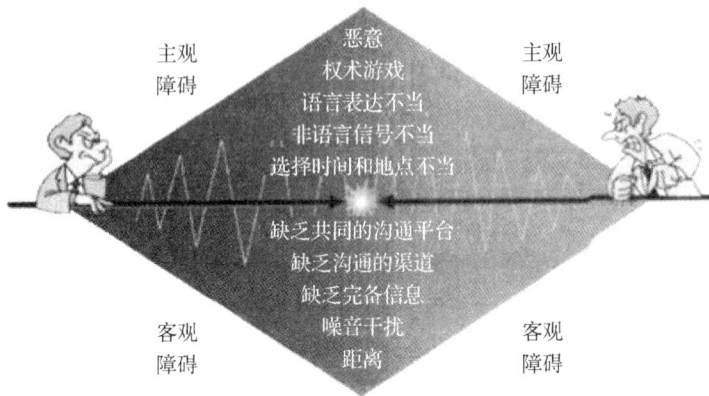

图7-16 识别沟通的障碍

（1）空间距离 空间距离是传统的客观障碍。不过随着互联网的发展,距离的障碍已经变得越来越微不足道了,它仅剩下肢体语言的沟通障碍了。

（2）噪音干扰 噪音干扰本是物理学的概念,在管理学中用来泛指沟通中的客观干扰因素。例如网络拥挤造成电子文件传输速度放缓。有些人喜欢在嘈杂的酒吧、卡拉OK洽谈业务,虽然非语言沟通效果增强了,拉近了感情距离,但是要扯着嗓子喊叫对话,语言沟通的效果无疑会大受影响。

（3）缺乏完备的信息 这就好比接听一个信号不好的手机,断断续续,听得见上半句,听不见下半句。可以想象,一个从来也没有进过企业大门的学生与一个企业家讨论企业管理,由于前者缺乏基本的概念和背景知识,沟通的困难是显而易见的。

（4）缺乏顺畅的沟通渠道 缺乏顺畅的沟通渠道是最普遍的无形沟通障碍。在项目组织中,这种沟通渠道体现为一些制度性的规定,如每周例会、员工日志、合理化建议箱、质量检验表等。如果这类沟通渠道不通畅,领导变成聋子,员工就会变成瞎子。

（5）缺乏共同的沟通平台 这个平台往往由共同的语言文字,共同的价值观,统一的概念术语构成。没有这样一个平台,沟通的双方要么无法解码,要么扭曲解码,不可能相互理解。

沟通中的主观障碍有些是故意设置的,也有些是无意造成的:

（1）恶意态度和权术游戏 这些属于为达到某种目的人为制造的沟通障碍。例如使出瞒天过海、文过饰非、造谣诽谤、挑拨离间、浑水摸鱼等手段扰乱正常的信息沟通。权术游戏不一定都针对官场的争权夺利,而是泛指采用权宜手段阻碍沟通的行为。例如某些技术人员为了垄断技术,故意封锁技术资料;犯错误的员工为了逃避责任,故意掩盖质量事故的真相等。

（2）使用语言不当和非语言信息不当 语言及非语言信息的不当使用,多数情况下属于无意失误。例如,在正式场合穿着过于随便,发言轻浮而粗鲁;或者相反,在轻松的非正式场合,着装过于正经,说话深沉拘谨。前者给人不礼貌的印象,后者则让人敬而远之,无论怎样,都会形成你与他人之间的无形障碍。

（3）选择时间和地点不当 这是沟通中经常犯的错误。尽管有时候你说的话是正确的,但是由于时机和场合不恰当,反而造成相反的后果。例如,当众指正领导错误。如果在私下场合领导也许会愉快接受,并感谢你的帮助。但是在大庭广众之下,领导为了捍卫自己的面子,不得不对你的批评进行压制。从此之后,领导为了维护自己的威信,会将错误立场坚持到底,而且会持续不断地封锁你的言路。

4.增进沟通的效果

增进沟通的有效性,涉及三个层次的问题,如图7-17所示:一是建造平台,二是理顺渠道,三是提高技巧。这三个层次的问题不能颠倒,需要按轻重缓急依次解决。

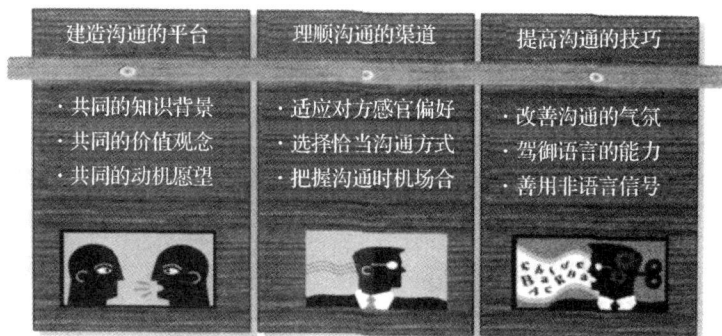

图7-17 提高沟通的有效性

(1)建造沟通平台 涉及解决前面所述的客观障碍和恶意态度问题。按交通运输的概念理解,缺乏沟通平台等于没有路,缺乏沟通渠道如同没有车,而缺乏完备的信息则是没有货。路、车、货构成了沟通的前提,无路缺车短货,沟通根本无法谈起。因此,沟通的前提首先要从铺轨、造车、备货的基础设施开始做起,从团队的培训着手,在团队成员的概念共识基础上,一砖一瓦地垒起管理平台。而解决恶意倾向和权术游戏的关键,在于建立通过善意沟通解决问题的动机和愿望。共同的愿望是有效沟通的主观前提。建立良好的关系需要双方的善意,而毁掉这种关系只需单方的恶意就足够了。

(2)理顺沟通渠道 在解决了上述基础性障碍之后,剩下的沟通环节上的障碍都属于技术性问题了。例如向领导汇报工作,要选择适应对方感官偏好的方式进行,如果对方习惯听,就口头汇报,如果对方习惯于读,就用书面报告,如果对方习惯于网络,就用电子邮件。如果汇报的是坏消息,要选择适当的场合和时机,先准备一个好消息打头,让领导心情放松,坏消息抛出之后,再准备一个好消息垫后,为领导消气。这些方法与权术无关,用意在于使沟通进行得更加顺畅。

(3)提高沟通技巧 就是在排除沟通障碍之后的锦上添花了。要善于运用非语言信号为语言的效果进行铺垫。真诚的微笑、热烈的握手、专注的神态、尊敬的寒暄,都能给对方带来好感,活跃沟通气氛,加重后面语言的分量。下面列举一些常用的增进沟通效果的技巧:

① 赞美对方 这几乎是一个屡试不爽的特效沟通润滑剂。这个世界上的人,没有不接受表扬的,学会赞美,将使你在任何沟通中一帆风顺。

② 移情入景 即设计一个对现实有借鉴意义的场景,进行情景教育。例如,燕昭王千金买死马,为了表达一个信息:死马尚值千金,况活马乎。赵高于秦庭指鹿为马,给人的信息是:我的意志不可违抗。项目管理培训中设计的很多课堂游戏,用意都在于用一个显而易见

的事实去启发人的思路。

③ 轻松幽默　幽默既是通向和谐对话的台阶和跳板,又是化解冲突、窘境、恶意挑衅的灵丹妙药。

④ 袒胸露怀　又被称为不设防战术,意在向人们明确表示放弃一切防备,胸襟坦荡,诚恳待人。人类的许多非语言信号都是出此用意,如敬礼、握手、作揖都是为了向沟通对方表明手中没有武器。

⑤ 求同存异　又被称为最大公约数战术。人们只有找到共同之处,才能解决冲突。无论人们的想法相距多么遥远,总是能够找到共性。有了共性,就有了建立沟通桥梁的支点。

⑥ 深入浅出　这是提高沟通效率的捷径。能够用很通俗的语言阐明一个复杂深奥的道理是一种本事,是真正的高手。经济学大师萨缪尔逊为了解释经济学中"机会不可均沾"的道理举了一个例子:大家都在看游行,谁先踮起脚尖谁就具有高度的优势,就占了便宜,可是如果所有的人都踮起脚尖,大家得到的只有疲劳,谁也不占便宜,因此机会只属于少数人,群众永远是错的。股神巴菲特在总结自己成功经验时则从另外一个角度诠释了相同的原理:在别人贪婪的时候恐惧,在别人恐惧的时候贪婪。张瑞敏把项目管理比作擦桌子,柳传志把组织的功能比作瞎子背瘸子。这些描述和比喻,精辟至极。大师的语言,最大的特点就是生动浅显,容易解码因而容易理解。

5. 提高聆听的技巧

上帝给了人一张嘴巴两只耳朵,用意就是鼓励人们多听少说。可是,世界上大多数的印刷品都在教诲人们如何表达,而很少教人怎么聆听。可见聆听是一个经常被人忽视的管理技巧。为此,项目管理知识体系特别强调聆听的重要性,并针对性地纠正聆听过程中经常出现的问题:

心不在焉,注意力分散,给人的印象是不礼貌或者不重视对方。做一些习惯性或与谈话主题无关的小动作,其结果是令人分心,打乱对方的思路。

不停插话,武断地打断对方,急于下结论,给人的印象是过于自信和自负,傲慢肤浅,自作聪明。

抬杠较真,根源在于一元化思维模式,认为世界上真理是唯一的,并且认为只有自己掌握真理,执着地认为真理必须战胜谬误。

先入为主的偏见,并且固执己见。根源在于思想僵化,不善于学习,对新事物采取怀疑抵触的心态。

增进聆听的效果需要从两个方面着手,一方面要端正自己的心态,扭转一元化的思维方式,另一方面需要提高聆听技巧:

开始尽量少说多听,采取低姿态,让别人充分阐述自己的意见,不要轻易打断。即使需要表达不同意见,也要在充分了解对方观点之后。其实在沟通中后发制人,反而更有主动权,效果更好。

对话时始终用目光与对方保持接触和交流,避免分心的动作,以此表示自己的尊敬姿态和认真态度,起到鼓励对方表达的作用。主动运用反馈的技巧,例如点头、复述、回应表示赞同。尤其要善于运用提问的技巧主导对话。用开放式问题鼓励对方展开发挥,用封闭式问题引导对方的思路,把对方从无关的主题上拉回来。学会多元化的思维方式,怀着开放包容的心态去理解别人,尊重不同的价值观念。世界上人们各有各的活法,没有理由让所有的人都屈从于你的真理。哪怕你给人指出的道路通向天堂,也要让人自愿走进天堂,不能强迫把人押进去。对不同的思维方式尽量采取求同存异、和平共处的宽容态度。培根说过,真理战胜谬误,从来不是在辩论中取胜的,而是通过信奉谬误的人数越来越少,信奉真理的人数越来越多,这样一个此消彼长的自然过程完成的。因此,在辩论中压倒对方没有实质性的意义。意义既然在于争取听众,那么在有听众时尽量正面阐述自己的观点,在涉及对方不同观点时采用中性语言评论。项庄舞剑,意在沛公;对牛弹琴,意在听众。

6. 团队的有效沟通

为了保证项目团队的有效沟通,项目管理理论提出了六项建议:

(1)建立沟通渠道。指建立制度性的信息通道,如定期例会制度、合理化建议箱、表格化管理等。有些日本公司还为越级沟通特别制定了年度申告书制度。

(2)构建紧密矩阵。意思是在空间上最大限度地缩小团队成员之间的空间距离。最好把他们集中在一个随时可以面对面进行交流的场所里办公,克服距离造成的沟通障碍。

(3)保证沟通质量。最有效的手段是鼓励信息反馈,消灭晕轮效应、虚假合意之类的无效沟通。用量化的信息代替那些"挺好、不错、还行"之类的含糊其词。

(4)排除沟通障碍。主要针对团队中存在的主观沟通障碍,消除不良的消极情绪,避免背后搞小动作,鼓励有话摆在台面上说,用坦诚对话解决问题。

(5)促成意见统一。即最大限度地求同存异,提取公约数。把意见的统一作为沟通的目标,以及衡量沟通效果的质量标准。

(6)筹备有效会议。会议是组织中最重要的沟通渠道,沟通的有效性在很大程度上取决于会议的效率和效果。

7. 产生冲突六因素

项目实施过程中,项目团队内部产生一些冲突是正常的,也是不可避免的。关键的问题是要知道容易产生冲突的地方在哪里,产生的原因是什么,以便尽可能避免冲突,或有效地解决冲突。下面列出的是最容易产生冲突的六个领域,并不涉及项目决策时干系人之间的利益性冲突,主要指团队成员的工作性冲突。

(1)进度计划。主要表现在对工时和工期估算的意见分歧。有人想把工期拉长,减轻自己的压力,但是你的工期拖长了,别人会有意见,这意味着别人的工期要缩短,增加别人的压力。这归根结底还是时间资源的分配问题。

(2)资源分配。供需矛盾是一对永恒的矛盾,不过管理中的供需矛盾主要表现在各部门站在本位立场争夺资源而产生的摩擦,或者苦乐不均而产生的矛盾。

(3)优先级别。既然做什么、不做什么已经在立项时就决定了,那么项目的计划实施阶段的冲突就将主要表现在先做什么、后做什么的争议上了。既然所有的决定都在资源约束的情况下进行,那么资源的优先分配权的问题就变成了冲突的焦点。

(4)技术观点。包括对于技术方案选择、质量标准认定、操作规范效果评价等方面的观点分歧,原因可能是方法问题、也可能是利益和责任问题。

(5)行政导向。这方面的冲突涵盖面最为广泛,包括因立规、授权、问责、奖罚、调度及管理方法而产生的各种矛盾。不按正常的指挥链条进行沟通,例如下级的越级告状,上级的越级指挥,同级的越权干涉,也是这方面冲突的高发领域。

(6)人际关系。指因个性不合而产生的感情矛盾。工作中的矛盾一旦升级到了个人感情的冲突,观点的分歧就演变成为对人品的偏见,这个结就很难解开了。人际关系的矛盾往往是非理性的,带有很强的感性色彩,这是沟通管理中最大的陷阱,被称为管理盲区,或者管理能区。因此,在处理工作冲突时,一定要坚持就事论事的理性原则,避开个人情绪化,以免将矛盾升级到感性区。

8. 解决冲突五形式

图 7-18 列出了解决冲突的五种方式,置于人际关系和解决问题的双指标坐标系。

图 7-18 解决冲突的方法

(1)强制执行。在双方发生冲突时,管理级别较高的一方以权压人,命令对方服从自己的观点和决定。从坐标系的象限位置可以看出,这种方式有利于解决问题,但是不利于后续的人际关系。被迫服从的一方肯定口服心不服,冲突的根源并没有被彻底解决。

(2)主动化解。捅开隔在矛盾双方之间的窗户纸,通过面对面的坦诚沟通交换意见,求同存异。这种方式既有利于解决问题,也有利于人际关系的修复,是这五种方式的上策。管理中人们经常犯的错误是找错了沟通对象:丙明明是对甲有意见,却对乙说,结果一旦甲得到了风声,就会认为丙在背后挑拨他与乙的关系,从而对丙产生成见,矛盾的种子就是这样种下的。其实这件事情很简单,丙既然对甲有意见,直接找甲说就行了,找乙说除了发泄情绪能解决什么问题?这种发泄情绪的做法,恰恰会陷入感情冲突的非理性区。

(3)调和斡旋。当矛盾冲突陷入僵局的时候,聪明的办法是委托一个斡旋人出面解开死结。扮演这种角色的人最好是德高望重、说话有分量,且双方都可以接受的人物。这个调停人的主要作用,是给双方台阶下。这种解决冲突的方式主要着眼于缓和人际关系,但是未必能解决问题,双方虽然保住了面子,但是问题仍旧存在。

(4)拖延回避。挂免战牌,脱离接触,把矛盾挂起来,留到以后条件成熟了再解决。这就是我们常说的:让时间来解决问题。时间怎么解决问题呢?从外因说,随着时间拖延,外部环境有可能朝着有利于解决问题的方向变化。从内因说,时间可以腐蚀双方的期望值,当双方的期望值都降到了一个合适的位置的时候,解决问题的条件或许就成熟了。这种方法对于解决问题和人际关系的效果都未必好,因为只能被动等待。

(5)妥协折中。就是用自己的主动让步交换对方的让步,用降低自己诉求来交换对方降低诉求,以此来缓和冲突。这是一种不求双赢而避免双输的做法。坚持主张需要勇气,可是妥协更需要勇气。人们常说:胜人者力,胜己者强。意思是说,战胜自己比战胜别人更困难。用这种方式解决问题和缓和人际关系虽然不彻底,但表现了某种主动积极的姿态,不失为一种可取的策略。

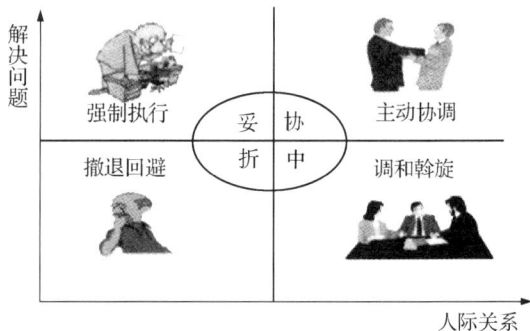

任务十一　确保项目会议的有效性

　　召开各种各样的会议是项目管理过程中必不可少的一种沟通活动。面对面的开会有其沟通的优势，同时也有其劣势。例如，开会成本会上升，在开会期间无法完成其他的工作，如果会议组织不当还会引起一些矛盾等。

　　要使项目会议更有效，需要遵循以下原则：

　　（1）开会之前要确定开会的议程，明确会议都要讨论的内容，搞清楚会议的真正目的。

　　很多会议，特别是所谓的例会都不会告诉与会者会议将讨论什么内容，参加这样的会议前人们无法做好充分的准备，这必将带来会议成效的低下。

　　（2）要确定会议的目标，并且坚持会议的目标。会议的目的有多个，有的是通报信息，有的是解决问题，有的是做出决定等。

　　召开项目会议前必须声明会议的目的是什么，然后将此目的具体化，形成会议目标并使与会者都知道会议的目标。此外，在会议过程中要坚持这些目标。许多项目会议的进行当中经常发生"跑题"现象，这种现象浪费了大量的时间。

　　（3）仅仅邀请必需的人员。有些上司很喜欢会议室里座无虚席，这样会给他们带来一种权利的感觉。同样，一些下属也喜欢开会，因为他们认为会议的参加权是一种待遇。其实，尽管很多人在会议过程中使劲在本子上记录，但只有那些会议议题确实与自己相关的人才会在会后去看那些记录，而那些"陪会"的人只是为了表明他们尊重上司而在记录。

　　解决这个问题的办法是，在开会的时候先发一个通知说明开会的内容，并注明："下列人员必须参加，其他认为与自己相关的人也欢迎参加，如不能参加，会后我们会给每个人发一份会议纪要。"

　　（4）按时开始。很多会议都存在等某些人到来而拖延会议开始时间的现象。有些会拖延几分钟，也有时会拖延几小时。

　　有些企业规定迟到者自己交罚款，这种方式可能有效，但也隐含着一些问题：交完罚款后，迟到就成了"合法"的、可以让人心安理得了。

　　（5）控制会议进程。控制会议进程并非像我们想象的那样容易。很多会议都会限制每个发言人发言的时间，例如，规定每个发言人的发言时间不能超过10分钟等。但常见的现象是第一个发言人讲了15分钟，而第二个发言人看到第一个发言人讲了15分钟，感觉自己不能讲得太少，于是讲了20分钟。结果发言的时间越来越长，导致会议进度无法控制。

　　开会就是一个小项目，如果连这个小项目都不能控制进程，那么我们正在实施的项目就更可想而知了。

　　（6）做好会议总结。每一次会议都要有结论，如果没有会议结论，那么整个会议就是失败的。

　　（7）记录会议的内容，并将会议决定落实到人。为确保会议能够得到落实，责任到人并制定反馈时间是必要的。

　　（8）问问自己究竟召开这样的会议有无必要。虽然这条原则排在最后，但它却是最重要的一条。

|项目八|
项目质量管理

任务一 正确认知工程项目质量

培养目标

知识目标：
熟悉工程项目质量特点，熟悉工程项目质量形成过程；
掌握工程项目质量影响因素；

能力目标：
能够运用4M1E方法进行影响因素分析；

素质目标：
分析问题、解决问题能力培养。

教学内容

教学内容：
1. 工程项目质量的特性
2. 工程质量形成过程
3. 影响工程质量的因素
4. 工程质量的特点
5. 工程项目质量责任

训练内容：
工程质量的影响因素分析

任务二 工程质量管理制度保证

培养目标

知识目标：
了解工程项目质量监督、检测缺席；
掌握图纸审查制度和质量保修制度；

能力目标：
通晓相关缺度；
确保工程质量；

素质目标：
了解质量管理制度保障体系。

教学内容

教学内容：
1. 施工图设计文件审查制度
2. 工程质量监督制度
3. 工程质量检测制度
4. 工程质量保修制度

训练内容：
讨论工程质量制度保障体系

任务三 全面质量管理理念

培养目标

知识目标：
掌握"三全一多"全面质量管理内容；

能力目标：
能够把握全面质量管理理念；

素质目标：
全面掌控项目质量能力。

教学内容

教学内容：
1. 全面质量管理内涵
2. 全面质量管理的工作原则

训练内容：
"三全一多"质量管理讨论、领悟

任务四 建立有效的质量保证体系

培养目标

知识目标：
掌握质量保证概念和作用；
掌握质量保证的内容和途径；
掌握全面质量管理的运转方式；

能力目标：
能够运用PDCA循环进行质量管理；

素质目标：
质量管理方法能力。

教学内容

教学内容：
1. 质量保证的概念和作用
2. 质量保证的内容和途径
3. 全面质量保证体系
4. 全面质量管理的运转方式

训练内容：
全面质量管理的运转方式(PDCA)描述

任务五 合理制定项目质量计划	任务六 了解质量控制的统计分析方法	任务七 工程质量事故及处理

培养目标

知识目标：
掌握项目质量计划的内容和基本要求；
掌握项目质量计划编制的依据和原则；
掌握项目质量计划与项目组织设计的关系；
能力目标：
能够进行项目质量计划编制；
素质目标：
作为项目管理人员必须的项目计划编制能力。

培养目标

知识目标：
明确项目经理沟通中的角色；
理解沟通中的过滤器作用；
识别沟通的障碍；
掌握增进沟通效果的有效方法
熟悉团队有效沟通的方法；
理解冲突的因素和解决的方法
能力目标：
能掌握增进沟通效果的方法；
能识别产生沟通冲突的因素并能给予初步解决；
素质目标：
灵活运用技巧和方法增进项目的沟通效果；
初步具备解决沟通冲突的能力。

培养目标

知识目标：
了解事故发生的原因及事故处理的原则；
掌握事故处理的程序方法；
能力目标：
能够分析事故原因；
进行事故处理；
素质目标：
意外事故处理能力。

教学内容

教学内容：
1. 项目质量计划编制的依据和原则
2. 编制项目质量计划的意义及作用
3. 项目质量计划与项目组织设计的关系
4. 项目质量计划的内容和基本要求
训练内容：
审阅项目质量计划

教学内容

教学内容：
1. 排列图
2. 因果分析图-4M1E
3. 直方图法
4. 控制图法
5. 相关图法
6. 分层法和调查表法
训练内容：
运用质量控制统计方法解决实际问题

教学内容

教学内容：
1. 工程事故与分类
2. 事故发生的原因
3. 事故处理的目的
4. 事故处理的原则
5. 事故处理的程序方法
训练内容：
进行某工程质量事故处理

●●～ 引例

1990年夏季的一个晚上,在深圳格兰云天酒店,英国SBS公司市场经理尼克斯与设计部经理克瑞斯就是否继续竞标深圳某合资公司300万美元的2台大型玻璃窑炉项目产生了激烈的争执。由于SBS是一个仅有200人的公司,深圳之行的目标是在2台大型炉和4台中型炉中争取到一项订单。在已接受了深圳某公司的280万美元的4台中型工业隧道窑炉的订货以后,克瑞斯坚持认为公司已经没有能力再接受另外两台大型玻璃窑炉的订单。而尼克斯则坚持利用有利时机,争取在拿到2台大型陆的订单。由于双方争持不下,决定电话请示英国SBS公司总部。

同样就6台工业窑炉的招标问题,深圳某合资公司的设备部长王林和副部长小泉一郎也争得面红耳赤,英国SBS公司在4台中型窑炉的低价位令王林产生了在2台大型窑炉的招标中再节省一笔可观的设备费用的想法。而小泉一郎根据自己20年的设备制造经验,坚持认为SBS没有能力在一年内制造出6台工业窑炉。

由于双方争持不下,决定在谈判中视价格和交货期而定3天以后,由于SBS公司比竞争的日本设备厂家的价格低20万美元,同时承诺10个月的交货期,SBS公司再次中标并签订了供货合同,在格兰云天酒店双方举办了合同签字的庆贺酒会。

5天以后,在进一步的技术交底中,尼克斯指出合资公司主任设计师铃木提供的设备图纸规格中没有炉顶至厂房顶部的排烟管道,炉子下部没有排水管道等7处遗漏,上述项目不在SBS公司的报价范围内,如制造需追加设计和制造费20万美元。

一个月以后,英国沃尔沃翰普顿市报纸以头版头条位置登出SBS公司在中国获得580万美元订单的消息。

6个月后,王林携员赴英国监造设备,发现由于任务工作量巨大,SBS不得不委托沃尔沃翰普顿市附近的大量小作坊对项目进行二次承包和三次承包10个月以后,到货的4台中型窑炉由于包装不善,在海运中遇浪进水。炉壁间的岩棉隔热层需在工地进行炉体分解后更换,SBS公司支付材料、工时费20万元人民币。11个月以后,在安装中发现,4台中型炉的480个温度控制热电偶孔没有按照制造图纸加工,由于480个温度控制热电偶孔散布在炉层中间,支付安装队现场加工费10万元人民币。由于SBS现场工程师人手不足,临时雇佣工程师理查德负责2号大型窑炉安装。

12个月以后,2台大型炉进行试车验收,发现2号大型炉运载工件间歇蠕动,时有玻璃工件断裂发生。深圳合资公司拒绝验收2号大型窑炉

18个月以后,由于开工生产需要,2号大型窑炉获得条件验收,SBS公司负有继续努力解决运载工件间歇蠕动问题的责任。

24个月以后,SBS公司3次派安装工程师携解决方案来深圳工作未果,放弃努力。SBS公司深圳项目经理皮特和现场安装部经理卫金斯被解职。

3年以后,2号大型窑炉由于运行轨道磨损严重,需更换轨道。王林利用停产15天时间雇佣安装队重新安装运行轨道,工件间歇蠕动问题消失。

10年以后,尼克斯退休,小泉一郎退休,王林退休。克瑞斯升任SBS公司副总经理,克璃斯获悉深圳合资公司扩建需再定制大型工业窑炉一台后携员赴深圳。在格兰云天酒店宴请老朋友王林,席间谈及深圳合资公司扩建一事,王林不无感慨地谈道:"人生有些决策失误

可以弥补,有些则不得不承受一生了"。翌日,克瑞斯携员"打道回府"。

思考

1. 质量管理的基本思想是什么?
2. 简述质量管理的常用方法。
3. 何谓全面质量管理? 全面质量管理的基本要求是什么?
4. 何谓工程质量事故? 工程质量事故是如何分类的?
5. 常用的工程质量事故处理方法有哪些?

GB/T19000－ISO9000 中对质量的定义是一组固有特性满足要求的程度。可以从以下几方面去理解:

1. 质量不仅是指产品质量,也可以是某项活动或过程的工作质量,还可以是质量管理体系运行的质量。质量由一组固有特性组成,这些固有特性是指满足顾客和其他相关方面的要求的特性,并由其满足要求的程度加以表征。

2. 特性是指区分的特征。特性可以是固有的或赋予的,可以是定性的或定量的。特性有各种类型,一般有:物质特性(如:机械的、电的、化学的或生物的特性)、感官特性(如:嗅觉、触觉、味觉、视觉及感觉控测的特性)、行为特性(如:礼貌、诚实、正直)、人体工效特性(如:语言或生理特性、人身安全特性)、功能特性(如:飞机的航程、速度)。质量特性是固有的特性,并通过产品、过程或体系设计和开发及其后之实现过程形成的属性。固有的意思是指在某事或某物中本来就有的,尤其是那种永久的特性。赋予的特性(如某一产品的价格)并非是产品、过程或体系的固有特性,不是它们的质量特性。

3. 满足要求就是应满足明示的(如:合同、规范、标准、技术、文件、图纸中明确规定的)、通常隐含的(如:组织的惯例、一般习惯)或必须履行的(如:法律、法规、行业规则)需要和期望。与要求相比较,满足要求的程度才反映质量的好坏。对质量的要求除考虑满足顾客的需要外,还应考虑其他相关方即组织自身利益、提供原材料和零部件等的供方的利益和社会的利益等多种需求。例如需考虑安全性、环境保护、节约能源等外部的强制要求。只有全面满足这些要求,才能评定为好的质量或优秀的质量。

4. 顾客和其他相关方对产品、过程或体系的质量要求是动态的、发展的和相对的。质量要求随着时间、地点、环境的变化而变化。如随着技术的发展、生活水平的提高,人们对产品、过程或体系会提出新的质量要求。因此应定期评定质量要求、修订规范标准,不断开发新产品、改进老产品,以满足已变化的质量要求。另外,不同国家不同地区因自然环境条件不同、技术发达程度不同、消费水平不同和民俗习惯等的不同会对产品提出不同的要求。产品应具有这种环境的适应性,对不同地区应提供不同性能的产品,以满足该地区用户的明示或隐含的要求。

任务一　正确认知工程项目质量

工程项目质量显然就是指工程项目满足业主需要的程度,符合国家法律、法规、技术规范标准、设计文件及合同规定的特性综合。

建设工程作为一种特殊的产品，除具有一般产品共有的质量特性，如性能、寿命、可靠性、安全性、经济性等满足社会需要的使用价值及其属性外，还具有特定的内涵。

一、工程项目质量的特性

（1）安全性。是指工程建成后在使用过程中保证结构安全、保证人身和环境免受危害的程度。建设工程产品的结构安全度、抗震、耐火及防火能力，人民防空的抗辐射、抗核污染、抗爆炸波等能力，是否能达到特定的要求，都是安全性的重要标志。工程交付使用之后，必须保证人身财产、工程整体都有能免遭工程结构破坏及外来危害伤害的能力。工程组成部件，如阳台栏杆、楼梯扶手、电器产品漏电保护、电梯及各类设备等，也要保证使用者的安全。

（2）适用性。即使用功能，是指工程满足使用目的的各种性能。包括：理化性能，如：尺寸、规格、保温、隔热、隔音等物理性能，耐酸、耐碱、耐腐蚀、防火、防风化、防尘等化学性能；结构性能，指地基基础牢固程度，结构足够的强度、刚度和稳定性；使用性能，如民用住宅工程要能使居住者安居，工业厂房要能满足生产活动的需要，道路、桥梁、铁路、航道要能通达便捷等。建设工程的组成部件、配件、水、暖、电、卫器具、设备也要能满足其使用功能；外观性能，指建筑物的造型、布置、室内装饰效果、色彩等美观大方、协调等。

（3）耐久性。是指工程在规定的条件下，满足规定功能要求使用的年限，也就是工程竣工后的合理使用寿命周期。由于建筑物本身结构类型不同、质量要求不同、施工方法不同、使用性能不同的个性特点，民用建筑主体结构耐用年限分为四级（15～30 年，30～50 年，50～100 年，100 年以上），公路工程设计年限一般按等级控制在 10～20 年，城市道路工程设计年限，视不同道路构成和所用的材料，设计的使用年限也有所不同。

（4）经济性。是指工程从规划、勘察、设计、施工到整个产品使用寿命周期内的成本和消耗的费用。工程经济性具体表现为设计成本、施工成本、使用成本三者之和。包括从征地、拆迁、勘察、设计、采购（材料、设备）、施工、配套设施等建设全过程的总投资和工程使用阶段的能耗、水耗、维护、保养乃至改建更新的使用维修费用。

（5）与环境的协调性。是指工程与其周围生态环境协调，与所在地区经济环境协调以及与周围已建工程相协调，以适应可持续发展的要求。

上述五个方面的质量特性彼此之间是相互依存的。总体而言，安全、适用、耐久、经济、与环境适应性，都是必须达到的基本要求，缺一不可。

二、工程质量形成过程

工程建设项目的不同阶段，对工程项目质量的形成起着不同的作用和影响。

1. 项目可行性研究

项目可行性研究是在项目建议书和项目策划的基础上，运用经济学原理对投资项目的有关技术、经济、社会、环境及所有方面进行调查研究，对各种可能的拟建方案和建成投产后的经济效益、社会效益和环境效益等进行技术经济分析、预测和论证，确定项目建设的可行性，并在可行的情况下，通过多方案比较从中选择出最佳建设方案，作为项目决策和设计的依据。在此过程中,需要确定工程项目的质量要求,并与投资目标相协调。因此,项目的可行性研究直接影响项目的决策质量和设计质量。

2. 项目决策

项目决策阶段是通过项目可行性研究和项目评估,对项目的建设方案做出决策,使项目的建设充分反映业主的意愿,并与地区环境相适应,争取做到投资、质量、进度三者协调统一。所以,项目决策阶段对工程质量的影响主要是确定工程项目应达到的质量目标和水平。

3. 工程勘察、设计

工程的地质勘察是为建设场地的选择和工程的设计与施工提供地质资料依据。而工程设计是根据建设项目总体需求(包括已确定的质量目标和水平)和地质勘察报告,对工程的外形和内在的实体进行筹划、研究、构思、设计和描绘,形成设计说明书和图纸等相关文件,使得质量目标和水平具体化,为施工提供直接依据。

工程设计质量是决定工程质量的关键环节,工程采用什么样的平面布置和空间形式、选用什么样的结构类型、使用什么样的材料、构配件及设备等等,都直接关系到工程主体结构的安全可靠性,关系到建设投资的综合功能是否充分体现规划意图。

4. 工程施工

工程施工是指按照设计图纸和相关文件的要求,在建设场地上将设计意图付诸实际的测量、作业、检验,形成工程实体并建成最终产品的活动。任何优秀的勘察设计成果,只有通过施工才能变为现实。因此工程施工活动决定了设计意图能否实现,直接关系到工程的安全可靠、使用功能的保证,以及外表观感能否体现建筑设计的艺术水平。在一定程度上,工程施工是形成实体质量的决定性环节。

5. 工程竣工验收

工程竣工验收就是对项目施工阶段的质量通过检查评定、试车运转,考核项目质量是否达到设计要求,是否符合决策阶段确定的质量目标和水平,并通过验收确保工程项目的质量。所以工程竣工验收对质量的影响是保证最终产品的质量。

三、影响工程质量的因素

影响工程质量的因素很多,但归纳起来主要有五个方面,即人(Man)、材料(Material)、机械(Machine)、方法(Method)和环境(Environment),简称为4M1E因素。

1. 人员素质

人是生产经营活动的主体,也是工程项目建设的决策者、管理者、操作者。工程建设的全过程,如项目的规划、决策、勘察、设计和施工,都是通过人来完成的。人员的素质,即人的文化水平、技术水平、决策能力、管理能力、组织能力、作业能力、控制能力、身体素质及职业道德等,都将直接和间接地对规划、决策、勘察、设计和施工的质量产生影响,所以人员素质是影响工程质量的一个重要因素。因此,建筑行业实行经营资质管理和各类专业从业人员持证上岗制度是保证人员素质的重要管理措施。

2. 工程材料

工程材料泛指构成工程实体的各类建筑材料、构配件、半成品等。它是工程建设的物质条件，是工程质量的基础。工程材料选用是否合理、产品是否合格、材质是否经过检验、保管使用是否得当等等，都将直接影响建设工程的结构刚度和强度，影响工程外表及观感，影响工程的使用功能，影响工程的使用安全。

3. 机械设备

机械设备可分为两类：一是指组成工程实体及配套的工艺设备和各类机具，如电梯、泵机、通风设备等。它们构成了建筑设备安装工程或工业设备安装工程，形成完整的使用功能。二是指施工过程中使用的各类机具设备，包括大型垂直与横向运输设备、各类操作工具、各种施工安全设施、各类测量仪器和计量器具等，简称施工机具设备。它们是施工生产的手段。机具设备对工程质量也有重要的影响。工程使用机具设备产品质量优劣，直接影响工程使用功能质量。施工机具设备的类型是否符合工程施工特点，性能是否先进稳定，操作是否方便安全等，都将会影响工程项目的质量。

4. 方法

方法是指工艺方法、操作方法和施工方案。在工程施工中，施工方案是否合理，施工工艺是否先进，施工操作是否正确，都将对工程质量产生重大的影响。

5. 环境条件

环境条件是指对工程质量特性起重要作用的环境因素，包括：工程技术环境，如工程地质、水文、气象等；工程作业环境，如施工环境作业面大小、防护设施、通风照明和通信条件等；工程管理环境，主要指工程实施的合同结构与管理关系的确定，组织体制及管理制度等；周边环境，如工程邻近的地下管线、建（构）筑物等。环境条件往往对工程质量产生特定的影响。加强环境管理，改进作业条件，把握好技术环境，辅以必要的措施，是控制环境对质量影响的重要保证。

四、工程质量的特点

建设工程质量的特点是由建设工程本身和建设生产的特点决定的。建设工程项目及其生产的特点：一是产品的固定性，生产的流动性；二是产品的多样性，生产的单件性；三是产品形体庞大、高投入、生产周期长、具有风险性；四是产品的社会性，生产的外部约束性。正是由于上述建设工程的特点而形成了工程质量本身有以下特点。

1. 影响因素多

建设工程质量受到多种因素的影响，如决策、设计、材料、机具设备、施工方法、施工工艺、技术措施、人员素质、工期、工程造价等，这些因素直接或间接地影响工程项目质量。

2. 质量波动大

由于建筑生产的单件性、流动性,不像一般工业产品的生产那样,有固定的生产流水线、有规范化的生产工艺和完善的检测技术、有成套的生产设备和稳定的生产环境,所以工程质量容易产生波动且波动大。同时由于影响工程质量的偶然性因素和系统性因素比较多,其中任一因素发生变动,都会使工程质量产生波动。为此,要严防出现系统性因素的质量变异,要把质量波动控制在偶然性因素范围内。

3. 质量隐蔽性

建设工程在施工过程中,分项工程交接多、中间产品多、隐蔽工程多,因此质量存在隐蔽性。若在施工中不及时进行质量检查,事后只能从表面上检查,就很难发现内在的质量问题。

4. 终检的局限性

工程项目建成后不可能像一般工业产品那样依靠终检来判断产品质量,或将产品拆卸、解体来检查其内在的质量,或对不合格零部件进行更换。而工程项目的终检(竣工验收)无法进行工程内在质量的检验,发现隐蔽的质量缺陷。因此,工程项目的终检存在一定的局限性。这就要求工程质量控制应以预防为主,防患于未然。

5. 评价方法的特殊性

工程质量的检查评定及验收是按检验批、分项工程、分部工程、单位工程进行的。工程质量是在施工单位按合格质量标准自行检查评定的基础上,由监理工程师(或建设单位项目负责人)组织有关单位、人员进行检验确认验收。这种评价方法体现了"验评分离、强化验收、完善手段、过程控制"的指导思想。

五、工程项目质量责任

在工程项目建设中,参与工程建设的各方,即工程质量的责任主体,应根据国家颁布的《建设工程质量管理条例》以及合同、协议及有关文件的规定承担相应的质量责任。

1. 建设单位的质量责任

(1)建设单位要根据工程特点和技术要求,按有关规定选择相应资质等级的勘察、设计单位和施工单位,在合同中必须有质量条款,明确质量责任,并真实、准确、齐全地提供与建设工程有关的原始资料。凡建设工程项目的勘察、设计、施工、监理以及工程建设有关重要设备材料等的采购,均实行招标,依法确定程序和方法,择优选定中标者。不得将应由一个承包单位完成的建设工程项目肢解成若干部分发包给几个承包单位;不得迫使承包方以低于成本的价格竞标;不得任意压缩合理工期;不得明示或暗示设计单位或施工单位违反建设强制性标准,降低建设工程质量。建设单位对其自行选择的勘测设计、施工单位发生的质量问题承担相应责任。

(2)建设单位应根据工程特点,配备相应的质量管理人员。对国家规定强制实行监理的工程项目,必须委托有相应资质等级的工程监理单位进行监理。

（3）建设单位在工程开工前，负责办理有关施工图设计文件审查、工程施工许可证和工程质量监督手续，组织设计和施工单位认真进行设计交底；在工程施工中，应按国家现行有关工程建设法规、技术标准及合同规定，对工程质量进行检查。涉及建筑主体和承重结构变动的装修工程，建设单位应在施工前委托原设计单位或者相应资质等级的设计单位提出设计方案，经原审查机构审批后方可施工。工程项目竣工后，应及时组织设计、施工、工程监理等有关单位进行施工验收，未经验收备案或验收备案不合格的，不得交付使用。

（4）建设单位按合同的约定负责采购供应的建筑材料、建筑构配件和设备，应符合设计文件和合同要求，对发生的质量问题，应承担相应的责任。

2. 勘察、设计单位的质量责任

（1）勘察、设计单位必须在其资质等级许可的范围内承揽相应的勘察设计任务，不许承揽超越其资质等级许可范围以外的任务，不得将承揽工程转包或违法分包，也不得以任何形式用其他单位的名义承揽业务或允许其他单位或个人以本单位的名义承揽业务。

（2）勘察、设计单位必须按照国家现行的有关规定、工程建设强制性技术标准和合同要求进行勘察、设计工作，并对所编制的勘察、设计文件的质量负责。勘察单位提供的地质、测量、水文等勘察成果文件必须真实、准确。设计单位应提供的设计文件应当符合国家规定的设计深度要求，注明工程合理使用年限。设计文件中选用的材料、构配件和设备，应当注明规格、型号、性能等技术指标，其质量必须符合国家规定的标准。除有特殊要求的建筑材料、专用设备、工艺生产线外，不得指定生产厂、供应商。设计单位应就审查合格的施工图文件向施工单位做出详细说明，解决施工中对设计提出的问题，负责设计变更。参与工程质量事故分析，并对因设计造成的质量事故，提出相应的技术处理方案。

3. 施工单位的质量责任

（1）施工单位必须在其资质等级许可的范围内承揽相应的施工任务，不许承揽超越其资质等级业务范围以外的任务，不得将承接的工程转包或违法分包，也不得以任何形式用其他施工单位的名义承揽工程或允许其他单位或个人以本单位的名义承揽工程。

（2）施工单位对所承包的工程项目的施工质量负责。应当建立健全质量管理体系，落实质量责任制，确定工程项目的项目经理、技术负责人和施工管理负责人。实行总承包的工程，总承包单位应对全部建设工程质量负责。建设工程勘察、设计、施工、设备采购的一项或多项实行总承包的，总承包单位应对其承包的建设工程或采购的设备的质量负责；实行总分包的工程，分包应按照分包合同约定对其分包工程的质量向总承包单位负责，总承包单位与分包单位对分包工程的质量承担连带责任。

（3）施工单位必须按照工程设计图纸和施工技术规范标准组织施工。未经设计单位同意，不得擅自修改工程设计。在施工中，必须按照工程设计要求、施工技术规范标准和合同约定，对建筑材料、构配件、设备和商品混凝土进行检验，不得偷工减料，不使用不符合设计和强制性技术标准要求的产品，不使用未经检验和试验或检验和试验不合格的产品。

4. 供应商的质量责任

建筑材料、构配件及设备生产或供应商对其生产或供应的产品质量负责。生产厂或供应商必须具备相应的生产条件、技术装备和质量管理体系,所生产或供应的建筑材料、构配件及设备的质量应符合国家和行业现行的技术规定的合格标准和设计要求,并与说明书和包装上的质量标准相符,且应有相应的产品检验合格证,设备应有详细的使用说明等。

5. 工程监理单位的质量责任

(1) 工程监理单位应按其资质等级许可的范围承担工程监理业务,不许超越本单位资质等级许可的范围或以其他工程监理单位的名义承担工程监理业务,不得转让工程监理业务,不许其他单位或个人以本单位的名义承担工程监理业务。

(2) 工程监理单位应依照法律、法规以及有关技术标准、设计文件和建设工程承包合同与建设单位签订监理合同,代表建设单位对工程质量实施监理,并对工程质量承担监理责任。如果工程监理单位故意弄虚作假,降低工程质量标准,造成质量事故的,要承担法律责任。若工程监理单位与承包单位串通,谋取非法利益,给建设单位造成损失的,应当与承包单位承担连带赔偿责任。如果监理单位在责任期内,不按照监理合同约定履行监理职责,给建设单位或其他单位造成损失的,属违约责任,应当向建设单位赔偿。

6. 工程质量检测单位的质量责任

(1) 检测机构是具有独立法人资格的中介机构。检测机构从事本办法附件一规定的质量检测业务,应当依据本办法取得相应的资质证书。检测机构资质按照其承担的检测业务内容分为专项检测机构资质和见证取样检测机构资质。检测机构未取得相应的资质证书,不得承担本办法规定的质量检测业务。

(2) 质量检测试样的取样应当严格执行有关工程建设标准和国家有关规定,在建设单位或者工程监理单位监督下现场取样。提供质量检测试样的单位和个人,应当对试样的真实性负责。

(3) 检测机构完成检测业务后,应当及时出具检测报告。检测报告经检测人员签字、检测机构法定代表人或者其授权的签字人签署,并加盖检测机构公章或者检测专用章后方可生效。检测报告经建设单位或者工程监理单位确认后,由施工单位归档。见证取样检测的检测报告中应当注明见证人单位及姓名。

(4) 检测机构应当将检测过程中发现的建设单位、监理单位、施工单位违反有关法律、法规和工程建设强制性标准的情况,以及涉及结构安全检测结果的不合格情况,及时报告工程所在地建设主管部门。

7. 工程质量政府监督部门责任

县级以上政府建设行政主管部门和其他有关部门履行检查职责时,有权要求被检查的单位提供有关工程质量的文件和资料,有权进入被检查单位的施工现场进行检查。在检查中发现工程质量存在问题时,有权责令改正。

政府的工程质量监督具有权威性、强制性、综合性的特点。

(1) 建立和完善工程质量管理法规

包括行政性法规和工程技术规范标准,前者如《建筑法》《招标投标法》《建筑工程质量管理条例》等,后者如工程设计规范、建筑工程施工质量验收统一标准、工程施工质量验收规范等。

（2）建立和落实工程质量责任制

包括工程质量行政领导的责任、项目法定代表人的责任、参建单位法定代表人的责任和工程质量终身负责制等。

（3）建设活动主体资格的管理

国家对从事建设活动的单位实行严格的从业许可制度，对从事建设活动的专业技术人员实行严格的执业资格制度。建设行政主管部门及有关专业部门按各自分工，负责各类资质标准的审查、从业单位的资质等级的最后认定、专业技术人员资格等级的核查和注册，并对资质等级和从业范围等实施动态管理。

（4）工程承发包管理

包括规定工程招投标承发包的范围、类型、条件，对招投标承发包活动的依法监督和工程合同管理。

（5）控制工程建设程序

包括工程报建、施工图设计文件审查、工程施工许可、工程材料和设备准用、工程质量监督、施工验收备案等管理。

任务二　工程质量管理制度保证

近年来，我国建设行政主管部门先后颁发了多项建设工程质量管理制度，主要有：

一、施工图设计文件审查制度

施工图审查是指国务院建设行政主管部门和省、自治区、直辖市人民政府建设行政主管部门委托依法认定的设计审查机构，根据国家法律、法规、技术标准与规范，对施工图进行结构安全和强制性标准、规范执行情况等进行的独立审查。

1. 施工图审查的范围

建筑工程设计等级分级标准中的各类新建、改建、扩建的建筑工程项目均属审查范围。省、自治区、直辖市人民政府建设行政主管部门，可结合本地的实际，确定具体的审查范围。建设单位应当将施工图报送建设行政主管部门，由建设行政主管部门委托有关审查机构，进行结构安全和强制性标准、规范执行情况等内容的审查。建设单位将施工图报请审查时，应同时提供下列资料：批准的立项文件或初步设计批准文件；主要的初步设计文件；工程勘察成果报告；结构计算书及计算软件名称等。

2. 施工图审查的主要内容

（1）建筑物的稳定性、安全性审查，包括地基基础和主体结构是否安全、可靠。

（2）是否符合消防、节能、环保、抗震、卫生、人防等有关强制性标准、规范。

（3）施工图是否达到规定的深度要求。

（4）是否损害公众利益。

3. 施工图审查有关各方的职责

（1）国务院建设行政主管部门负责全国施工图审查管理工作。省、自治区、直辖市人民政府建设行政主管部门负责组织本行政区域内的施工图审查工作的具体实施和监督管理工作。

建设行政主管部门在施工图审查工作中主要负责制定审查程序、审查范围、审查内容、审查标准并颁发审查批准书；负责制定审查机构和审查人员条件，批准审查机构，认定审查人员；对审查机构和审查工作进行监督并对违规行为进行查处；对施工图设计审查负依法监督管理的行政责任。

（2）勘察、设计单位必须按照工程建设强制性标准进行勘察、设计，并对勘察、设计质量负责。审查机构按照有关规定对勘察成果、施工图设计文件进行审查，但并不改变勘察、设计单位的质量责任。

（3）审查机构接受建设行政主管部门的委托对施工图设计文件涉及安全和强制性标准执行情况进行技术审查。建设工程经施工图设计文件审查后因勘察设计原因发生工程质量问题，审查机构承担审查失职的责任。

4. 施工图审查程序

施工图审查的各个环节可按以下步骤办理：

（1）建设单位向建设行政主管部门报送施工图，并作书面登录。

（2）建设行政主管部门委托审查机构进行审查，同时发出委托审查通知书。

（3）审查机构完成审查，向建设行政主管部门提交技术性审查报告。

（4）审查结束，建设行政主管部门向建设单位发出施工图审查批准书。

（5）报审施工图设计文件和有关资料应存档备查。

5. 施工图审查管理

审查机构应当在收到审查材料后 20 个工作日内完成审查工作，并提出审查报告；特级和一级项目应当在 30 个工作日内完成审查工作，并提出审查报告，其中重大及技术复杂项目的审查时间可适当延长。审查合格的项目，审查机构向建设行政主管部门提交项目施工图审查报告，由建设行政主管部门向建设单位通报审查结果，并颁发施工图审查批准书。对审查不合格的项目，提出书面意见后，由审查机构将施工图退回建设单位，并由原设计单位修改，重新送审。

施工图一经审查批准，不得擅自进行修改。如遇特殊情况需要进行涉及审查主要内容的修改时，必须重新报请原审批部门，由原审批部门委托审查机构审查后再批准实施。

建设单位或者设计单位对审查机构做出的审查报告如有重大分歧时，可由建设单位或者设计单位向所在省、自治区、直辖市人民政府建设行政主管部门提出复查申请，由后者组织专家论证并做出复查结果。

施工图审查工作所需经费，由施工图审查机构按有关收费标准向建设单位收取。建筑工程竣工验收时，有关部门应按照审查批准的施工图进行验收。建设单位要对报送的审查材料的真实性负责；勘察、设计单位要对提交的勘察报告、设计文件的真实性负责，并积极配合审查工作。

二、工程质量监督制度

国家实行建设工程质量监督管理制度。工程质量监督管理的主体是各级政府建设行政主管部门和其他有关部门。

工程质量监督机构是经省级以上建设行政主管部门或有关专业部门考核认定,具有独立法人资格的单位。它受县级以上地方人民政府建设行政主管部门或有关专业部门的委托,依法对工程质量进行强制性监督,并对委托部门负责。

工程质量监督机构的主要任务:

(1) 根据政府主管部门的委托,受理建设工程项目的质量监督。

(2) 制定质量监督工作方案。确定负责该项工程的质量监督工程师和助理质量监督师。根据有关法律、法规和工程建设强制性标准,针对工程特点,明确监督的具体内容、监督方式。在方案中对地基基础、主体结构和其他涉及结构安全的重要部位和关键过程,做出实施监督的详细计划安排,并将质量监督工作方案通知建设、勘察、设计、施工、监理单位。

(3) 检查施工现场工程建设各方主体的质量行为。检查施工现场工程建设各方主体及有关人员的资质或资格;检查勘察、设计、施工、监理单位的质量管理体系和质量责任制落实情况;检查有关质量文件、技术资料是否齐全并符合规定。

(4) 检查建设工程实体质量。按照质量监督工作方案,对建设工程地基基础、主体结构和其他涉及安全的关键部位进行现场实地抽查,对用于工程的主要建筑材料、构配件的质量进行抽查。对地基基础分部、主体结构分部和其他涉及安全的分部工程的质量验收进行监督。

(5) 监督工程质量验收。监督建设单位组织的工程竣工验收的组织形式、验收程序以及在验收过程中提供的有关资料和形成的质量评定文件是否符合有关规定,实体质量是否存在严重缺陷,工程质量验收是否符合国家标准。

(6) 向委托部门报送工程质量监督报告。报告的内容应包括对地基基础和主体结构质量检查的结论,工程施工验收的程序、内容和质量检验评定是否符合有关规定,及历次抽查该工程的质量问题和处理情况等。

(7) 对预制建筑构件和商品混凝土的质量进行监督。

(8) 受委托部门委托按规定收取工程质量监督费。

(9) 政府主管部门委托的工程质量监督管理的其他工作。

三、工程质量检测制度

工程质量检测工作是对工程质量进行监督管理的重要手段之一。工程质量检测机构是对建设工程、建筑构件、制品及现场所用的有关建筑材料、设备质量进行检测的法定单位。在建设行政主管部门领导和标准化管理部门指导下开展检测工作,其出具的检测报告具有法定效力。法定的国家级检测机构出具的检测报告,在国内为最终裁定,在国外具有代表国家的性质。

1. 国家级检测机构的主要任务

(1) 受国务院建设行政主管部门和专业部门委托,对指定的国家重点工程进行检测复核,提出检测复核报告和建议。

（2）受国家建设行政主管部门和国家标准部门委托，对建筑构件、制品及有关材料、设备及产品进行抽样检验。

2. 各省级、市（地区）级、县级检测机构的主要任务

（1）对本地区正在施工的建设工程所用的材料、混凝土、砂浆和建筑构件等进行随机抽样检测，向本地建设工程质量主管部门和质量监督部门提出抽样报告和建议。

（2）受同级建设行政主管部门委托，对本省、市、县的建筑构件、制品进行抽样检测。对违反技术标准、失去质量控制的产品，检测单位有权提供主管部门停止其生产的证明。不合格产品不准出厂，已出厂的产品不得使用。

四、工程质量保修制度

建设工程质量保修制度是指建设工程在办理交工验收手续后，在规定的保修期限内，因勘察、设计、施工、材料等原因造成的质量问题，要由施工单位负责维修、更换，由责任单位负责赔偿损失。质量问题是指工程不符合国家工程建设强制性标准、设计文件以及合同中对质量的要求。

建设工程承包单位在向建设单位提交工程竣工验收报告时，应向建设单位出具工程质量保修书，质量保修书中应明确建设工程的保修范围、保修期限和保修责任等。

1. 在正常使用条件下，建设工程的最低保修期限为：

（1）基础设施工程、房屋建筑工程的地基基础和主体结构工程，为设计文件规定的该工程的合理使用年限。

（2）屋面防水工程、有防水要求的卫生间、房间和外墙面的防渗漏，为5年。

（3）供热与供冷系统，为2个采暖期、供冷期。

（4）电气管线、给排水管道、设备安装和装修工程，为2年。

其他项目的保修期由发包方与承包方约定。保修期自竣工验收合格之日起计算。

2. 保修处理原则

建设工程在保修范围和保修期限内发生质量问题的施工单位应当履行保修义务。保修义务的承担和经济责任的承担应按下列原则处理：

（1）施工单位未按国家有关标准、规范和设计要求施工，造成的质量问题，由施工单位负责返修并承担经济责任。

（2）由于设计方面的原因造成的质量问题，先由施工单位负责维修，其经济责任按有关规定通过建设单位向设计单位索赔。

（3）因建筑材料、构配件和设备质量不合格引起的质量问题，先由施工单位负责维修。其经济责任属于施工单位采购的，由施工单位承担经济责任；属于建设单位采购的，由建设单位承担经济责任。

（4）因建设单位（含监理单位）错误管理造成的质量问题，先由施工单位负责维修，其经济责任由建设单位承担，如属监理单位责任，则由建设单位向监理单位索赔。

（5）因使用单位使用不当造成的损坏问题，先由施工单位负责维修，其经济责任由使用

单位自行负责。

（6）因地震、洪水、台风等不可抗拒原因造成的损坏问题，先由施工单位负责维修，建设参与各方根据国家具体政策分担经济责任。

任务三　全面质量管理理念

全面质量管理（total quality management 简称 TQM）是项目管理的中心环节，它和业主或企业的项目目标是一致的。这就是要求将业主或企业的项目管理和质量管理有机地结合起来。

全面质量管理是以组织全员参与为基础的质量管理模式，它代表了质量管理的最新阶段，最早起源于美国。菲根堡姆指出："全面质量管理是为了能够在最经济的水平上，并充分考虑到满足用户要求的条件下进行市场研究、设计、生产和服务，把企业内各部门研制质量、维持质量和提高质量的活动构成为一体的一种有效体系。"他的理论经过世界各国的继承和发展，得到了进一步的扩展和深化。ISO 标准中对全面质量管理的定义为：一个组织以质量为中心，以全员参与为基础，目的在于通过让顾客满意和本组织所有成员及社会受益而达到长期成功的管理途径。

一、全面质量管理内涵

全面质量管理在我国也得到一定的发展。我国专家总结实践经验，提出了"三全一多"的观点，形成全面质量管理内涵。

1. 全过程的质量管理

任何产品或服务的质量，都有一个产生、形成和实现的过程。从全过程的角度来看，质量产生、形成和实现的整个过程是由多个相互联系、相互影响的环节所组成的，每一个环节都或轻或重地影响着最终的质量状况。为了保证和提高质量就必须把影响质量的所有环节和因素都控制起来。为此，全过程的质量管理包括了从市场调研、产品的设计开发、生产（作业），到销售、服务等全部有关过程的质量管理。换句话说，要保证产品或服务的质量，不仅要搞好生产和作业过程的质量管理，还要搞好设计过程和使用过程的质量管理。要把质量形成全过程的各个环节和有关因素控制起来，形成一个综合性的质量管理体系，做到预防为主，防检结合，重在提高。为此，全面质量管理强调必须体现如下两个思想：

（1）预防为主、不断改进的思想。优良的产品质量是设计和生产制造出来的，而不是靠事后的检验决定的。事后的检验面对的是既成事实的产品质量。根据这一基本道理，全面质量管理要求把管理工作的重点，从"事后把关"转移到"事前预防"上来；从管结果转变为管因素，实行"预防为主"的方针，把不合格品消灭在它的形成过程之中，做到"防患于未然"。当然，为了保证产品质量，防止不合格品出厂或流入下道工序，并把发现的问题及时反馈，防止再出现、再发生，加强质量检验在任何情况下都是必不可少的。强调预防为主、不断改进的思想，不仅不排斥质量检验，而且要求其更加完善、更加科学。质量检验是全面质量管理的重要组成部分,企业内行之有效的质量检验制度必须坚持,并且要进一步使之科学化、完善化、规范化。

(2) 为顾客服务的思想。顾客有内部和外部之分:外部的顾客可以是最终的顾客,也可以是产品的经销商或再加工者;内部的顾客是企业的部门和人员。实行全过程的质量管理要求企业所有各个工作环节都必须树立为顾客服务的思想。内部顾客满意是外部顾客满意的基础。因此,在企业内部要树立"下道工序是顾客""努力为下道工序服务"的思想。现代工业生产是一环扣一环的,前道工序的质量会影响后道工序的质量,一道工序出了质量问题,就会影响整个过程乃至产品质量。因此,要求每道工序的工序质量,都要经得起下道工序即"顾客"的检验,满足下道工序的要求。有些企业开展的"三工序"活动即复查上道工序的质量;保证本道工序的质量;坚持优质、准时为下道工序服务是为顾客服务思想的具体体现。只有每道工序在质量上都坚持高标准,都为下道工序着想,为下道工序提供最大的便利,企业才能目标一致地、协调地生产出符合规定要求、满足用户期望的产品。

可见,全过程的质量管理就意味着全面质量管理要"始于识别顾客的需要,终于满足顾客的需要"。

2. 全员的质量管理

产品和服务质量是项目各参与方、各部门、各环节工作质量的综合反映。企业中任何一个环节、任何一个人的工作质量都会不同程度地直接或间接地影响着产品质量或服务质量。因此,产品质量人人有责,人人关心产品质量和服务质量,人人做好本职工作,全体参加质量管理,才能生产出顾客满意的产品。要实现全员的质量管理,应当做好三个方面的工作:

(1) 必须抓好全员的质量教育和培训。加强质量意识,牢固树立"质量第一"的思想,提高各参与方技术能力和管理能力,增强参与意识。

(2) 要建立质量责任制,明确任务和职权,各司其职,密切配合,以形成一个高效、协调、严密的质量管理工作系统。

(3) 要开展多种形式的群众性质量管理活动,充分发挥各级、各部门的聪明才智和当家做主的进取精神。群众性质量管理活动的重要形式之一是质量管理小组。除了质量管理小组之外,还有很多群众性质量管理活动,如合理化建议制度、与质量相关的劳动竞赛等。总之,企业应该发挥创造性,采取多种形式激发全员参与的积极性。

(4) 从项目组织纵横两个方面来加强项目质量管理。从纵向的组织管理角度来看,质量目标的实现有赖于企业的上层、中层、基层管理乃至一线员工的通力协作,其中高层管理能否全力以赴起着决定性的作用。从企业职能间的横向配合来看,要保证和提高产品质量,必须使企业研制、维持和改进质量的所有活动构成一个有效的整体。

可见,全员质量管理就是要"以质量为中心,全面加强、体系完善、重在落实。"

3. 全要素的质量管理

影响产品质量和服务质量的因素也越来越复杂:既有物质的因素,又有人的因素;既有技术的因素,又有管理的因素;既有企业内部的因素,又有随着现代科学技术的发展,对产品质量和服务质量提出了越来越高要求的企业外部的因素。要把这一系列的因素系统地控制起来,全面管好,就必须根据不同情况,区别不同的影响因素,对症下药,切实保证质量。

4. 多方法的质量管理

正是由于项目的过程复杂，参与人众多，影响因素复杂，势必要求广泛、灵活地运用多种多样的现代化管理办法来解决质量问题。

目前，质量管理中广泛使用各种方法，统计方法是重要的组成部分。除此之外，还有很多非统计方法。常用的质量管理方法有所谓的老七种工具，具体包括因果图、排列图、直方图、控制图、散布图、分层图、调查表；还有新七种工具，具体包括：关联图法、KJ 法、系统图法、矩阵图法、矩阵数据分析法、PDPC 法、矢线图法。除了以上方法外，还有很多方法，尤其是一些新方法近年来得到了广泛的关注，具体包括：质量功能展开（QFD）、故障模式和影响分析（FMEA）、头脑风暴法（Brain storming）、六西格玛法、水平对比法（Bench marking）、业务流程再造（BPR）等。

总之，为了实现质量目标，必须综合应用各种先进的管理方法和技术手段，必须善于学习和引进国内外先进企业的经验，不断改进本组织的业务流程和工作方法，不断提高组织成员的质量意识和质量技能。"多方法的质量管理"要求的是"程序科学、方法灵活、实事求是、讲求实效"。

二、全面质量管理的工作原则

20 世纪 80 年代后期以来，全面质量管理得到了进一步的扩展和深化，逐渐成为一种综合的、全面的经营管理方式和理念。质量不再仅仅被看作是产品或服务的质量，而是整个组织经营管理的质量。因此，全面质量管理已经成为项目组织实现战略目标的最有力武器。ISO 标准中提出了质量管理八项原则，这八项原则反映了全面质量管理的基本思想。

1. 以顾客为关注焦点

"组织依存于顾客。因此，组织应当理解顾客当前和未来的需求，满足顾客要求并争取超越顾客期望。"顾客是决定企业生存和发展的最重要因素，服务于顾客并满足他们的需要应该成为企业存在的前提和决策的基础。为了赢得顾客，组织必须首先深入了解和掌握顾客当前的和未来的需求，在此基础上才能满足顾客要求并争取超越顾客期望。为了确保企业的经营以顾客为中心，企业必须把顾客要求放在第一位。

2. 领导作用

"领导者确立组织统一的宗旨及方向。他们应当创造并保持使员工能充分参与实现组织目标的内部环境。"企业领导能够将组织的宗旨、方向和内部环境统一起来，并创造使员工能够充分参与实现组织目标的环境，从而带领全体员工一同去实现目标。

3. 全员参与

"各级人员都是组织之本，只有他们的充分参与，才能使他们的才干为组织带来收益。"产品和服务的质量是企业中所有部门和人员工作质量的直接或间接的反映。因此，组织的质量管理不仅需要最高管理者的正确领导，更重要的是全员参与。只有他们的充分参与，才能使他们的才干为组织带来最大的收益。为了激发全体员工参与的积极性，管理者应该对职工进行质量意识、职业道德、以顾客为中心的意识和敬业精神的教育,还要通过制度化的方式激发他们的积极性和责任感。在全员参与过程中,团队合作是一种重要的方式,特别是跨部门的团队合作。

4. 过程方法

"将活动和相关的资源作为过程进行管理,可以更高效地得到期望的结果。"质量管理理论认为:任何活动都是通过"过程"实现的。通过分析过程、控制过程和改进过程,就能够将影响质量的所有活动和所有环节控制住,确保产品和服务的高质量。因此,在开展质量管理活动时,必须要着眼于过程,要把活动和相关的资源都作为过程进行管理,才可以更高效地得到期望的结果。

5. 管理的系统方法

"将相互关联的过程作为系统加以识别、理解和管理,有助于组织提高实现目标的有效性和效率。"开展质量管理要用系统的思路,这种思路应该体现在质量管理工作的方方面面,在建立和实施质量管理体系时尤其如此。一般其系统思路和方法应该遵循以下步骤:确定顾客的需求和期望;建立组织的质量方针和目标;确定过程和职责;确定过程有效性的测量方法并用来测定现行过程的有效性;寻找改进机会,确定改进方向;实施改进;监控改进效果,评价结果;评审改进措施和确定后续措施等。

6. 持续改进

"持续改进总体业绩应当是组织的一个永恒目标。"质量管理的目标是顾客满意。顾客需要在不断地提高,因此,企业必须要持续改进才能持续获得顾客的支持。另一方面,竞争的加剧使得企业的经营处于一种"逆水行舟,不进则退"的局面,要求企业必须不断改进才能生存。

7. 以事实为基础进行决策

"有效决策是建立在数据和信息分析的基础上。"为了防止决策失误,必须要以事实为基础。为此必须要广泛收集信息,用科学的方法处理和分析数据和信息,不能够"凭经验,靠运气"。为了确保信息的充分性,应该建立企业内外部的信息系统。坚持以事实为基础进行决策就是要克服"情况不明决心大,心中无数点子多"的不良决策作风。

8. 与供方互利的关系

"组织与供方是相互依存的,互利的关系可增强双方创造价值的能力。"在目前的经营环境中,企业与企业已经形成了"共生共荣"的企业生态系统。企业之间的合作关系不再是短期的、甚至一次性的合作,而是要致力于双方共同发展的长期合作关系。

这八项原则反映了全面质量管理的基本思想和原则。但是,全面质量管理的原则还不仅限于此,还需要进一步的发展。这就需要更高的标准和更高的要求来指导项目的工作。在国际范围内享有很高声誉的美国马尔克姆、波多里奇国际质量奖代表了质量管理的世界水平。波多里奇国际质量奖中体现的核心价值观也反映了全面质量管理的基本原则和思想,其中很多与 ISO9000 标准的八项质量管理原则一致。作为代表质量管理世界级水平的质量管理标准,波多里奇国际质量奖的核心价值观还有一些超越了八项基本原则的范畴,体现了达到世界级质量水平,实现卓越经营的指导思想。

任务四　建立有效的质量保证体系

为保证建筑工程质量,在工程建设中,我国逐步建立了比较系统的工程质量管理的三个体系,即设计施工单位的全面质量管理保证体系、建设监理单位的质量检查体系和政府部门的工程质量监督体系。

质量保证体系是指为保证质量满足明示的和隐含的需要和期望,由组织机构、职责、程序、活动、能力和资源等组成的有机整体。设计施工单位的全面质量保证体系,是指设计施工单位运用系统工程的观点和方法,以保证工程质量为目的,将单位各部门、各环节的经营、管理活动严密协调地组织起来,明确他们在保证工程质量方面的任务、责任、权限、工作程序和方法,从而形成一个有机的质量保证整体。

一、质量保证的概念和作用

质量保证是指企业对用户在工程质量方面做出的担保,即企业向用户保证其承建的工程在规定的期限内能满足设计和使用功能。质量保证的作用,表现在对工程建设和施工企业内部两个方面。对工程建设,通过质量保证体系的正常运行,确保工程质量完全满足设计文件、工程合同规定的质量要求,并保证工程建设过程的质量和使用后的服务质量。对企业内部,通过质量保证活动,可有效地保证工程质量,及时发现工程质量问题或事故征兆,防止质量事故的发生,使施工处于正常状态之中,从而提高企业经济效益。

二、质量保证的内容和途径

质量保证的内容,必须贯穿于工程建设的全过程。按照建筑工程形成的过程分,主要包括:设计阶段质量保证、采购和施工准备阶段质量保证、施工阶段质量保证和使用阶段质量保证。质量保证的途径包括:在工程建设中的以检查为手段的质量保证,以工序管理为手段的质量保证和以开发新技术、新工艺、新材料、新产品为手段的质量保证。

三、全面质量保证体系

我国的工程质量保证体系,一般由思想保证、组织保证和工作保证三个子体系组成。

1. 思想保证体系

思想保证子体系是指参加工程建设规划、勘测、设计和施工人员要有浓厚的质量意识,牢固树立"质量第一,用户第一"的思想,把质量管理理念根植于项目的各个参与人的思想中,既要把质量意识、质量观念落实到具体的工作中,又要上升到质量事关国家兴旺和民族振兴的高度。达到项目每个成员都要全面掌握质量管理的基本思想、基本观点和基本方法,这是建立质量保证体系的前提和基础。

2. 组织保证体系

组织保证子体系是指工程建设管理的组织系统和工程形成规程中有关的组织机构系统。这个子体系要求管理系统的各层次中的专业技术管理部门,都要有专职的质量负责职能机构和人员。在施工现场,施工企业要设置兼职或专职的质量检查与控制人员,担负起相应的质量保证职责,以形成质量管理的网络。在施工过程中,建设单位委托建设监理单位进行工程质量的监督、检查和指导,以保证组织的落实和正常活动的开展。从按照项目质量标准工作到质量检查、质量监督、质量控制以及质量问题(事故)的处理都在组织上形成连贯的、有机的整体,确保项目质量,最终交付业主满意的产品。

3. 工作保证体系

工作保证子体系是指参与工程建设规划、设计、施工的各部门、各环节、各质量形成过程的工作质量的综合。按照工程产品形成过程来划分,可分为勘察设计过程质量保证子体系、施工过程质量保证子体系、辅助生产过程质量保证子体系和使用过程质量保证子体系等。其中,施工过程质量保证子体系是整个工作保证子体系的核心和基础,是构成工作保证子体系的主要子体系。

如图 8-1、8-2 所示即为某工程项目的质量保证机构和质量保证体系。

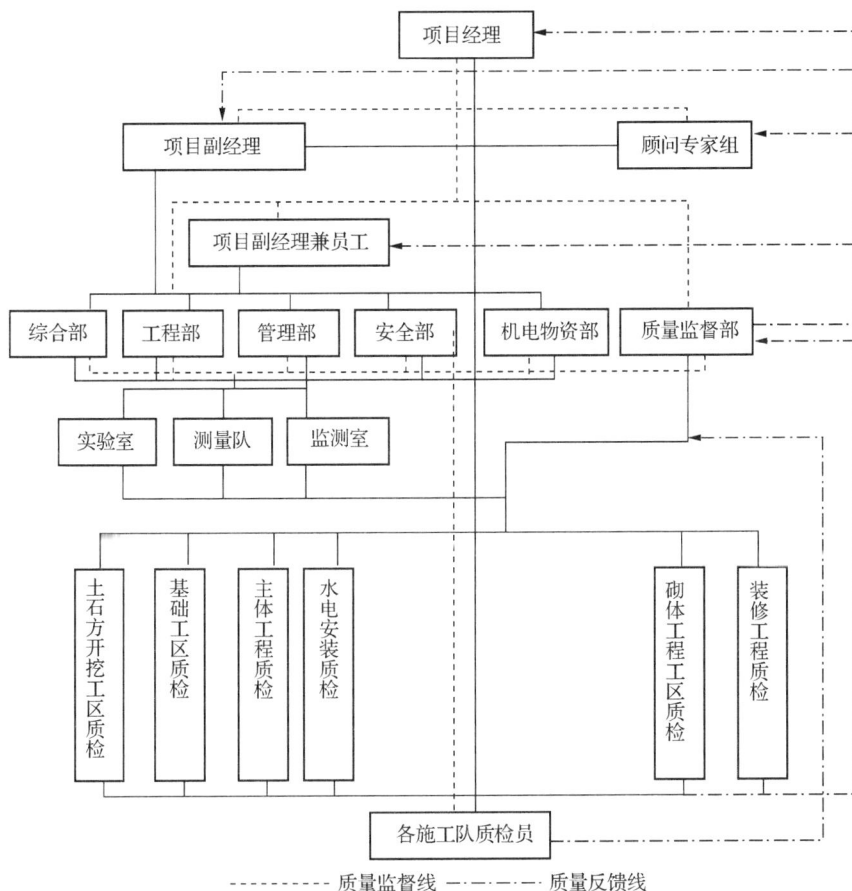

-------- 质量监督线　------- 质量反馈线

图 8-1　质量保证机构框图

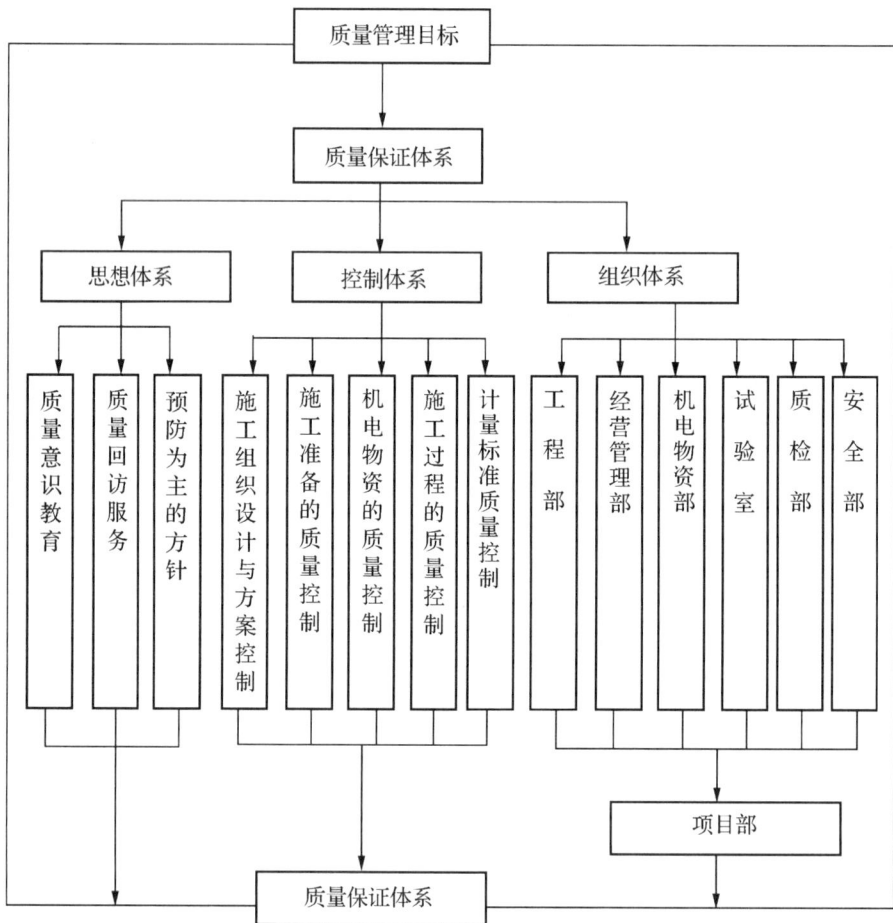

图 8-2　质量保证体系

四、全面质量管理的运转方式

质量保证体系运转方式是按照计划 P、执行 D、检查 C、实施 A 的管理循环进行的。它包括四个阶段和八个工作步骤。

1. 四个阶段

（1）计划阶段。按使用者要求,根据具体生产技术条件,找出生产中存在的问题及其原因,拟定生产对策和措施计划。

（2）执行阶段。按预定对策和生产措施计划,组织实施。

（3）检查阶段。对生产成品进行必要的检查和测试,即把执行的工作结果与预定目标对比,检查执行过程中出现的情况和问题。

（4）实施阶段。把经过检查发现的各种问题及用户意见进行处理。凡符合计划要求的予以肯定,成文标准化。对不符合设计要求和不能解决的问题,转入下一循环以便进一步研究解决。

2. 八个步骤

（1）分析现状。找出问题不能凭印象和表面作判断，结论要用数据表示。

（2）分析各种影响因素。要把可能因素一一加以分析。

（3）找出主要影响因素。要努力找出主要因素并进行解剖，才能改进工作，提高产品质量。

（4）研究对策。针对主要因素拟定措施，制定计划，确定目标。以上属 P 阶段工作内容。

（5）执行措施。为 D 阶段的工作内容。

（6）检查工作成果。对执行情况进行检查，找出经验教训，为 C 阶段的工作内容。

（7）巩固措施，制定标准，把成熟的措施订成标准（规程、细则）形成制度。

（8）遗留问题转入下一个循环。

以上（7）和（8）为 A 阶段的工作内容。PDCA 管理循环的工作程序如图 8-3 所示。

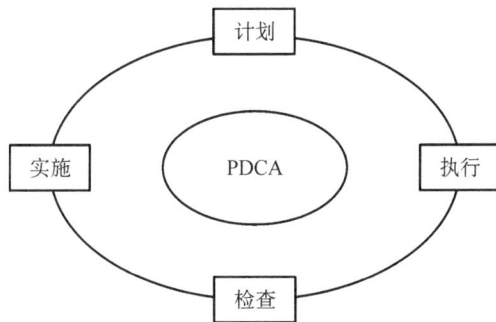

图 8-3　PDCA 管理循环图

3. PDCA 循环的特点

（1）四个阶段缺一不可，先后次序不能颠倒。就好像一只转动的车轮，在解决质量问题中滚动前进，逐步使产品质量提高。

（2）企业的内部 PDCA 循环各级都有，整个企业是一个大循环，企业各部门又有自己的小循环。大循环是小循环的依据，小循环又是大循环的具体和逐级贯彻落实的体现。

（3）PDCA 循环不是在原地转动，而是在转动中前进。每个循环结束，质量提高一步。

（4）A 阶段是一个循环的关键，这一阶段（处理阶段）的目的在于总结经验，巩固成果，纠正错误，以利于下一个管理循环。为此必须把成功的经验纳入标准，定为规程，使之标准化、制度化，以便在下一个循环中遵照办理，使质量水平逐步提高。

必须指出，质量的好坏反映了人们质量意识的强弱，也反映了人们对提高产品质量意义的认识水平。有了较强的质量意识，还应使全体人员对全面质量管理的基本思想和方法有所了解。这就需要开展全面质量管理，必须加强质量教育的培训工作，贯彻执行质量责任制并形成制度，持之以恒，才能使工程施工质量水平不断提高。

任务五　合理制定项目质量计划

由于影响工程项目质量的因素很多,前述已经说明,即人、材料、机械、方法和环境五个因素。我们在进行质量管理时,就要充分考虑各方面因素,合理制定项目质量管理计划。

依据 GB/T19000 标准建立的质量管理体系,覆盖了组织的整个生产经营活动。但就一个工程项目而言,由于其产品的单件性,施工条件和方法也各不相同,只有一个总的质量管理体系还远远不够,还需建立一种机制来反映某一具体工程项目的特定要求与 GB/T19000 标准的一般要求的关系,这就是项目质量计划。

一、项目质量计划编制的依据和原则

由于建筑安装企业的产品具有单件性、生产周期长、空间固定性、露天作业及人为影响因素多等特点,使得工程实施过程必然繁杂、涉及面广且协作要求多。因此编制项目质量计划时要针对项目的具体特点,要有所侧重。一般的项目质量计划的编制依据和原则可归纳为以下几个方面:

(1) 项目质量计划应符合国家及地区现行有关法律法规和标准规范的要求;

(2) 项目质量计划应以合同的要求为编制前提;

(3) 项目质量计划应体现出企业质量目标在项目上的分解;

(4) 项目质量计划对质量手册、程序文件中已明确规定的内容仅作引用和说明如何使用即可,而不需要整篇搬移;

(5) 已有文件的规定不适合或没有涉及的内容,在质量计划中做出规定或补充;

(6) 按工程大小、结构特点、技术难易程度、具体质量要求来确定项目质量计划的详略程度。

二、编制项目质量计划的意义及作用

项目质量计划既是项目实施现场质量管理的依据,又是向顾客保证工程质量承诺的输出,因此编制项目质量计划是非常重要的。

项目质量计划的作用可归纳为以下三个方面:

(1) 为操作者提供了活动指导文件,指导具体操作人员如何工作,完成哪些活动。

(2) 为检查者提供检查项目,是一种活动控制文件。指导跟踪具体施工,检查具体结果。

(3) 提供活动结果证据。所有活动的时间、地点、人员、活动项目等均以实记录,得到控制并验证。

三、项目质量计划与项目组织设计的关系

项目组织设计是针对某一特定工程项目,指导工程项目全局、统筹项目过程,在项目管理中起中轴作用的重要的技术经济文件。它对项目中劳动力、机械设备、原材料和技术资源以及工程进度等方面均科学合理地进行统筹,着重解决项目过程中可能遇到的技术难题。其内容包括工程进度、工程质量、工程成本和施工安全等,在施工技术和必要的经济指标方

面比较具体,而在实施项目管理方面描述的较为粗浅,不便于指导项目实施过程。

项目质量计划侧重于对项目现场的管理控制,对某个过程,某个工序,由什么人,如何去操作等做出了明确规定;对项目实施过程影响工程质量的环节进行控制,以合理的组织结构、培训合格的在岗人员和必要的控制手段,保证工程质量达到合同要求。但在经济技术指标方面很少涉及。

项目的组织设计和项目质量计划都是以具体的工程项目为对象并以文件的形式提出的;编制的依据都是政府的法律法规文件、项目的设计文件、现行的规范和操作规程、工程的施工合同以及有关的技术经济资料、企业的资源配置情况和施工现场的环境条件;编制的目的都是为了强化项目管理。但二者的作用、编制原则、内容等方面均有较大的区别。

四、项目质量计划的内容和基本要求

项目质量计划的内容及要求概括起来主要有以下几个方面:

(1)以项目组织设计为主。项目质量计划是对施工组织设计在质量管理方面的补充和完善。

(2)项目质量计划应明确本项目所使用的标准、规范、记录表格等,并以文件目录形式列出。

(3)项目质量计划应侧重检验、试验、计划的内容,对质量检验、试验的时间、地点、人员、依据、手段、放行资格等做详细规定。

(4)项目质量计划应详细规定工程施工中所需质量记录的要求,如在什么时间,对于哪些活动,进行什么记录,由什么人认可等。

(5)项目质量计划应对项目管理及操作层的质量职责进行详细描述。

(6)项目质量计划的要求,应高于质量管理体系文件的要求,即以一个个项目质量目标的完成来确保公司总的质量目标的实现。

(7)项目质量计划应满足现行有效法律法规的要求。

(8)项目质量计划应与企业的质量管理体系文件相协调。

(9)当工程项目或相应法律法规发生变化时,项目质量计划也应相应地修改,以保证其适应性。

(10)项目质量计划是项目组织质量体系文件的组成部分,其管理要求也应按项目质量体系文件管理要求执行。

总之,项目质量计划强调的是针对性强、便于操作,因此要求其内容尽可能简单直观、一目了然。一旦决定编制项目质量计划,首先应分析本项目特点,针对工程特点、新技术、新工艺、新材料等应用情况,项目实施过程中可能出现的技术难点、薄弱环节确定管理重点,明确相应的措施要求、监控方法。

任务六　　了解质量控制的统计分析方法

1.排列图

排列图又称主次因素分析法,是找出影响工程质量因素的一种有效方法。排列图的画

法和主次因素分类如下：

（1）决定调查对象、调查范围、内容和提取数据的方法，收集一批数据（如废品率、不合格率、规格数量等）。

（2）整理数据，按问题或原因的频数（或点数），从大到小排列，并计算其发生的频率和累计频率。

（3）做排列图。

（4）分类。通常把累计频率百分数分为三类：0～80％为 A 类，是主要因素；80％～90％为 B 类，是次要因素；90％～100％为 C 类，是一般因素。

（5）注意点：主要因素最好是 1～2 个，最多不超过 3 个，否则，就失去找主要矛盾的意义；注意分层，从几个不同方面进行排列。

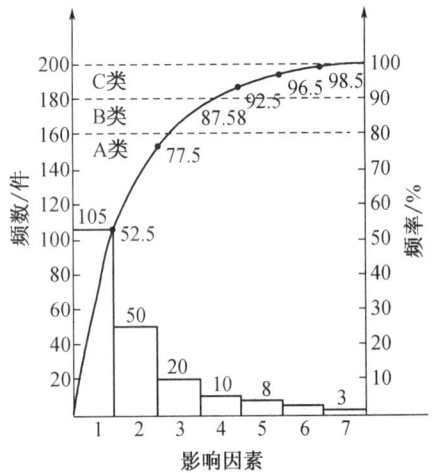

图 8－4　混凝土构件质量排列图示例

2. 因果分析图－4M1E

因果分析图也叫特性要因图，用来表示因果关系。特性指生产中出现的质量问题；要因指对质量问题有影响的因素或原因。此法是对质量问题特性有影响的重要因素进行分析和分类，通过整理、归纳、分析，查找原因，以便采取措施，解决质量问题。要因一般可从五方面来找，即人员、材料、机械设备、工艺方法和环境（4M1E）。

因果图画法如下：

（1）确定需要分析的质量特性，画出带箭头的主干线。

（2）分析造成质量问题的各种原因，逐层分析，由大到小，追查原因中的原因，直到可以针对原因采取具体措施解决的程度为止。

（3）按原因大小以枝线逐层标记于图上。

（4）找出关键原因，并标注在图上。向有关部门提供质量情报。

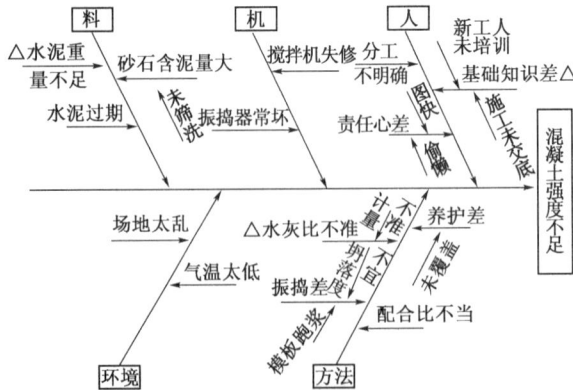

图 8－5　混凝土强度低的因果分析图示例

3. 直方图法

直方图法又称频数分布直方图法，它是将收集到的质量数据进行分组整理，绘制成频数分布直方图,用以描述质量分布状态的一种方法。所以直方图又称质量分布图。

产品质量由于受到各种因素的影响,必然会出现波动。即使用同一批材料,同一台设备,由同一操作者采用相同工艺生产出来的产品,质量也不会完全一致。但是,产品质量的波动有一定的范围和规律,质量分布就是指质量波动的范围和规律。

产品质量的状态是用指标数据反映的,质量的波动表现为数据的波动。直方图就是通过频数分布分析、研究数据的集中程度和波动范围的一种统计方法,是把收集到的产品质量特征数据,按大小顺序加以整理,进行适当分组,计算每一组中数据的个数(频数),将这些数据在坐标纸上画一些矩形图,横坐标为样本的取值范围,纵坐标为数据落入各组的频数,以此来分析质量分布的状态。

正常情况下的直方图应接近正态分布图,即中间高,两边低,左右对称。如果出现其他形状的图形,说明分布异常,应及时查明原因,采取措施加以纠正。

常见的异常图形有以下几种:

(1)锯齿形。直方图出现参差不齐的形状,造成这种现象的原因不是生产上控制的偏向,而是分组过多或测量错误。应减少分组,重新作图。如图8-6(b)所示。

(2)缓坡型。直方图在控制之内,但峰顶偏向一侧,另一侧出现缓坡。说明生产中控制有偏向,或由操作者习惯因素造成。如图8-6(c)所示。

(3)孤岛型。这是生产过程中短时间的情况异常造成的,如少量材料不合格,临时更换设备,不熟练工人上岗等。如图8-6(d)所示。

(4)双峰型。表示数据出自不同的来源,如由工艺水平相差很大的两个班组生产的产品,使用两种质量相差很大的材料,两种不同的作业环境等。因此收集数据必须区分来源。如图8-6(e)所示。

(5)绝壁型。通常是由于数据输入不正常,可能有意识地去掉下限以下的数据,或是在检测过程中存在某种人为因素所造成的。如图8-6(f)所示。

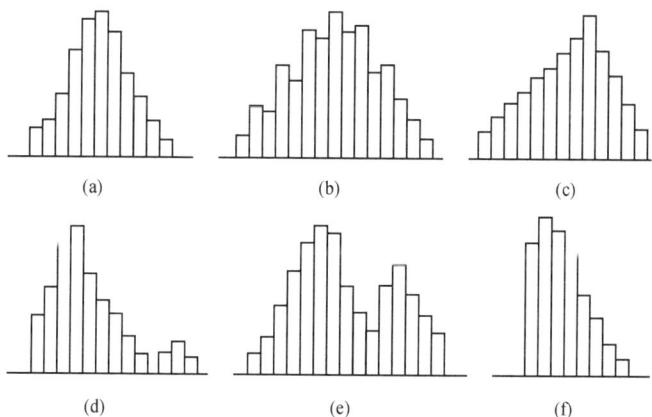

(a)正常型;(b)锯齿型;(c)缓坡型;(d)孤岛型;(e)双峰型;(f)绝壁型

图8-6　常见的直方图图形

实际工作中要根据质量问题的性质分别判断,采取恰当的改进措施。

4. 控制图法

控制图又称管理图,是分析和控制质量分布动态的一种方法。产品的生产过程是连续不断的,因此应对产品质量的形成过程进行动态监控。控制图法就是一种对质量分布进行动态控制的方法。

（1）控制图的原理

控制图是依据正态分布原理,合理控制质量特征数据的范围和规律,对质量分布动态进行监控。控制图的基本形式如图8-7所示。

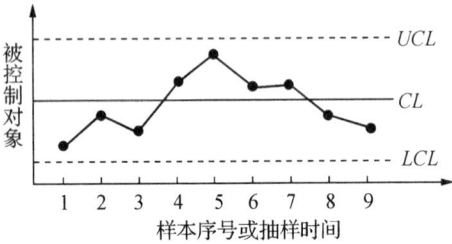

图8-7　控制图的基本形式

该图的横坐标表示取样时间或编号,纵坐标表示质量特征。坐标内有三条控制线,控制中心线取数据的平均数 μ,用符号 CL 表示,在图上是一条实线;上控制界限在上面,图上是一条虚线,用符号 UCL 表示,取 $\mu+3\sigma$;下控制界限在下面,在图上也是一条虚线,用符号 LCL 表示,取 $\mu-3\sigma$。根据数理统计原理,在正态分布条件下,按 $\mu\pm3\sigma$ 控制上下限,如果只考虑偶然因素的影响,最多有千分之三的数据超出控制限。这种方法又称为"千分之三"法则。

（2）控制图的分析

1）数据分布范围分析

数据分布应在控制上下限内,凡跳出控制界限,说明波动过大。

2）数据分布规律分析

数据分布就是正态分布,如果出现图8-8所示情况,视为异常排列。

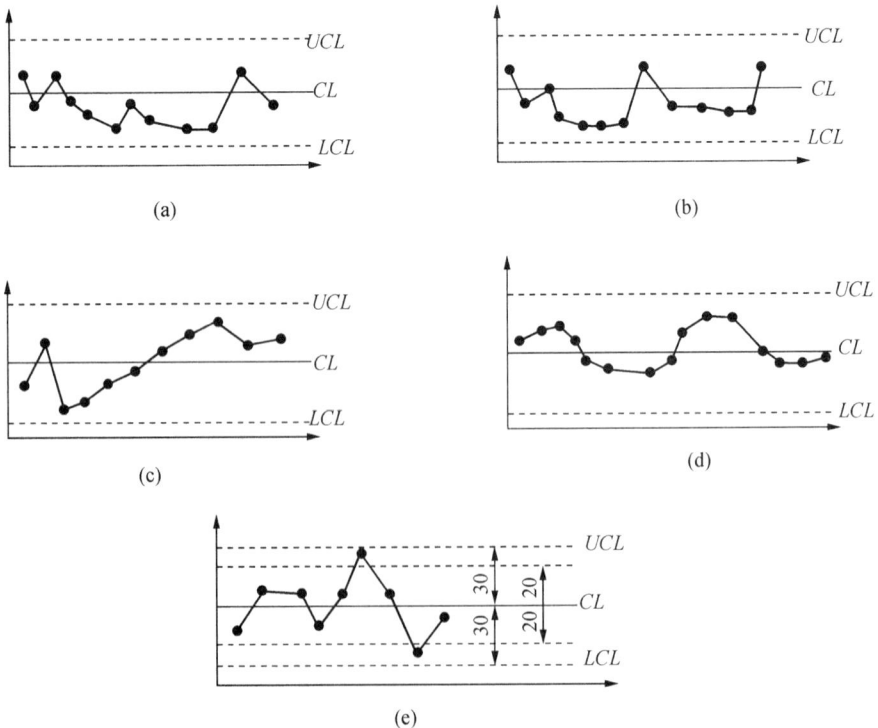

(a)

(b)

(c)

(d)

(e)

图8-8　数据异常排列

① 数据点在中心线一侧连续出现 7 次以上,如图 8-8(a)所示;

② 连续 11 个数据点中,至少有 10 个点(可以不连续)在中心线一侧,如图 8-8(b)所示;

③ 数据连续 7 个以上点上升或下降,如图 8-8(c)所示;

④ 数据点呈周期性变化,如图 8-8(d)所示;

⑤ 连续 3 个数据点中,至少有 2 个点(可以不连续)在 $\pm 2\sigma$ 界限以外,如图 8-8(e)所示。

5. 相关图法

相关图又称散布图,在质量控制中它是用来显示两种质量数据之间关系的一种图形。相关图分析的两个变量,可以是质量特征和因素,质量特征和质量特征,因素和因素等。

(1) 相关图的原理及作法

将两种需要确定关系的质量数据用点标注在坐标图上,从而根据点的散布情况判别两种数据之间的关系,以便进一步弄清影响质量特征的主要因素。

(2) 相关图的类型

相关图的基本类型如图 8-9 所示。

① 正相关。点的散布呈一条向上的直线带,表明 y 受 x 的直接影响。如图 8-9(a)所示;

② 弱正相关。点的散布呈向上的直线带趋势,表明除 x 外,还有其他因素在影响 y,如图 8-9(b)所示;

③ 不相关。点的散布无规律,表明 x 与 y 没有关系,如图 8-9(c)所示;

④ 负相关。点的散布呈一条向下的直线带,表明 y 受 x 负影响,如图 8-9(d)所示;

⑤ 弱负相关。点的散布呈向下的直线带趋势,表明除 x 的负影响外,还有其他因素在影响 y,如图 8-9(e)所示;

⑥ 非线性相关。点的分布呈非直线带,表明 y 受 x 的非线性影响,如图 8-9(f)所示。

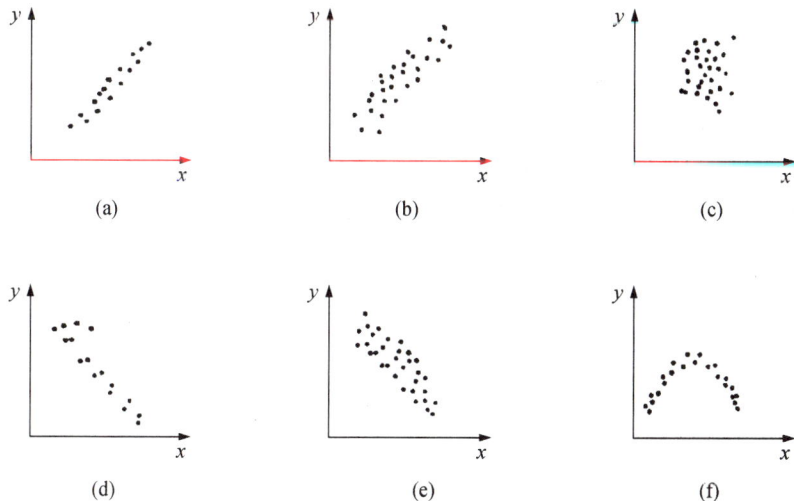

图 8-9　散布图的类型

6.分层法和调查表法

（1）分层法

分层法又叫分类法,是将调查收集的原始数据,根据不同的目的和要求,按某一性质进行分组、整理的分析方法。分层的结果使数据各层间的差异突出地显示出来,层内的数据差异减少了。在此基础上再进行层间、层内的比较分析,可以更深入地发现和认识质量问题的原因。由于产品质量是多方面因素共同作用的结果,因而对同一批数据,可以按不同性质分层,使我们能从不同角度束考虑、分析产品存在的质量问题和影响因素。常用的分层标志有:

① 按操作班组或操作者分层;

② 按使用机械设备型号分层;

③ 按操作方法分层;

④ 按原材料供应单位、供应时间或等级分层;

⑤ 按施工时间分层;

⑥ 按检查手段、工作环境等分层。

（2）调查表法

调查表法又称统计调查分析法,它是利用专门设计的统计表对质量数据进行收集、整理和粗略分析质量状态的一种方法。

在质量控制活动中,利用统计调查表收集数据,简便灵活,便于整理,实用有效。它没有固定格式,可根据需要和具体情况,设计出不同统计调查表。常用的有:

① 分项工程作业质量分布调查表;

② 不合格项目调查表;

③ 不合格原因调查表;

④ 施工质量检查评定用调查表等。

任务七　工程质量事故及处理

工程建设项目不同于一般工业生产活动,其项目实施的一次性,生产组织特有的流动性、综合性、劳动的密集性、协作关系的复杂性和环境的影响,均导致建筑工程质量事故具有复杂性、严重性、可变性及多发性的特点,事故是很难完全避免的。因此,必须加强组织措施、经济措施和管理措施,严防事故发生,对发生的事故应调查清楚,按有关规定进行处理。

需要指出的是,不少事故开始时经常只被认为是一般的质量缺陷,容易被忽视。随着时间的推移,待认识到这些质量缺陷问题的严重性时,则往往处理困难,或难以补救,或导致建筑物失事。因此,除了明显的不会有严重后果的缺陷外,对其他的质量问题,均应分析,进行必要处理,并作出处理意见。

一、工程事故与分类

凡建筑工程在建设中或完工后,由于设计、施工、监理、材料、设备、工程管理和咨询等方面造成工程质量不符合规程、规范和合同要求的质量标准,影响工程的使用寿命或正常运行,一般需作补救措施或返工处理的,统称为工程质量事故。日常所说的事故大多指施工质量事故。

在建设工程中,按对工程的耐久性和正常使用的影响程度,检查和处理质量事故对工期影响时间的长短以及直接经济损失的大小,将质量事故分为一般质量事故、较大质量事故、重大质量事故和特大质量事故。

一般质量事故是指对工程造成一定经济损失,经处理后不影响正常使用,不影响工程使用寿命的事故。小于一般质量事故的统称为质量缺陷。

较大质量事故是指对工程造成较大经济损失或延误较短工期,经处理后不影响正常使用,但对工程使用寿命有较大影响的事故。

重大质量事故是指对工程造成重大经济损失或延误较长工期,经处理后不影响正常使用,但对工程使用寿命有较大影响的事故。

特大质量事故是指对工程造成特大经济损失或长时间延误工期,经处理后仍对工程正常使用和使用寿命有较大影响的事故。

二、工程事故的处理

1. 分析事故发生的原因

工程质量事故发生的原因很多,最基本的还是人、机械、材料、工艺和环境几方面。一般可分直接原因和间接原因两类。

直接原因主要有人的行为不规范和材料、机械的不符合规定状态。如设计人员不按规范设计、监理人员不按法则进行监理,施工人员违反规程操作等,属于人的行为不规范;又如水泥、钢材等某些指标不合格,属于材料不符合规定状态。

间接原因是指质量事故发生地的环境条件,如施工管理混乱,质量检查监督失职,质量保证体系不健全等。间接原因往往导致直接原因的发生。

事故原因也可从工程建设的参建各方来寻查,业主、监理、设计、施工和材料、机械、设备供应商的某些行为或各种方法也会造成质量事故。

2. 把握事故处理的目的

工程质量事故分析与处理的目的主要是:正确分析事故原因,防止事故恶化,创造正常的施工条件;排除隐患,预防事故发生;总结经验教训,区分事故责任;采取有效的处理措施,尽量减少经济损失,保证工程质量。

3. 坚持事故处理的原则

质量事故发生后,应坚持"三不放过"的原则,即事故原因不查清不放过,事故主要责任人和职工未受到教育不放过,补救措施不落实不放过。

发生质量事故,应立即向有关部门(业主、监理单位、设计单位和质量监督机构等)汇报,并提交事故报告。

由质量事故而造成的损失费用,坚持事故责任是谁、由谁承担的原则。如责任在施工承包商,则事故分析与处理的一切费用由承包商自己负责;施工中事故责任不在承包商,则承包商可依据合同向业主提出索赔;若事故责任在设计或监理单位,应按照有关合同条款给予相关单位必要的经济处罚。构成犯罪的,移交司法机关处理。

4. 事故处理的程序方法

事故处理的程序是:下达工程施工暂停令、组织调查事故、事故原因分析、事故处理与检查验收、下达复工令。

事故处理的方法有两大类:

(1)修补。这种方法适合于通过修补可以不影响工程的外观和正常使用的质量事故。此类事故是施工中多发的。

(2)返工。这类事故严重违反规范或标准,影响工程使用和安全,且无法修补,必须返工。

有些工程质量问题,虽严重超过了规程、规范的要求,已具有质量事故的性质,但可针对工程的具体情况,通过分析论证,不需作专门处理,但要记录在案。如混凝土蜂窝、麻面等缺陷,可通过涂抹、打磨等方式处理;由于欠挖或模板问题使结构断面被削弱,经设计复核验算,仍能满足承载要求的,也可不作处理,但必须记录在案,并有设计和监理单位的鉴定意见。

|项目九|
项目进度管理

任务一
了解工程项目进度管理

任务二
掌控项目进度计划实施管理

任务三
进行进度计划偏差处理与及时索赔

培养目标

知识目标：
掌握工程项目进度影响因素；
熟悉工程项目进度计划；
熟悉工程项目进度控制原理、方法等；

能力目标：
能够分析工程项目进度影响因素；
能够认识工程项目进度计划；
能够胜任工程项目进度控制工作；

素质目标：
分析问题的能力；
工程进度的掌控能力。

培养目标

知识目标：
掌握进度计划的实施与检查；
熟练进度计划的检查方法；

能力目标：
能够运用合适的方法进行进度计划的检查；

素质目标：
方法运用能力。

培养目标

知识目标：
掌握进度偏差及进度偏差的影响；
掌握进度偏差的调整方法；
熟悉工期索赔；

能力目标：
能够发现偏差；
能够进行偏差调整；
具备索赔能力；

素质目标：
具有计划-偏差-纠偏-计划的工作能力；
具有索赔意识。

教学内容

教学内容：
1. 影响工程项目进度的因素
2. 工程项目进度计划
3. 工程项目进度控制

训练内容：
根据具体建设工程项目分析影响工程项目进度的因素

教学内容

教学内容：
1. 进度计划实施与检查
2. 施工进度计划的检查方法
3. 施工进度检查结果的处理

训练内容：
对施工进度检查结果的处理展开讨论

教学内容

教学内容：
1. 进度偏差对后续工作及总工期的影响分析
2. 进度计划的调整方法
3. 工期索赔

训练内容：
工期索赔训练

●● ►► **引例**

　　杭州地铁 1 号线湘湖站/湘湖站～滨康路站区间(19 号盾构)工程,位于浙江省杭州市萧山区风情大道与乐园路、湘西路交叉口东北角,工程中标价为 3.06 亿元。工程建设单位为杭州地铁集团有限公司;勘察单位为浙江省地质勘察设计院;设计单位为北京城建设计研究总院;监理单位为上海同济工程项目监理咨询有限公司;施工单位:××××公司承建,×公司人员组建"××××杭州地铁 1 号线湘湖站及湘滨区间工程项目经理部"。工程合同工期为 2007 年 7 月 26 日至 2009 年 6 月 30 日。因业主征地、拆迁、管线改移等严重滞后的原因,实际正式工时间为 2008 年 4 月初。湘湖站为地铁 1 号线起始站,其主体结构建筑面积约 36 082.5 m²,为地下两层结构,车站总长约 934.5 m,标准段宽 20.5 m,为 12 m 宽岛式站台车站,最大埋深约 17.7 m。

　　2008 年 11 月 15 日 15 时 15 分,杭州地铁 1 号线湘湖车站北 2 基坑发生基坑坍塌事故,造成 21 人死亡,4 人重伤,20 人轻伤,直接经济损失 4 961 万元。

●● ►► **思考**

　　1. 影响工程项目进度的因素有哪些?

　　2. 工程项目进度管理的任务是什么?

　　3. 工程项目进度控制的原理有哪些?

　　4. 工程项目进度控制的方法有哪些?

　　5. 工程项目进度控制的措施有哪些?

　　6. 简述实际进度与计划进度的比较方法。

　　7. 简述施工进度计划的调整方法。

　　由于建设工程项目的施工特点,尤其是大型和复杂的施工项目,工期较长,影响进度的因素较多,编制和控制计划时必须充分认识和考虑这些因素,才能克服其影响,使施工进度尽可能按计划进行。工程项目进度的主要影响因素有:

　　(1) 有关单位的影响。施工项目的主要施工单位对施工进度起决定性作用,但建设单位与业主、设计单位、材料供应部门、运输部门、水电供应部门及政府主管部门都可能给施工造成困难而影响施工进度,如业主使用要求改变或设计不当而进行设计变更,材料、构配件、机具、设备供应环节的差错等。

　　(2) 施工条件的变化。勘察资料不准确,特别是地质资料错误或遗漏而引起的未能预料的技术障碍。在施工中工程地质条件和水文地质条件与勘察设计不符,发现断层、溶洞、地下障碍物以及恶劣的气候、暴雨和洪水等都对施工进度产生影响,造成临时停工或破坏。

　　(3) 技术失误。施工单位采用技术措施不当,施工中发生技术事故;应用新技术、新材料,但不能保证质量等都能够影响施工进度。

　　(4) 施工组织管理不利。劳动力和施工机械调配不当、施工平面布置不合理等将影响施工进度计划的执行。

　　(5) 意外事件的出现。施工中出现意外事件如战争、严重自然灾害、火灾、重大工程事故等都会影响施工进度计划。

影响工程项目进度的因素很多,除以上因素外,如业主资金方面存在问题,未及时向施工单位或供应商拨款,业主越过监理职权无端干涉,造成指挥混乱等也会影响工程项目进度。

影响工程项目进度受到影响的直接后果一般会造成工期延误和工程延期,其责任及处理方法不同。

● 工期延误

由于承包商自身的原因造成的工期延长,称之为工期延误。由于工期延误所造成的一切损失由承包商自己承担,包括承包商在监理工程师的同意下采取加快工程进度的措施所增加的费用。同时,由于工期延误所造成的工期延长,承包商还要向业主支付误期损失补偿费。由于工期延误所延长的时间不属于合同工期的一部分。

● 工程延期

由于承包商以外的原因造成施工期的延长,称之为工程延期。经过监理工程师批准的延期,所延长的时间属于合同工期的一部分,即工程竣工的时间等于标书中规定的时间加上监理工程师批准的工程延期时间。可能导致工程延期的原因有工程量增加,未按时向承包商提供图样,恶劣的气候条件,业主的干扰和阻碍等。判断工程延期总的原则就是除承包商自身以外的任何原因造成的工程延长或中断,工程中出现的工程延长是否为工程延期对承包商和业主都很重要。因此应按照有关的合同条件,正确地区分工期延误与工程延期,合理的确定工程延期的时间。

任务一　了解工程项目进度管理

工程项目进度管理,是指在项目实施过程中,对各阶段的进展程度和项目最终完成的期限所进行的管理。其目的是保证项目能在满足其时间约束条件前提下实现其总体目标,是保证项目如期完成和合理安排资源供应、节约工程成本的重要措施之一。

工程项目进度管理是项目管理的一个重要方面,它与项目投资管理、项目质量管理等同为项目管理的重要组成部分。它们之间有着相互依赖和相互制约的关系,工程管理人员在实际工作中要对这三项工作全面、系统、综合的加以考虑,正确处理好进度、质量和投资的关系,提高工程建设的综合效益。特别是对一些投资较大的工程,如何确保进度目标的实现,往往对经济效益产生很大影响。在这三大管理目标中,不能只片面强调某一方面的管理,而是要相互兼顾、相辅相成,这样才能真正实现项目管理的总目标。工程项目进度管理包括工程项目进度计划和工程项目进度控制两大任务。

一、工程项目进度计划

在项目实施之前,必须先对工程项目各建设阶段的工作内容、工作程序、持续时间和衔接关系等制定出一个切实可行的、科学的进度计划,然后再按计划逐步实施。

工程项目进度计划的作用有:

(1) 为项目实施过程中的进度控制提供依据。

(2) 为项目实施过程中的劳动力和各种资源的配置提供依据。

(3) 为项目实施过程中有关各方在时间上的协调配合提供依据。

(4) 为在规定期限内保质、高效地完成项目提供保障。

二、工程项目进度控制

工程项目进度控制是指在既定的工期内,编制出最优的施工进度计划,在执行该计划的施工中,按时检查施工实际进度情况,并将其与计划进度相比较。若出现偏差,就分析产生的原因及对工期的影响程度,提出必要的调整措施,修改原计划,如此不断地循环,直至工程竣工验收。施工项目进度控制是保证施工项目按期完成、合理安排资源供应、节约工程成本的重要措施。

工程项目进度控制最终目的是确保项目进度计划目标的实现,实现施工合同约定的竣工日期,其总目标是建设工期。

1. 工程项目进度控制原理

项目进度计划控制时,计划不变是相对的,变是绝对的;平衡是相对的,不平衡是绝对的。而且,制定项目进度计划时所依据的条件在不断变化,工程项目的进度受许多因素的影响,必须事先对影响进度的各种因素进行调查,预测它们对进度可能产生的影响,编制可行的进度计划,指导工程建设按进度计划进行。同时,在工程项目进度控制时,必须经常地、定期地针对变化的情况,采取对策,对原有的进度计划进行调整。

在进度计划执行过程中,必然会出现一些新的或意想不到的情况,它既有人为因素的影响,也有自然因素的影响和突发事件的发生,往往难以按照原定的进度计划进行。因此,在确定进度计划制定的条件时,要具有一定的预见性和前瞻性,使制定出的进度计划尽量接近变化后的实施条件;在项目实施过程中,掌握动态控制原理,不断进行检查,将实际情况与计划安排进行对比,找出偏离进度计划的原因,特别是找出主要原因,然后采取相应的措施。措施的确定有两个前提:一是通过采取措施,维持原进度计划,使之正常实施;二是采取措施后不能维持原进度计划,要对进度计划进行调整或修正,再按新的进度计划实施。不能完全拘泥于原进度计划的完全实施,也就是要有动态管理思想,按照进度控制的原理进行管理,不断地计划、执行、检查、分析、调整进度计划,达到工程进度计划管理的最终目标。

工程项目进度控制原理包括下面几个方面:

(1)动态控制原理:进度控制是一个不断进行的动态控制,也是一个循环进行的过程,从项目开始,计划就进入了执行的动态。实际进度与计划进度不一致时,采取相应措施调整偏差,使两者在新的起点重合,继续按其施工,然后在新的因素影响下又会产生新的偏差,施工进度计划控制就是采用这种动态循环的控制方法。

(2)系统原理:施工进度控制包括计划系统、进度实施组织系统、检查控制系统。为了对施工项目进行进度计划控制,必须编制施工项目的各种进度计划,其中有施工总进度计划、单位工程进度计划、分部分项工程进度计划、季度和月(周)作业计划,这些计划组成了施工项目进度计划系统。施工组织各级负责人,从项目经理、施工队长、班组长到所属成员都按照进度计划进行管理、落实各自的任务,组成了项目实施的完整的组织系统。为了保证进度实施,项目设有专门部门或人员负责检查汇报、统计整理进度实施资料,并与计划进度比较分析和进行调整,形成纵横相连的检查控制系统。

(3)信息反馈原理:信息反馈是进度控制的依据,施工的实际进度通过信息反馈给基层进度控制人员,在分工范围内,加工整理逐级向上反馈,直到主控制室,主控制室对反馈信息分析并做出决策,调整进度计划,达到预定目标。施工项目控制的过程就是信息反馈的过程。

（4）弹性原理:施工项目进度计划工期长、影响因素多,编制计划时要留有余地,使计划具有弹性,在进度控制时,便可以利用这些弹性缩短剩余计划工期,达到预期目标。

（5）封闭循环原理:项目进度计划控制的全过程是计划、实施、检查、分析、确定调整措施、再计划,形成一个封闭的循环系统。

（6）网络计划技术原理:在项目进度的控制中利用网络计划技术原理编制进度计划,根据收集的信息,比较分析进度计划,再利用网络工期优化、工期与成本、资源优化调整计划。网络计划技术原理是施工项目进度控制的完整计划管理和分析计算理论基础。

2. 工程项目进度控制内容

进度控制是指管理人员为了保证实际工作进度与计划一致,有效地实现目标而采取的一切行动。建设项目管理系统及其外部环境是复杂多变的,管理系统在运行中会出现大量的管理主体不可控制的随机因素,即系统的实际运行轨迹是由预期量和干扰量共同作用而决定的。在项目实施过程中,得到的中间结果可能与预期进度目标不符甚至相差甚远,因此,必须及时调整人力、时间及其他资源,改变施工方法,以期达到预期的进度目标,必要时应修正进度计划。这个过程称为施工进度动态控制。

根据进度控制方式的不同,可以将进度控制过程分为预先进度控制、同步进度控制和反馈进度控制。

（1）预先进度控制的内容

预先进度控制是指项目正式施工前所进行的进度控制,其行为主体是监理单位和施工单位的进度控制人员,其具体内容如下。

① 编制施工阶段进度控制工作细则

施工阶段进度控制工作细则,是进度管理人员在施工阶段对项目实施进度控制的一个指导性文件。其总的内容应包括:

● 施工阶段进度目标系统分解图。

● 施工阶段进度控制的主要任务和管理组织部门机构划分与人员职责分工。

● 施工阶段与进度控制有关的各项相关工作的时间安排,项目总的工作流程。

● 施工阶段进度控制所采用的具体措施(包括进度检查日期、信息采集方式、进度报表形式、信息分配计划、统计分析方法等)。

● 进度目标实现的风险分析。

● 尚待解决的有关问题。

施工阶段进度控制工作细则,使项目在开工之前的一切准备工作(包括人员挑选与配置、材料物资准备、技术资金准备等)皆处于预先控制状态。

② 编制并审核施工总进度计划

施工阶段进度管理人员的主要任务就是保证施工总进度计划的开、竣工日期与项目合同工期的时间要求一致。当采用多标发包形式施工时,施工总进度计划的编制要保证标与标之间的施工进度保持衔接关系。

③ 审核单位工程施工进度计划

承包商根据施工总进度计划编制单位工程施工进度计划,监理工程师对承包商提交的施工进度计划进行审核认定后方可执行。

④ 进行进度计划系统的综合

施工进度计划进行审核以后,往往要把若干个有相互关系的处于同一层次或不同层次的施工进度综合成一个多阶施工总进度计划,以利于进行总体控制。

(2) 同步进度控制的内容

同步进度控制是指项目施工过程中进行的进度控制,这是施工进度计划能否付诸实现的关键过程。进度控制人员一旦发现实际进度与目标偏离,必须及时采取措施以纠正这种偏差。项目施工过程中进度控制的执行主体是工程施工单位,进度控制主体是监理单位。施工单位按照进度要求及时组织人员、设备、材料进场,并及时上报分析进度资料确保进度的正常进行,监理单位同步进行进度控制。

对收集的进度数据进行整理和统计,并将计划进度与实际进度进行比较,从中发现是否出现进度偏差。分析进度偏差将会带来的影响并进行工程进度预测,从而提出可行的修改措施。组织定期和不定期的现场会议,及时分析、通报工程施工进度状况,并协调各承包商之间的生产活动。

(3) 反馈进度控制的内容

反馈进度控制是指完成整个施工任务后进行的进度控制工作,具体内容有:

① 及时组织验收工作。

② 处理施工索赔。

③ 整理工程进度资料。

④ 根据实际施工进度,及时修改和调整验收阶段进度计划及监理工作计划,以保证下一阶段工作的顺利开展。

3. 工程项目进度控制的主要方法

工程项目进度控制的方法主要有行政方法、经济方法和管理技术方法等。

(1) 进度控制的行政方法

用行政方法控制进度,是指通过发布进度指令,进行指导、协调、考核,利用激励手段(奖、罚、表扬、批评等)监督、督促等方式进行进度控制。

(2) 进度控制的经济方法

进度控制的经济方法,是指有关部门和单位用经济手段对进度控制进行影响和制约,主要有以下几种:投资部门通过投资投放速度控制工程项目的实施进度;在承包合同中写进有关工期和进度的条款;建设单位通过招标的进度优惠条件鼓励施工单位加快进度;建设单位通过工期提前奖励和工程延误罚款实施进度控制等。

(3) 进度控制的管理技术方法

进度控制的管理技术方法主要有规划、控制和协调。所谓规划,就是确定项目的总进度目标和分进度目标;所谓控制,就是在项目进行的全过程中,进行计划进度与实际进度的比较,发现偏离,及时采取措施进行纠正;所谓协调,就是协调参加工程建设各单位之间的进度关系。

4. 进度控制的措施

进度控制的措施包括组织措施、技术措施、合同措施、经济措施和信息管理措施等。

（1）组织措施

工程项目进度控制的组织措施主要有：

① 落实进度控制部门人员、具体控制任务和管理职责分工。

② 进行项目分解，如按项目结构分、按项目进展阶段分、按合同结构分，并建立编码体系。

③ 确定进度协调工作制度，包括协调会议举行的时间、协调会议的参加人员等。

④ 对影响进度目标实现的干扰和风险因素进行分析。风险分析要有依据，主要是根据多年统计资料的积累，对各种因素影响进度的概率及进度拖延的损失值进行计算和预测，并应考虑有关项目审批部门对进度的影响等。

（2）技术措施——工程项目进度控制的技术措施是指采用先进的施工工艺、方法等加快施工进度。

（3）合同措施——工程项目进度控制的合同措施主要有分段发包，提前施工，以及合同的合同期与进度计划的协调等。

（4）经济措施——工程项目进度控制的经济措施是指保证资金供应的措施。

（5）信息管理措施——工程项目进度控制的信息管理措施主要是通过计划进度与实际进度的动态比较，收集有关进度的信息等。

任务二 掌控项目进度计划实施管理

工程项目进度控制中比较关键的一步就是要建立项目进度控制的实施系统，如下图 9-1 所示。项目进度控制的实施系统关键是建设单位委托监理单位进行进度控制。监

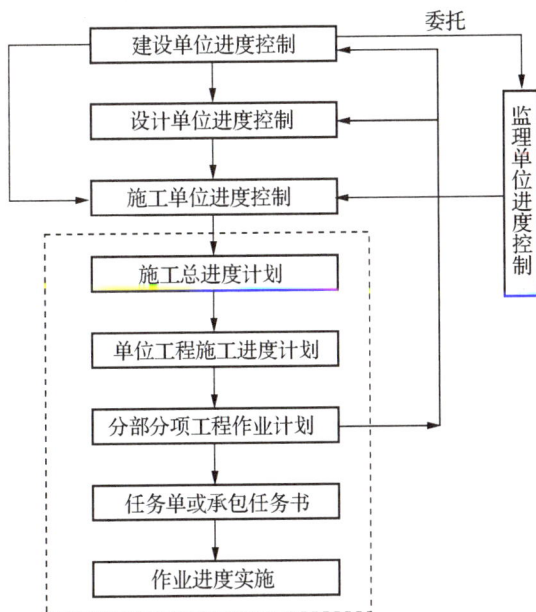

图 9-1 项目进度控制实施系统

理单位根据建设监理合同分别对建设单位、设计单位、施工单位的进度控制实施监督。各单位都按本单位编制的各种进度计划实施,并接受监理单位监督。各单位的进度控制实施又相互衔接和联系,进行合理而协调的运行,从而保证进度控制总目标的实现。

一、进度计划实施

施工进度计划的实施就是施工活动的开展,就是用施工进度计划指导施工活动、落实和完成计划。施工进度计划逐步实施的过程就是施工项目建造逐步完成的过程。为了保证施工进度计划的实施、保证各进度目标的实现,应做好以下工作:

1. 施工进度计划的审核

项目经理应进行施工项目进度计划的审核,其主要内容包括:

(1) 进度安排是否符合施工合同确定的建设项目总目标和分目标的要求,是否符合其开、竣工日期的规定;

(2) 施工进度计划中的内容是否有遗漏,分期施工是否满足分批交工的需要和配套交工的要求;

(3) 施工顺序安排是否符合施工程序的要求;

(4) 资源供应计划是否能保证施工进度计划的实现,供应是否均衡,分包人供应的资源是否能满足进度的要求;

(5) 施工图设计的进度是否满足施工进度计划要求;

(6) 总分包之间的进度计划是否相协调,专业分工与计划的衔接是否明确、合理;

(7) 对实施进度计划的风险是否分析清楚,是否有相应的对策;

(8) 各项保证进度计划实现的措施设计是否周到、可行、有效。

2. 施工项目进度计划的贯彻

(1) 检查各层次的计划,形成严密的计划保证系统

施工项目所有的施工总进度计划、单项工程施工进度计划、分部分项工程施工进度计划,都是围绕一个总任务编制的,它们之间的关系是高层次计划为低层次计划提供依据,低层次计划是高层次计划的具体化。在其贯彻执行时,应当首先检查是否协调一致,计划目标是否层层分解、互相衔接,组成一个计划实施的保证体系,以施工任务书的方式下达施工队,保证施工进度计划的实施。

(2) 层层明确责任并充分利用施工任务书

施工项目经理、作业队和作业班组之间分别签订责任状,按计划目标规定工期、质量标准、承担的责任、权限和利益。用施工任务书将作业任务下达到作业班组,明确具体施工任务、技术措施、质量要求等内容,使施工班组保证按作业计划时间完成规定的任务。

(3) 进行计划的交底,促进计划的全面、彻底实施

施工进度计划的实施是全体工作人员的共同行动,要使有关部门人员都明确各项计划的目标、任务、实施方案和措施,使管理层和作业层协调一致,将计划变成全体员工的自觉行动。在计划实施前可以根据计划的范围进行计划交底工作,使计划得到全面、彻底的实施。

3. 施工项目进度计划的实施

（1）编制月（旬）作业计划

为了实施施工计划,将规定的任务结合现场施工条件,如施工场地的情况、劳动力、机械等资源条件和实际的施工进度,在施工开始前和过程中不断地编制本月(旬)作业计划,这是使施工计划更具体、更实际和更可行的重要环节。在月(旬)计划中要明确:本月(旬)应完成的任务;所需要的各种资源量;提高劳动生产率和节约措施等。

（2）签发施工任务书

编制好月(旬)作业计划以后,将每项具体任务通过签发施工任务书的方式下达班组进一步落实、实施。施工任务书是向班组下达任务,实行责任承包、全面管理和原始记录的综合性文件。施工班组必须保证指令任务的完成。它是计划和实施的纽带。

施工任务书应由工长编制并下达。在实施过程中要做好记录,任务完成后回收,作为原始记录和业务核算资料。

施工任务书应按班组编制和下达。它包括施工任务单、限额领料单和考勤表。施工任务单包括分项工程施工任务、工程量、劳动量、开工日期、完工日期、工艺、质量、安全要求。限额领料单是根据施工任务书编制的控制班组领用材料的依据,应具体列明材料名称、规格、型号、单位、数量和领用记录、退料记录等。考勤表可附在施工任务书背面,按班组人名排列,供考勤时填写。

（3）做好施工进度记录,填好施工进度统计表

在计划任务完成的过程中,各级施工进度计划的执行者都要跟踪做好施工记录,即记录计划中的每项工作开始日期、每日完成数量和完成日期;记录施工现场发生的各种情况、干扰因素的排除情况;跟踪做好工程形象进度、工程量、总产值、耗用的人工、材料和机械台班等的数量统计与分析,为施工项目进度检查和控制分析提供反馈信息。因此,要求实事求是记录,并填好上报统计报表。

（4）做好施工中的调度工作

施工中的调度是组织施工中各阶段、环节、专业和工种的配合、进度协调的指挥核心。调度工作内容主要有:督促作业计划的实施,调整协调各方面的进度关系;临督检查施工准备工作;督促资源供应单位按计划供应劳动力、施工机具、运输车辆、材料构配件等,并对临时出现的问题采取调配措施;按施工平面图管理现场,结合实际情况进行必要的调整,保证文明施工;了解气候、水、电、气的情况,采取相应的防范和保证措施;及时发现和处理施工中各种事故和意外事件;调节各薄弱环节;定期及时召开现场调度会议,贯彻施工项目主管人员的决策,发布调度令。

二、施工进度计划的检查

在施工项目的实施过程中,为了进行进度控制,进度控制人员应经常地、定期地跟踪检查施工实际进度情况,主要是收集施工进度材料,进行统计整理和对比分析,确定实际进度与计划进度之间的关系,其主要工作内容包括:

1. 跟踪检查施工实际进度

为了对施工进度计划的完成情况进行统计、进行进度分析和调整计划提供信息,应对施

工进度计划依据其实施记录进行跟踪检查。

跟踪检查施工实际进度是项目施工进度控制的关键措施。一般检查的时间间隔与施工项目的类型、规模、施工条件和对进度执行要求程度有关。通常可以确定每月、半月、旬或周进行一次。若施工中遇到恶劣天气、资源供应不足等不利因素的严重影响,检查的时间间隔可临时缩短,次数应频繁,甚至可以每日进行检查,或派人员驻现场督阵。检查和收集资料的方式一般采用进度报表或定期召开进度工作汇报会方式。为了保证汇报资料的准确性,进度控制人员要经常到现场察看施工项目的实际进度情况,从而保证经常地、定期地准确掌握施工项目的实际进度。

根据不同需要,进行日检查或定期检查的内容包括:

(1)检查期内实际完成和累计完成工程量;

(2)实际参加施工的人力、机械数量和生产效率;

(3)窝工人数、窝工机械台班数及其原因分析;

(4)进度偏差情况;

(5)进度管理情况;

(6)影响进度的特殊原因及分析;

(7)整理统计检查数据。

收集到的施工项目实际进度数据,要进行必要的整理,按计划控制的工作项目进行统计,形成与计划进度具有可比性的数据、相同的量纲和形象进度。一般按实物工程量、工作量和劳动消耗量以及累计百分比整理和统计实际检查的数据,以便与相应的计划完成量相对比。

2. 对比实际进度与计划进度

将收集的资料整理和统计成具有与计划进度可比性的数据后,用施工项目实际进度与计划进度进行比较。通常用的比较方法有:横道图比较法、S 曲线比较法、"香蕉"形曲线比较法、前锋线比较法和列表比较法等。通过比较可得出实际进度与计划进度具有相一致、超前、拖后三种情况。

(1)横道图比较法

横道图比较法是指将项目实施过程中检查实际进度收集到的数据,经加工整理后直接用横道线平行绘于原计划的横道线处,进行实际进度与计划进度的比较方法。采用横道图比较法,可以形象、直观地反映实际进度与计划进度的比较情况。

例如某工程项目基础工程的计划进度和截止到第 9 周末的实际进度如图 9-2 所示,其中细实线表示该工程计划进度,粗实线表示实际进度。从图中实际进度与计划进度的比较可以看出,到第 9 周末进行实际进度检查时,挖土方和做垫层两项工作已经完成;支模板按计划也应该完成,但实际只完成 75%,任务量拖欠 25%;绑扎钢筋按计划应该完成 60%,而实际只完成 20%,任务量拖欠 40%。

根据各项工作的进度偏差,进度控制者可以采取相应的纠偏措施对进度计划进行调整,以确保该工程按期完成。

图中所表达的比较方法仅适用于工程项目中的各项工作都是匀速进展的情况,即每项工作在单位时间内完成的任务量都相等的情况。事实上,工程项目中各项工作的进展不一定是匀速的。根据工程项目中各项工作的进展是否匀速,可分别采用以下两种方法进行实

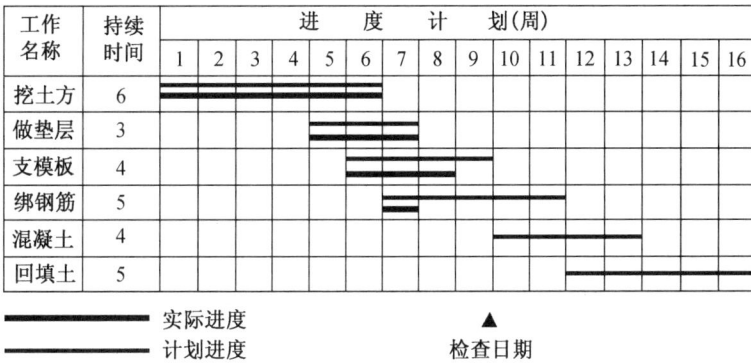

图 9‐2 某基础工程实际进度与计划进度比较图

际进度与计划进度的比较。

① 匀速进展横道图比较法

匀速进展是指在工程项目中,每项工作在单位时间内完成的任务量都是相等的,即工作的进展速度是均匀的。此时,每项工作累计完成的任务量与时间成线性关系,如图 9‐3 所示。完成的任务量可以用实物工程量、劳动消耗量或费用支出表示。为了便于比较,常用上述物理量的百分比表示。

采用匀速进展横道图比较法时,其步骤如下:

a. 编制横道图进度计划;

b. 在进度计划上标出检查日期;

c. 将检查收集到的实际进度数据经过加工整理后按比例用粗黑线标于计划进度的下方,如图 9‐3 所示;

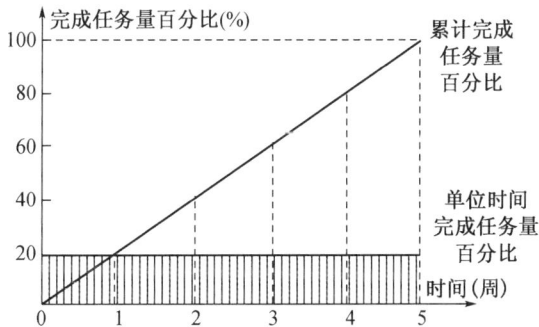

图 9‐3 工作均速进展时任务量与时间关系曲线

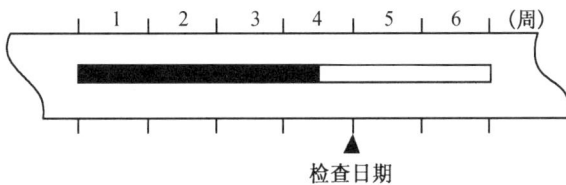

图 9‐3 匀速进展横道图比较图

d. 对比分析实际进度与计划进度：

● 如果涂黑的粗线右端落在检查日期左侧（右侧），表明实际进度拖后（超前）；

● 如果涂黑的粗线右端与检查日期重合，表明实际进度与计划进度一致。

必须指出，该方法仅适用于工作从开始到结束的整个过程中，其进展速度均为固定不变的情况。如果工作的进展速度是变化的，则不能采用这种方法进行实际进度与计划进度的比较，否则，会得出错误的结论。

② 非匀速进展横道图比较法

当工作在不同单位时间里的进展速度不相等时，累计完成的任务量与时间的关系就不可能是线性关系。此时，应采用非匀速进展横道图比较法进行工作实际进度与计划进度的比较。

非匀速进展横道图比较法在用涂黑粗线表示工作实际进度的同时，还要标出其对应时刻完成任务量的累计百分比，并将该百分比与其同时刻计划完成任务量的累计百分比相比较，判断工作实际进度与计划进度之间的关系。

横道图比较法虽有记录比较简单、形象直观、易于掌握、使用方便等优点，但由于其以横道计划为基础，因而带有不可克服的局限性。在横道计划中，各项工作之间的逻辑关系表达不明确，关键工作和关键线路无法确定。一旦某些工作实际进度出现偏差时，难以预测其对后续工作和工程总工期的影响，也就难以确定相应的进度计划调整方法。因此，横道图比较法主要用于工程项目中某些工作实际进度与计划进度的局部比较。

（2）S曲线比较法

S曲线比较法是用横坐标表示时间，纵坐标表示累计完成任务量，绘制一条按计划时间累计完成任务量的S曲线，然后将工程项目实施过程中各检查时间实际累计完成任务量的S曲线也绘制在同一坐标系中，进行实际进度与计划进度比较的一种方法。

从整个工程项目进展全过程来看，单位时间投入的资源量一般是开始和结束时较少，中间阶段较多。与其相对应，单位时间完成的任务量也呈现相同的变化规律，如图9-4(a)所示。而随工程进展累计完成的任务量则应呈S形变化，如图9-4(b)所示。

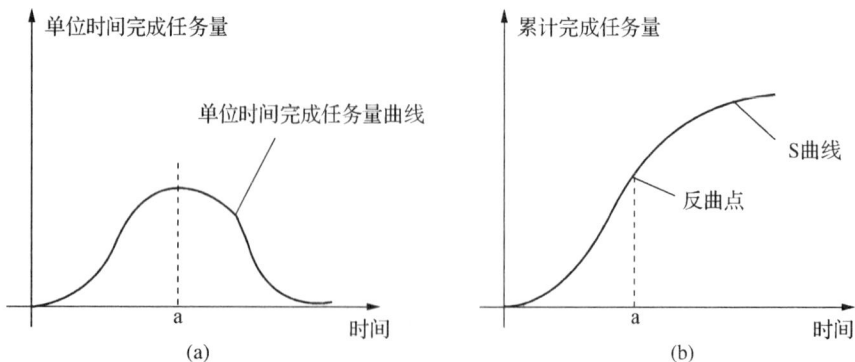

图9-4　时间与完成任务时关系曲线

① S曲线的绘制方法

下面以一简例说明S曲线的绘制方法。

【例】　某混凝土工程的浇筑总量为2 000 m³，按照施工方案，计划9个月完成，每月计划完成的混凝土浇筑量如图9-5所示，试绘制该混凝土工程的计划S曲线。

【解】 根据已知条件：

（1）确定单位时间计划完成任务量。在本例中，每月计划完成混凝土浇筑量如表9-1所示；

（2）计算不同时间累计完成任务量。在本例中，依次计算每月计划累计完成的混凝土浇筑量，结果如表9-1所示；

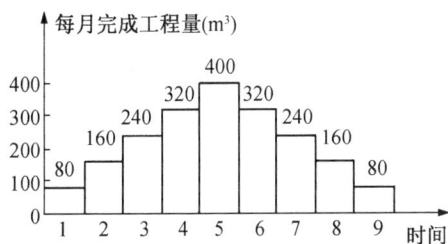

图9-5 时间与完成任务量关系曲线

表9-1 完成工程量汇总表

时间（月）	1	2	3	4	5	6	7	8	9
每月完成量（m³）	80	160	240	320	400	320	240	160	80
累计完成量（m³）	80	240	480	800	1 200	1 520	1 760	1 920	2 000

（3）根据累计完成任务量绘制S曲线。在本例中，根据每月计划累计完成混凝土浇筑量而绘制的S曲线如图9-6所示。

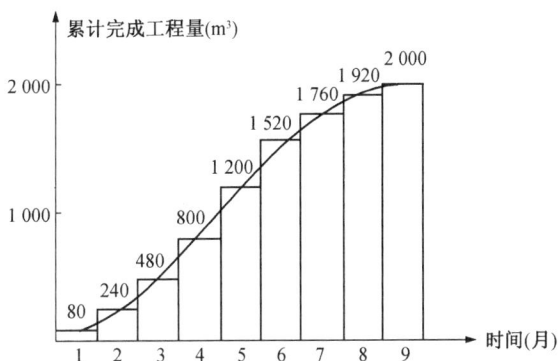

图9-6 S曲线图

② 实际进度与计划进度的比较

同横道图比较法一样，S曲线比较法也是在图上进行工程项目实际进度与计划进度的直观比较。在工程项目实施过程中，按照规定时间将检查收集到的实际累计完成任务量绘制在原计划S曲线图上，即可得到实际进度S曲线，如图9-7所示。

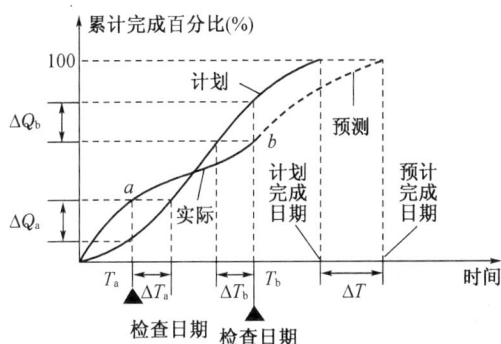

图9-7 S曲线比较图

通过比较实际进度 S 曲线和计划进度 S 曲线,可以获得如下信息:

a. 工程项目实际进展状况

如果工程实际进展点落在计划进度 S 曲线左侧,表明此时实际进度比计划进度超前,如图 9-7 中的 a 点;如果工程实际进展点落在计划 S 曲线右侧,表明此时实际进度拖后,如图 9-7 中的 b 点;如果工程实际进展点正好落在计划进度 S 曲线上,则表示此时实际进度与计划进度一致。

b. 工程项目实际进度超前或拖后的时间

在 S 曲线比较图中可以直接读出实际进度比计划进度超前或拖后的时间。ΔT_a 表示 T_a 时刻实际进度超前的时间;ΔT_b 表示 T_b 时刻实际进度拖后的时间。

c. 工程项目实际超额或拖欠的任务量

在 S 曲线比较图中也可直接读出实际进度比计划进度超额或拖欠的任务量。ΔQ_a 表示 T_a 时刻超额完成的任务量,ΔQ_b 表示 T_b 时刻拖欠的任务量。

d. 后期工程进度预测

如果后期工程按原计划速度进行,则可做出后期工程计划 S 曲线如图 9-8 中虚线所示,从而可以确定工期拖延预测值 ΔT。

(3) 香蕉曲线比较法

香蕉曲线是由两条 S 曲线组合而成的闭合曲线。由 S 曲线比较法可知,工程项目累计完成的任务量与计划时间的关系,可以用一条 S 曲线表示。对于一个工程项目的网络计划来说,如果以其中各项工作的最早开始时间安排进度而绘制 S 曲线,称为 ES 曲线;如果以其中各项工作的最迟开始时间安排进度而绘制 S 曲线,称为 LS 曲线。两条 S 曲线具有相同的起点和终点,因此,两条曲线是闭合的。在一般情况下,ES 曲线上的其余各点均落在 LS 曲线相应点的左侧。由于该闭合曲线形似"香蕉",故称为香蕉曲线,如图 9-8 所示。

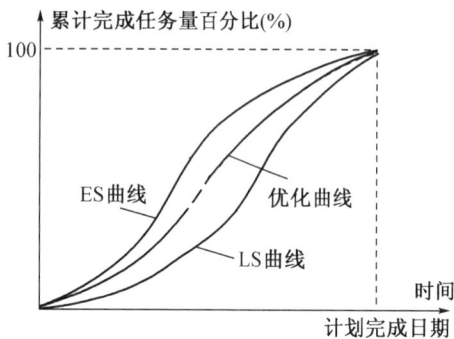

图 9-8 香蕉曲线比较图

① 香蕉曲线比较法的作用

香蕉曲线比较法能直观地反映工程项目的实际进展情况,并可以获得比 S 曲线更多的信息。其主要作用有:

a. 合理安排工程项目进度计划

如果工程项目中的各项工作均按其最早开始时间安排进度,将导致项目的投资加大;如果各项工作都按其最迟开始时间安排进度,则一旦受到进度影响因素的干扰,又将导致工期拖延,使工程进度风险加大。因此,一个科学合理的进度计划优化曲线应处于香蕉曲线所包络的区域之内,如图 9-8 中的点划线所示。

b. 定期比较工程项目的实际进度与计划进度

在工程项目的实施过程中,根据每次检查收集到的实际完成任务量,绘制出实际进度 S 曲线,便可以与计划进度进行比较。工程项目实施进度的理想状态是任一时刻工程实际进展点应落在香蕉曲线图的范围之内。如果工程实际进展点落在 ES 曲线的左侧,表明此刻实际进度比各项工作按其最早开始时间安排的计划进度超前;如果工程实际进展点落在 LS 曲线的右侧,则表明此刻实际进度比各项工作按其最迟开始时间安排的计划进度拖后。

c. 预测后期工程进展趋势

利用香蕉曲线可以对后期工程的进展情况进行预测。例如在图 9-9 中,该工程项目在检查日实际进度超前。检查日期之后的后期工程进度安排如图中虚线所示,预计该工程项目将提前完成。

② 香蕉曲线的绘制

香蕉曲线的绘制方法与 S 曲线的绘制方法基本相同,所不同之处在于香蕉曲线是由工作按最早开始时间安排进度和按最迟开始时间安排进度分别绘制的两条 S 曲线组合而成。

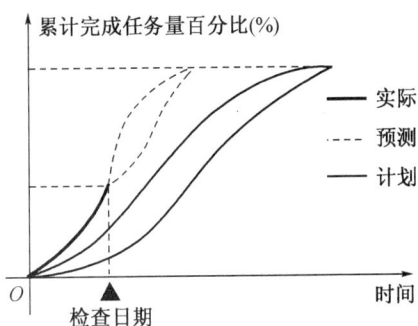

图 9-9 工程进展趋势预测图

在工程项目实施过程中,根据检查得到的实际累计完成任务量,在原计划香蕉曲线图上绘出实际进度曲线,便可以进行实际进度与计划进度的比较。

(4) 前锋线比较法

前锋线比较法是通过绘制某检查时刻工程项目实际进度前锋线,进行工程实际进度与计划进度比较的方法,它主要适用于时标网络计划。前锋线比较法就是通过实际进度前锋线与原进度计划中各工作箭线交点的位置来判断工作实际进度与计划进度的偏差,进而判定该偏差对后续工作及总工期影响程度的一种方法。

采用前锋线比较法进行实际进度与计划进度的比较,其步骤如下:

① 绘制时标网络计划图

工程项目实际进度前锋线是在时标网络计划图上标示的,为清楚起见,可在时标网络计划图的上方和下方各设一时间坐标。

② 绘制实际进度前锋线

一般从时标网络计划图上方时间坐标的检查日期开始绘制,依次连接相邻工作的实际进展位置点,最后与时标网络计划图下方坐标的检查日期相连接。

工作实际进展位置点的标定方法有两种:

a. 按该工作已完成任务量比例进行标定

假设工程项目中各项工作均为匀速进展,根据实际进度检查时刻该工作已完成任务量占其计划完成总任务量的比例,在工作箭线上从左至右按相同的比例标定其实际进展位置点。

b. 按尚需作业时间进行标定

当某些工作的持续时间难以按实物工程量来计算而只能凭经验估算时,可以先估算出检查时刻到该工作全部完成尚需作业的时间,然后在该工作箭线上从右向左逆向标定其实际进展位置点。

③ 进行实际进度与计划进度的比较

前锋线可以直观地反映出检查日期有关工作实际进度与计划进度之间的关系。对某项工作来说,其实际进度与计划进度之间的关系可能存在以下三种情况:

a. 工作实际进展位置点落在检查日期的左侧（右侧），表明该工作实际进度拖后（超前），拖后（超前）的时间为二者之差；

b. 工作实际进展位置点与检查日期重合，表明该工作实际进度与计划进度一致。

④ 预测进度偏差对后续工作及总工期的影响

通过实际进度与计划进度的比较确定进度偏差后，还可根据工作的自由时差和总时差预测该进度偏差对后续工作及项目总工期的影响。由此可见，前锋线比较法既适用于工作实际进度与计划进度之间的局部比较，又可用来分析和预测工程项目整体进度状况。

值得注意的是，以上比较是针对匀速进展的工作。对于非匀速进展的工作，比较方法较复杂，此处不赘述。

【例】 某工程项目时标网络计划如图 9 - 10 所示。该计划执行到第 6 周末检查实际进度时，发现工作 A 和 B 已经全部完成，工作 D 和 E 分别完成计划任务量的 20% 和 50%，工作 C 尚需 3 周完成，试用前锋线法进行实际进度与计划进度的比较。

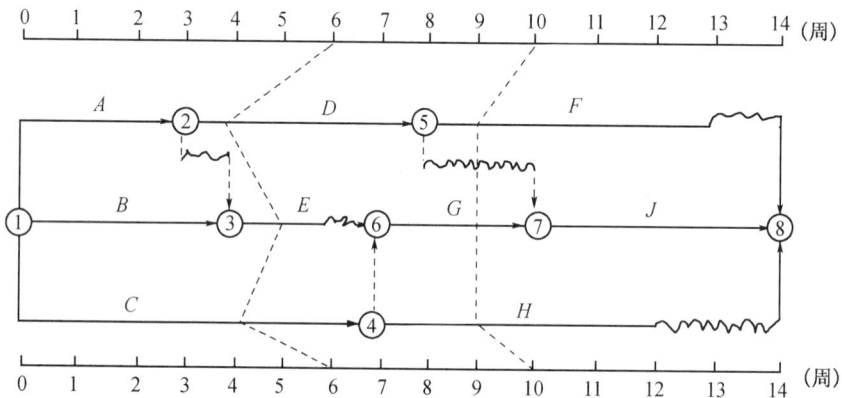

图 9 - 10　某工程前锋线比较图

【解】 根据第 6 周末实际进度的检查结果绘制前锋线，如图 9 - 10 中点划线所示。通过比较可以看出：

(1) 工作 D 实际进度拖后 2 周，将使其后续工作 F 的最早开始时间推迟 2 周，并使总工期延长 1 周；

(2) 工作 E 实际进度拖后 1 周，既不影响总工期，也不影响其后续工作的正常进行；

(3) 工作 C 实际进度拖后 2 周，将使其后续工作 G、H、J 的最早开始时间推迟 2 周。由于工作 G、J 开始时间的推迟，从而使总工期延长 2 周。

综上所述，如果不采取措施加快进度，该工程项目的总工期将延长 2 周。

(5) 列表比较法

当工程进度计划用非时标网络图表示时，可以采用列表比较法进行实际进度与计划进度的比较。这种方法是记录检查日期应该进行的工作名称及其已经作业的时间，然后列表计算有关时间参数，并根据工作总时差进行实际进度与计划进度比较的方法。

采用列表比较法进行实际进度与计划进度的比较，其步骤如下：

① 对于实际进度检查日期应该进行的工作，根据已经作业的时间，确定其尚需作业

时间；

② 根据原进度计划计算检查日期应该进行的工作从检查日期到原计划最迟完成时尚余时间；

③ 计算工作尚有总时差，其值等于工作从检查日期到原计划最迟完成时间尚余时间与该工作尚需作业时间之差；

④ 比较实际进度与计划进度，可能有以下几种情况：

a. 如果工作尚有总时差与原有总时差相等，说明该工作实际进度与计划进度一致；

b. 如果工作尚有总时差大于原有总时差，说明该工作实际进度超前，超前的时间为二者之差；

c. 如果工作尚有总时差小于原有总时差，且仍为非负值，说明该工作实际进度拖后，拖后的时间为二者之差，但不影响总工期；

d. 如果工作尚有总时差小于原有总时差，且为负值，说明该工作实际进度拖后，拖后的时间为二者之差，此时工作实际进度偏差将影响总工期。

【例】　某工程项目进度计划如图 9-11 所示。该计划执行到第 10 周末检查实际进度时，发现工作 A、B、C、D、E 已经全部完成，工作 F 已进行 1 周，工作 G 和工作 H 均已进行 2 周，试用列表比较法进行实际进度与计划进度的比较。

【解】　根据工程项目进度计划及实际进度检查结果，可以计算出检查日期应进行工作的尚需作业时间、原有总时差及尚有总时差等，计算结果如表 9-2 所示。通过比较尚有总时差和原有总时差，即可判断目前工程实际进展状况。

表 9-2　工程进度检查比较表

工作代号	工作名称	检查计划时尚需作业周数	到计划最迟完成时尚余周数	原有总时差	尚有总时差	情况判断
5—8	F	4	4	1	0	拖后 1 周，但不影响工期
6—7	G	1	0	0	−1	拖后 1 周，影响工期 1 周
4—8	H	3	4	2	1	拖后 1 周，但不影响工期

3. 施工进度检查结果的处理

施工进度检查的结果，按照检查报告制度的规定，形成进度控制报告并向有关主管人员和部门汇报。

进度控制报告是把检查比较结果、有关施工进度现状和发展趋势提供给项目经理及各级业务职能负责人的最简单的书面形式报告。

进度控制报告是根据报告对象的不同，确定不同的编制范围和内容而分别编制的。一般分为：项目概要及进度控制报告是报给项目经理、企业经理或业务部门以及建设单位（业主）的，它是以整个施工项目为对象说明进度计划执行情况的报告；项目管理级的进度报告是报给项目经理及企业业务部门的，它是以单位工程或项目分区为对象说明进度计划执行情况的报告；业务管理级的进度报告是就某个重点部位或重点问题为对象编写的报告，供项目管理者及各业务部门为其采取应急措施而使用的。

进度报告由计划负责人或进度管理人员与其他项目管理人员协作编写。报告时间一般与进度检查时间相协调,也可按月、旬、周等间隔时间进行编写上报。

通过检查应向企业提供施工进度报告的内容主要包括:项目实施概况、管理概况、进度概要的总说明;项目施工进度、形象进度及简要说明;施工图纸提供进度;材料物资、构配件供应进度;劳务记录及预测;日历计划;对建设单位、监理和施工者的工程变更指令、价格调整、索赔及工程款收支情况;进度偏差的状况和导致偏差的原因分析;解决的措施;计划调整意见等。

任务三　进行进度计划偏差处理与及时索赔

一、分析进度偏差对后续工作及总工期的影响

工程项目实施过程中,通过实际进度与计划进度的比较,发现有进度偏差时,需要分析该偏差对后续工作及总工期的影响,从而采取相应的调整措施对原进度计划进行调整,以确保工期目标的顺利实现。进度偏差的大小及其所处的位置不同,对后续工作和总工期的影响程度是不同的,分析时需要利用网络计划中工作总时差和自由时差的概念进行判断。分析步骤如下:

(1)分析出现进度偏差的工作是否为关键工作

如果出现进度偏差的工作为关键工作,则无论其偏差有多大,都将对后续工作和总工期产生影响,必须采取相应的调整措施;如果出现偏差的工作是非关键工作,则需要根据进度偏差值与总时差和自由时差的关系做进一步分析。

(2)分析进度偏差是否超过总时差

如果工作的进度偏差大于该工作的总时差,则此进度偏差必将影响其后续工作和总工期,必须采取相应的调整措施,否则,此进度偏差不影响总工期。至于对后续工作的影响程度,还需要根据偏差值与其自由时差的关系做进一步分析。

(3)分析进度偏差是否超过自由时差

如果工作的进度偏差大于该工作的自由时差,则此进度偏差将对其后续工作产生影响,此时应根据后续工作的限制条件确定调整方法;如果工作的进度偏差未超过该工作的自由时差,则此进度偏差不影响后续工作,因此,原进度计划可以不做调整。

通过分析,进度控制人员可以根据进度偏差的影响程度,制定相应的纠偏措施进行调整,以获得符合实际进度情况和计划目标的新进度计划。

二、进度计划的调整

当实际进度偏差影响到后续工作、总工期而需要调整进度计划时,其调整方法主要有两种:

1. 改变某些工作间的逻辑关系

当工程项目实施中产生的进度偏差影响到总工期,且有关工作的逻辑关系允许改变时,

可以改变关键线路和超过计划工期的非关键线路上的有关工作之间的逻辑关系,达到缩短工期的目的。例如,将顺序进行的作业改为平行作业、搭接作业以及分段组织流水作业等,都可以有效地缩短工期。

【例】 某工程项目基础工程包括挖基槽、作垫层、砌基础、回填土 4 个施工过程,各施工过程的持续时间分别为 21 d、15 d、18 d 和 9 d,如果采取顺序作业方式进行施工,则其总工期为 63 d。为缩短该基础工程总工期,如果在工作面及资源供应允许的条件下,将基础工程划分为工程量大致相等的 3 个施工段组织流水作业,试绘制该基础工程流水作业网络计划,并确定其计算工期。

【解】 该基础工程流水作业网络计划如图 9-11 所示。通过组织流水作业,使得该基础工程的计算工期由 63 d 缩短为 35 d。

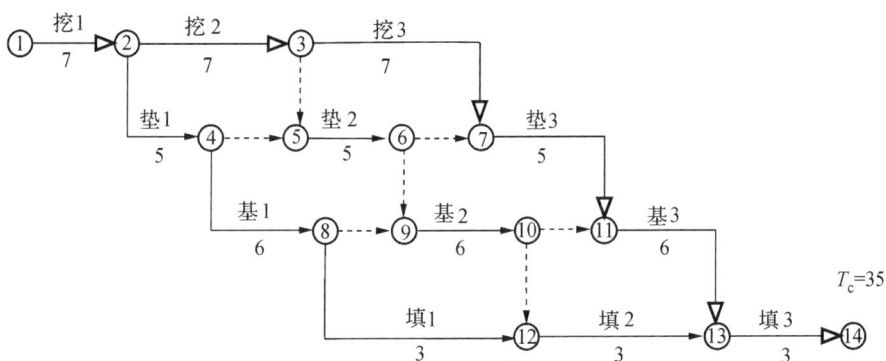

图 9-11 某基础工程流水施工网络计划

2. 缩短某些工作的持续时间

这种方法是不改变工程项目中各项工作之间的逻辑关系,而通过采取措施来缩短某些工作的持续时间,以保证按计划工期完成该工程项目。这些被压缩持续时间的工作是位于关键线路和超过计划工期的非关键线路上的工作。同时,这些工作的持续时间可被压缩。这种调整方法通常可以在网络图上直接进行。其调整方法视限制条件及对其后续工作的影响程度的不同而有所区别,一般可分为以下三种情况:

(1) 网络计划中某项工作进度拖延的时间已超过其自由时差但未超过其总时差

如前所述,此时该工作的实际进度不会影响总工期,而只对其后续工作产生影响。因此,在进行调整前,需要确定其后续工作允许拖延的时间限制,并以此作为进度调整的限制条件。该限制条件的确定常常较复杂,尤其是当后续工作由多个平行的承包单位负责实施时更是如此。后续工作如不能按原计划进行,在时间上产生的任何变化都可能使合同不能正常履行,而导致蒙受损失的一方提出索赔。因此,必须寻求合理的调整方案,把进度拖延对后续工作的影响减少到最低程度。

【例】 某工程项目双代号时标网络计划如图 9-12 所示,该计划执行到第 35 d 下班时刻检查时,其实际进度如图中前锋线所示。试分析目前实际进度对后续工作和总工期的影响,并提出相应的进度调整措施。

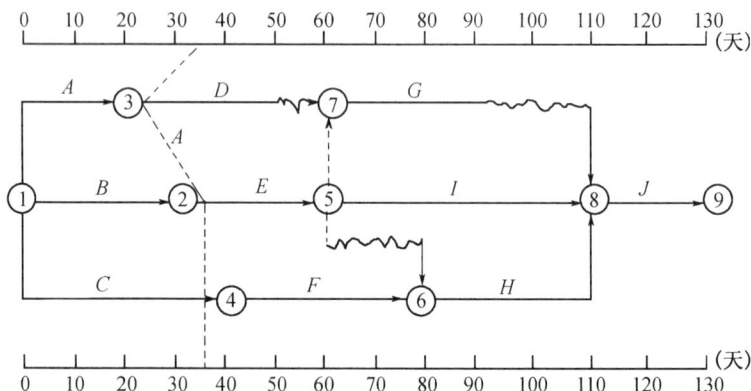

图 9 - 12　某工程项目时标网络计划

【解】　从图中可以看出,目前只有工作 D 的开始时间拖后 15 d,而影响其后续工作 G 的最早开始时间,其他工作的实际进度均正常。由于工作 D 的总时差为 30 d,故此时工作 D 的实际进度不影响总工期。

该进度计划是否需要调整,取决于工作 D 和 G 的限制条件:

① 后续工作拖延的时间无限制

如果后续工作拖延的时间完全被允许时,可将拖延后的时间参数带入原计划,并化简网络图(即去掉已执行部分,以进度检查日期为起点,将实际数据带入,绘制出未实施部分的进度计划),即可得调整方案。例如在本例中,以检查时刻第 35 d 为起点,将工作 D 的实际进度数据及 G 被拖延后的时间参数带入原计划(此时工作 D、G 的开始时间分别为 35 d 和 65 d),可得如图 9 - 13 所示的调整方案。

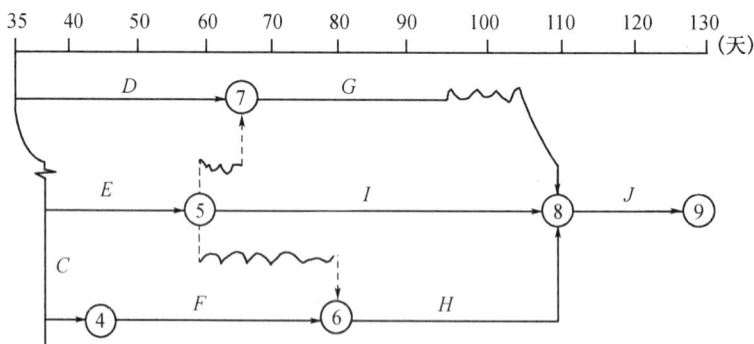

图 9 - 13　后续工作拖延的时间无限制时网络进度计划

② 后续工作拖延的时间有限制

如果后续工作不允许拖延或拖延的时间有限制时,需要根据限制条件对网络计划进行调整,寻求最优方案。例如在本例中,如果工作 G 的开始时间不允许超过第 60 d,则只能将其跟前工作 D 的持续时间压缩为 25 d,调整后的网络计划如图 9 - 14 所示。

如果在工作 D、G 之间还有多项工作,则可以利用工期优化的原理确定应压缩的工作,得到满足 G 工作限制条件的最优调整方案。

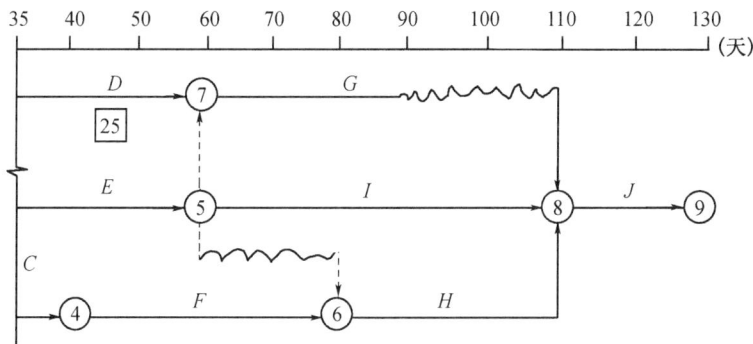

图 9-14 后续工作拖延时间有限制时的网络计划

(2) 网络计划中某项工作进度拖延的时间超过其总时差

如果网络计划中某项工作进度拖延的时间超过其总时差,则无论该工作是否为关键工作,其实际进度都将对后续工作和总工期产生影响。此时,进度计划的调整方法又可分为以下三种情况:

① 项目总工期不允许拖延

如果工程项目必须按照原计划工期完成,则只能采取缩短关键线路上后续工作持续时间的方法来达到调整计划的目的。

【例】 仍以图 9-12 网络计划为例,如果在计划执行到第 40 d 下班时刻检查时,其实际进度如图 9-15 中前锋线所示,试分析目前实际进度对后续工作和总工期的影响,并提出相应的进度调整措施。

【解】 从图中可看出:

a. 工作 D 实际进度拖后 10 d,但不影响其后续工作,也不影响总工期;

b. 工作 E 实际进度正常,既不影响后续工作,也不影响总工期;

c. 工作 C 实际进度拖后 10 d,由于其为关键工作,故其实际进度将使总工期延长10 d,并使其后续工作 F、H 和 J 的开始时间推迟 10 d。

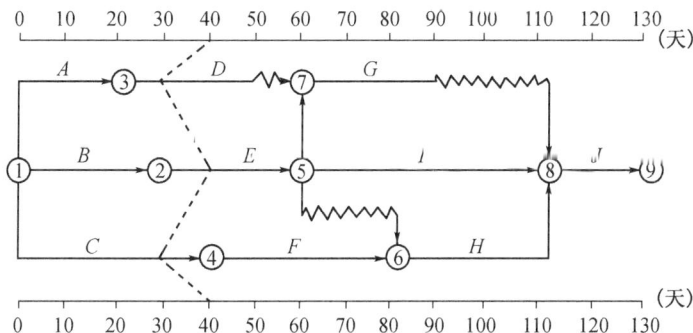

图 9-15 某工程实际进度前锋线

如果该工程项目总工期不允许拖延,则为了保证其按原计划工期 130 d 完成,必须采用工期优化的方法,缩短关键线路上后续工作的持续时间。现假设工作 C 的后续工作 F、H 和 J 均可以压缩 10 d,通过比较,工作 H 压缩工作日的持续时间所需付出的代价最小,故将工作 H 的持续时间由 30 d 缩短为 20 d。调整后的网络计划如图 9-16 所示。

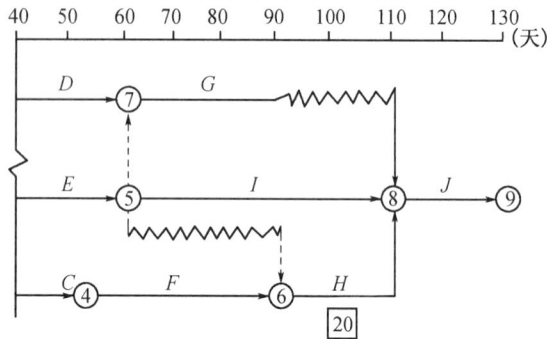

图 9 - 16 调整后工期不拖延的网络计划

② 项目总工期允许拖延

如果项目总工期允许拖延，则此时只需以实际数据取代原计划数据，并重新绘制实际进度检查日期之后的简化网络计划即可。

③ 项目总工期允许拖延的时间有限

如果项目总工期允许拖延，但允许拖延的时间有限，则当实际进度拖延的时间超过此限制时，也需要对网络计划进行调整，以便满足要求。

具体的调整方法是以总工期的限制时间作为规定工期，对检查日期之后尚未实施的网络计划进行工期优化，即通过缩短关键线路上后续工作持续时间的方法来使总工期满足规定工期的要求。

以上三种情况均是以总工期为限制条件调整进度计划的。值得注意的是，当某项工作实际进度拖延的时间超过其总时差而需要对进度计划进行调整时，除需考虑总工期的限制条件外，还应考虑网络计划中后续工作的限制条件，特别是对总进度计划的控制更应注意这一点。因为在这类网络计划中，后续工作也许就是一些独立的合同段。时间上的任何变化，都会带来协调上的麻烦或者引起索赔。因此，当网络计划中某些后续工作对时间的拖延有限制时，同样需要以此为条件，按前述方法进行调整。

（3）网络计划中某项工作进度超前

对建设工程实施进度控制的任务就是在工程进度计划的执行过程中，采取必要的组织协调和控制措施，以保证建设工程按期完成。在建设工程计划阶段所确定的工期目标，往往是综合考虑了各方面因素而确定的合理工期。因此，时间上的任何变化，无论是进度拖延还是超前，都可能造成其他目标的失控。例如，在一个建设工程施工总进度计划中，由于某项工作的进度超前，致使资源的需求发生变化，而打乱了原计划对人、材、物等资源的合理安排，亦将影响资金计划的使用和安排。特别是当多个平行的承包单位进行施工时，由此引起后续工作时间安排的变化，势必给监理工程师的协调工作带来许多麻烦。因此，如果建设工程实施过程中出现进度超前的情况，进度控制人员必须综合分析进度超前对后续工作产生的影响，并同承包单位协商，提出合理的进度调整方案，以确保工期总目标的顺利实现。

三、工期索赔

在工程施工中，常常会发生一些未能预见的干扰事件使施工不能顺利进行，造成工期延长，这样，对合同双方都会造成损失。承包人提出工期索赔的目的通常有两个：一是免去自己对已产生的工期延长的合同责任,使自己不支付或尽可能少支付工期延长的罚款;二是进行因工期延长而造成的费用损失的索赔。在工期索赔中,首先要确定索赔事件发生对施工活动的影响及引起的变化,其次再分析施工活动变化对总工期的影响。计算工期索赔一般采用分析法,其主要依据为合同规定的总工期计划、进度计划,以及双方共同认可的对工期的修改文件,调整计划和受干扰后实际工程进度记录,如施工日记、工程进度表等。施工单位应在每个月底以及在干扰事件发生时,分析对比上述资料,以发现工期拖延及拖延原因,提出有说服力的索赔要求。分析法又分为网络图分析法和对比分析法两种。

1. 网络图分析法

网络图分析法是利用进度计划的网络图,分析其关键线路。如果延误的工作为关键工作,则延误的时间为索赔的工期;如果延误的工作为非关键工作,当该工作由于延误超过时差限制而成为关键工作时,可以索赔延误时间与时差的差值;若该工作延误后仍为非关键工作,则不存在工期索赔问题。

可以看出,网络图分析法要求承包人切实使用网络技术进行进度控制,才能依据网络计划提出工期索赔。按照网络图分析法得出的工期索赔值是科学合理的,容易得到认可。

2. 对比分析法

对比分析法比较简单,适用于索赔事件仅影响单位工程或分部分项工程的工期,由此计算对总工期的影响。计算公式为:

总工期索赔＝(额外或新增工程量价格/原合同总价)×原合同总工期

项目成本管理

任务一
了解项目
成本构成、
分析成本
影响因素

任务二
有效进行项
目成本管理

任务三
认识工程项目
成本管理存在
的问题及
对策

培养目标

知识目标：
掌握项目成本构成；
了解工程项目成本构成；
熟悉项目成本影响因素；
能力目标：
能够从成本的角度考虑项
目管理；
能够分析成本影响因素；
素质目标：
有成本意识。

培养目标

知识目标：
掌握项目成本管理内容、程序
和原则；
掌握项目成本管理过程；
熟悉项目成本管理理念；
能力目标：
能够全面理解项目成本内容；
能够有效进行项目成本管理；
素质目标：
建立正确的项目成本管理理念。

培养目标

知识目标：
了解项目成本管理存在的问题与对
应对措施；
能力目标：
能够明确项目成本管理问题；
能够解决所遇问题；
素质目标：
培养发现问题、解决问题的能力。

教学内容

教学内容：
1. 项目成本构成
2. 工程项目成本构成
3. 项目成本影响因素
训练内容：
1. 拟定项目、分析项目成
   本影响因素
2. 针对具体项目进行项目
   成本构成分析

教学内容

教学内容：
1. 项目成本管理层次
2. 项目成本管理内容
3. 项目成本管理原则
4. 项目成本管理程序
5. 项目成本管理理念和变化
6. 项目成本管理过程
训练内容：
模拟项目熟悉项目成本管理
过程

教学内容

教学内容：
1. 工程项目成本管理存在的问题
2. 工程项目成本管理应对措施
训练内容：
根据具体案例分析成本管理出现的
问题，讨论解决措施

引例

悉尼歌剧院(Sydney Opera House)位于澳大利亚新南威尔士州的首府悉尼市北部,是一座贝壳形屋顶下方结合剧院和厅室的综合建筑。自1973年建成至今,一直以造型新颖、风姿绰约著称于世。由于造型奇异美观,悉尼歌剧院被视为世界建筑艺术的典范。悉尼歌剧院工程建设资金的来源以及构成如下:

一、悉尼歌剧院最早的建费用主要来自澳大利亚伊丽莎白戏剧基金会的资助,最初预算为700万元。

二、"歌剧院彩票"的发放,以彩票的收入和政府的拨款资助。在之后长达14年的曲折艰难的建设过程中,费用不断超出预算,政府为解决悉尼歌剧院庞大的建设费用于1957年专门为歌剧院发放彩票,以彩票的收入和政府的拨款资助,最终完成了歌剧院的建设。

三、新南威尔士州政府一次性提供了6930万元的资助使得悉尼歌剧院保证有规模有计划地重建或修缮工作。

四、悉尼歌剧院的自创收入主要包括演出场地出租费、与演出公司的票房分成、旅游服务、附设商业设施(餐饮、纪念品商店、咖啡厅等)创收等等。

思考

1. 项目成本与成本管理的概念?
2. 资源计划的编制步骤?
3. 成本估算的概念,指导方针和估算方法?
4. 成本预算的概念,依据和技术方法?
5. 成本预算编制的原则?
6. 项目成本控制要点?
7. 工程项目成本管理应对措施?

任务一　了解项目成本构成、分析成本影响因素

关于成本的一种正式的定义是"为达到某一目标而使用或放弃的资源"(Horngren,Foater,and Datar)。对项目经理来说,更加实用的是,把成本简单地看作是企业为了得到一定的产品和服务用来从事商业活动而必须支付的现金数量。这就包括了购置资产、运作过程、营销、销售企业产品和服务、日常管理和管理整个企业所需要的所有的现金量。可以说建设项目成本是以建设项目作为成本核算对象,在项目实施过程中所耗费的生产资料转移价值和劳动者的必要劳动所创造的价值的货币形式,即建设项目在实施过程中所产生的全部生产费用总和。包括所消耗的各种材料、构配件的费用,施工机械的台班费或租赁费,支付给生产工人的工资、奖金以及项目经理部为组织和管理工作所发生的全部费用支出等。

1. 项目成本构成

（1）项目定义与决策工作成本；

（2）项目设计成本；

（3）项目采购成本；

（4）项目实施成本。

具体的项目成本科目：

① 人工成本（各种劳力的成本）

② 物料成本（消耗和占用的物料资源费用）

③ 顾问费用（各种咨询和专家服务费用）

④ 设备费用（折旧、租赁费用等）

⑤ 其他费用（保险、分包商的法定利润等）

⑥ 不可预见费（为预防项目变更的管理储备）

2. 工程项目成本构成

（1）直接成本——指工程项目实施过程中耗费的构成工程实体或有助于工程实体形成的各项费用支出，具体包括人工费、材料费、机械使用费及其他直接费用。

（2）间接成本——指企业内各项目部实施准备、组织和管理过程的全部费用支出，包括人员薪金、劳动保护费、职工福利费、办公费、差旅交通费、固定资产使用费、工具器具使用费、保险费、工程保修费、工程排污费及其他间接费用。

3. 项目成本影响因素

（1）项目消耗和占用资源的数量和价格；

（2）项目工期；

（3）项目质量；

（4）项目范围；

（5）其他因素。

任务二　有效进行项目成本管理

项目成本管理（project cost management）是指承包人为使项目成本控制在计划目标之内所作的预测、计划、控制、调整、核算、分析和考核等管理工作。项目成本管理就是要确保在批准的预算内完成项目。

项目成本管理主要与完成活动所需资源成本有关。然而，项目成本管理也考虑决策对项目产品的使用成本的影响。如果考虑使用成本，则称为项目的生命周期成本，这是广义上的项目成本。另外，在许多应用领域，未来财务状况的预测和分析是在项目成本管理之外进行的。但有些场合，预测和分析的内容也包括在成本管理范畴，此时就得使用投资收益、有时间价值的现金流、回收期等技巧。项目成本管理还应考虑项目相关方对项目信息的需求——不同的相关方在不同时间以不同方式对项目成本进行度量。当项目成本控制与奖励挂钩时,就应分别估计和预算可控成本和不可控成本,以确保奖励能真正反映业绩等等。我们这里指狭义上的项目成本管理。要做好项目成本管理,必须也要明白项目成本管理同样具有项目管理特征,也是在做项目管理。

一、项目成本管理层次

全面的项目成本管理体系应包括两个层次:

组织管理层——负责项目全面成本管理的决策,确定项目的合同价格和成本计划,确定项目管理层的成本目标,由公司负责完成。

公司是全体项目部的管理机构,应从宏观上把握企业的发展方向和发展前景。因此公司对项目部的总体要求应符合公司发展需要,甚至不惜代价牺牲某个项目部的利益而换取整个企业的利益。所以公司的成本控制应站得高看得远,不能被琐碎的事物而拖累,对每个项目部应要求其提供月度报表,来监控各项目部的运行情况。

公司还有一个重要任务就是到外以公司的名义参加招投标活动。在此过程中的成本控制就是前面提到的前期成本,对前期成本的管理是要求公司领导班子要有广泛的信息渠道和良好的社会关系。时下获得工程不仅仅是招投标实际上发生的费用,因此公司要从工程的质量、公司的信誉上来减少前期成本的投入。

项目经理部——负责项目成本的管理,实施成本控制,实现项目管理目标责任书中的成本目标。项目经理部的成本管理应包括成本计划、成本控制、成本核算、成本分析和成本考核。

项目部的成本管理应抓好三个层次的工作。一是项目领导,特别是项目经理和主管工程师应抓好成本的分解,建立横向到部门,纵向到班组的控制网络,落实责任制,加强检查、考核,按期组织经济活动分析,及时制定相应措施;二是相关业务部门按费用额制定开支,加强实物消耗的使用、管理和监督,建立控制台账,及时提出市场动态分析与对策;三是作业队和班组在确定工程进度、质量、安全的前提下控制实物的消耗,建立日核算、旬分析制度。

目前,工程项目管理根据企业的组织结构采取三级成本管理。随着项目经理制的实行,现在一般大型施工企业都有许多项目部,由于各个项目部的特点不同,因而公司将大部分权利下放到各项目部,实行项目经理负责制,便形成了公司——项目部——施工队的三级管理体制。而且项目部就工程的不同而将某些专业工程进行分包,因而对一个施工企业来说就应建立起公司——项目部——施工队的三级成本管理和核算体系。

二、项目成本管理内容

1. 生产成本管理

生产成本是生产过程中消耗的人工费、材料费、机械费等各项费用的总和。

(1) 人工费的成本管理

人工费大约占工程总造价的 $7\%\sim12\%$,人工费的确定在于量和价的确定。若按定额人工价来进行成本管理,非常不可行。因为人工费受市场因素变化大,所以在人工费的成本控制中应抓效率,尽量减少用工,采取新的施工措施和先进的施工机械来提高生产效率。

由于施工企业正在逐步由粗放型向着集约型转化,而农村剩余劳动力又不断增加,城市建筑劳动的主要来源是外施队。但各类以劳务输出为主的乡镇建筑公司的劳动人员有很大的流动性。因此,项目部必须选择一批相对固定的外施队,多招临时工。该做法有利于施工企业项目部更好地进行人工费和材料成本费的控制。对这类施工队的管理人工费采用承包方式,签订劳动合同。目前承包的方式主要有两种:分项工程单价承包制和建筑面积平米包干制。前一种方式多用于装饰和设备安装工程,后一方式主要用于结构和住宅安装工程。

对于分项工程承包制其单价根据施工定额和市场劳务单价比较容易确定。此方式下的成本管理重点控制在量上,如零星用工和预算外用工。这就要求成本管理人员必须对劳务分包合同内容有深入的理解和认识,力求做到分项工程单价已包括的工序不再开具工日;其次现场管理工作应尽可能使零星用工和预算外用工降到最低限度。但该方式存在着零星用工和预算外用工的活口,而加大了人工费控制的难度,为了方便控制可采用在分项工程单价基础上乘以一定的系数进行包干。如:某工程卫生间墙面瓷砖粘贴的劳务单价为 22 元/平方米,确定零星用工和预算外用工系数为 0.1,则该分项工程包干单价为 24.2 元/平方米。

对于建筑面积平米包干承包制,其成本管理的重点在于如何确定平米包干和劳务分包合同条款中平米包干所包括的工作内容。确定平米包干单价必须将单项、单位工程套用施工定额后汇总工日用量,同时将其他直接费所对应的劳务量汇总,然后将以上两部分工日量汇总乘以预测的市场平均劳务单价后再除以建筑面积作为劳务分包合同谈判和签订的基础价格。但是目前施工企业、项目部在进行劳务分包合同谈判和签订的过程中,多以相邻工程或类似工程的劳务价格作为参考依据和标准,并未体现本工程的具体特征(如主体结构每平方米建筑面积中的模板、钢筋、砼的含量)。该方式的单价为包干价,因此劳务分包合同条款中的劳务工作内容原则上应包括从包干工程开始到工程全部结束的所有工作,在劳务分包合同条款中约定的工作内容就应列全,对于确属包干工程外的零星劳务亦应尽可能地采用包干形式,从而减少施工过程中计划成本外人工费的发生和双方因合同所产生的纠纷。

(2)材料费的成本管理

材料费占工程总造价的 60%～70%,因此材料费便成为生产成本控制的关键内容,必须加强材料在预算——计划——采购——运输——签收——保管——领料——使用——监督——回收的各个环节中的责任制。如采取加强检查、考核并与负责人的奖罚挂钩等方式。

① 材料量、价的确定

建安工程概预算定额计取的成本,反映的是施工企业的平均成本水平。其定额中材料的量、价构成如下:定额量＝净用量×(1+损耗率),而单位在编制材料期的价格如下:预算价格＝供销部门手续费＋包装费＋采购保管费＝供应价格＋运输费＋采购保管费。由工程成本总量分解到材料这一块的成本和材料预算成本相比较,分析其差额,再根据市场的情况和工程具体情况来对材料进行采购。从上可看出在量上的控制主要是节约和减少损耗。而对于工程结算时材料预算价格的调整各地不尽相同,有的地方对钢筋、水泥等主材按照市场价进行调整,有的地方对材料价格的管理办法是材料分指定价和指导价,指导价又分最高限价和非限价材料。结算时指导价按地方造价信息定期公布的最高价执行,取消发票结算且指导价只计税不能计取其他费用,指定价材料可计费。因此材料成本的降低主要在量上降低。

② 转换机制,加强材料成本的管理

材料采购价的控制首先应尽可能有一支爱岗敬业、经营意识强的材料采购队伍,这是材料采购成本控制的一大保障。在采购前必须先掌握需采购材料量的预算价格、用量和预测结算价格、现行市场价格;对比预算价格、预测结算价格、现行市场价格之间的差异,并在调查分析该材料市场供应关系的基础上,确定目标采购价格。原则上目标采购价格应在预测结算价格与现行价格中较低者以下,然后货比三家,在质量、运输服务等方面确定采购地点、采购方式。对于需中长期供货的材料应在调查分析市场行情的基础上,确定采用一次性订货还是分阶段订货的方式,应注意考虑资金的时间价值以做全面衡量。

③ 材料包干,管用一体,强化材料量的管理

施工项目管理中要使材料的质量有保证、数量能控制就必须加强现场管理,根据成本分解对材料实行包干、管用一体的制度,做到职责明确、奖罚兑现。现在城市建设的施工作业队伍基本上是外施队,由于材料的领用和现场管理、施工的质量、材料的回收等都与外施队有关,这就要求建立合理的机制。现场材料量的管理要调动项目部材料人员和外施队两方的积极性,按施工用量包干,签订材料节超奖罚合同,按节超材料用量的预算价格和合同确定的奖罚比例及时兑现。具体操作是材料进场后外施队和项目部材料员共同就进场的材料的数量和质量签收,数量和质量不符合规定并与进料单不符的,双方材料人员有权拒签,该签单作为公司物资部门与项目部材料价款结算的依据。签收后材料现场管理与使用均由外施队负责,使得管用一体化,项目部有关人员依据双方共同认可的施工预算计划用量进行监督、考核,经理部根据考核结果,对项目部材料员和外施队依合同奖罚。这种做法可以划清职责,调动各方积极性,减少材料签收与使用中"量"上的漏洞,有利于节约用量、方便施工,创造文明施工。

(3)机械费的成本管理

在预算定额中机械费的组成有:折旧费、大修费、经常维修费、安拆及场外运输费、料动力费、人工费、养路费及车船使用费。在结算时机械费原则上不予调整,因此就需要施工企业与项目部共同参与机械费的管理协调与控制。

首先,从机械设备的购置来说。施工企业应在现有的生产规模和预测近期(三到五年)生产发展规模的基础上统一购置大中型机械设备,以租赁的形式配给各项目部,同时了解各项目部机械设备的利用现状,通过企业在各项目部之间调配使机械的有效利用率达到最高限度。

第二,从施工项目组织方案来说。项目部编制施工方案时,必须在满足质量、工期的前提下,力求机械配备最少和机械使用时间最短;同时通过施工现场的合理布局和各个工序的合理交叉安排来提高进场机械的综合利用率。

第三,从使用费用上来说。机械使用费由可变费用和不可变费用构成。其中不可变费用包括基本折旧费、大修费、安装拆卸费及进出场等规定费用;可变费用包括工资、津贴、燃料费、养路费、运管费等。不可变费用应按照有关法规和上级的有关规定如数上缴,但可变费用则可控制:养路费、车船使用税等地方部门征收的费用,应结合施工项目的具体情况,尽量采用地方和甲方合同有关的条款的优惠政策,征得有关部门同意尽量少交或补交。燃料和附属油料要购进符合要求的油料,认准品牌、规格,控制质量、数量,如果用量大,要尽可能采用批量和批发购买的形式,同时要正确使用,严格控制,杜绝浪费。

2. 质量成本管理

质量是企业的生命,质量好的建筑物是无言的广告,然而很多施工企业为谋求高利润而使用劣质不合格的材料,在施工中偷工减料,导致工程事故发生。这不仅仅有损企业的形象,更是对人民生命和财产的损害。因而施工企业的成本控制者应深刻理解质量与成本的关系,在施工管理过程中加强质量管理,避免因工程质量而带来的损失。

质量成本分四类:一是施工项目内部故障成本,如返工、停工、降级复检等引起的费用,这一类费用是非正常费用,应当减少,并追究造成该费用发生当事人的责任;二是外部故障成本,如保修,索赔等引起的费用,这一类费用的发生要注意施工过程中的签证,会同监理、业主共同处理探讨并作详细的施工记录以便索赔和反索赔;三是质量检验费用,该项费用是不可避免的,应按有关规定办理;四是质量预防费用,对事故要做好预防措施,以免事故发生时不知从哪儿出这笔资金,转事后控制为事前控制。

3. 工期成本的管理

项目部为实现工期目标或合同目标,有时会采取相应的措施如加班、增加机械化施工等,还会遇到因为工期未完而引起的业主索赔。在合同中会对工期有明确的限制,并对提前完成进行奖励、推迟完成进行罚款。建设施工是一个长时间的过程,因此除必须做好施工组织设计外,还应当对施工过程中发生的各种情况进行记录签证,预防工期索赔。

4. 不可预见成本的管理

不可预见成本是指施工生产过程中所发生的除生产成本、工期成本、质量成本之外的成本,诸如施工扰民费、资金占用费、人员伤亡等安全事故损失费、政府部门的罚款等。该项成本的管理应放在施工现场的管理和加强施工现场人员的组织纪律的管理上,做到文明安全施工,和周围的居民搞好关系,如为了防止工人被砸伤,应明文规定进入施工现场必须戴安全帽,不得穿拖鞋进入工地,工地应保持整洁。该项成本可发生也可不发生,应尽量控制其不发生。

三、项目成本管理原则

(1)成本最低化原则。工程项目成本管理的根本目的,是通过成本控制的各种手段,不断降低施工项目成本,以达到可能实现最低目标成本的要求。

(2)项目目标管理原则。目标管理的内容包括:目标的设定和分解,目标的责任到位和执行,检查目标的执行结果,评价目标和修正目标,形成目标管理的计划、实施、检查、处理循环,即 PDCA 循环。

(3)责、权、利相结合原则。在项目施工过程中,项目经理部各部门、各班组在肩负成本控制责任的同时,享有成本控制的权力,同时项目经理要对各部门、各班组在成本控制中的业绩进行定期的检查和考评,实行有奖有罚的制度。

四、成本管理程序

项目成本管理应遵循下列程序:

(1)掌握生产要素的市场价格和变动状态;

（2）确定项目合同价；

（3）编制成本计划，确定成本实施目标；

（4）进行成本动态控制，实现成本实施目标；

（5）进行项目成本核算和工程价款结算，及时收回工程款；

（6）进行项目成本分析；

（7）进行项目成本考核，编制成本报告；

（8）积累项目成本资料。

五、成本管理理念和变化

进入 21 世纪后，伴随着以电子信息技术、自动化与网络技术为特征的全新管理环境的出现，企业为了培育市场竞争优势，不仅要求在产品品质上实现能体现顾主个性化需求的差异化战略，而且也要求实现持续的低成本战略。传统的成本管理理念发生了深刻的变化，从管理里面找效益已经成为项目管理者的共识和为之努力的方向。

1. 从单纯的制造成本到经济寿命周期成本

传统的产品成本仅指产品在生产过程中发生的制造成本，而将其他与制造过程无关的费用作为期间成本。在其他费用占企业总成本比重较小的情况下，这种成本理念还是可以接受的。然而，在现代制造环境下，企业产品的生产成本中大约有 80% 在其设计阶段就已经确定了。任何一种产品从引进到终结，其成本绝不能仅仅理解为制造成本，而是贯穿于整个产品经济寿命周期的为产品生产和实现产品功能所付出的全部成本，包括制造成本、设计成本和产品售后与使用、维护、废弃等一系列与产品有关的企业所有资源的耗费，可称之为产品的经济寿命周期成本。

2. 成本动因理念与成本动因的多样化

传统上是从职能部门的角度（表现为成本项目）来研究成本如何发生的，成本动因是从成本为何发生的角度去认识成本的，即研究成本与经济活动之间的关系。很显然，动因的成本理念使人们把成本的管理从事后管理提前到事前、事中阶段。传统的产品成本对其成本动因的理解一般以单一产品的产量为基础，这对于直接生产成本如直接材料、直接人工等项目应该还是可以接受的，但当生产环境发生变化后，间接生产费用在产品成本中的比重越来越大时，其相关性就明显不足了，如生产准备、材料搬运等费用的发生与投产次数不与产品的产量（工时）直接相关。虽然小批量生产、工艺复杂的产品单位直接材料成本和单位直接机器工时与大批量、工艺简单的产品相差无几，但前者单位产品应承担的制造费用要比后者大得多。很明显，随着现代企业产品科技含量的增加，产品的制造成本并非只与产品生产数量直接相关，如果还按照传统方法计算产品成本，会高估低科技含量产品的成本，低估高科技含量产品的成本。成本计算的失真将导致企业相关生产经营决策的失误。

3. 成本避免成为成本控制的主流方式

传统的成本控制方式基本上是通过对成本形成的各个实体环节采取有效的节约措施来

实现的,即在既定的生产工艺流程下,通过提高资源利用效率、改进生产与采购方式等手段节约产品成本,其本质仍然是企业成本管理的一种改良过程。而在全新的项目环境下,降低成本的核心在于从根本上避免不合理成本的发生,如在存货管理中使用看板管理方法(丰田生产模式中的重要概念,指为了达到准时生产方式(JIT)控制现场生产流程的工具),以零库存形式避免了几乎所有的存货成本;全面质量管理以零缺陷的形式避免了几乎所有的维修成本和因产品不合格所带来的其他成本。成本避免的思想在于从源头上去探索成本降低的潜力,避免不必要成本的发生。这种降低成本的方式要求企业在产品开发、设计阶段,通过重组生产工艺流程与技术创新来达到成本持续降低的目的。

4. 时间因素对成本的调和作用日显突出

在形成产品价值链的各个阶段,时间对成本水平的影响越来越大,特别是在技术发展变革速度加快、产品经济生命周期变短的情况下更是如此。一方面,企业为了能够对市场的变化作出快速反应,必须投入更多的成本用于缩短设计、开发和生产产品,这种以时间为对象的成本范畴显得尤为重要;另一方面,时间对成本的影响还表现在与产品售后服务相关的价值体系中。顾客购买商品,其价值不仅仅限于产品本身的品质,而且还表现在产品所延伸的服务效应上,企业不仅要将产品及时地送到顾客手中,更重要的是要根据顾客意见采取及时的措施,使顾客价值最大化,这样既可以获得市场,又可以及时掌握市场动态。

5. 成本管理全面化

传统的成本管理一般将其归结于会计部门和生产部门。从成本动因的角度进行分析可以看到,成本的理解是全面性与战略性的,不仅包括生产过程中各种有形人力与物力的消耗,还应包括企业的规模、市场开拓、企业内部结构调整等无形的成本动因,成本的有效管理要求企业各个部门协调一致,共同努力。任何一个部门或员工对成本实施的影响往往只是局部的,成本管理应上升到企业生产全过程、全方位及全员的高度,通过营销、技术等方面对企业产品成本形成的全过程实行全员管理的模式。实现项目成本管理的全过程、全要素、全团队、全风险管理。

6. 效能价值的最大化与成本的最低化

成本效能通过对企业产品成本的剖析,将成本划分为原始成本和效能增值成本。原始成本是企业为生产一种产品在正常状态下所耗费的制造成本;效能增值成本指企业在原来的基础上为了实现效能价值增值在诸如改进产品设计来增加或调整产品功能、改进产品质量、扩大产品知名度等方面所花费的链接成本,它通过对产品有效增值价值链的分析,最大限度地发掘产品增值的潜力所在。效能增值成本虽然使单位产品成本在基础成本的基础上有所增加,但可以通过增加少量成本支出形成更大的效能价值。

成本效能是指企业成本耗费与形成的效能价值之间的比值,效能价值的最大化与成本的最低化是衡量成本使用效果的基本指标。传统的管理会计把产品成本分为固定和变动成本,揭示了产量及成本总额之间的线性关系,表明在一定的相关范围内,单位产品变动成本不变,但随着产量的增加,单位产品固定成本会逐步降低,从而使整个产品的单位成本相应降低。成本管理的中心就是降低产品单位成本,对其中的变动成本主要是降低单位耗用水平;而对单位产品固定成本的降低主要是通过不断扩大产销量来实现的,从而达到相对节约的目的。

六、项目成本管理过程

项目成本管理由一些过程组成,要在预算下完成项目这些过程是必不可少的,项目成本管理是在整个项目的实施过程中,为确保项目在以批准的成本预算内尽可能好的完成而对所需的各个过程进行管理。

具体项目要依靠制定资源计划、成本估算、成本预算、成本控制四个过程来完成。项目成本管理工作内容如图 10-1 所示。

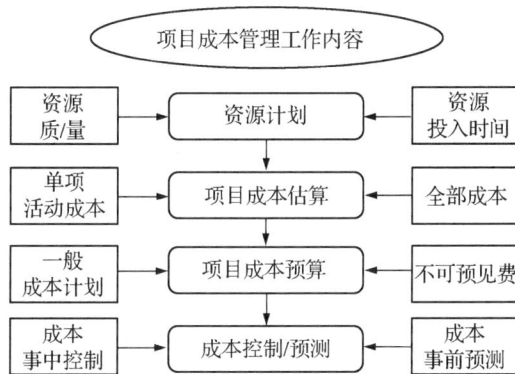

图 10-1　项目成本管理工作内容图

1. 资源计划过程

项目资源计划,是指通过分析和识别项目的资源需求,确定出项目需要投入的资源种类(包括人力、设备、材料、资金等等)、项目资源投入的数量和项目资源投入的时间,从而制定出项目资源供应计划的项目成本管理活动。

资源计划管理工作过程如图 10-2 所示。

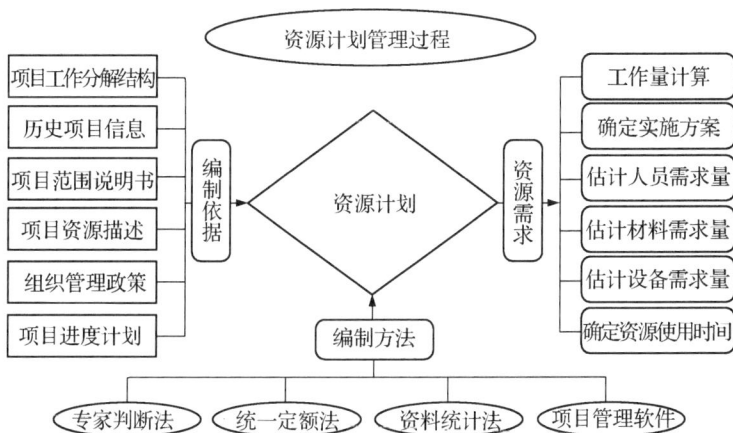

图 10-2　资源计划管理过程图

项目资源包括项目实施中需要的人力、设备、材料、能源、设施及其他各种资源等。项目资源计划涉及决定什么样的资源以及多少资源将用于项目的每一项工作执行过程中,因此它必然是与费用估计相对应起来的,是项目费用估计的基础。

(1) 编制资源计划的主要依据

① 工作分解结构 WBS

利用 WBS 系统进行项目资源计划时,工作划分得越细、越具体,所需资源种类和数量越容易估计。工作分解自上而下逐级展开,各类资源需要量可以自下而上逐级累加,以便得到整个项目各类资源需要。

② 历史项目信息

历史信息记录了以前类似工作使用资源的需求情况,这些资料如能获得的话,无疑对现在工作资源需求的确定有很大的参考作用。

③ 项目范围说明书

范围说明书描述了项目目标,确定了项目可交付成果,明确了哪些工作是属于项目该做的,而哪些工作不应包括在项目之内,对它的分析可进一步明确资源的需求范围及其数量,因此在编制项目资源计划中应该特别加以考虑。

④ 项目资源描述

资源描述是对项目拥有资源的说明,对它的分析可确定资源的供给方式及其获得的可能性,这是项目资源计划所必须掌握的。资源详细的数量描述和资源水平说明对于资源安排有特别重要的意义。

⑤ 组织策略

项目实施组织的组织方针体现了项目高层在资源使用方面的策略,可以影响到人员招聘、物资和设备的租赁或采购,对如何使用资源起重要作用。因此在资源计划的过程中还必须考虑项目的组织方针,在保证资源计划科学合理的基础上,尽量满足项目组织方针的要求。

⑥ 项目进度计划

项目进度计划是项目计划中最主要的,是其他各项(如质量计划、资金使用计划、资源供应计划)的基础。资源计划必须服务于项目进度计划,什么时候需要何种资源是围绕项目进度计划的需要而确定的。

(2) 资源计划的编制步骤

资源计划的编制步骤包括资源需求分析、资源供给分析、资源成本比较与资源组合、资源分配与计划编制。

① 资源需求分析

通过分析确定工作分解结构中每一项任务所需的资源数量、质量及其种类。确定了资源需求的种类后,根据有关项目领域中的消耗定额或经验数据,确定资源需求量。在工程项目领域内,一般可按照以下步骤确定资源数量:

a. 工作量计算

b. 确定实施方案

c. 估计人员需求量

d. 估计材料需求量

e. 估计设备需求量

f. 确定资源使用时间

② 资源供给分析

资源供给的方式多种多样,可以从项目组织内部解决也可以从项目组织外部获得。资源供给分析要分析资源的可获得性、获得的难易程度以及获得的渠道和方式,可分别从内部、外部资源进行分析。

③ 资源成本比较与资源组合

确定需要哪些资源和如何可以得到这些资源后,就要比较这些资源的使用成本,从而确定资源的组合模式(即各种资源所占比例与组合方式)。完成同样的工作,不同的资源组合模式,其成本有时会有较大的差异。要根据实际情况,考虑成本、进度等目标要求,具体确定合适的资源组合方式。

④ 资源分配与计划编制

资源分配是一个系统工程,既要保证各个任务得到合适的资源,又要努力实现资源总量最少、使用平衡。在合理分配资源使所有项目任务都分配到所需资源,且所有资源都得到充分利用的基础上,编制项目资源计划。

（3）资源计划的工具

常用的项目资源计划的工具包括资源矩阵、资源甘特图、资源负荷图或资源需求曲线、资源累计需求曲线等。

资源矩阵——资源数据表以表格的形式列出项目的任务、进度及其需要的资源的品种、数量以及各项资源的重要程度。

资源甘特图——就是利用甘特图技术对项目资源的需求进行表达。

资源负荷图——指以条形图的方式反映项目进度及其资源需求情况。

资源需求曲线——以线条的方式反映项目进度及其资源需求情况,分为反映项目不同时间资源需求量的资源需求曲线和反映项目不同时间对资源的累计需求的资源累计需求曲线。

（4）资源计划的结果

依据工作分解结构、历史资料、项目范围说明书和组织方针,通过专家的判断或数学模型进行选择确认。资源计划的结果是编制资源的需求计划,对各种需求及其计划加以描述,将资源的需求安排分解到具体的工作上。资源计划的结果通常以各种形式的表格予以反映,比如项目工作时间及工作量表、人力资源数量负荷表、项目工作时间及费用表、项目实施期间的费用负荷曲线及费用累计负荷曲线以及项目工作时间及费用估计表等。

2. 成本估算过程

项目成本估算(Project Cost Estimate)即估计完成项目各活动所需每种资源成本的近似值,是指根据项目的资源需求和计划,以及各种项目资源的价格信息,估算和确定项目各种活动的成本和整个项目总成本的一项项目成本管理工作。成本估算是对完成项目所需费用的估计和计划,是项目计划中的一个重要组成部分。要实现成本控制,首先要进行成本估算。理想的是,完成某项任务所需费用可根据历史标准估算。

项目成本估算包括初步项目成本估算(初步估算)、技术设计后的成本估算和详细设计的成本估算(最终估算)等几种不同精度的项目成本估算。如前所述项目生命周期包括多个阶段,各阶段都以一个或多个可交付成果作为标志。针对各阶段特定的成本管理任务,需要分阶段编制成本估算,因此,成本估算是贯穿项目整个生命周期的一种管理活动。同时,由于项目各阶段所具备的条件和掌握的资料不同,估算的精度也不同。随着阶段的不断推移,经过调查研究后掌握的资料越来越丰富,确定性条件越来越多,成本估算的精度便随之提高。在项目的启动阶段,项目估算为粗略估算,在项目进程中,对费用的估算应不断细化,在整个项目生命周期内项目估算的准确性随着项目的进程而提高。成本估算过程图如图10-3所示。

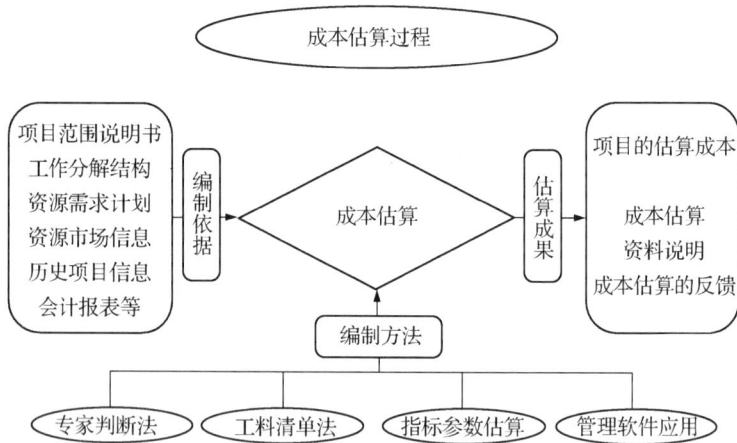

图 10-3　成本估算过程图

(1) 项目成本估算依据

项目成本估算的主要依据有以下几点:

① 项目范围说明书;

② 工作分解结构 WBS;

③ 资源需求计划;

④ 资源市场信息——资源供应、价格等信息;

⑤ 历史项目信息——同类项目的历史资料始终是项目执行过程中可以参考的最有价值的资料,包括项目文件、共用的费用估算数据及项目工作组的知识等;

⑥ 会计报表——说明了各种费用信息项的代码结构,这有利于项目费用的估算与正确的会计科目相对应。

除此之外,与项目有关的由部门、行业或国家颁布的一些定额(如基建概算、预算定额)和取费标准也可作为成本估算的参考依据。总之,上至国际、国内环境、政策,下至项目本身以及某项资源的供给与价格都可以成为项目成本估算的依据。

(2) 成本估算的指导方针和估算方法

① 成本估算的指导方针

在项目进展的不同阶段,项目工作分解结构的层次可以不同,根据项目成本估算单元在WBS中的层次关系,可将成本估算分为三种:自上而下的估算、自下而上的估算、自上而下和自下而上相结合的估算。

自上而下的估算——又称类比估算，通常在项目的初期或信息不足时进行，此时只确定了初步的工作，分解层次少，很难将项目的基本单元详细罗列出来。因此，成本估算的基本对象可能就是整个项目或其中的子项目，估算精度较差。自上而下的成本估算实际上是以项目成本总体为估算对象，在收集上层和中层管理人员的经验判断，以及可以获得的关于以往类似项目的历史数据的基础上将成本从工作分解结构的上部向下部依次分配、传递，直至WBS的最底层。

自下而上的估算——是先估算各个工作单元的费用，然后自下而上将各个估算结果汇总，算出项目费用总和。采用这种技术路线的前提是确定了详细的工作分解结构，因此能做出较准确的估算。当然这种估算本身要花费较多的费用。

自上而下和自下而上相结合的成本估算——是针对项目的某一个或几个重要的子项目进行详细具体的分解，从该子项目的最低分解层次开始估算费用，并自下而上汇总，直至得到该子项目的成本估算值；之后，以该子项目的估算值为依据，估算与其同层次的其他子项目的费用；最后，汇总各子项目的费用，得到项目总的成本估算。

采用自上而下的估算路线虽然简便，但估算精度较差；采用自下而上的估算路线，所得结果更为精确并且项目所涉及活动资源的数量更清楚，但估算工作量大。为此，可将两者结合起来，取长补短，采用自上而下与自下而上相结合的成本估算。

② 成本估算的方法

常用的项目成本的估算方法有专家判断法、工料清单法、参数估计法、软件估算法等等。

专家判断法——是以专家为索取信息的对象，组织专家运用其项目管理理论及经验对项目成本进行估算的方法。该方法适用于项目成本估算精度要求不高的情况。通常，专家判断法有两种组织形式，一是成立项目专家小组共同探讨估算，二是专家们互不见面、互不知名而由一名协调者汇集专家意见并整理、编制项目成本估算。它通常比其他技术和方法花费要少一些，但是其准确性也较低。当历史项目与当前的项目不仅在形式上，而且在实质上相同时，专家判断法可能提供更可靠和实用的项目成本估算结果。

工料清单法——又称自下而上法，是根据项目的工作分解结构，将较小的相对独立的工作包负责人的估算成本汇总，计算出整个项目的估算成本的方法。它通常首先估算各个独立工作的费用，然后再从下往上汇总估算出整个项目费用。其优点是在子任务级别上对费用的估算更为精确，并能尽可能精确地对整个项目费用加以确定。比起高层管理人员来讲，直接参与项目建设的人员更为清楚项目涉及活动所需的资源量，因此工料清单法的关键是组织项目最基层的工作包负责人参加成本估算并正确地对其估算结果加以汇总。

参数估算法——又称参数模型法，是根据项目成本重要影响因素的特性参数建立数学模型来估算项目成本的方法。通常是将项目的特征参数作为预测项目费用数学模型的基本参数，模型可能是简单的，也可能是复杂的。无论费用模型还是参数模型，其形式是各种各样的。如果模型依赖于历史信息，模型参数更容易数量化。

软件估算法——目前项目管理软件有很多种，如项目成本估算软件、计算机工作表、模拟和统计工具，被广泛用来进行费用估算，这些工具为费用估算提供了很大的便利。

（3）项目成本估算成果

项目成本估算的基本成果有以下几个方面：

① 项目的估算成本

描述完成项目所需的各种资源的成本,其结果通常用劳动工时、工日、材料消耗量等表示。

② 成本估算资料说明

成本估算的详细说明应该包括成本估算的描述范围、成本估计的实施方法、成本估算信赖的各种假设、估算结果的有效范围。

③ 成本估算的反馈

成本估算过程及估算成本都可能对原定的各方面计划产生影响,可能对资源计划、费用管理计划和项目管理计划的其他组成部分产生变更请求,请求的变更应通过整体变更控制过程进行处理和审查。

3. 成本预算过程

项目成本预算是一项制订项目成本控制标准的项目管理工作,它是根据项目的成本估算为项目各项具体分配工作和确定预算、成本定额,以及确定整个项目总预算的管理工作。就是在项目成本估算的基础上,更精确地估算项目总成本,并将其分摊到项目的各项具体活动和各个具体项目阶段上,为项目成本控制制定基准计划,它又称为项目成本计划。

成本估算和成本预算既有区别、又有联系。成本估算的目的是估计项目的总成本和误差范围,而成本预算是将项目的总成本分配到各工作项和各阶段上。成本估算的输出结果是成本预算的基础与依据,成本预算则是将已批准的估算(有时因为资金的原因需要砍掉一些工作来满足总预算要求,或因为追求经济利益而缩减成本额)进行分摊。

尽管成本估算与成本预算的目的和任务不同,但两者都以工作分解结构为依据,所运用的工具与方法也相同,两者均是项目成本管理中不可或缺的组成部分。

(1) 成本预算的特征

项目预算具有计划性、约束性、控制性三大特征。

计划性——指在项目计划中,根据工作分解结构将项目分解为多个工作包,形成一种系统结构。项目成本预算就是将成本估算总费用尽量精确地分配到 WBS 的每一个组成部分,从而形成与 WBS 相同的系统结构。因此预算是另一种形式的项目计划。

约束性——指项目成本预算是一种分配资源的计划,预算分配的结果可能并不能满足所涉及的管理人员的利益要求,而表现为一种约束,所涉及人员只能在这种约束的范围内行动。

项目高级管理人员在制定预算的时候均希望能够尽可能"正确"地为相关活动确定预算,既不过分慷慨,以免浪费和管理松散,也不过于吝啬,以免项目任务无法完成或者质量低下。

控制性——是指项目预算的实质就是一种控制机制。管理者的任务不仅是完成预定的目标,而且也必须使得目标的完成具有效率。即尽可能地在完成任务的前提下节省资源,这样才能获得最大的经济效益,所以,管理者必须小心谨慎地控制资源的使用,不断根据项目进度检查所使用的资源量,如果出现了对预算的偏离,就需要进行修改,因此,预算可以作为一种度量资源实际使用量和计划量之间差异的基线标准而使用。

此外,项目成本预算在整个计划和实施过程中起着重要的作用。成本预算和项目进展中资源的使用相联系。根据成本预算,项目管理者可以实时掌握项目的进度。如果成本预算和项目进度没有联系,那么管理者就可能会忽视一些危险情况,比如费用已经超过了项目进度所对应的成本预算但没有突破总预算约束的情形。在项目的实施中,应该不断收集和报告有关进度和费用的数据,以及对未来问题和相应费用的预计,管理者从而可以对预算进行控制,必要时对预算进行修正。

（2）成本预算编制原则

为了使成本预算能够发挥它的积极作用,在编制成本预算时应掌握以下一些原则:

① 项目成本预算要紧扣项目目标

项目成本预算要与项目目标相联系,包括项目质量目标、进度目标。成本与质量、进度之间关系密切,三者之间既统一又对立,所以,在进行成本预算确定成本控制目标时,必须同时考虑到项目质量目标和进度目标。项目质量目标要求越高,成本预算越高;项目进度越快,项目成本越高。因此,编制成本预算要与项目的质量计划、进度计划密切结合,保持平衡,防止顾此失彼,相互脱节。

② 项目成本预算要以项目需求为基础

项目成本预算同项目需求直接相关,项目需求是项目成本预算的基石。项目范围的存在为项目预算提供了充足的细节信息。如果以非常模糊的项目需求为基础进行预算,则成本预算不具有现实性,容易发生成本的超支。

③ 项目成本预算要切实可行

编制成本预算过低,经过努力也难达到,实际作用很低;预算过高,便失去作为成本控制基准的意义。故编制项目成本预算,要根据有关的财经法律、方针政策,从项目的实际情况出发,充分挖掘项目组织的内部潜力,使成本指标既积极可靠,又切实可行。

④ 项目成本预算应当有一定的弹性

项目在执行的过程中,可能会有预料之外的事情发生,包括国际、国内政治经济形势变化和自然灾害等,这些变化可能对项目成本预算的实现产生一定影响。因此,编制成本预算时,要留有充分的余地,使预算具有一定的适应条件变化的能力,即预算应具有一定的弹性。通常可以在整个项目预算中留出 $10\%\sim15\%$ 的不可预见费,以应付项目进行过程中可能出现的意外情况。

⑤ 项目成本预算受控于项目成本估算

从整个成本控制来看,成本估算要控制成本预算。成本预算不是孤立的活动,是在成本估算下的延续和具体化,所以成本预算要在成本估算要求的限度内进行,否则成本控制就会失控,就会使得管理工作变得毫无意义。

（3）成本预算的依据和技术方法

项目成本预算的依据主要有成本估算、工作分解结构、项目进度计划等。其中项目成本估算提供成本预算所需的各项工作与活动的预算定额;工作分解结构提供需要分配成本的项目组成部分;项目进度计划提供需要分配成本的项目组成部分的计划开始和预期完成日期,以便将成本分配到发生成本的各时段上。显然成本估算的依据同样会成为成本预算的依据。

项目成本预算的方法与成本估算相同。但由于项目成本预算的目的不同于成本估算的目的,所以在具体运用时存在差异。项目成本预算的两种基本方法是自上而下的预算和自下而上的预算。采用哪一种方法,和项目组织的决策系统有很大关系。

（4）项目成本预算的编制

项目成本预算计划的编制工作包括确定项目的总预算、分解确定项目各项活动的预算、项目成本预算调整。

① 成本预算总额的确定

这是将批准的项目成本估算进一步精确化，具体到各成本要素中去，并为每一个工作包建立预算成本，进而确定项目总成本的过程。

② 项目各项活动预算的确定

这是依据项目各工作包的各项活动的进度，将项目预算成本分配到工作包及项目整个工期中各阶段去的过程。

③ 项目成本预算调整

这是对已编制的预算成本进行调整以使成本预算既先进又合理的过程。项目成本预算的调整分为初步调整、综合调整和提案调整。

初步调整——是借助工作任务一览表、工作分析结构、项目进度计划、成本估算在内的预算依据，在项目成本预算后对某些工作任务的遗漏和不足，某些工作活动出现的偏差进行调整。对一些可能不够准确的地方进行再调查，并根据实际情况进行修正。

综合调整——是因为项目总是处在变化当中，项目预算也会发生相应的变化，这就迫使对预算做出相应的综合调整，但是这种综合调整不像初步调整那样确定明了，在这里更多的是依靠对政治经济形势的敏感，凭借的是管理者的直觉和经验。

提案调整——是当财务、技术人员编制的项目预算已经接近尾声，并认为合理可行时，就可以把它写进项目预算，提交审议。这是一个非常关键的阶段，需要说服项目经理、项目团队和主管单位，最后还要求得到客户的肯定，使多数人认为该预算是适当的、周密的。

（5）成本预算成果

项目成本预算的主要结果是获得基准预算。基准预算又称费用基准，它以时段估算成本进一步精确、细化编制而成，通常以 S 曲线的形式表示，是按时间分段的项目成本预算，是项目管理计划的重要组成部分。许多项目，特别是大项目，可能有多个费用基准或资源基准或消耗品生产基准，用来度量项目绩效的不同方面。成本基准计划对项目成本按时间进行分解，并在此基础上编制成本基准计划。其表示方式可以在总体控制时标网络图上表示，也可以利用时间—成本累计曲线（S形曲线）表示。

通过成本预算获得成本预算表和成本预算单。在编制项目成本预算时要填写预算单，完成成本预算。预算单上需要包括劳动力、分包商和顾问、专用设备和工具、原材料等。为了防止遗漏，考虑得更全面，可以编制项目预算表。

4. 成本控制过程

项目成本控制工作是一项综合管理工作，是在项目实施过程中尽量使项目实际发生的成本控制在项目预算范围之内的一项项目管理工作。项目成本控制涉及对于各种能够引起项目成本变化因素的控制（事前控制）、项目实施过程的成本控制（事中控制）和项目实际成本变动的控制（事后控制）三个方面。企业内部控制，是指企业为了保证业务活动的有效进行和资产的安全与完整，发现和纠正错误与舞弊，保证会计资料的真实、合法、完整，从而制定和实施的政策、措施及程序。简而言之就是控制项目预算的改变。

（1）项目成本控制的依据

① 项目的成本管理绩效报告

② 项目的变动请求

③ 项目成本管理计划

（2）成本控制的基本原则

① 全面介入的原则

全面介入原则是指成本控制是全部、全员、全过程的控制。全部控制是对产品生产的全部费用要加以控制，不仅对变动费用要控制，对固定费用也要进行控制。全员控制是要发动领导干部、管理人员、工程技术人员和广大职工建立成本意识，参与成本的控制，认识到成本控制的重要意义，才能付诸行动。全过程控制是对产品的设计、制造、销售过程进行控制，并将控制的成果在有关报表上加以反映，借以发现缺点和问题。

② 例外管理的原则

成本控制要将注意力集中在超乎常情的情况，因为实际发生的费用往往与预算有上下。如发生的差异不大，也就没有必要一一查明其原因，而要把注意力集中在非正常的例外事项上，并及时进行信息反馈。

③ 经济效益的原则

提高经济效益，不单是依靠降低成本的绝对数，更重要的是实现相对的节约，取得最佳的经济效益，以较少的消耗，取得更多的成果。

（3）项目成本控制要点

项目成本控制是一个复杂、繁琐的过程，牵扯到项目的各方面，但工作要有重点，牵牛要牵牛鼻子，所以在项目成本控制中要把握以下要点。

① 建立一套完善的成本控制体系

在成本管理依据上制定符合实际的工程预定额，结合签订的合同实施组织或施工方案及各市场价格等相关资料，编制成本计划并下达成本控制指标，同时作为成本责任指标考核的重要依据之一。组织上落实成本控制的具体责任人员，代表企业行使成本控制职权。

在项目实施过程中，项目经理要定期检查和考评各部门在成本控制中的业绩，做到奖罚分明。对于所发现的问题应及时纠正。在成本控制过程中，项目经理及各专业管理人员都负有成本责任，相应地享有一定的权限，包括用人权和财权等。实践证明，只有责、权、利相结合，才能使成本控制真正落到实处。

② 实行全过程控制

要从招投标开始至中标后的实施及竣工验收实行全过程成本控制。

a. 在项目规划及招投标阶段做好成本预测，选择好承建单位并签订合同。

b. 在中标后，承建单位在项目的实施过程中应当优化系统设计和实施组织方案，提高生产效率，并制定成本计划和成本目标，采取技术和经济相结合的手段，控制实施成本。

c. 在竣工验收阶段要及时办理工程结算及追加的合同价款，做好成本的核算和分析。还要加强合同管理，搞好工程索赔，提高项目成本的管理水平等。

③ 加强财务与核算管理

对于工程费用开支，要及时进行财务核算，严格控制成本开支范围、执行费用开支标准和有关的财务制度。对各项成本费用的支出进行监督和限制,及时分析和预测未完工程的实施成本,积极主动地采取预防措施,制止可能发生的浪费,确保成本目标的实现。

④ 精简项目机构

项目机构的设置要根据工程规模大小和工程难易程度等因素,按照组织机构建设的原则,因事设职,因职选人,各司其职,各负其责,选配一专多能的复合型人才,降低管理人员的数量及管理费用。精简项目机构,可以降低间接工程成本。

⑤ 加强质量管理

保证工程质量,为建设单位提供满意的工程产品,是承建单位的基本责任和义务。而且好的质量能树立良好的企业形象,为企业的长远发展奠定基础。

控制质量成本首先在项目设计时就要对质量目标有一定的前瞻性;其次对质量目标要有一个理性认识;另外要定量分析提高质量目标后对实施成本目标的影响,最大限度地降低质量成本。

⑥ 降低工期成本

工程项目的进度与资源供应有密切的关系,合理的工期将使项目成本支出控制在合理水平。在安排工期时,要注意处理工期与成本的辩证统一关系,均衡有节奏地进行工程实施,以求在合理使用资源的前提下保证工期并降低成本。

⑦ 加强索赔管理

在竞争日趋激烈的市场中,特别是承包国际工程时,索赔已经成为合同执行过程中的重要内容之一。索赔是相互且双向的,建设单位可以向承建单位索赔,承建单位也可以向建设单位索赔。这就要求工程合同双方提高合同管理水平,增强合同意识和索赔意识。一方面加强索赔管理,以弥补承建单位不应承受的风险损失,使承包工程的合同风险分担程度趋于合理;另一方面要规避建设单位的反索赔,避免成本风险。

(4)成本控制的步骤

虽然控制对象各有不同,控制工作的要求也各不一样,但控制工作的过程基本是一致的,大致可分为四个步骤:

① 确定控制标准,即确定评定工作绩效的尺度。管理者应以计划为基础,制定出控制工作所需要的标准。

② 衡量工作成效,即通过管理信息系统采集实际工作的数据(与已制定的控制标准中所对应的要素),了解和掌握工作的实际情况。在这一过程中,要特别注意获取信息的质量,做到信息的准确性、及时性、可靠性、适用性。

③ 分析衡量结果,即将实际工作结果与标准进行对照,找出偏差并分析其发生的原因,为进一步采取管理行动做好准备。这是控制中最需理智分析的环节,是否要进一步采取管理行动就取决于此。若分析结果表明没有偏差或只存在"健康"的正偏差,那么控制人员就不必再进行下一步,控制也就此为止了。

④ 采取管理行动,纠正偏差。纠正偏差的方法不外乎两种:要么改进工作绩效,要么修订标准。

(5)成本控制方法

从成本控制的内容可见,项目成本控制是一个系统工程,因此研究成本控制的方法非常重要,对规模大且内容复杂的项目,通常是借助相关的项目管理软件和电子表格软件来跟踪计划成本、实际成本和预测成本改变的影响,实施项目成本控制项目管理,实践证明以下一些成本控制方法将使成本控制简便而有效。

① 项目成本分析表法

项目成本分析表法是利用项目中的各种表格进行成本分析和成本控制的一种方法。应用成本分析表法可以很清晰地进行成本比较研究。常见的成本分析表有月成本分析表、成本日报或周报表、月成本计算及最终预测报告表。

每月编制月成本计算及最终成本预测报告表,是项目成本控制的重要内容之一。该报告主要事项包括项目名称、已支出金额、已竣工尚需的预计金额、盈亏预计等。月成本计算及最终成本预测报告要在月末会计账簿截止的同时完成,并随时间推移使精确性不断增加。

② 成本累计曲线法

成本累计曲线又叫作时间——累计成本图。它是反映整个项目或项目中某个相对独立部分开支状况的图示。它可以从成本预算计划中直接导出,也可利用网络图、条线图等图示单独建立。成本累计曲线图上实际支出与理想情况的任何一点偏差,都是一种警告信号,但并不是说工作中一定出现了问题。图上的偏差只反映了现实与理想情况的差别,发现偏差时要查明原因,判定是正常偏差还是不正常偏差,然后采取措施处理。

在成本累计曲线图上,根据实际支出情况的趋势可以对未来的支出进行预测,将预测曲线与理想曲线进行比较,可获得很有价值的成本控制信息,这对项目管理很有帮助。

虽然成本累计曲线可以为项目控制提供重要的信息,但是前提是我们假定所有工序时间都是固定的。在网络技术中我们知道,大量的非关键工序开始和结束时间是需要调整的。利用工序的最早开始时间和最迟开始时间制作的成本累计曲线称为成本香蕉曲线。顺便指出,香蕉曲线不仅可以用于成本控制,还是进度控制的有效工具。香蕉曲线表明了项目成本变化的安全区间,实际发生的成本变化如不超出两条曲线限定的范围,就属于正常变化,可以通过调整开始和结束的时间使成本控制在计划的范围内。如果实际成本超出这一范围,就要引起重视,查清情况,分析出现的原因。如果有必要,应迅速采取纠正措施。

③ 挣值法

挣值法实际上是一种综合的绩效度量技术,既可用于评估项目成本变化的大小、程度及原因,又可用于对项目的范围、进度进行控制,将项目范围、费用、进度整合在一起,帮助项目管理团队评估项目绩效。该方法在项目成本控制中的运用,可确定偏差产生的原因、偏差的量级和决定是否需要采取行动纠正偏差。

(6) 项目费用控制成果

项目成本控制的结果是实施成本控制后的项目所发生的变化,包括修正成本估算、预算更新、纠正措施和经验教训。

① 成本估算更新

更新成本估算是为了管理项目的需要而修改成本信息,成本计划的更新可以不必调整整个项目计划的其他方向。更新后的项目计划活动成本估算是指对用于项目管理的费用资料所做的修改。如果需要,成本估算更新应通知项目的利害关系者。

② 成本预算更新

在某些情况下,费用偏差可能极其严重,以至于需要修改费用基准,才能对绩效提供一个现实的衡量基础,此时预算更新是非常必要的。预算更新是对批准的费用基准所做的变更,是一个特殊的修订成本估计的工作,一般仅在进行项目范围变更的情况下才进行修改。

③ 纠正措施

纠正措施是为了使项目将来的预期绩效与项目管理计划一致所采取的所有行动,是指任何使项目实现原有计划目标的努力。费用管理领域的纠正措施经常涉及调整计划活动的成本预算,比如采取特殊的行动来平衡费用偏差。

④ 经验教训

费用控制中所涉及的各种情况,如导致费用变化的各种原因、各种纠正工作的方法等,对以后项目实施与执行是一个非常好的案例,应该以数据库的形式保存下来,供以后参考。

在市场经济中,项目的成本控制不仅在项目控制中,而且在整个项目管理以至于整个企业管理中都有着重要的地位。企业的成就通常通过项目来实现,而项目的成就通过盈利的最大化和成本的最小化来实现。

由于成本、进度和资源三者密不可分,项目成本管理系统决不能脱离资源管理和进度管理而独立存在。相反要在成本、资源、进度三者之间进行综合平衡。要实现这种全过程控制(事前、事中、事后)和全方位控制(质量、成本、进度、资源),离不开及时、准确的动态信息的反馈系统。对成本、进度和资源进行跟踪报告,以便于进行项目经费管理和成本控制。

任务三　认识工程项目成本管理存在的问题及对策

一、工程项目成本管理存在的问题

(1) 对工程项目成本管理认识上存在误区

工程项目成本管理是一个全员全过程的管理,目标成本要通过施工生产组织和施工过程来实现。工程项目成本管理的主体是施工组织和直接生产人员,而不只是会计人员。长期以来,许多项目经理一提到成本管理就认为只是财务人员的事,简单地将项目成本管理的责任归于项目成本管理主管或财务人员。结果,工程技术人员只负责技术和工程质量,工程组织人员只负责施工生产和工程进度,材料管理人员只负责材料的采购、验收和发放工作。表面上看起来分工明确、职责清晰,然而却没有了成本管理的责任。如果生产组织人员为了赶工期而盲目增加施工人员和设备,必然会导致窝工现象和机械浪费,从而使人工费、机械费增加;如果材料管理人员堆放材料不合理,必然会导致材料二次搬运费的增加;如果技术人员为了保证工程质量,采用了可行但不经济的技术措施,必然增加质量成本。

(2) 成本预算编制不科学,缺乏可操作的控制依据

产品成本的控制要依据一定的标准来进行。工程项目作为施工企业的产品,由于其结构、规模和施工环境各不相同,各工程成本之间缺乏可比性。因而,如何针对单项工程项目制定出可操作的工程成本的控制依据将十分关键。工程项目成本管理与一般产品成本管理的根本区别在于,它的目标成本管理是一次性行为,它管理的对象只有一个工程项目,随着这个项目的完工而结束其历史使命,不管该工程项目的目标成本是否合理,仅在此一举,再无回旋的余地。因此可见,编制成本预算,制定出合理的成本控制目标是关键。

（3）忽视质量成本和工期成本管理与控制

质量成本是指为了确保满意的质量而发生的一切必要费用，以及因未达到质量标准而蒙受的经济损失。长期以来，我国施工企业未能充分认识质量和成本之间的辩证统一关系，习惯于强调工程质量，而对工程成本重视不够。工期成本是指为实现工期目标或合同规定的工期而采取相应措施所产生的一切费用。工期目标是工程项目管理三大主要目标之一，施工企业能否实现合同工期是取得信誉的重要条件。工程项目都有其特定的工期要求，保证工期往往会引起成本的变化。

（4）施工企业忽视材料成本管理

依据施工企业的经验数据，材料成本（施工过程中耗用的构成工程实体的原材料、辅助材料和周转材料摊销等费用）约占整个工程成本的 $55\%\sim70\%$，因此控制好材料成本对工程成本的降低至关重要。然而，在材料管理中存在许多问题，主要表现在缺乏详细的材料成本预算和控制分析，对材料成本的会计核算和内部审计不健全、不完善，造成材料购进、使用、库存账实不符等。

二、工程项目成本管理应对措施

（1）引入风险管理理念，建立全员成本控制体系项目

目前，许多广电网络公司在工程项目管理上都是采用项目经理承包或实行经济责任考核制，从而项目的盈亏一定程度上取决于项目经理的个人素质，结果往往出现包盈不包亏的情况。这也容易导致项目的经营者对项目成本控制不够重视，或根本就不知道该从哪一方面进行控制。而项目经理是公司法人在工程项目上的委托代理人，对工程项目成本控制负有全面的责任，因此，必须建立以项目经理为核心的成本控制体系。同时，项目部的员工由于项目成本与自己的切身利益并无太大关系，也会对成本管理漠不关心，于是成本控制就会流于形式。因此，要从根本上去除这种运营机制的弊端就必须引入风险经营的理念，增强项目盈亏与项目经理以及个人利益结合的紧密程度，坚持成本一票否决制度，牢固树立"成本第一"的管理理念。

（2）做好成本预算工作，推行目标责任成本控制

建立工程项目成本预算评估制度，科学合理地确定各项目标成本指标，是广电网络公司成本控制的又一重要特征。工程项目一开工，就必须由公司建设管理委员会、项目经理、工程建设部以及财务部负责人等组织有关职能部门和相关建设人员，对项目建设成本进行客观、公正的评估。通过对报价成本与预算成本的对比分析，预测出项目经营期的经营效益，从而合理地确定项目的目标责任成本。同时，根据项目预测的各项评价指标，将目标责任成本进行分解，建立从总工程师—项目经理—各建设职能部门（工程部、质检部等）—施工处—班组、个人的目标责任体系，按奖罚对等的原则，实行重奖重罚，真正将目标责任管理落到实处。

（3）严格工程施工招标控制，降低成本

为确保工程质量及降低采购成本，所有建设项目工程施工一律实行招标方式。首先公司应成立招标委员会，做到内部人员分工职责清晰，确保招标过程的公平、公正、公开，提高招标的透明度；其次招标委员会应筛选施工公司，并编制工程施工招标书及相关说明文件。由审计部负责编制工程造价预算，招标委员会核心人员确定工程造价标底，即可向施工单位

发出投标邀请书;同时公司招标委员会要组织施工公司按规定时间投标,做到投标书必须按投标时间和标书要求进行一次性报价,不得涂改,并做好密封工作。大项施工工程应要求施工单位缴纳履约保证金;最后招标委员会按设备招标的相关程序及要求对施工工程项目进行开标、评标、中标、签订中标合同等工作。签订的合同在工程管理部、财务部、审计部备案,并在招标工作完成后,将招标资料正式移交工程管理部。

(4) 落实合同成本责任制,建立合同成本控制体制

项目在施工过程中要签订各种各样的合同,不但合同的涉及面很广,合同签约方的身份也很复杂,稍有不慎,就会使自己陷于被动甚至增加额外的成本。因此,合同成本的控制管理尤为重要。① 建立、完善新型的合同成本控制体系,健全项目部各职能部门和各类员工之间相互监督、相互制约的成本管理机制;② 实行"以收定支"的绩效考核原则;③ 建立合同台账统计、检查和报告制度,为项目经理部做出管理决策、费用索赔、决算等提供依据。同时,合同成本管理对项目部人员素质要求很高,要求熟悉建筑法规,尤其是经济合同方面的知识,掌握成本收支内容和市场价格信息以及建筑施工索赔建设等,才能充分发挥合同成本控制所带来的潜力。

(5) 建立完善的采购制度、加强材料成本的控制

在建设工程中材料成本一般占到整个工程成本的 60%～70%,材料采购是公司物资管理的重要环节。搞好材料成本控制对降低项目成本,提高经济效益有重要作用。一般做法是要按量、价分离的原则,为此需要做好两个方面的工作。其一是对材料价格的控制:首先对市场行情进行调查,在保质保量的前提下,货比三家,择优购料;其次是合理组织运输,就近购料,选用最经济的运输方式,以降低运输成本。第二就是要考虑资金的时间价值,合理确定进货批量与批次,尽可能降低材料储备,减少资金占用。对于消耗量大的材料,必须采取招标竞价采购的方式,根据报价、质量、售后服务等情况,择优选择资信较好的材料供应商,签订合同,长期合作。

(6) 加强质量成本、安全成本的控制

质量成本是建设工程项目为保证和提高工程质量而支出的一切费用以及未达到质量标准而产生的一切损失费用之和。要想实现最低质量成本就必须严格按照施工组织设计进行施工,严把工程质量关。各级质量自检人员要定点、定岗、定责,把加强施工工序的质量自检和管理工作真正贯彻到整个施工过程中,采取各种防范措施,消除质量通病,做到工程一次成型,一次合格,尽量避免窝工、返工带来的损失。同时,广电网络公司必须采取一定的安全施工措施并配备专业的项目安全管理人员,提高工程项目的安全率,避免增加额外的不必要的工程成本,从而从总体上达到控制项目成本的目的。

(7) 加强项目支出会计核算

从财务方面加强对成本的控制是广电网络公司项目成本控制的一个关键环节。一般来说,项目经理和各层管理人员对财务知识了解甚少,这就需要财务人员通过对各种成本数据的搜集、整理、分析等得出相应的成本控制绩效的财务指标,以成本报表的形式定期地报送项目经理及各层管理人员,必要时还需做出相关的文字说明。这样可使管理层通过对各类指标的对比发现当期成本增加的原因,以便进一步制定下期成本控制的有效数据。同时,项目的财务部门也应对项目各项支出进行严格的审核,确保把各类成本费用降至最低。

（8）加强建设项目资金管理控制

建设项目审批后，工程管理部将立项报告及建设项目资金预算报送财务总监及财务部备案。项目前期开发费合同或协议及各项工程建设合同均应在财务部、审计部备案，作为支付款项的根本依据。同时工程管理部每月应编制资金预算、工程付款进度表、建设项目月度计划表并报送财务总监、财务部、审计部及其他相关部门备案。而财务部应重点对每笔工程款的支付严格把关，在支付工程款时要求现场工程管理人员首先提供符合工程进度及质量的报告，由工程管理部经理审核，项目负责人审批后报主管工程副总审核，最后根据审计部审核工作量及预算结果，由审计副总及财务总监核准报总经理审批后方能支付款项。

| 项目十一 |
项目风险管理

任务一 正确认识风险与项目风险	任务二 项目风险管理与风险管理规划	任务三 正确进行项目风险识别	任务四 科学进行项目风险分析
培养目标	**培养目标**	**培养目标**	**培养目标**
知识目标： 掌握风险与项目风险的定义； 掌握项目风险特点； 能力目标： 能够熟悉风险特点； 能够根据风险特点识别风险； 素质目标： 具备风险意识； 对项目中心的不确定性具备正确的心态。	知识目标： 掌握风险管理理念和风险管理方法； 掌握风险管理规划的重要性和内容； 能力目标： 能够制定风险管理规划； 素质目标： 具有风险管理理念； 利用有效的风险管理方法进行项目风险管理。	知识目标： 掌握什么是风险识别； 熟练风险识别方法； 掌握风险识别依据和成果； 能力目标： 能够进行风险识别； 能够建立风险识别成果； 能够通过风险识别加强项目管理； 素质目标： 有效进行利于项目管理的风险识别。	知识目标： 掌握风险定性分析方法； 掌握风险定量分析方法； 能力目标： 能够进行项目风险定性、定量分析； 素质目标： 具有风险分析的方法运用能力。
教学内容	**教学内容**	**教学内容**	**教学内容**
教学内容： 1. 风险与项目风险的定义 2. 项目风险的特点 训练内容： 分组讨论，风险是什么，明确项目中存在的风险	教学内容： 1. 风险管理理念 2. 风险管理规划程序 3. 风险管理规划的依据和方法 4. 风险管理规划的成果 训练内容： 依托工程建设项目编制项目风险管理规划	教学内容： 1. 项目风险识别特点 2. 识别项目中的潜在风险及其特征 3. 风险识别的依据 4. 风险识别程序 5. 风险识别方法 6. 风险识别的成果 训练内容： 制定某项目所含风险，制定风险报告	教学内容： 1. 风险定性分析 2. 风险定量分析 训练内容： 根据项目资料进行风险分析

●●● ↗ 引例

创办于 1996 年的合俊集团,是国内规模较为大型的 OEM 型玩具生产商。在世界五大玩具品牌中,合俊集团已是其中三个品牌的制造商——美泰、孩子宝以及 Spin master 的制造商,并于 2006 年 9 月成功在香港联交所上市,到 2007 年的时候,销售额就超过 9.5 亿港元。然而进入 2008 年之后,合俊的境况急剧下降。在 2008 年 10 月,这家在玩具界举足轻重的大型公司的工厂没能躲过这次全球性金融海啸,成了中国企业实体受金融危机影响出现倒闭第一案。目前,合俊已经关闭了其在广东的生产厂,涉及员工超过 7 000 人。

●●● ↗ 思考

1. 项目风险管理的内涵。
2. 风险管理规划的依据和方法。
3. 项目风险识别特点。
4. 风险识别方法。
5. 风险应对策略。

任务一　正确认识风险与项目风险

目前,学术界对风险的内涵还没有统一的定义,由于对风险的理解和认识程度不同,或对风险的研究角度不同,不同的学者对风险概念有着不同的解释,但可以归纳为以下几种代表性观点。

1. 风险是事件未来可能结果发生的不确定性

A. H. Mowbray(1995) 称风险为不确定性;C. A. Williams 将风险定义为在给定的条件和某一特定的时期,未来结果的变动;March&Shapira 认为风险是事物可能结果的不确定性,可由收益分布的方差测度;Brnmiley 认为风险是公司收入流的不确定性;Markowitz 和 Sharp 等将证券投资的风险定义为该证券资产的各种可能收益率的变动程度,并用收益率的方差来度量证券投资的风险,通过量化风险的概念改变了投资大众对风险的认识。由于方差计算的方便性,风险的这种定义在实际中得到了广泛的应用。

2. 风险是损失发生的不确定性

J. S. Rosenb(1972) 将风险定义为损失的不确定性;F. G. Crane 认为风险意味着未来损失的不确定性;Biokett,Charnes,Cooper& 用概率进行描述;Ruefli 等将风险定义为不利事件发生的机会,并且这种观点又分为主观学说和客观学说两类。主观学说认为不确定性是主观的、个人的和心理上的一种观念,是个人对客观事物的主观估计,而不能以客观的尺度予以衡量,不确定性的范围包括发生与否的不确定性、发生时间的不确定性、发生状况的不确定性以及发生结果严重程度的不确定性。客观学说则是以风险客观存在为前提,以风险事故观察为基础,以数学和统计学观点加以定义,认为风险可用客观的尺度来度量。例如,佩费尔将风险定义为风险是可测度的客观概率的大小;F.H.奈特认为风险是可测定的不确定性。

3. 风险是指可能发生损失的损害程度的大小

段开龄认为,风险可以引申定义为预期损失的不利偏差,这里的所谓不利是指对保险公司或对保险企业而言的。例如,若实际损失率大于预期损失率,则此正偏差对保险公司而言即为不利偏差,也就是保险公司所面临的风险。Markowitz 在别人质疑的基础上,排除可能收益率高于期望收益率的情况,提出了下方风险(Downsiderisk)的概念,即实现的收益率低于期望收益率的风险,并用半方差(Sernivaviance)来计量下方风险。

4. 风险是指损失的大小和发生的可能性

朱淑珍在总结各种风险描述的基础上,把风险定义为:风险是指在一定条件下和一定时期内,由于各种结果发生的不确定性而导致行为主体遭受损失的大小以及这种损失发生可能性的大小,风险是一个二位概念,风险以损失发生的大小与损失发生的概率两个指标进行衡量。王明涛在总结各种风险描述的基础上,把风险定义为:所谓风险是指在决策过程中,由于各种不确定性因素的作用,决策方案在一定时间内出现不利结果的可能性以及可能损失的程度。它包括损失的概率、可能损失的数量以及损失的易变性三方面内容,其中可能损失的程度处于最重要的位置。

5. 风险是风险构成要素相互作用的结果

风险因素、风险事件和风险结果是风险的基本构成要素。风险因素是风险形成的必要条件,是风险产生和存在的前提。风险事件是外界环境变量发生预料未及的变动从而导致风险结果的事件,它是风险存在的充分条件,在整个风险中占据核心地位。风险事件是连接风险因素与风险结果的桥梁,是风险由可能性转化为现实性的媒介。根据风险的形成机理,郭晓亭、蒲勇健等将风险定义为:风险是在一定时间内,以相应的风险因素为必要条件,以相应的风险事件为充分条件,有关行为主体承受相应的风险结果的可能性。叶青、易丹辉认为,风险的内涵在于它是在一定时间内,由风险因素、风险事件和风险结果递进联系而呈现的可能性。

6. 利用对波动的标准统计测度方法定义风险

1993 年发表的 30 国集团的《衍生证券的实践与原则》报告中,对已知的头寸或组合的市场风险定义为:经过某一时间间隔,具有一定工信区间的最大可能损失,并将这种方法命名为 ValueatRisk,简称 VaR 法,并竭力推荐各国银行使用这种方法。1996 年国际清算银行在《巴塞尔协议修正案》中也已允许各国银行使用自己内部的风险估值模型去设立对付市场风险的资本金;1997 年 P.Jorion 在研究金融风险时,利用"在正常的市场环境下,给定一定的时间区间和置信度水平,预期最大损失(或最坏情况下的损失)"的测度方法来定义和度量金融风险,也将这种方法简称为 VaR 法(P.Jorion,1997)。

7. 利用不确定性的随机性特征来定义风险

风险的不确定性包括模糊性与随机性两类。模糊性的不确定性,主要取决于风险本身所固有的模糊属性,要采用模糊数学的方法来刻画与研究;而随机性的不确定性,主要是由于风险外部的多因性(即各种随机因素的影响)造成的必然反映,要采用概率论与数理统计的方法来刻画与研究。

根据不确定性的随机性特征,为了衡量某一风险单位的相对风险程度,胡宜达、沈厚才等提出了风险度的概念,即在特定的客观条件下、特定的时间内,实际损失与预测损失之间的均方误差与预测损失的数学期望之比。它表示风险损失的相对变异程度(即不可预测程度)的一个无量纲(或以百分比表示)的量。

比较共识的是风险有两种定义:一种定义强调了风险表现为不确定性;而另一种定义则强调风险表现为损失的不确定性。若风险表现为不确定性,说明风险产生的结果可能带来损失、获利或是无损失也无获利,属于广义风险,金融风险属于此类。而风险表现为损失的不确定性,说明风险只能表现出损失,没有从风险中获利的可能性,属于狭义风险。

风险一词包括了两方面的内涵:一是风险意味着出现了损失,或者是未实现预期的目标;二是指这种损失出现与否是一种不确定性随机现象,可以用概率表示出现的可能程度,但不能对出现与否作出确定性判断。

通过对风险含义的分析,风险作为项目中存在的普遍现象,它具有以下特征:

(1)风险是损失或损害;

(2)风险是一种不确定性;

(3)风险是针对未来的;

(4)风险是客观存在,不以人的意志为转移的,风险的度量不涉及决策人的主观效用和时间偏好;

(5)风险是相对的,尽管风险是客观存在的,但它却依赖于决策目标,同一方案不同的决策目标会带来不同的风险;

(6)风险是预期和后果之间的差异,是实际后果偏离预期结果的可能性。

项目风险是指可能导致项目损失的不确定性,美国项目管理大师马克思·怀德曼将其定义为某一事件发生给项目目标带来不利影响的可能性。

任务二 项目风险管理与风险管理规划

一、风险管理与项目风险管理

1. 风险管理概述

风险管理从 1930 年代开始萌芽。风险管理最早起源于美国,在 1930 年代,由于受到 1929—1933 年的世界性经济危机的影响,美国约有 40% 的银行和企业破产,经济倒退了约 20 年。美国企业为应对经营上的危机,许多大中型企业都在内部设立了保险管理部门,负责安排企业的各种保险项目。可见,当时的风险管理主要依赖保险手段。

1938 年以后,美国企业对风险管理开始采用科学的方法,并逐步积累了丰富的经验。1950 年代风险管理发展成为一门学科,风险管理一词才形成。

1970 年代以后逐渐掀起了全球性的风险管理运动。1970 年代以后,随着企业面临的风险复杂多样和风险费用的增加,法国从美国引进了风险管理并在法国国内传播开来。与法国同时,日本也开始了风险管理研究。

近 20 年来,美国、英国、法国、德国、日本等国家先后建立起全国性和地区性的风险管理协会。1983 年在美国召开的风险和保险管理协会年会上,世界各国专家学者云集纽约,共同讨论并通过了"101 条风险管理准则",它标志着风险管理的发展已进入了一个新的发展阶段。

1986 年,由欧洲 11 个国家共同成立的"欧洲风险研究会"将风险研究扩大到国际交流范围。1986 年 10 月,风险管理国际学术讨论会在新加坡召开,风险管理已经由环大西洋地区向亚洲太平洋地区发展。

中国对于风险管理的研究开始于 1980 年代。一些学者将风险管理和安全系统工程理论引入中国,在少数企业试用中感觉比较满意。中国大部分企业缺乏对风险管理的认识,也没有建立专门的风险管理机构。作为一门学科,风险管理学在中国仍旧处于起步阶段。

进入到 20 世纪 90 年代,随着资产证券化在国际上兴起,风险证券化也被引入到风险管理的研究领域中。而最为成功的例子是瑞士保险公司发行的巨灾债券,和由美国芝加哥期货交易所发行的 PCS 期权。

风险管理是指如何在一个肯定有风险的环境里把风险减至最低的管理过程。风险管理是社会组织或者个人用以降低风险的消极结果的决策过程,通过风险识别、风险估测、风险评价,并在此基础上选择与优化组合各种风险管理技术,对风险实施有效控制和妥善处理风险所致损失的后果,从而以最小的成本收获最大的安全保障。

有效地对各种风险进行管理有利于企业做出正确的决策、有利于保护企业资产的安全和完整、有利于实现企业的经营活动目标,对企业来说具有重要的意义。

2. 项目风险管理

项目风险管理是为了最好地达到项目的目标,识别、分配、应对项目生命周期内风险的科学与艺术,是一种综合性的管理活动。

项目风险管理过程,一般由若干主要阶段组成,这些阶段不仅其间相互作用,而且与项目管理其他管理区域也互相影响,每个风险管理阶段的完成都需要项目风险管理人员的努力。

美国系统工程研究所(SEI)把风险管理的过程主要分成若干个环节,即风险识别(Identify)、风险分析(Analyse)、风险计划(Plan)、风险跟踪(Track)、风险控制(Control)和风险管理沟通(Communicate)。

由美国项目管理协会(PMI)开发的项目管理知识体系 PMBOK2000 指出,项目风险管理的内容包括项目风险管理计划、风险识别、定性风险分析、定量风险分析、风险应对计划和风险监督与控制。

我国毕星、翟丽主编的《项目管理》一书把项目风险管理的阶段划分为风险识别、风险分析与评估、风险处理、风险监视四个阶段。

在执行过程中,项目风险管理可以简化为风险识别、风险度量、制定应对措施和风险监控四步过程。项目的风险管理是一个动态的工作过程,在这个过程中项目风险的各项作业是相互交叉和互相重叠开展和进行的。项目风险识别是项目风险管理的重要环节。若不能准确地识别项目面临的所有潜在风险,就会错过处理这些风险的最佳时机。

项目风险管理是在项目进行的全过程中,对于影响项目的进程、效率、效益、目标等一系列不确定因素的管理,包括对外部环境因素与内部因素的管理,也包括对主观因素与客观因素、理性因素与感性因素的管理。项目风险管理的内涵体现在如下三个方面:

(1)全过程管理

项目风险管理既不是在项目实施前对于影响项目的不确定因素的简单罗列与事先判断,以及建立在此基础上的硬性的、条条框框的项目风险管理对策;也不是在项目进行过程中,实际的项目风险发生时的危机管理以及应变对策;更不是纯粹的项目风险发生后的补救方案设计与事后经验总结,而是对于项目风险全过程的管理。项目风险的全过程管理,要求项目风险管理者能够审时度势、高瞻远瞩,通过有效的风险识别,实现对项目风险的预警预控,要求项目管理者能够临危不乱、坦然面对,通过有效的风险管理工具或风险处理方法,对于项目运行过程中产生的风险进行分散、分摊或分割;要求项目风险管理者能够在项目风险发生后,采取有效的应对措施并能够总结经验教训,对项目风险管理工作进行改进。

(2)全员管理

项目风险的全员管理并不仅仅是对于项目运行全部参与方或参与人员的管理,而是要求所有的人员均能够参与项目风险的管理。项目风险管理绝对不是项目风险管理职能部门的事情。项目风险管理不仅包括对政治、经济、社会、文化、制度等外部环境中的不确定性因素的管理,还包括项目自身在其计划、组织、协调等过程中所产生的不确定因素的管理。对于后者而言,人为的主观影响成分较大。项目风险管理既是对项目全部参与方(人员)的管理,同时也是全员共同参与对项目风险的管理。

(3)全要素集成管理

从项目风险管理所追求的现实目标或项目风险管理所需解决的根本问题上来看,其主要涉及项目工期、造价以及质量三方面的问题。可见,项目风险管理的过程是一个在可能的条件下追求项目工期最短、造价最低、质量最优的多目标决策过程,且项目风险管理不能仅满足于对单一目标的追求。这是由于项目的工期、造价与质量是三个直接关联和相互作用的相关要素。项目工期的提前或滞后将直接影响造价的高低,项目质量的优劣与项目工程造价直接相关,同样,项目的工期与质量的波动受造价因素的影响。由此不难得出,项目风险管理是对工期、造价以及质量的全要素集成管理。

总体而言,成功的项目风险管理既是一门艺术又是一门科学。其重要性主要体现在如下两个方面。一方面,项目风险管理有助于确定项目范围以及最优项目。项目风险管理对可供选择的项目集合所具有的风险特征进行综合评价,如对于项目风险特征的聚类分析,使得项目组织者可在不同的临界值范围内选择项目群体;对于项目风险收入的有效性评价,使得项目组织者可以有意识地去选择项目投入产出效率较高的项目等等。项目风险管理从风险的周期性、规律性、预控性等多个角度,对于项目风险的识别机制、分散机制、分摊机制、转移机制等进行全面的分析,从而在项目选择范围内选择出最优项目。另一方面,项目风险管理有助于改进已选项目的效益与效率。项目风险管理是一个动态反复、适时修正、持续改进的过程,因此当风险伴随着项目的推进而出现时,项目风险管理能够不断跟踪风险影响项目运行的轨迹,并通过有效的程序或手段进行纠偏。比如,通过风险识别策略对于风险征兆或信号进行有效识别,防患于未然;发挥风险分散机制,对多个风险项目进行协调控制,充分利用项目间的协同效应,运用风险分摊策略,在项目的合作各方之间,通过资源共享、要素互补等方式有效分摊风险;运用风险转移机制,在必要的时候通过转让、出售等方式退出项目运作以转移风险。此外,项目的风险与收益在一定程度上具有正相关性,但项目风险同样与项目可能遭受的损失或可能增加的成本相对应。项目风险管理在改进已选项目的同时,也是对成本损失或不确定性的降低,等于提高了项目运行的效率与效益。

二、风险管理规划

风险在人类的大多数活动中存在,并随时间的变化而变化,但风险是可以通过人类的活动来改变其形式和程度的,因而风险是可以管理的。风险管理规划就是为了实现对风险的管理而制定的一份结构完备、内容全面且互相协调的风险管理策略文件,以尽可能消除风险或尽量降低风险危害。风险管理规划对于能否成功进行项目风险管理、完成项目目标至关重要。风险管理规划是规划、设计如何进行项目风险管理的过程,是项目风险管理的一整套计划,如定义项目风险管理的行动方案、选择合适的风险管理方法、确定风险判断的依据等,具体包括以下内容:

● 指导思想——确定风险管理使用的方法、工具和数据来源,这些内容可随项目阶段及风险评估情况做适当的调整。

● 明确人员——明确风险管理活动中领导者、支持者及参与者的角色定位、任务分工及其各自的责任。

● 时间周期——界定项目生命周期中风险管理过程的各运行阶段,及过程评价、控制和变更的周期或频率。

● 类型级别——定义并说明风险评估和风险量化的类型级别。明确的定义和说明对于防止决策滞后和保证过程连续是很重要的。

● 基准界定——明确定义由谁以何种方式采取风险应对行动。合理的定义可作为基准衡量项目团队实现风险应对计划的有效性,并避免项目业主方与项目承担方对该内容理解的差异性。

● 过程管理——规定风险管理各过程中应汇报或沟通的内容、范围、渠道及方式。汇报与沟通应包括项目团队内部之间,项目外部与投资方及其他项目利益相关者之间。

● 有效记录——规定如何以文档的方式记录项目过程中风险及风险管理的过程,风险管理文档可有效应用于对当前项目的管理、项目的监察、经验教训的总结及日后项目的指导。

1. 风险管理规划程序

(1) 风险设想

风险设想是对可能导致风险发生的事件和情况的设想。应针对所有对项目成功有关键作用的风险来进行风险设想。确定风险设想一般有三个步骤:

① 假设风险已经发生,考虑如何应对;

② 假设风险将要发生,说明风险设想;

③ 列出风险发生之前的事件和情况。

(2) 制定风险应对备用方案

风险应对备用方案是指应对风险的一套备用方案。风险应对策略用接受、避免、保护、减少、研究、储备和转移来制定风险应对备用方案。每种策略应包括目标、约束和备用方案。

（3）选择风险应对途径

风险应对途径缩小了选择范围,并将选择集中在应对风险的最佳备用方案上。可将几种风险应对策略结合为一条综合途径。例如,通过市场调查来获得统计数据,根据调查结果,可能会将风险转移到第三方,也可能使用风险储备,开发新的内部技术。选择标准有助于确定应对风险的最佳备用方案。

（4）制定风险管理计划

风险管理计划详细说明了所选择的风险应对途径,它将途径、所需的资源和批准权力编写为文档,一般应包含批准权力、负责人、所需资源、开始日期、活动、预计结束日期、采取的行动和取得的结果等。

（5）建立风险管理模板

风险管理计划并不需要立即实施。在项目实施初期,风险评估倾向于识别至关紧要的重要风险,由于它们并不会立即发生,风险计划中比较容易被忽视,这些重要的问题在跟踪中也容易被遗忘,除非设置某种机制,否则这些问题会被遗忘,直到出现无法补救的后果。要做到尽早警告,可使用以定量目标和阈值(又称临界值)为基础的触发器。

风险管理模板规定了风险管理的基本程序、风险的量化目标、风险警告级别、风险的控制标准等,从而使风险管理标准化、程序化和科学化。

（6）确定风险数据库模式

项目风险数据库应包含若干数据字段以便全面描述项目风险。数据库设计一般包括数据库结构和数据文件两部分,项目风险数据库应包括项目生命周期过程所有相关活动。项目风险数据库模式,是从项目风险数据库结构设计的角度来介绍项目风险数据库。

一个项目风险数据库至少应包括存入号码、日期、状态、识别者、风险类型、风险标题、可能性、后果、时间框架、项目、阶段、功能、WBS、风险陈述、风险场景、风险分析、现在的优先级、以前的优先级、风险应对、决策、风险行动计划、定量的目标、指标、阈值、触发器、成本、节省的成本等。

2.风险管理规划的依据和方法

风险管理规划的依据一般包括:

① 项目规划中所包含或涉及的有关内容,如项目目标、项目规模、项目利益相关者情况、项目复杂程度、所需资源、项目时间段、约束条件及假设前提等;

② 项目组织及个人所经历和积累的风险管理经验及实践;

③ 决策者、责任方及授权情况;

④ 项目利益相关者对项目风险的敏感程度及可承受能力;

⑤ 可获取的数据及管理系统情况;

⑥ 风险管理模板。

风险管理规划一般通过举行项目团队规划会议的方法制定。会议参加人员应包括项目经理、项目团队成员及任何与风险管理规划有关的利害关系者、实施组织中负责管理风险规划和实施活动的人员以及其他应参与人员。

风险管理规划会议将具体地把风险管理标准模板应用于当前的项目,充分运用项目工作分解结构WBS,风险核对表技术和风险管理表格(风险管理表格记录着管理风险的基本信息。风险管理表格是一种系统地记录风险信息并跟踪到底的方式。),风险数据库(风险数据库表明了识别风险和相关的信息组织方式,它将风险信息组织起来供人们查询、跟踪状态、排序和产生报告。一个简单的电子表格可作为风险数据库的一种实现,因为它能自动完成排序、报告等风险数据库的实际内容不是计划的一部分,因为风险是动态的,并随着时间的变化而改变。)等工具,结合当前项目实际,制定针对整个项目生命周期的风险识别、风险分析、风险应对及风险监控的计划。

3. 风险管理规划的成果

风险管理规划的成果是形成一套风险管理计划文件,其中最重要的是风险形势估计、风险管理计划和风险规避计划。

在风险管理规划阶段,应该根据风险分析的结果对项目风险形势估计进行修改。修改时应该对已经选定的风险规避策略有效性进行评价,重点放在这些策略会取得哪些成果上。项目风险形势估计将最后确定风险规避策略的目标,找出必要的策略、措施和手段,并对任何必要的应急和后续各措施进行评价。项目风险形势估计还应当确定为实施风险规避策略而使用的资金的效果和效率。

风险管理计划要说明如何把风险分析和管理步骤应用于项目之中。该文件详细地说明风险识别、风险估计、风险评价和风险控制过程的所有方面。风险管理计划还要说明项目整体风险评价基准是什么,应当使用什么样的方式以及如何参照这些风险评价基准对项目整体风险进行评价。

风险规避计划是在风险分析工作完成之后制定的详细计划。不同的项目,风险规避计划内容不同,但是,至少应当包含风险来源的识别;已识别出的关键风险因素的评估;建议的风险规避策略;项目风险形势估计、风险管理计划和风险规避计划三者综合之后的总策略;实施规避策略所需资源的分配;成功的标准,即何时可以认为风险已被规避;跟踪、决策以及反馈的时间和应急计划。

任务三　正确进行项目风险识别

项目风险识别是指找出影响项目目标顺利实现的主要风险因素,并识别出这些风险究竟有哪些基本特征、可能会影响到项目的哪些方面。

项目风险识别是一项贯穿于项目实施全过程的项目风险管理工作。它不是一次性行为,而应有规律地贯穿整个项目。风险识别包括识别内在风险及外在风险。内在风险指项目工作组能加以控制和影响的风险,如人事任免和成本估计等。外在风险指超出项目工作组控制力和影响力之外的风险,如市场转向或政府行为等。严格来说,风险仅仅指遭受创伤和损失的可能性,但对项目而言,风险识别还牵涉机会选择(积极成本)和不利因素威胁(消极结果)。任何能进行潜在问题识别的信息源都可用于风险识别,信息源有主观和客观两种。客观的信息源包括过去项目中记录的经验和表示当前项目进行情况的文件,如工程文档、计划分析、需求分析、技术性能评价等;主观信息源是基于有经验的专家的经验判断。

一、项目风险识别特点

（1）全员性

项目风险的识别不只是项目经理或项目组个别成员的工作，而是项目组全体成员参与并共同完成的任务。因为整个项目组成员的工作都会有风险，每个项目组成员都有各自的项目经历和项目风险管理经验。

（2）系统性

项目风险无处不在，无时不有，决定了风险识别的系统性，即项目寿命期过程中的风险都属于风险识别的范围。

（3）动态性

风险识别并不是一次性的，在项目计划、实施甚至收尾阶段都要进行风险识别。根据项目内部条件、外部环境以及项目范围的变化情况，适时、定期进行项目风险识别是非常必要和重要的。因此风险识别在项目开始、每个项目阶段中间、主要范围变更批准之前进行。它必须贯穿于项目全过程。

（4）信息性

风险识别需要做许多基础性工作，其中重要的一项工作是收集相关的项目信息。信息的全面性、及时性、准确性和动态性决定了项目风险识别工作的质量和结果的可靠性和精确性，项目风险识别具有信息依赖性。

（5）综合性

风险识别是一项综合性较强的工作，除了在人员参与、信息收集和范围等方面具有综合性特点外，风险识别过程中还要综合应用各种风险识别的技术和工具。

（6）反复性

风险识别是一项反复过程。随着项目生命周期的进程，新风险可能会不断出现。风险识别反复的频率以及谁参与识别过程都会因项目而异。

风险识别不是一次就可以完成的事，应当在项目的整个生命周期自始至终定期进行。参加风险识别的人员通常可包括项目经理、项目团队成员、风险管理团队、项目团队之外的相关领域专家、顾客、最终用户、项目利害关系者和风险管理专家。虽然上述人员是风险识别过程的关键参与者，但应鼓励所有项目人员参与风险的识别。特别值得强调的是项目团队应自始至终全过程参与风险识别过程，以便针对风险及其应对措施的形成保持一种责任感。

二、识别项目中的潜在风险及其特征

这是项目风险识别的第一个目标。因为只有首先确定可能会遇到哪些风险，才能够进一步分析这些项目的性质和后果。所以在项目风险识别工作中，首先要全面分析项目的各种影响因素，从中找出可能存在的各种风险，并整理汇总成项目风险的清单。

只有识别清楚各个项目风险的主要影响因素，才能够把握项目风险发展变化的规律，才能够度量项目风险的可能性与后果的大小，从而才有可能对项目风险进行应对和控制。

项目风险识别的根本目的就是要缩小和取消项目风险可能带来的不利后果。在识别出项目风险和项目风险的主要来源之后，必须全面分析项目风险可能带来的后果及其后果的严重程度。当然，这一阶段的识别和分析主要是定性分析。

三、风险识别的依据

项目风险识别的主要依据包括项目规划、风险管理计划、风险种类、历史资料、制约因素和假设条件等。

（1）项目规划

项目规划中的项目目标、任务、范围、进度计划、费用计划、资源计划、采购计划及项目承包商、业主方和其他利益相关方对项目的期望值等。

（2）风险管理计划

风险管理计划对整个项目生命周期制定了如何组织和进行风险识别、风险评估、风险量化、风险应对及风险监控，定义了项目组织及成员风险管理的行动方案及方式，指导项目组织选择风险管理方法，是项目风险识别的重要依据。

（3）风险种类

风险种类指那些可能对项目产生正面或负面影响的风险源。一般的风险类型有技术风险、质量风险、过程风险、管理风险、组织风险、市场风险及法律法规变更等。项目的风险种类应能反映出项目所在行业及应用领域的特征，掌握了风险种类的特征规律，也就掌握了风险识别的钥匙。

（4）历史资料

项目风险识别的重要依据之一就是历史资料。类似项目的历史资料及其经验教训对于识别本项目的风险非常有用。项目管理人员可以翻阅过去项目的档案或向曾参与类似项目的有关各方征集历史资料，这些资料档案中常常有详细的记录，记载着一些事故的来龙去脉，这对本项目的风险识别极有帮助。

（5）制约因素与假设条件

项目建议书、可行性研究报告、设计等项目计划和规划性文件一般都是在若干假设、前提条件下通过估计或预测出来的。这些前提和假设在项目实施期间可能成立，也可能不成立，所以，项目的前提和假设之中均隐藏着风险。项目环境必然受到国家的法律、法规和规章等项目主体无法控制的因素的制约，这也隐藏着风险。因此，项目计划和规划的前提、假设和限制因素，都应当作为风险识别的依据。

四、风险识别程序

风险识别一般可分三步进行。

（1）收集资料

资料和数据能否到手、是否完整必然会影响项目风险损失的大小。能帮助我们识别风险的资料具体有项目产品或服务的说明书、项目的前提、假设和制约因素、与本项目类似的案例等。

（2）风险形势估计

风险形势估计是要明确项目的目标、战略、战术、实现项目目标的手段和资源以及项目的前提和假设，以便正确确定项目及其环境的变数。

（3）根据直接或间接的症状进行潜在的风险识别

风险识别首先需要对制定的项目计划、项目假设条件和约束因素、与本项目具有可比性的已有项目的文档及其他信息进行综合会审。风险的识别可以从原因查结果，也可以从结果反过来找原因。

五、风险识别方法

风险的范围、种类和严重程度经常容易被主观夸大或缩小,使项目的风险评估分析和处置发生差错,造成不必要的损失。项目风险识别的方法有很多,任何有助于发现风险信息的方法都可以作为风险识别的工具。

1. 从主观信息源出发的方法

(1) 头脑风暴法(Brain storming),也称集体思考法,是以专家的创造性思维来索取未来信息的一种直观预测和识别方法。此法由美国人奥斯本于 1939 年首创,20 世纪 50 年代起就得到了广泛应用。头脑风暴法一般在一个专家小组内进行。以"宏观智能结构"为基础,通过专家会议,发挥专家的创造性思维来获取未来信息。这就要求主持专家会议的人在会议开始时的发言中能激起专家们的思维"灵感",促使专家们感到急需回答会议提出的问题,通过专家之间的信息交流和相互启发,从而诱发专家们产生"思维共振",以达到互相补充并产生"组合效应",获取更多的未来信息,使预测和识别的结果更准确。我国 70 年代末开始引入头脑风暴法,并受到广泛的重视和采用。

(2) 德尔菲法(Delphi method)又称专家调查法,它是 20 世纪 50 年代初美国兰德公司(Rand Corporation)研究美国受苏联核袭击风险时提出的,并在世界上快速地盛行起来。它是依靠专家的直观能力对风险进行识别的方法,现在此法的应用已遍及经济、社会、工程、技术等各领域。用德尔菲法进行项目风险识别的过程是由项目风险小组选定项目相关领域的专家,并与这些适当数量的专家建立直接的函询联系,通过函询收集专家意见,然后加以综合整理,再匿名反馈给各位专家,再次征询意见。这样反复经过四至五轮,逐步使专家的意见趋向一致,作为最后识别的根据。我国在 70 年代引入此法,已在许多项目管理活动中进行了应用,并取得了比较满意的结果。

(3) 情景分析法(Scenarios analysis)是由美国 SLLELL 公司的科研人员 Pierr Wark 于 1972 年提出的。它是根据发展趋势的多样性,通过对系统内外相关问题的系统分析,设计出多种可能的未来前景,然后用类似于撰写电影剧本的手法,对系统发展态势作出自始至终的情景和画面的描述。当一个项目持续的时间较长时,往往要考虑各种技术、经济和社会因素的影响,可用情景分析法来预测和识别其关键风险因素及其影响程度。情景分析法对以下情况是特别有用的:提醒决策者注意某种措施或政策可能引起的风险或危机性的后果;建议需要进行监视的风险范围;研究某些关键性因素对未来过程的影响;提醒人们注意某种技术的发展会给人们带来哪些风险。情景分析法是一种适用于对可变因素较多的项目进行风险预测和识别的系统技术,它在假定关键影响因素有可能发生的基础上,构造出多重情景,提出多种未来的可能结果,以便采取适当措施防患于未然。情景分析法从 70 年代中期以来在国外得到了广泛应用,并产生了目标展开法、空隙添补法、未来分析法等具体应用方法。一些大型跨国公司在对一些大项目进行风险预测和识别时都陆续采用了情景分析法。因其操作过程比较复杂,目前此法在我国的具体应用还不多见。

情景分析法又称脚本法或者前景描述法,是假定某种现象或某种趋势将持续到未来的前提下,对预测对象可能出现的情况或引起的后果做出预测的方法。"情景分析"中对环境

的分析可以运用多种分析工具,如:

① PEST 分析:

政治(political)、经济(economical)、社会(social)、技术(technological)

经济的:要素市场与供给水平;劳动力市场;价格水平;财政与税收政策;顾客因素;资本市场:利率、汇率与融资;WTO;

政治的:政治环境;法律环境;政府管制;产业政策;

技术的:技术变革;技术替代;

社会的:社会态度、信念与价值观;人口的年龄结构与教育程度;绿色化;

② 基于 SWOT 分析的道斯矩阵:

SWOT 分析法是一种常用环境分析方法,所谓的 SWOT 是英文优势(Strength)、劣势(Weakness)、外部机会(Opportunity)、外部威胁(Threat)的简写。

SWOT 分析一般分成五步:

列出项目的优势和劣势,可能的机会与威胁,填在道斯矩阵的 Ⅰ、Ⅱ、Ⅲ、Ⅳ 区,如表 11-1 所示。

表 11-1　道斯矩阵表

	Ⅲ 优势 列出自身优势	Ⅳ 劣势 列出具体弱点
Ⅰ 机会 列出现有机会	Ⅴ SO 战略 抓住机遇、发挥优势	Ⅵ WO 战略 利用机会、克服劣势
Ⅱ 威胁 列出正面临的威胁	Ⅶ ST 战略 利用优势、减少威胁	Ⅷ WT 战略 弥补缺点、规避威胁

将内部优势与现有机会相组合,形成 SO 策略,制定抓住机会、发挥优势的战略,填在道斯矩阵 Ⅴ;

将内部劣势与现有机会相组合,形成 WO 策略,制定利用机会、克服弱点的战略,填在道斯矩阵 Ⅵ;

将内部优势与面临威胁相组合,形成 ST 策略,制定利用优势、减少威胁的战略,填在道斯矩阵 Ⅶ;

将内部劣势与面临威胁相组合,形成 WT 策略,制定弥补缺点、规避威胁的战略,填在道斯矩阵 Ⅷ。

③ 利益相关性分析:相关的利益群体是哪些? 他们有什么样的利益诉求? 这些利益需求的变化趋势是怎样的?

2. 从客观信息源出发的方法

(1) 核对表法。核对表一般根据项目环境、产品或技术资料、团队成员的技能或缺陷等风险要素,把经历过的风险事件及来源列成一张核对表。核对表的内容可包括:以前项目成功或失败的原因;项目范围、成本、质量、进度、采购与合同、人力资源与沟通等情况;项目产品或服务说明书;项目管理成员技能;项目可用资源等。项目经理对照核对表,对本项目的潜在风险进行联想相对来说简单易行。这种方法也许揭示风险的绝对量要比别的方法少一些,但是这种方法可以识别其他方法不能发现的某些风险。

（2）流程图法。流程图方法首先要建立一个工程项目的总流程图与各分流程图,它们要展示项目实施的全部活动。流程图可用网络图来表示,也可利用 WBS 来表示。它能统一描述项目工作步骤;显示出项目的重点环节;能将实际的流程与想象中的状况进行比较;便于检查工作进展情况。这是一种非常有用的结构化方法,它可以帮助分析和了解项目风险所处的具体环节及各环节之间存在的风险。运用这种方法完成的项目风险识别结果,可以为项目实施中的风险控制提供依据。

（3）财务报表法。通过分析资产负债表、营业报表以及财务记录,项目经理就能识别本企业或项目当前的所有财产、责任和人身损失风险。将这些报表和财务预测、经费预算联系起来,项目经理就能发现未来的风险。这是因为,项目或企业的经营活动要么涉及货币,要么涉及项目本身,这些都是风险管理最主要的考虑对象。

六、风险识别的成果

风险识别之后要把结果整理出来,写成书面文件,为风险分析的其余步骤和风险管理做准备。风险识别主要形成以下四方面的内容:

（1）风险来源表

该表不管风险事件发生的频率和可能性、收益、损失、损害或伤害有多大,应尽可能全面地一一罗列所有的风险,并用文字说明其来源、风险的可能后果、预计的可能发生时间及次数。

（2）风险分类或分组

识别出的风险应进行分类或分组,分类或分组的结果应便于进行风险分析的其余步骤和风险管理。

（3）描述风险症状

将风险事件的各种外在表现(如风险苗头和前兆等)描述出来,以便于项目管理者发现和控制风险。

（4）对项目管理其他方面的要求

在风险识别的过程中可能会发现项目管理其他方面的问题需要完善和改进,应在风险识别结果中表现出来并向有关人员提出要求,让其进一步完善或改进工作。

任务四　科学进行项目风险分析

按照美国项目管理知识体系 PMBOK,项目风险分析包括风险定性、定量分析。风险定性分析指通过考虑风险发生的概率、风险发生后对项目目标的影响和其他因素(费用、进度、范围和质量风险承受度水平),对已识别风险的优先级进行评估。风险定量分析指对定性风险分析过程中识别出的对项目需求存在重大影响而排序在先的风险进行的量化分析,并就风险分配一个数值。

一、风险定性分析

风险是指损失发生的不确定性,所以风险是不利事件发生的概率及其后果的函数,而风险定性分析就是分析风险的性质、估算风险事件发生的概率及其后果的严重程度,以降低其不确定性。

风险与概率密切相关,概率是度量某一事件发生的可能性大小的量,它是随机事件的函数。必然发生的事件,其概率为1,记为$P(U)=1$,其中U代表必然事件;不可能事件,其概率为零,记为$P(V)=0$,其中V代表不可能事件;一般的随机事件,其概率在0与1之间,记为$0 \leqslant P(A) \leqslant 1$,A代表任一随机事件。

项目风险后果是多种多样的,为了对风险及其影响进行排序,我们需要采取一些特殊的计量方式,常用的有风险标识和序数。

标识标度是标识对象或事件的,可以用来区分不同的风险,但不涉及数量。不同的颜色和符号都可以作为标识标度,例如,项目管理组如果感到项目进度拖延的后果非常严重时,可用紫色表示进度拖延;如果感到很严重,用红色表示;如果感到严重,则用橘红色表示。序数标度是事先确定一个基准,然后按照与这个基准的差距大小将风险排出先后顺序,可以区别出各风险之间的相对大小和重要程度。但序数标度无法判断各风险之间的具体差别大小,只能给出一个相对的先后排列顺序,例如将风险分为已知风险、可预测风险和不可预测风险就是一种序数标度。

1. 风险定性分析程序

(1)系统研究项目风险背景信息
(2)详细研究已辨识项目中的关键风险
(3)确定风险的发生概率及其后果
(4)作出主观判断
(5)排列风险优先顺序

2. 风险定性分析方法

风险定性分析的技术方法有风险概率与影响评估法、概率和影响矩阵、风险紧迫性评估等。

(1)风险概率与影响评估

风险概率分析指调查每项具体风险发生的可能性。风险影响评估旨在分析风险对项目目标(如时间、费用、范围或质量)的潜在影响,既包括消极影响或威胁,也包括积极影响或机会。可通过挑选对风险类别熟悉的人员,采用召开会议或进行访谈等方式对风险进行评估。

(2)概率和影响矩阵

根据评定的风险概率和影响级别,对风险进行等级评定。通常采用参照表的形式或概率和影响矩阵的形式,评估每项风险的重要性及其紧迫程度。概率和影响矩阵形式规定了各种风险概率和影响的组合,并规定哪些组合被评定为高重要性、中重要性或低重要性。

组织应确定哪种风险概率和影响的组合可被评定为高风险(红灯状态)、中等风险(黄灯状态)或低风险(绿灯状态)。在概率和影响矩阵(如表11-2所示)中,这些不同的状态可分别用不同深度的颜色代表,深色(数值最大的区域)代表高风险;中度色区域(数值最小)代表低风险;而浅色区域(数值介于最大和最小值之间)代表中等程度风险。通常,由组织在项目开展之前提前界定风险等级评定程序。

表 11-2　概率和影响矩阵

	威　　胁					机　　会				
0.90	0.05	0.09	0.18	0.36	0.72	0.72	0.36	0.18	0.09	0.05
0.70	0.04	0.07	0.14	0.28	0.56	0.56	0.28	0.14	0.07	0.04
0.50	0.03	0.05	0.10	0.20	0.40	0.40	0.20	0.10	0.05	0.03
0.30	0.02	0.03	0.06	0.12	0.24	0.24	0.12	0.06	0.03	0.02
0.10	0.01	0.01	0.02	0.04	0.08	0.08	0.04	0.02	0.01	0.01
概率　　　影响	0.05	0.10	0.20	0.40	0.80	0.80	0.40	0.20	0.10	0.05
对目标(费用、时间、质量等)的影响——比率标度 每一风险按其发生概率及发生后造成的影响评定级别。矩阵中所示组织规定的低 风险、中等风险和高风险的临界值确定了风险的得分。										

风险分值可为风险应对措施提供指导。例如,如果风险发生会对项目目标产生不利影响(即威胁),并且处于矩阵高风险区域,可能就需要采取重点措施,并采取积极的应对策略。而对于处于低风险区域的威胁,只需将之放入待观察风险清单或应急储备,不需额外采取任何其他积极管理措施。同样,对于处于高风险区域的机会,最容易实现而且能够带来最大的利益,应先以此为工作重点。对于低风险区域的机会,应对之进行监测。

(3)风险紧迫性评估

风险紧迫性评估,需要近期采取应对措施的风险可被视为亟须解决的风险。风险应对措施所需的时间、风险征兆、警告和风险等级都可作为确定风险优先级或紧迫性的指标。

定性风险分析的结果是形成风险登记册,风险登记册是在风险识别过程中形成的,并根据定性风险分析的信息进行更新,将更新后的风险登记册纳入项目管理计划之中。依据定性风险分析对风险登记册进行更新的内容包括项目风险的相对排序或优先级清单、按照类别分类的风险、需要在近期采取应对措施的风险清单、需要进一步分析与应对的风险清单、低优先级风险观察清单和定性风险分析结果的趋势。

3.风险定性分析成果

(1)项目整体风险等级。通过比较项目间的风险等级,对该项目的整体风险程度做出评价。项目的整体风险等级将用于支持各项目资源的投入策略及项目继续进行或取消的决策。

(2)风险表。风险表将按照高、中、低类别的方式对风险状况做出详细的表示,风险表可以表达到 WBS 的最底层。风险表还可以按照项目风险的紧迫程度、项目的费用风险、进度风险、功能风险和质量风险等类别单独做出风险排序和评估。对重要风险的风险概率和影响程度要有单独的评估结果并做出详细说明。

(3)附加分析计划表。对高或中等程度的风险应列为重点并做出更详尽的分析和评价,其中应包括进行下一步的风险定量评价和风险应对计划。

二、风险定量分析

1. 风险定量分析程序

风险定量分析是在不确定情况下进行决策的一种量化的方法。主要分析程序如下:

(1) 系统研究项目风险背景信息。

(2) 确定风险评价基准。风险评价基准是针对项目主体每一种风险后果确定的可接受水平。风险的可接受水平是绝对的,也是相对的。

(3) 使用风险评价方法确定项目整体风险水平。项目风险整体水平是综合了所有单个风险之后确定的。

(4) 使用风险评价工具挖掘项目各风险因素之间的因果联系,确定关键因素。

(5) 做出项目风险的综合评价,确定项目风险状态及风险管理策略。

2. 风险定量分析的方法

风险定量分析有确定性分析、不确定性分析及其他分析方法。

(1) 确定性风险的定量分析法

假定项目各种状态出现的概率为1,只计算和比较各种方案在不同状态下的后果,进而选择出风险不利后果最小、有利后果最大的方案的过程称作确定性风险分析。其方法有:

① 敏感性分析

敏感性分析有助于确定哪些风险对项目具有最大的潜在影响。它把所有其他不确定因素保持在基准值的条件下,考察项目的每项要素的不确定性对目标产生多大程度的影响。

② 盈亏平衡分析

各种不确定因素的变化会引起评价指标的改变。当这些因素的变化达到某一临界值时,就会引起质的变化,从而影响到方案的取舍。盈亏平衡点正是这样的临界点,盈亏平衡分析的目的也正是要找出这种临界值,为决策提供依据。

(2) 不确定性风险的定量分析法

① 概率分析法

所谓概率分析,是指用概率来分析、研究不确定因素对指标效果影响的一种不确定性分析。具体而言,是指通过分析各种不确定因素在一定范围内随机变动的概率分布及其对指标的影响,从而对风险情况做出比较准确的判断,为决策提供更准确的依据。

② 期望值法

最大期望收益准则,即从期望收益值中选取最大者,它对应的策略为决策策略。最小机会损失准则,即从机会损失期望值矩阵中选取最小者作为决策策略。

③ 预期货币价值分析

预期货币价值分析(EMV)是一个统计概念,用以计算在将来某种情况发生或不发生情况下的平均结果(即不确定状态下的分析)。机会的预期货币价值一般表示为正数,而风险的预期货币价值一般表示为负数。每个可能结果的数值与其发生概率相乘之后加总,即得出预期货币价值。

（3）其他风险定量分析法

① 决策树分析法

决策树是对所考虑的决策以及采用这种或者那种现有方案可能产生的后果进行描述的一种图解方法。它综合了每种可用选项的费用和概率，以及每条事件逻辑路径的收益。当所有收益和后续决策全部量化之后，通过决策树的求解过程可得出每项方案的预期货币价值（或组织关心的其他衡量指标）。

② 模型和模拟方法

项目模拟用一个模型，将详细规定的各项不确定性换算为它们对整个项目层次的目标所产生的潜在影响。项目模拟一般采用蒙特卡洛技术。在模拟中，项目模型经过多次计算（叠加），其随机依据值取自于每项变量的概率分布，为每个叠加过程选择概率分布函数（例如，项目元素的费用或进度活动的持续时间），并据此计算概率分布（例如总费用或完成日期）。

定量风险分析的结果是形成风险登记册，风险登记册在风险识别过程中形成，在定性风险分析过程中更新，并在定量风险分析过程中进一步更新。风险登记册是项目管理计划的组成部分，此外的更新内容主要包括项目的概率分析、实现费用和时间目标的概率、量化风险优先级清单、定量风险分析结果的趋势。

3. 风险定量分析的成果

（1）量化的风险序列表。

对要抓住的机会和要采取措施的威胁列表并按影响程度进行排序。这份风险序列表将作为应对措施研究的基本依据。

（2）项目确认研究。

应用风险评估和风险量化结果对项目进度和费用计划进行分析，提出确认的项目周期、完工日期和项目费用，并提出对应当前项目计划实现项目目标的可能性。

（3）所需的应急资源。

风险量化可以确定所需资源的量及所需资源的应急程度，以帮助项目经理在实现目标的过程中将资源消费控制在组织可接受的程度内。

任务五　有效进行项目风险应对与监控

一、项目风险应对

1. 项目风险应对准备

风险应对就是对项目风险提出处置意见和办法。通过对项目风险识别、估计和评价，把项目风险发生的概率、损失严重程度以及其他因素综合起来考虑，可得出项目发生各种风险的可能性及其危害程度，再与公认的安全指标相比较，就可确定项目的危险等级，从而决定应采取什么样的措施以及应采取到什么程度。

对项目风险做出项目风险应对规划。风险应对规划指为项目目标增加实现机会、减少失败威胁而制订方案,决定应采取对策的过程。风险应对规划过程在定性风险分析和定量风险分析之后进行,包括确认与指派相关个人或多人(简称"风险应对负责人"),对已得到认可并有资金支持的风险应对措施担负起职责。风险应对规划过程根据风险的优先级水平处理风险,在需要时,将在预算、进度计划和项目管理计划中加入资源和活动。

风险应对的依据主要有:

(1) 风险管理计划。

(2) 风险排序——将风险按其可能性、对项目目标的影响程度、缓急程度分级排序,说明要抓住的机会和要应对的威胁。

(3) 风险认知——对可放弃的机会和平共处可接受风险的认知。组织的认知度会影响风险应对计划。

(4) 风险主体——项目利益相关者中可以作为风险应对主体的名单。风险主体应参与制定风险应对的计划。

2. 项目风险应对的程序

风险应对即风险行动计划,以将风险降至可接受程度的过程,其程序如下:

(1) 进一步确认风险影响

(2) 制定风险应对策略措施

(3) 研究风险应对技巧和工具

(4) 执行风险行动计划

(5) 提出风险防范和监控建议

3. 项目风险应对策略

风险应对策略就是对已经识别的风险进行定性分析、定量分析和进行风险排序,制订相应的应对措施和整体策略。项目风险的应对包括对风险有利机会的跟踪和对风险不利影响的控制。

(1) 风险规避

风险规避是改变项目计划来消除特定风险事件的威胁。通常情况下我们可以采用多种方法来规避风险。例如,对于软件项目开发过程中存在的技术风险,我们可以采用成熟的技术,团队成员熟悉的技术或迭代式的开发过程等方法来规避风险;对于项目管理风险我们可以采用成熟的项目管理方法和策略来规避不成熟的项目管理带来的风险;对于进度风险我们可以采用增量式的开发来规避项目或产品延迟上市的风险;对于软件项目需求不确定的风险我们可以采用原型法来规避风险。

(2) 风险转移

风险转移是转移风险的后果给第三方,通过合同的约定,由保证策略或者供应商担保。转移风险实际只是把风险管理责任推给另一方,而并非将其拔除。对于金融风险而言,风险转移策略最有效。风险转移策略几乎总需要向风险承担者支付风险费用。转移工具丰富多样,包括但不限于利用保险、履约保证书、担保书和保证书。出售或外包将自己不擅长的或自己开展风险较大的一部分业务委托他人帮助开展,集中力量在自己的核心业务上,从而有效地转移了风险。同时,可以利用合同将具体风险的责任转移给另一方。在多数情况下,使用成本加酬金合同可将费用风险转移给买方,如果项目的设计是稳定的,可以用固定总价合同把风险转移给买方。有条件的企业可运用一些定量化的风险决策分析方法和工具，来精算优化保险方案。如果发包面对一个完全陌生领域的项目，可以采用外包来完成，发包方必须有明确的合同约定来保证承包方对软件的质量，进度以及维护的保证。否则风险转移很难取得成功。

（3）风险减轻

风险减轻是减少不利的风险事件的后果和可能性到一个可以接受的范围。通常在项目的早期采取风险减轻策略可以收到更好的效果。风险减轻策略要设法把不利的风险事件的概率或后果降低到一个可接受的临界值。提前采取行动减少风险发生的概率或者减少其对项目所造成的影响，比在风险发生后亡羊补牢进行的补救要有效得多。例如，采用不太复杂的工艺，实施更多的测试，或者选用比较稳定可靠的买方都可减轻风险。它可能需要制作原型或者样机，以减少从试验室工作台模型放大到实际产品中所包含的风险。如果不可能降低风险的概率，则减轻风险的应对措施应设法减轻风险的影响，其有限于决定影响的严重程度的连接点上。例如，设计时在子系统中设置冗余组件有可能减轻原有组件故障所造成的影响。

（4）风险接受

准备应对风险事件，包括积极的开发应急计划，或者消极地接受风险的后果。对于不可预见的风险，例如不可抗力，或者在风险规避，风险转移或者风险减轻不可行，或者上述活动执行成本超过接受风险的情况下采用。

项目风险是客观存在的，为了实现项目目标，有必要制定一些项目风险应急措施即建立风险储备。所谓储备风险，是指根据项目风险规律事先制定应急措施和制定一个科学高效的项目风险计划，一旦项目实际进展情况与计划不同，就动用后方应急措施。项目风险应急措施主要有费用、进度和技术三种。

预算应急费是一笔事先准备好的资金，用于补偿差错、疏漏及其他不确定性对项目费用估计精确性的影响。

进度后备措施。项目管理班子要设法制订一个较紧凑的进度计划，争取在各有关方要求完成的日期前完成。进度后备措施就是在关键路线上设置一段时差或浮动时间。

技术后备措施。技术后备措施专门用于应付项目的技术风险，它是一段预先准备好了的时间或一笔资金。当预想的情况未出现，并需要采取补救行动时才动用这笔资金或这段时间。在建立了风险储备的基础上项目团队便可采取另一种风险应对策略。

采取风险接受表明，已经决定不打算为处置某项风险而改变项目计划，或者表明他们无法找到任何其他应对良策。针对机会或威胁，均可采取该项策略。该策略可分为主动或被动方式。最常见的主动接受风险的方式就是建立应急储备，应对已知或潜在的未知威胁或机会。被动地接受风险则不要求采取任何行动，将其留给项目团队，待风险发生时伺机处理。

二、项目风险监控

当人们认识事物的存在、发生和发展的原因和规律时，事物基本上是可控的。项目风险也是这样，通过项目风险的识别与度量，人们已识别出项目的绝大多数风险，只要能够在此基础上得到足够的有关项目风险的信息，就可以采取正确的项目风险应对措施，实现对项目风险的有效控制。风险控制就是为了改变项目管理组织所承受的风险程度，采取一定的风险处置措施，以最大限度地降低风险事故发生的概率和减小损失幅度的项目管理活动。

风险监控就是要跟踪风险,识别剩余风险和新出现的风险,修改风险管理计划,保证风险计划的实施,并评估消减风险的效果,从而保证风险管理能达到预期的目标。是项目实施过程中的一项重要工作。

监控风险实际上是监视项目的进展和项目环境,即项目情况的变化,其目的是核对风险管理策略和措施的实际效果是否与预见的相同;寻找机会发送和细化风险规避计划,获取反馈信息,以便将来的决策更符合实际。在风险监控过程中,及时发现那些新出现的以及预先制定的策略或措施不见效或性质随着时间的推延而发生变化的风险,然后及时反馈,并根据对项目的影响程度,重新进行风险规划、识别、估计、评价和应对,同时还应对每一风险事件制定成败标准和依据。

1. 风险监控的依据

风险监控依据包括风险管理计划、实际发生了的风险事件和随时进行的风险识别结果,主要内容包括:

(1) 风险管理计划。

(2) 风险应对计划。

(3) 项目沟通。工作成果和多种项目报告可以表述项目进展和项目风险。一般用于监督和控制项目风险的文档有:事件记录、行动规程、风险预报等。

(4) 附加的风险识别和分析。随着项目的进展,在对项目进行评估和报告时,可能会发现以前未曾识别的潜在风险事件。应对这些风险继续执行风险识别、估计、量化和制订应对计划。

(5) 项目评审。风险评审者检测和记录风险应对计划的有效性,以及风险主体的有效性,以防止、转移和缓和风险的发生。

2. 风险监控的程序

作为项目风险管理的一个有机组成部分,项目风险监控也是一种系统过程活动,其程序如下:

(1) 监控风险设想

(2) 跟踪风险管理计划的实施

(3) 跟踪风险应对计划的实施

(4) 制定风险监控标准

(5) 采用有效的风险监视和控制方法、工具

(6) 报告风险状态

(7) 发出风险预警信号

(8) 提出风险处置新建议

3. 风险监控的方法

风险监控还没有一套公认的、单独的技术可供使用,其基本目的是以某种方式驾驭风险,保证能够可靠、高效地完成项目目标。出于项目风险具有复杂性、变动性、突发性、超前性等特点,风险监控应该围绕项目风险的基本问题,制定科学的风险监控标准,采用系统的管理方法,建立有效的风险预警系统,做好应急计划,实施高效的项目风险监控。

风险监控技术方法可分为两大类,一类用于监控与项目、产品有关的风险,另一类用于监控与过程有关的风险。风险监控技术有很多,前面介绍的一些方法、技术也可用于风险监控、核对表法、净值分析法(净值分析法是将计划的工作与实际已完成的工作比较,确定是否符合计划的费用和进度要求。如果偏差较大,则需要进一步进行项目的风险识别、评估和量化)等。

下面再介绍一些有关风险监控的方法与技术。

(1) 系统的项目监控方法

风险监控,从过程的角度来看,处于项目风险管理流程的末端,但这并不意味着项目风险控制的领域仅此而已,风险控制应该面向项目风险管理全过程。项目预定目标的实现,是整个项目管理流程有机作用的结果,风险监控是其中一个重要环节。

风险监控是一个连续的过程,它的任务是根据整个项目(风险)管理过程规定的衡量标准,全面跟踪并评价风险处理活动的执行情况。有效的风险监控工作可以指出风险处理活动有无不正常之处,哪些风险正在成为实际问题,掌握了这些情况项目管理组就有充裕的时间采取纠正措施。建立一套项目监控指标系统,使之能以明确易懂的形式提供准确、及时而关系密切的项目风险信息,是进行风险监控的关键所在。

(2) 风险预警系统

项目的创新性、一次性、独特性及其复杂性,决定了项目风险的不可避免性;风险发生后的损失难以弥补性和工作的被动性决定了风险管理的重要性。传统的风险管理是一种"回溯性"管理,属于亡羊补牢,对于一些重大项目,往往于事无补。风险监控的意义就在于实现项目风险的有效管理,消除或控制项目风险的发生或避免造成不利后果。因此,建立有效的风险预警系统,对于风险的有效监控具有重要作用和意义。风险预警管理,是指对于项目管理过程中有可能出现的风险,采取超前或预先防范的管理方式,一旦在监控过程中发现有发生风险的征兆,及时采取校正行动并发出预警信号,以最大限度地控制不利后果的发生。因此,项目风险管理的良好开端是建立一个有效的监控或预警系统,及时觉察计划的偏离,以高效地实施项目风险管理过程。

综上所述,风险监控的关键在于培养敏锐的风险意识,建立科学的风险预警系统,从"救火式"风险监控向"消防式"风险监控发展,从注重风险防范向风险事前控制发展。

4. 风险监控的成果

(1) 随机应变措施

随机应变措施就是消除风险事件时所采取的未事先计划到的应对措施。这些措施应有效地进行记录,并融入项目的风险应对计划中。

(2) 纠正行动

纠正行动就是实施已计划了的风险应对措施(包括实施应急计划和附加应对计划)。

(3) 变更请求

实施应急计划经常导致对风险做出反应的项目计划变更请求。

(4) 修改风险应对计划

当预期的风险发生或未发生时,当风险控制的实施消减或未消减风险的影响或概率时,必须重新对风险进行评估,对风险事件的概率和价值以及风险管理计划的其他方面做出修改,以保证重要风险得到恰当控制。

项目十二
项目终结与收尾

任务一 了解项目终结与收尾需要面临的问题与对策	任务二 正确制作项目完工报告	任务三 项目竣工资料整理验收与归档	任务四 项目验收
培养目标	**培养目标**	**培养目标**	**培养目标**

知识目标：
掌握项目终结面临的问题；
熟悉解决项目终结面临的问题的方法；
能力目标：
能够识别项目终结所面临的问题；
能够应对项目终结出现问题；
素质目标：
分析问题、解决问题能力培养。

知识目标：
了解为什么要编制项目完工报告；
掌握项目完工报告的内容；
掌握项目完工报告的格式和审查
能力目标：
能够编制项目完工报告；
能够进行项目完工报告审查；
素质目标：
项目完成后的善后处理、有始有终。

知识目标：
掌握竣工资料整理验收内容、环节、程序；
掌握资料归档要求；
能力目标：
能够进行项目资料整理；
能够把握项目竣工资料验收内容；
能够做好项目资料归档；
素质目标：
全面掌握项目资料，做好项目竣工工作。

知识目标：
掌握项目验收范围、程序、方法、标准和内容
能力目标：
能够配合或完成项目验收；
素质目标：
加强项目验收的理解；
具备项目验收的方法能力。

教学内容	**教学内容**	**教学内容**	**教学内容**

教学内容：
1.项目终结与收尾概述
2.项目终结面临的问题
3.解决问题的对策
训练内容：
项目完成分析、讨论还有那些善后工作

教学内容：
1.项目完工报告的目的
2.项目完工报告的内容
3.项目完工报告的格式和审查
训练内容：
根据项目组织的设计原则与要求进行某项目组织设计

教学内容：
1.项目竣工资料整理验收
2.竣工资料归档
训练内容：
根据具体项目，进行竣工资料分析、整理

教学内容：
1.项目验收范围
2.项目验收的程序
3.项目验收的方法
4.项目验收的标准
5.项目验收的内容
训练内容：
对拟定项目进行试验收

任务五 及时进行项目移交或清算	任务六 正确进行项目费用决策	任务七 做好项目终结审计	任务八 有效进行项目后评价

培养目标

知识目标：
掌握项目移交条件、内容和移交程序；
了解项目终止原因及处理；
掌握项目清算内容；
能力目标：
能够进行项目移交；
能够熟知项目终止；
能够进行项目清算；
素质目标：
作为项目管理人员必须的项目完成能力。

培养目标

知识目标：
掌握项目竣工决策内容、方法；
掌握项目竣工决策报告的编制；
能力目标：
能够审阅竣工决策报告；
能够编制项目竣工决策；
素质目标：
作为项目管理人员必须的项目完成能力。

培养目标

知识目标：
了解项目审计内容、程序和任用；
熟悉项目费用审计方法；
明确项目审计任务；
能力目标：
能够配合项目审计；
能够从项目管理出发做好项目审计准备；
素质目标：
项目完成后送审达标观念。

培养目标

知识目标：
掌握项目后评价目的和意义；
掌握项目后评价内容、程序和方法；
掌握项目后评价成果的运用；
能力目标：
能够掌握项目后评价方法；
能够有效运用项目后评价成果；
素质目标：
及时总结经验和教训，为以后的项目提供借鉴和参考。

教学内容

教学内容：
1. 项目移交
2. 项目终止及项目清算
训练内容：
1. 根据具体项目分析项目完成与项目终止；
2. 讨论项目清算程序、明确项目清算内容；

教学内容

教学内容：
1. 项目竣工决算内容
2. 项目竣工决算报告
训练内容：
项目竣工决算报告审阅

教学内容

教学内容：
1. 项目审计的职能
2. 项目审计的特性
3. 项目审计程序
4. 项目审计的主要作用
5. 项目审计的任务
6. 项目费用审计
训练内容：
熟悉项目审计程序，做好配合工作

教学内容

教学内容：
1. 项目后评价的目的和意义
2. 项目后评价内容、类型和特点
3. 项目后评价的程序和方法
4. 项目后评价的成果与应用
训练内容：
1. 根据拟定案例，进行项目后评价；
2. 分析某项目后评价对现有项目的借鉴意义

●●● ⊱ 引例

"亿安科技股价操纵案"数年前闹得沸沸扬扬,至今让无数人记忆犹新。而亿安广场的开发商就属于亿安控股的公司。"亿安科技"股票是国内第一只股价过百元大关的股票,"亿安科技"股票曾经从 1998 年 8 月的 5.6 元左右,最高上涨到去年 2 月的 126.31 元,涨幅高达21.5 倍,被广大股民誉为中国股票市场的神话,但"亿安科技"很快因为操纵股票价格东窗事发而神话破灭。"亿安科技"前身为深圳市锦兴实业股份有限公司,它于 1992 年 5 月 7 日在深圳证券交易所上市交易。1999 年 3 月,广东民营企业亿安集团通过收购成为第一大股东并更名为"亿安科技"。"亿安科技"股票从 1999 年 10 月 25 日到 2000 年 2 月 17 日,在短短的 70 个交易日中,股价由 26 元左右不停歇地上涨,到 2000 年 2 月 15 日,"亿安科技"股价突破百元大关,成为自沪深股票实施拆细后首只市价超过百元的股票,引起了市场的极大震动。从中国证监会披露的资料来看,"亿安科技"股票的飙升纯属庄家操纵行为,四家公司通过它们控制的股票账户进行几乎没有成本的对敲买卖,来联手操纵"亿安科技"的股票价格,大肆牟利。"亿安科技"股票在证监会调查后暴跌,亿安集团资金链断裂,中小投资者损失惨重,亿安广场项目也随之陷入困境。

2002 年 8 月,受广州市中级人民法院的委托,广州产权交易所组织拍卖因经济纠纷背负巨额债务的亿安广场商业综合楼。这是继广东国际大厦("63 层")拍卖后广州最大的房地产类拍卖标的。亿安广场设计高度为 138.99 米(地下 4 层、地上 36 层),具备商场、写字楼和地下停车场三大功能,项目计划投资 10 亿元,建设用地面积 11 827 平方米,总建筑面积 112 583 平方米,减除第 1 至第 8 层已预售约 5 607 平方米的商铺面积,拍卖标的建筑面积 106 976 平方米。

该标的地下层和 1～8 层群楼的设备安装和装修工程虽已完成,主体结构已经验收,但余下部分仍为简单装修甚至毛坯,整座楼未经确权及验收,是一个俗称"烂尾"的在建工程。

2003 年 10 月 24 日,广州市政府公开拍卖大型烂尾楼亿安广场 12 万平方米的商场和商务写字楼,广州市万菱置业有限公司以 5.48 亿元人民币成功竞得亿安广场整体物业。此后,广州市万菱置业有限公司对该物业的硬件、软件进行收尾、改造、升级,于 2004 年 2 月 28 日完成所有工程,并于 2004 年 4 月 28 日对外征楼徽、征名,2004 年 5 月 31 日经评审确定项目的新名称为:万菱广场。

●●● ⊱ 思考

1. 项目收尾的意义?

2. 项目完工报告包括的内容?

3. 工程项目建设流程,资料收集大体上可分成哪几个阶段?

4. 项目验收的内容主要有哪些?

5. 什么是项目交接?

6. 竣工结算和竣工决算有什么不同之处?

7. 项目审计的概念,程序及主要作用?

8. 项目后评价的概念,目的和意义?

任务一　了解项目终结与收尾需要面临的问题与对策

一、项目终结与收尾概述

项目终结与收尾是一个项目或项目阶段的管理工作过程。这一过程与项目启动一样重要，正所谓有始有终。因为如果没有结束过程对项目结果的验收和接受，就盲目结束项目或开始下一阶段工作，就会导致客户或管理层不满意或给项目的下一阶段的工作留下许多隐患。项目结束是项目目标的实现。

如果，我们将项目的生命周期比做项目的"生老病死"过程，那么项目终结便是项目生命周期的最后一个过程，是项目"寿终正寝"的过程。所谓项目终结，就是项目的实质工作已经停止，项目不再有任何进展的可能性，项目结果正在交付用户使用或者已经停滞。项目资源已经转移到了其他的项目中，项目团队已经涣散或正在解散的过程。

项目实施过程中可能会出现以下情景中的一种或多种，就会导致项目趋于终结。

（1）项目的目标已经成功地实现，项目的结果（产品或服务）已经可以交付给项目投资人或转移给其他第三方；

（2）项目严重地偏离了其进度、成本或性能目标而且即使采取措施也无法实现预定的目标；

（3）项目投资人的战略发生了改变，该项目必须舍弃；

（4）项目无法继续获得足够的资源以保证项目的持续；

（5）项目的外部环境发生剧烈变化，使项目失去了继续下去的意义或根本无法持续下去；

（6）项目因为政策、法律或一些项目组无法控制的因素而被迫无限期地延长；

（7）项目的关键成员成为不受欢迎的人，而又无法找到替代者；

（8）项目目标已无望实现，项目工作开始放慢或已经停止。

项目的最后执行结果只有两个状态：成功与失败。相应地，项目进入结束阶段后，能够采用两种方式来结束项目：一是项目任务已顺利完成、项目目标已成功实现，项目正常进入生命周期的最后一个阶段——"结束阶段"的情况，这种状况下的项目结束为"项目正常结束"，简称项目终结；二是项目任务无法完成、项目目标无法实现而"忍痛割爱"提前终止项目实施的情况，这种状况下的项目结束为"项目非正常结束"，简称项目终止。在项目进入正常结束阶段时，应对项目进行项目竣工验收和后评价，实现项目的移交和清算。当采用非正常终止方式对项目进行收尾时，要综合考虑影响终止项目的决定因素，制定并执行项目终止决策，处理好终止后的事务。

项目的收尾阶段是项目生命周期的最后阶段，它的目的是确认项目实施的结果是否达到预期的要求，以便通过项目的移交或清算，并且再通过项目的后评估进一步分析项目可能带来的实际效益。在这一阶段，项目的利益相关者会存在较大的冲突，因此项目收尾阶段的工作对于项目各个参与方都是十分重要的，对项目的顺利、完整实施更是意义重大。项目终结与收尾阶段的工作包括撰写项目完工报告（世界银行和亚洲开发银行等国际组织必要内容)、项目验收与资料归档、项目交接或清算、项目费用决算、项目审计、项目后评价等。

项目收尾(Project Conclusion),根据 PMI(美国项目管理协会)的概念,项目收尾包括合同收尾和管理收尾两部分。合同收尾就是抓起合同,和客户一项一项的核对,是否完成了合同所有的要求,是否可以把项目结束掉,也就是我们通常所讲的验收。合同收尾要了结合同并结清账目,包括解决所有尚未了结的事项。合同收尾需要对整个采购过程进行系统的审查,找出进行本项目其他产品或本组织内其他项目采购时值得借鉴的成功和失败之处。管理收尾涉及为了使项目干系人对项目产品的验收正式化而进行的项目成果验证和归档,具体包括收集项目记录、确保产品满足商业需求、并将项目信息归档,还包括项目审计。

项目的成功结束标志着项目计划任务的完成和预期成果的实现。没有项目结束阶段的工作,项目成果就不能正式投入使用,不能生产出预期的产品或服务;项目利益相关者也不能终止他们为完成项目所承担的责任和义务,也无法从项目的完成中获益。因此做好项目结束阶段的工作对项目的各参与方来讲都是非常重要的,项目各方的利益在这一阶段相对也存在着较大的冲突。同时项目进入收尾期后,项目成员的注意力常常已开始转移,加上这一阶段的工作往往又是繁琐零碎、费时费力的,容易被轻视和忽略,所以更需要特别强调其重要性。

二、项目终结面临的问题及对策

项目终结是一个重要过程,但它往往不被人们所重视。如何处理好项目终结以及接近终结时刻的事情,对项目结束后的方方面面有很大的影响。尽管项目终结不会对项目的技术成败产生重大的影响,但是却与项目最终的成败密切相关。在一些组织内,项目的收尾工作是由项目经理直接领导进行的,但这样往往会带来尴尬的局面。对项目经理而言,项目的终结意味着其领导地位的丧失,可能项目经理就要回到原来的职能部门重新开始工作或被临时的项目组织解散,这样难免会出现在项目终结执行过程中滥用职权的现象。对于项目团队成员来说,往往在项目真正结束之前寻找新的机会或者工作,这些都将造成项目收尾阶段工作的拖沓。

1. 项目终结面临的问题

项目终结工作和项目刚开始时接受的任务相比,其中有一些相当繁琐、枯燥乏味。无论是项目成员还是项目客户、无论是项目内部还是项目外部都面临着很多的问题。项目管理专家 Spirer(1983)概括了项目竣工时存在着感情和理性两方面的问题。

(1)感情方面中有员工和客户两个因素:

① 员工
- 害怕将来的工作
- 对尚未完成的任务丧失兴趣
- 项目的移交失去激励作用
- 丧失组织归属感
- 转移努力方向

② 客户
- 丧失对项目的兴趣
- 处理项目问题的人员发生变动

- 关键人员找不到

（2）而理性方面中包括内部和外部的因素：

① 内部

- 剩余产出物的鉴定
- 对突出承诺的鉴定
- 对项目变化的控制
- 筛除没有必要的未完成任务
- 完成工作命令和一揽子工作
- 鉴定分配给项目的有形设施
- 鉴定项目人员
- 搜集和整理项目的历史数据
- 处理项目物资

② 外部

- 与客户就剩余产出物取得一致意见
- 获取需要的证明文件
- 与供应商就突出的承诺达成一致
- 就项目的收尾事宜进行交流
- 停开有形设施
- 判断客户或组织对留下审计痕迹的数据的外部要求

2. 解决问题的对策

为了克服可能在项目收尾阶段出现的令人失去兴趣的问题，Spirer 提议应该将"项目的结束"视作一个单独项目来看待。这虽然只是一种心理技巧，但是尽力营造与项目开工时同样的热情也许是必要的。一旦将收尾阶段作为一个项目，则有很多方法都可能激发员工士气。比如为收尾阶段的开始召开的动工大会，明确项目的收尾本身也是一种项目（甚至另取一个项目名称）；为项目成员提供一个新项目组身份，明确其新的工作目标，恰当地结束项目工作；经常召开非正式的组员大会；和组员保持个别的、亲自的接触；计划再分工战略，把最好的人员留到最后；为良好地收尾设计目标，为无故障地保养维护准备文件和备用物等。

任务二　正确制作项目完工报告

良好的项目管理在项目的收尾阶段也应该有记录体系，这就是项目完工报告，也称为项目结束报告。项目完工报告或结束报告由项目管理者编写，其每项内容都要经过项目经理和项目参与人的深思熟虑。项目完工报告或结束报告不是对项目的评价，而是对项目的真实的历史记录，也有人称之为项目整个生命周期内的"编年史"。它概括地介绍了项目实施过程中，做了哪些项目实质工作，项目是如何进行管理的，项目管理的经验和教训。通过编写项目完工报告的工作，对我们今后的项目管理工作是一笔宝贵的经验和财富。项目完工报告是世界银行和亚洲开发银行等国际组织投资（包括贷款和非贷款项目）项目周期中必不可少的一个实施步骤。根据规定，所有这类项目在完工后一定时间内，由银行内项目主管官员和部门向银行董事会和行政当局提交项目完工报告（称为 Implementation Completion Report，ICR）。

1. 项目完工报告的目的

每一完工项目都需要进行总结评价，写出项目实施完工报告。项目完工报告的完成代表着项目周期的一个里程碑，标志着项目从执行转向运营阶段。报告旨在通过描述项目实施过程和评价项目执行、效益情况，总结项目准备和执行中存在的问题、经验及教训，为项目本身今后的持续发展做准备，更为今后准备其他项目提供借鉴。

2. 项目完工报告的内容

（1）项目实现其原定发展目标和产出的程度；

（2）项目其他重要的产出及影响；

（3）项目可持续性的前景；

（4）项目参与人的表现；

（5）项目执行中可吸取的教训；

（6）与项目执行有关的数据资料。

3. 项目完工报告的格式和审查

世行贷款项目完工报告主要有四部分组成，即概述、主报告、统计报表和附件。在项目完工报告编制时，往往要根据项目特定条件，确定报告内容。世行、亚行的项目完工报告全部交由后评价机构审查、记录、备案。银行评价局的审查按照规定的内容格式填写项目信息报表（Project Information Form，PIF），编写给董事会和行长的备忘录，由主管后评价的总督察签名报出。

一般项目的完工报告编写可以借鉴。目前，项目完工报告尚没有权威的特定格式，有的报告按照时间顺序编写，有的分为技术和管理专题，有的以叙事方式编写，有的将所有的项目报告罗列在一起并且附上简短的评论。无论采取什么样的形式，重要的是项目完工报告中包含的内容要清楚其原始资料的出处，并根据项目特定条件，确定报告内容。一般情况下，项目完工报告应包括以下内容：

（1）项目的目标及其实现程度

对照项目前期评估报告，清晰地描述出项目的目标（包括在执行过程中的变化），评价目标的真实性及其重要性。分三个等级（成功、部分成功和不成功）评价项目的目标实现程度，评价内容应涉及宏观产业政策目标、财务目标、机构发展目标、实物目标、扶贫和其他社会目标、环境目标以及公共行业管理和私营行业发展等目标。

（2）项目实施记录和主要影响因素

要对影响项目实施的因素进行分析，要区分这些因素是内部的还是外部的，可以控制的还是不可控制的，控制者是谁。

（3）项目的可持续性

即分析项目是否可能沿着实现项目的主要目标进行下去，是否可以达到预期的运营目标。项目可持续评价可采用可持续、不可持续和尚不明确三个等级来评定。

（4）项目成果评价

通过成功度评价，主要是通过目标实现程度和项目可持续评价来判断项目的成果，一般可分四个等级去评定：十分满意、满意、不满意和十分不满意。

（5）项目管理评价

每个项目组织方式都有其独特的优缺点，在项目结束报告中应该对该项目的组织结构的作用进行评论，探讨其对项目进展的促进作用或者制约作用，提出改进组织的建议，向高级管理层就组员的工作效率做不公开的报告，对项目管理技巧—评审预测方法、计划方法和成本控制方法等进行评价。如果对原组织进行调整将对项目管理有益，应该提出相应的建议和解释。

（6）主要经验教训

报告要讨论项目主要的成功经验和失败教训，以及在项目未来发展中如何吸取这些经验教训，这些经验教训对类似国家或同类在建项目和未来待建项目中有哪些借鉴作用。

任务三　项目竣工资料整理验收与归档

一、项目竣工资料整理验收

工程建设从项目的提出、筹备、勘探、技术设计、施工到竣工投产等过程中形成的文字材料、图纸、计算材料、声像材料等资料，都属于竣工资料收集、整理、归档的范围。项目资料是项目整个生命周期的详细记录，是项目成果的重要展示形式。项目资料既是项目评价和验收的标准，也是项目交接、维护和后评价的重要原始凭证。

项目生命周期各阶段的计划、报告、记录、图表等各种资料在项目终结前要进行项目资料验收。项目资料验收的依据有采购合同中关于资料的条款要求，国家关于项目资料档案的法规、政策性规定和要求，国际惯例等。项目资料验收完成后，应建立项目资料档案，编制项目资料验收报告。项目竣工资料是公司的宝贵财富，是项目建成后进行生产、维修、改造扩建、事故处理和拆除的必查文件资料，也是工程建设进行竣工验收的必查文件。另一方面，档案资料能为项目成果的运营、保养、维护提供全面、系统的技术经济文件、资料和图样。因此，完整准确地整理好竣工资料，对公司的生产、经营、安全有着重要的意义。

1. 项目资料验收

项目资料验收在项目验收工作中起着十分重要的作用。在项目验收过程中，项目验收方只有在对资料验收合格后，才能开始项目竣工验收工作。由此可见，项目资料验收是项目竣工验收的前提。

（1）项目文件验收资料内容

项目的不同阶段，形成文件的内容也不同。项目文件验收资料包括以下内容，验收后要按要求进行移交、归档。

- 项目背景概况
- 项目目标文件

- 项目可行性及项目方案论证报告
- 项目工作结构分解图
- 项目范围、进度、质量、费用、采购规划
- 项目采购合同的招投标书及合格供应商资料
- 项目进度报告、质量记录、会议记录、备忘录、各类通知等
- 项目各种变更控制申请及签证
- 项目竣工报告及竣工图
- 项目验收报告
- 项目评审报告
- 项目交接报告
- 项目后评价资料

（2）项目资料验收程序

项目团队依据项目进行的不同时期，按合同条款有关资料验收的范围及清单，准备完整的项目文件。

文件准备完毕后，由项目经理组织项目团队进行自检和预验收。

合格后将文件装订成册，按文档管理方式妥善保管，并在项目终结阶段送交项目验收方进行验收。

项目验收班子在收到项目团队送交的验收申请报告和所有相关的项目文件后，应组织人员按合同资料清单或档案法规的要求，对项目文件进行验收、清点。

对验收合格的项目文件立卷、归档；对验收不合格或有缺损的文件，要通知项目团队采取措施进行修改或补充。

只有项目文件验收完全合格后，才能进行项目的整体验收。

当所有的项目文件全部验收合格时，项目团队与项目接收方对项目文件验收报告进行确认和签证，形成项目文件验收结果。

二、竣工资料归档

工程项目的建设都应配有专人负责。由于工程项目的建设同时涉及土建、安装、设备、消防等多个方面，需要对工程的每个项目都建立档案，进行项目资料的收集。工程竣工投入生产运营后，项目的相关资料作为竣工资料建档、入库、备查，作为档案永久保存。

1. 竣工资料归档分类及任务划分

根据工程项目建设流程，资料收集大体上可分成三个阶段，一是项目提出筹备阶段的资料（即项目建议阶段），二是设计阶段的资料，三是施工及验收阶段的资料。

竣工资料整理任务，原则上由担负工作任务的单位和部门按归档要求收集、整理，建设单位或档案管理部门统一汇总整理归档。

2. 各个阶段竣工资料归档范围

（1）项目建议阶段

项目建设的申请报告、可行性研究论证报告、项目批文等文件材料。

（2）设计阶段的资料

证书类——资质证书、土地征迁文件、规划文件。

文件材料——地质勘探合同、地质勘探报告、图纸设计任务书、设计合同、初步设计、工程概算、技术设计计算书、设计图纸等。

（3）施工及验收阶段的资料

证书类——施工执照、资质证书、取费证书、竣工验收证书和质量保修书等。

文件材料——开工报告、施工组织设计、施工方案、施工日记、图纸会审记录、设计变更单、工程联系单、签证单、材料代用单、会议纪要、事故处理报告和各说明书等。

测量资料——主要有建筑物定位、标高、沉降观测和设备安装测试资料。

检查资料——主要有分项工程检查表、分部工程评定表和单位工程评定表。

隐蔽工程资料——包括土方验槽记录、隐蔽工程记录和桩基施工记录等。

试验资料——主要有水泥、钢材复检报告，砖瓦灰砂石检验报告，防水材料检验报告，混凝土、砂浆试件检验报告和钢筋焊接检验报告。

材料合格证——主要有三材合格证，地材合格证，成品、半成品合格证，设备及备件合格证等。

竣工图部分——主要包括竣工图、竣工图编制说明和特记事项。

其他资料

3. 竣工图纸、资料的整理、编制要求

（1）竣工资料要做到边施工、边收集、边整理。

（2）资料要签字齐全，字迹清晰，纸质优良，保持整洁。

（3）分类分项明确，封面、目录、清单资料齐全，排列有序，逐页编码。

（4）凡是利用原图编制竣工图的，图面必须达到八成新以上，无油污、无磨损、图字清晰，并在标题栏右上角空白处加盖竣工图章后方可作为竣工图。竣工图编制人、技术负责人应逐张图签字。对结构、形式、工艺发生重大变化的，由施工单位按照实际情况绘制竣工图。设计变化不大的，施工单位可将变更部分修改在原施工图上，加盖竣工图章后作为竣工图。

（5）竣工图等资料整理时，必须按工程项目、专业类别和图号组卷，折叠成要求的幅面，露出标题栏，以方便查阅。

（6）图纸、隐蔽工程记录等重要资料，必须用碳素墨水绘制和书写，禁止复写和使用复印件。文字材料以 14 开纸为准，左边留出 2 厘米宽的装订线，应用棉线装订。

一套完整的竣工资料的收集需要各个相关部门的配合，项目技术人员要认真负责。从建设单位的角度来看，工程项目在验收、交接时，竣工资料的接收、检查是重要环节，真实、完整的竣工资料是工程决算的依据，是公司后期运营的基础。

任务四　项目验收

按照我国政府有关部门规定，所有完工的基本建设和技术改造项目都必须进行竣工验收。竣工验收是国内投资项目在后评价之前最重要的环节，项目竣工验收的内容、方法和资

料是进行项目后评价的重要基础。因此,在我国可以把项目竣工验收视为项目后评价的准备阶段。

项目验收标志着项目的结束(或阶段性结束)和项目成果投入使用、发挥投资效益的开始,如果项目顺利通过验收,项目的各方当事人就可以终止各自的义务和责任,从而获得相应的收益。同时,项目验收对项目质量将进行全面的考查,便于及时发现和解决影响项目成果正常使用的问题,是保证项目合同任务、提高项目成果质量水平的最后关口。

项目验收按项目的生命周期可分为合同期验收、中间验收和竣工验收。

按验收的内容可分为项目质量验收和项目资料验收。

一、项目验收范围

科学、合理地界定验收范围,是保障项目各方的合法权益和明确各方应承担的责任的基础。项目验收范围是指项目验收的对象中所包含的内容和方面,即在项目验收时,对哪些子项目进行验收和对项目的哪些方面,哪些内容进行验收。项目验收范围的确认以项目合同、项目成果文档和项目工作成果等为依据。

从项目层次来看,原则上一切完整的子项目或项目单元都应列入项目验收的范围,只是依项目的业主方不同、项目性质不同,其验收的形式也不同。但所有列入固定资产投资计划的建设项目或单项工程,只要已按批准的设计文件所规定的内容建成,或工业投资项目经负荷试车考核,试生产期间能够正常生产出合格产品,或非工业投资项目符合设计要求,能够正常使用的,不论是属于哪种建设性质,都应及时组织验收,办理固定资产移交。按照我国有关规定,已具备竣工验收条件的项目,在规定的期限内不办理验收投产和移交固定资产手续的,取消企业和主管部门(或地方)的基建试车收入分成,由银行监督全部上缴财政。如在规定期限内办理竣工验收确有困难,经验收主管部门批准,可以适当延长期限。

二、项目验收的程序

项目验收又称项目范围确认或移交,是指项目结束或项目阶段结束后,项目团队将其成果交付使用者之前,项目接收会同项目团队、项目监理等对项目的工作成果进行审查,查核项目计划规定范围内的各项工作或活动是否已经完成,项目成果是否令人满意的项目工作。我国的项目竣工验收实行分级管理,即按投资计划的规定划分为国家、省市和市县三级项目。大中型和限额以上项目由国家计委或经贸委组织,或委托主管部门和地方组织,成立验收委员会或验收小组。验收委员会由投资、银行、物资、环保、统计、消防等部门单位组成,项目业主、勘察设计单位、施工建设单位等参加验收工作。验收委员会负责审查项目实施的各个环节,听取各有关方面的工作报告,审阅资料,实地考察工程及运营情况,全面评价项目的设计、施工、设备的质量、进度和成本,分析财务执行情况,考核投资效果。最后提出项目的竣工验收报告,报送主管部门。实践证明,竣工验收制度是行之有效的管理办法。项目验收依项目的大小、性质、特点的不同其程序也不尽相同,对大型建设项目而言,由于验收环节较多、内容繁杂,因而验收的程序也相对复杂。对一般程序设计、软件开发或咨询等小项目,验收也相对简单些。

项目验收一般应由下面这些过程组成:

（1）完成项目收尾工作

当项目接近尾声时，大量复杂的工作已经完成，但通常还遗留有小部分分散的、零星而棘手的剩余工作需要处理，而这时项目团队已较涣散，团队成员对项目工作的热情已不如项目开始时高涨。这就要求项目负责人把握全局，正确处理好团队成员的工作情绪，保质保量地将收尾工作做好，做到项目的善始善终。尤其要在项目成果交付验收之前组织项目团队进行必要的自检自查工作，找出项目存在的问题和漏洞并尽快解决，以保证项目能顺利通过验收。

（2）准备项目验收材料

项目成果材料是项目验收的前提条件和顺利通过项目验收的必要保证。项目团队在项目的实施过程中，就应不间断地做好各种项目文件的收尾工作，编制必要的图样、说明书、合格验收证、测试材料（包括相关的论文、研究报告等）。当项目准备验收时，再将分阶段、分部分的材料汇总、整理、装订成册，就能形成一整套清新、完整、客观的项目材料。

（3）提出验收申请，报送验收材料

项目自检合格后，项目团队应向项目接收方提交申请验收的请求报告，并同时附送验收的相关材料，以备项目接收方组织人员进行验收。

（4）成立验收班子

项目业主（接收方）应会同项目监理人员、政府相关人员，如有必要还可吸收注册会计师、律师、审计师、行业专家等人员，组成验收工作组或验收委员会。项目验收班子成员应坚持公正、公平、科学、客观、负责的态度对项目进行全面验收。

（5）实施初步验收

初步验收包括对项目材料和现场（实物）的初步验收。在这一程序中项目验收班子要对项目团队送交的验收材料进行审查，如有缺项、不全、不合格的材料立即通知项目团队，令其限期补交，以保证项目验收的顺利进行；对项目成果现场或项目成果进行初步检查，大体上对项目成果有个把握，如果检查发现有不符合项目目标要求的，应通知项目团队尽快整改。

（6）正式验收

项目验收班子在对项目验收材料和项目初审合格的基础上，组织人员对项目进行全面、细致的正式验收，正式验收还可依据项目的特点，实行单项工程验收、整体工程验收，或部分验收、全面验收等。如果验收合格，应签署验收合格文件并立即办理项目移交和固定资产形成、增列手续；如果验收不合格，应通知项目团队进行整改后再作验收。如在验收中发现较严重的问题，双方难以协商解决，可诉诸法律。

三、项目验收的方法

项目验收的方法是根据项目的特点不同，灵活地采用不同的方法，在实际验收中采用观测的方法非常普遍。对于生产性项目，可采用试生产的方法检验生产设备是否能达到设计要求；对于系统开发项目，可采用试运行方式检验项目成果的性能；对 R&D 项目，可通过测试成果的各项物理、化学、生化等性能指标来检验；对服务性项目，一般通过考核其经济效益或社会效益来验收。为了核实项目或项目阶段是否已按规定完成，往往验收需要进行必要的测量、考查和试验等活动。

四、项目验收的标准

项目验收标准是判断项目成果是否达到目标要求的依据,因而应具有科学性和权威性。只有制定科学的标准,才能有效地验收项目结果。作为项目验收的标准,一般选用项目合同书、国标、行业标准和相关的政策法规、国际惯例等。

项目合同书规定了在项目实施过程中各项工作应遵守的标准、项目要达到的目标、项目成果的形式以及对项目成果的要求等,它是项目实施管理、跟踪与控制的首要依据,具有法律效力。因而,在对项目进行验收时,最基本的标准就是项目合同书。

国标、行业标准和相关的政策法规,是比较科学的、被普遍接受的标准。项目验收时,如无特殊的规定,可参照国标、行业标准以及相关的政策法规进行验收。

国际惯例是针对一些常识性的内容而言的,如无特殊说明,可参照国际惯例进行验收。

以下介绍基本建设项目竣工验收的一般标准。进行基本建设项目验收时,由于建设项目所在行业不同,验收标准也不完全相同,一般情况下必须符合以下要求方可认为符合标准。

(1)生产性项目和辅助性公用设施,已按设计要求完成,能满足生产使用。

(2)主要工艺设备配套设施经联动负荷试车合格,形成生产能力,能够生产出设计文件所规定的产品。

(3)必要的生活设施,已按设计要求及规定的质量标准建成。

(4)生产准备工作能适应投产的需要。

(5)环境保护设施、劳动安全卫生设施、消防设施已按设计要求与主体工程同时建成使用。

五、项目验收的内容

项目验收的内容包括项目质量验收和项目资料验收(见前述),这里只谈项目质量验收。

项目质量验收是依据质量计划中的范围划分、指标要求和采购合同中的质量条款,遵循相关的质量评定标准,对项目的质量进行认可评定和办理验收交接手续的过程。质量验收是控制项目最终质量的重要手段,也是项目验收的重要内容。"质量是实体中能够满足明确需求和隐含需要的能力的特性的总和",是指坚固、耐久、经济、适用、美观等这些能够满足社会和人们需要的自然属性和技术性能。质量是一个过程而不是一个产品。由此,质量验收也是质量的全过程验收,贯穿项目生命周期全过程,在项目的规划、项目的实施、项目的竣工等不同时期对项目的质量都要进行验收,以保证最终获得一个合格的项目。

根据项目概念阶段的工作任务要求,该阶段的质量验收主要是检查项目进行可行性研究和机会研究时是否收集到足够多的准确的信息;使用的方法是否合理;项目评估是否科学;评估的内容是否全面;是否考虑了项目的进度、成本与质量三者之间的制约关系;对客户的需求是否有科学、可行、量化的描述;对项目的质量目标与要求是否做出整体性、原则性的规定和决策。

根据项目规划阶段的工作任务的要求,该阶段的质量验收主要是检验项目目标定位是否准确、描述是否清晰;范围规划是否全面;使用的工具和技术是否科学;工作分解是否细致、工作排序是否符合逻辑性和最优化思想、工作延续时间估计是否准确;进度安排是否合理;资源计划涉及的内容是否考虑全面、费用估计的依据是否可信、费用预算是否精确;质量计划的标准和规划是否实际可行、质量保证是否完善。

项目实施阶段占据了项目生命周期的大部分时间,涉及的工作内容最多、时间最长,耗费大量资源,是项目能否取得成功的关键所在。项目实施阶段的质量验收要根据范围规划、工作分解和质量规划对每一道工序进行单个评定和验收,包括采购规划、招标采购的实施、合同管理基础、合同履行和收尾、实施计划、安全计划、项目进展报告、进度控制、费用控制、质量控制、安全控制、范围变更控制、生产要素管理及现场管理与环境保护等。

项目收尾阶段的质量验收,即项目终结阶段的质量验收,是项目质量的最后把关,关系到项目能否顺利交接及能否进入正常使用阶段。这个时期的质量验收如果不严格,将有可能使不合格的成果进入到后期使用中,会造成许多麻烦和不良影响。因而这阶段的质量验收,无论对项目团队还是对项目接收方都是非常重要的。收尾阶段的质量验收要以项目规划阶段制定的"项目竣工质量验收评定的范围、标准与依据"为准。收尾阶段项目验收的结果将产生质量验收评定报告。

项目质量验收的方法根据项目阶段的不同、项目类型的不同而不同,如在项目概念、规划等阶段,质量验收多采用审阅的方法,主要是对项目的文件进行审阅。对于一般项目通常采用文件审阅、实物观测、性能测试或进行特殊试验等方法。对于大型投资建设项目,除采用一般项目的验收方法外,还要进行试生产等验收。

任务五　及时进行项目移交或清算

项目交接是指全部合同收尾以后,在项目监管部门或社会第三方中介组织的协助下,项目业主与全部项目参与方之间进行项目所有权移交的过程。项目清算是项目结束的另一种结果和方式。由于种种原因,项目在得到最终可交付物之前终止了,这时就需要进行项目清算。项目交接是正常的项目结束过程;项目清算是非正常的项目终止过程。项目清算的主体即项目清算的召集人是项目业主。

当项目的成果移交、资料移交和项目款项结清后,项目移交方和接收方将在项目移交报告上签字,形成项目移交报告。

项目清算主要以合同为依据。项目业主依据合同中的有关条款,成立由各参与方联合参加的项目清算工作小组,依合同条件,协商确认责任、估算损失、拟定索赔方案等。协商成功后形成项目清算报告,各个合同相关方联合签收生效;协商不成则按合同的约定提起仲裁或诉讼。

一、项目移交

项目移交又称为项目交接,是指全部合同收尾后,在政府项目监管部门或社会第三方中介组织协助下,项目业主与全部项目参与方之间进行项目所有权移交的过程。项目能否顺利移交取决于项目是否顺利通过了竣工验收。在项目收尾阶段,主要工作由项目竣工、项目竣工验收和项目交接等三项组成。他们三者之间紧密联系,但三者又是不同的概念和过程。

项目竣工是对项目团队而言的,它表示项目团队按合同完成了任务,并对项目的有关质量和资料等内容进行了自检,项目的工期、进度、质量、费用等均已满足合同的要求。只有当项目质量和资料等项目成果完全符合项目验收标准,达到要求,才能通过验收。当项目通过验收后,项目团队将项目成果的所有权交给项目接收方,这个过程就是项目的移交或交接。项目移交完毕,项目接收方有责任对整个项目进行管理,有权力对项目成果进行使用。这时,项目团队与项目业主的项目合同关系基本结束,项目团队的任务转入对项目的保修阶段。由此可见,项目竣工验收是项目移交的前提,项目移交是项目收尾的最后工作内容,是项目管理的完结。项目竣工、项目竣工验收与项目交接三者的关系如图 12-1 所示。

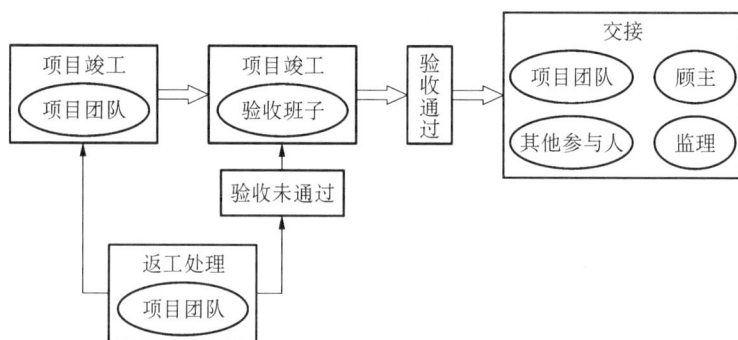

图 12-1　项目竣工、验收与交接三者关系图

1. 项目交接的范围与依据

对于不同行业的、不同类型的项目,国家或相应的行业主管部门出台了各类项目交接的规程或规范。下面就依投资主体的不同,分别就个人投资项目、企、事业投资项目和国家投资项目的交接范围与依据进行讨论,并且这些讨论以投资建设项目为主。

(1) 个人投资项目交接的范围与依据。对于个人投资项目(如外商投资的项目),一旦验收完毕,应由项目团队与项目业主按合同进行移交。移交的范围是合同规定的项目成果、完整的项目文件、项目合格证书、项目产权证书等等。

(2) 企、事业投资项目交接的范围与依据。对于企、事业单位投资项目,如企业利用自有资金进行技术改造项目,企、事业为项目顾主,应由企、事业的法人代表出面代表项目业主进行项目交接。移交的依据是项目合同。移交的范围是合同规定的项目成果、完整的项目文件、项目合格证书、项目产权证书等等。

(3) 国家投资项目交接的范围与依据。对于国家投资项目,投资主体是国家,但却是通过国有资产的代表实施投资行为。一般来说,对中、小型项目,是地方政府的某个部门担任业主的角色,例如,可能是某城市的建委、城建局或其他单位作为业主。对大型项目,通常是委托地方政府的某个部门担任建设单位(顾主)的角色,但建成后的所有权属于国家。对国家投资项目,因为项目建成后,项目的使用者(业主)与项目的所有者(国家)不是一体的,因而,竣工验收和移交要分两个层次进行。

① 项目团队向项目业主进行项目验收和移交。一般是项目已竣工并通过验收班子的竣工验收之后由监理工程师协助项目团队向项目业主进行项目所有权的交接。

② 项目业主向国家进行验收与交接。由国家有关部委组成验收工作小组,在项目竣工

验收试运行一年左右时间后进入项目现场,在全面检查项目的质量、档案、环保、财务、预算、安全及项目实际运行的性能指标、参数等情况之后,进行项目交接手续。交接在项目法人与国家有关部委或国有资产授权代表之间进行。

2.项目交接的程序及结果

工程项目经竣工验收合格后,便可办理工程交接手续,即将项目的所有权移交给建设单位。项目的移交包括项目实体移交和项目文件移交两部分。以工程项目移交为例,移交的内容如下:

（1）工程实体移交

即建筑物或构筑物实体和工程项目内所包括的各种设备实体的交接,工程实体移交的繁简程度随工程项目承发包模式的不同及工程项目本身的具体情况不同而不同。在工业建筑工程项目中,一些设备还带有备品和安装调试用的专用工机具。在实施单位负责设备订货和交接工作时,凡是合同上规定属于用户在生产过程中使用的备品备件及专用工机具,均应由项目团队向项目接收方移交。

（2）工程技术档案文件移交

移交时要编制《工程档案资料移交清单》,如表 12-1 所示,项目团队和业主按清单查阅清楚并认可后,双方在移交清单上签字盖章。移交清单一式两份,双方各自保存一份以备查对。

表 12-1　工程档案资料移交清单表

编号	专业	档案资料内容	人员	备注
1				
2				
……				

项目验收和交接后,按合同条款要求和国家有关规定,应在预约的期限内由项目经理组织原项目人员主动对交付使用的竣工项目进行回访,听取项目业主对项目质量、功能的意见和建议。一方面,对于项目运行中出现的质量问题,在项目质量回访报告中进行登记,及时采取措施加以解决;另一方面,对于项目实施过程中采用的新思想、新工艺、新材料、新技术、新设备等,经运行证明其性能和效果达到预期目标的,要予以总结、确认,为进一步完善、推广积累数据创造条件。对于无法协调解决的项目质量及其他问题,提交国家有关仲裁部门负责仲裁。

回访和维修过程中的所有记录应该作为技术档案进行归档。

二、项目终止及项目清算

在项目结尾阶段,如果项目达到预期的成果,就是正常的项目竣工、验收、移交过程。如果项目没有达到预期的效果,并且由于种种原因已不能达到预期的效果,项目已没有可能或没有必要进行下去了而提前终止,这种情况下的项目收尾就是清算,项目清算是非正常的项目终止过程。

1. 项目终止决策

即使一个项目遇到了停滞不前的局面,项目业主或项目经理也很难下决心提早终止项目。项目提前终止是项目业主和项目团队都不希望出现的事件,但是,依据具体情况及时、果断地终止项目并进行清算无论对业主、还是对项目团队都是必要的。对于项目业主,如果出现项目不能顺利进行的情况,要以"壮士断腕"的勇气,果断地进行项目清算,这是最大限度减少损失的唯一途径。项目团队在无回天之力的情况下,促使项目业主尽快清算,可减轻对项目承担的责任,是更快开展新项目的有利举措。对于国家,当项目无意义时,尽快清算,结束项目,可减少对资源的占用和浪费。因而,对不能成功结束的项目,要根据情况尽快终止项目、进行清算。在进行项目终止的决策时,首先要考虑如下问题:

(1) 项目概念阶段已存在的决策失误,比如可行性研究报告依据的信息不准确,市场预测失误,重要的经济预测有偏差等等诸如此类的原因造成的项目决策失误;

(2) 项目规划、设计中出现重大技术方向性错误,造成项目的计划不可能实现;

(3) 项目的目标已与组织目标不能保持一致;

(4) 环境的变化改变了对项目产品的需求,项目的成果已不适应现实需要;

(5) 项目范围超出了组织的财务能力和技术能力;

(6) 项目实施过程中出现重大质量事故,项目继续运作的经济或社会价值基础已经不复存在;

(7) 由于制约项目运行的相关新政策的出台(如环保政策等),使项目的继续进行成为不可能;

(8) 项目虽然顺利进行了交接,但在项目试运行过程中发现项目的技术性能指标或经济效益指标无法达到项目概念设计的项目,项目的经济或社会价值无法实现;

(9) 项目因为资金无法近期到位并且无法确定可能到位的具体期限,出现"烂尾项目"。

除考虑以上问题外,项目终止辅助决策模型对正确进行项目终止决策也有一定的帮助。项目终止辅助决策模型一般有两种。

第一种是项目成功度决策模型。首先确定项目成功或者失败的一系列指标,然后通过衡量项目达到这些指标的程度作为决策的基础,这实际上是一种评分加权模型,即对一些项目有关指标打分,例如技术成功可能性、商业成功概率、成本费用规模、高层支持程度等等,分别打分并加权平均。

第二种是项目目标实现度决策模型。通过项目满足项目任务和目标的程度来做出决策。最典型的技术经济模型主要是通过对一些主要的技术经济指标进行评价以作出项目是否终止的选择。如评价项目的净现金流量(NPV)等。

2. 项目清算的组织及程序

项目清算的组织与项目竣工不同,项目清算是由项目业主召集项目团队及其相关人员组成清算班子,执行清算。项目清算和企业清算在依据和程序上都有所不同。企业清算主要以公司法和公司章程为依据,项目清算主要以合同为依据,成立由各项参与方联合参加的项目清算工作小组,依合同条件进行责任确认损失估算、索赔方案拟订等事宜的协商,协商成功后形成项目清算报告,各合同供需双方联合签证生效,协商不成则按合同的约定提起仲裁或直接向项目所在地的人民法院提起诉讼。

项目清算主要以合同为依据,其清算程序为:

(1)由业主召集项目团队、工程监理等相关人员组成项目清算小组。

(2)项目清算小组对项目进行的现状及已完成的部分,依据合同逐条进行检查。对项目已经进行的、并且符合合同要求的,免除相关部门和人员责任;对项目中不符合合同目标的、并有可能造成项目失败的工作,依合同条款进行责任确认,同时就损失估算、索赔方案、拟定等事宜进行协商。

(3)找出造成项目流产的所有原因,总结经验。

(4)明确责任,确定损失,协商索赔方案,形成项目清算报告,合同各方在清算报告上签证,使之生效。

(5)协商不成则按合同的约定提起仲裁,或直接向项目所在地的人民法院提起诉讼。

项目清算对于有效地结束不可能成功的项目,保证国家资源得到合理使用,增强社会的法律意识都起到重要作用,因此,项目各方要树立依据项目实际情况,实事求是地对待项目成果的观念,如果清算,就应及时、客观地进行。

在我国的项目建设实践中,由于在项目概念、项目规划和项目实施的合同中没有预设项目清算的方案或条款,当项目"烂尾"或失败时,就缺乏相应的处置依据和原则,许多项目因此而不了了之,给项目业主、合同供应商及金融、环保等政府和社会公众都造成直接或间接的利益损害。因此,加强项目清算方式的研究和经验总结,对提高项目管理水平和项目效益有重大的现实意义。

任务六　正确进行项目费用决算

决算是以实物量和货币为单位,综合反映项目实际投入和投资效益,核定交付使用财产和固定资产价值的文件。项目费用决算活动是确定项目开始到项目结束交付使用为止的全部费用的过程。

项目费用决算的依据主要是合同、合同的变更。决算的内容包括项目生命周期各个阶段支付的全部费用。项目费用决算的结果形成项目决算书,经项目各参与方共同签字后作为项目验收的核心文件。决算报表可以包括项目概况表、财务决算表、交付使用财产总表、交付使用财产明细表等。

一、项目竣工决算内容

竣工结算和竣工决算是两个不同的概念,也是两项不同的工作。竣工结算是承包人在所承包的工程按照合同规定的内容全部完工,并通过竣工验收之后,与发包人进行的最终工程价款的结算。这是建设工程施工合同双方围绕合同最终总的价款的确定所开展的工作。竣工结算是由项目承包商负责完成的一项重要工作。项目竣工决算是以货币为计量单位确定项目从开始筹建到项目结束交付使用为止耗费的全部费用,以综合反映项目实际投入和投资效益,核定交付使用财产和固定资产价值的文件。项目竣工决算是项目的财务总结,是项目竣工验收报告的重要组成部分。

竣工决算是由建设单位负责完成的一项重要工作。项目竣工决算的编制需由项目团队提供原始资料、项目业主编制,内容包括项目生命周期各个阶段支付的全部费用。为编制项目费用决算,项目团队需要提供原始资料,具体包括:

(1) 各原始概(预)算

(2) 设计图样交底或图样会审的会议纪要

(3) 项目执行记录或签证单

(4) 项目变更记录

(5) 停工(复工)报告

(6) 材料、设备等调差价记录

(7) 各种验收资料

(8) 项目执行中发生的其他费用记录

(9) 其他资料

二、项目竣工决算报告

项目竣工决算的结果是形成项目竣工报告,经项目各参与方共同签字后成为项目验收的核心文件。项目竣工报告是由项目业主编制的项目实施总结,主要从工程质量、进度和造价方面总结项目的建设工作,具体包括:

(1) 对项目施工和供货商的预验收

在项目业主的领导下,项目工程承包商和供货商要对工程和设备质量进行检查。对照设计技术指标检查各单位工程的质量,填报各种竣工报表,提供验收资料。对设备及其安装工程要进行单机试运转和联动试车,考核设备的生产负荷能力。对其他辅助工程和民用工程也要认真检查。

(2) 编制竣工决算书

项目竣工决算书由两部分组成,即文字说明和决算报表。

文字说明主要包括工程概况、设计概算、实施计划和执行情况、各项技术经济指标的完成情况、项目的成本和投资效益分析、项目实施过程中的主要经验、存在的问题、解决意见等。决算报表分大中型项目和小型项目两种,大中型项目的决算表包括竣工项目概况表、财务决算表、交付使用财产总表、交付使用财产明细表。小型项目可只填报财务决算总表。

(3) 准备竣工资料

项目竣工验收应准备的主要资料包括:项目决策资料、设计基础资料、设计文件、项目管理合同和文件、施工合同和文件、设备供货合同和技术资料、生产准备资料和文件、财务管理和器材资料、科研和技术开发资料、工程竣工文件及资料等。

(4) 撰写竣工报告

项目竣工验收报告应全面总结工程实施的过程,确定项目的工程质量、工期和投资决算。国家对竣工报告的基本内容有明确的规定,在此不一一展开说明。

任务七　做好项目终结审计

一个项目完成后,必须能获取执行此项目的利益。项目的实施总是有目的的,而且业主也应该确保他们为所有项目工作投入的资金是有所值的。为达到这个目的,一种正式的做法是举行项目终结评审。项目终结评审或实施后评审的进行是为了判断计划的利益是否真正地得以实现和辨别用以保证实现这些利益的行为。这是一种水平相当高的评审,不仅要评审项目工作本身,还要评价项目结果对业主需要的适应程度,其中要以给业主的业务带来的利益为重点。进行项目终结评审的最佳时间是在项目一开始显示计划的利益时,就尽可能进行评审。如果举行得过早,可能很难知道项目是否真的会实现其利益;如果拖得太久,潜在的利益可能会被拖延,而且,若形成了一种认为此项目是在浪费时间的气氛,则这种潜在的利益甚至可能会完全丧失。项目评审可采取各种不同形式,一种是项目经理的项目完工报告,一种是举行简要说明大会,还有一种是更独立的项目分析或审计。这些不同形式的评审的目的基本上都是从有利于将来的项目出发,回答有关项目进行情况的一些问题,如项目的完成达到了质量、时间和成本目标吗,如果没有,为什么,可以从中吸取什么教训,此项目还有什么后续工作,这些问题的答案应形成文件,并交给管理层。在我国,通常实施的项目评审有项目审计和项目费用审计等。

项目审计(project audit)是指审计机构依据国家的法令和财务制度、企业的经营方针、管理标准和规章制度,对项目的活动用科学的方法和程序进行审核检查,判断其是否合法、合理和有效的一种活动。项目审计是对项目管理工作的全面检查,包括项目的文件记录、管理的方法和程序、财产情况、预算和费用支出情况以及项目工作的完成情况。项目审计既可以对拟建、在建或竣工的项目进行审计,也可以对项目的整体进行审计,还可以对项目的部分进行审计。

项目审计的任务包括检查、审核项目活动是否符合相关规章制度的规定,是否符合国家政策、法律、法规和条例,有无违法和营私舞弊现象等;检查、审核项目活动是否合理;检查、审核项目效益;检查、审核各类项目报告、报表等资料是否真实和公允。

项目审计的过程分为审计准备、实施、报告结果和资料归纳四个阶段。审计范围包括项目整个生命周期中的所有活动,其内容涉及项目质量审计、费用审计、合同审计等,时间上涵盖项目前期审计、项目实施期审计、项目结束审计。不同的审计类型有其典型的审计范围和内容,其中费用审计是项目审计的主要内容之一。

一、项目审计的职能

(1) 经济监督——指对项目的全部或部分建设活动进行监察和督促。具体地说,就是把项目的实施情况与其目标、计划和规章制度、各种标准以及法律法令等进行对比,把那些不合法规的经济活动找出来。

(2) 经济评价——指通过审计和检查,评定项目的重大决策是否正确,项目计划是否科学、完备和可行,实施状况是否满足工程进度、工期和质量目标的要求,资源利用是否优化,以及控制系统是否健全、有效,机构运行是否合理等。

（3）经济鉴定——指通过审查项目实施和管理的实际情况，确定相关资料是否符合实际，并在认真鉴定的基础上作出书面的证明。

（4）项目支持——指通过实施审计，提出改进项目组织、提高工作效率、改善管理方法的途径，帮助项目组织者在合乎法规的前提下更合理地利用现有资源，顺利实现建设项目的目标。

二、项目审计的特性

（1）独立性——项目审计独立于项目组织之外，其工作不受项目管理人员的制约，审计人员与项目无任何直接的行政或经济关系。

（2）权威性——项目审计具有高度的权威性，其依据是法规和标准。因而，项目审计不是体现决策者的权力和意志，而是以原则和权威为根据的。

（3）科学性——项目审计是一项科学性的工作，它不仅在审计实施过程中具有科学的程序，而且还运用各种科学的方法。

三、项目审计程序

（1）审计启动工作：明确审计目的、确定审计范围；建立审计小组；了解项目概况，熟悉项目有关资料；制定项目的审计计划。

（2）建立项目审计基准。

（3）实施项目审计：针对确定的审计范围实施审查，从中发现常规性的错误和弊端；协同项目管理人员纠正错误和弊端。

（4）报告审计结果并对项目各方面提出改进建议。

（5）项目审计终结。

四、项目审计的主要作用

（1）可以提高项目效益。项目效益分为两部分，一是项目建成以后的效益，二是项目建设期间的效益。前者的物质表现是多产出，后者的物质表现是少投入。

（2）可以及时发现不合理的经济活动，并能提出相应的改正建议，促使项目管理人员最大限度地实现对人、财、物使用的综合优化，从而尽可能降低项目造价，提高项目收益。

（3）保证投资决策和项目建设期间的重大决策的正确、可行。项目审计可以对项目决策是否遵循了科学的程序、决策依据是否充分、方案是否经过了优选等做出正确评价，从而避免或终止错误的决策。这一点，对防止盲目投资和建设决策中的重大失误非常重要。

（4）可以揭露错误和舞弊，制止违法违纪行为，维护投资者的权益。

（5）可以交流经验，吸取教训，提高项目管理水平。任何时期的项目审计都会发现经验和暴露问题，这些经验和问题会帮助项目经理以及企业高层管理部门改善管理状况，避免或减少出现类似的错误。如此良性循环会大大提高企业的项目管理水平。

（6）可以激发项目管理人员的积极性和创造性。在审计过程中，通过对管理和建设现状的评价与签证，使渎职舞弊的人员受到处理或批评，使成绩优异的部门和管理人员受到承认和荣誉，从而激励项目管理人员恪尽职守，努力工作。

（7）项目审计是高层管理人员调控项目的重要手段。但需要说明的是，在 IT 治理的框架下，企业的运作实际上都交付给项目管理中心在进行监控，项目审计的大部分实际工作是项目管理中心来操作,而不是单纯的审计中心,审计中心是最后的报告者,而项目管理中心是资料的提供者或者是执行者。

五、项目审计的任务

(1) 检查审核项目建设活动是否符合相关法律和规章制度;

(2) 检查审核项目建设活动是否符合国家政策、法律、法规和条例,有无违法乱纪、营私舞弊等现象;

(3) 检查审核项目活动是否合理;

(4) 检查审核建设项目的效益;

(5) 检查和审核各类项目报告、会计记录和财务报表等反映项目建设和管理状况的资料是否真实,有无弄虚作假或文过饰非的现象;

(6) 在检查审核项目建设和管理状况的基础上,提出改进建议,为企业决策者提供决策依据,促使项目组织改善管理工作。

六、项目费用审计

费用审计是对项目管理中判断有关费用使用合法性、合理性和有效性的一种活动。费用审计贯穿于项目的全过程中。在项目终结阶段,需进行竣工决算审计。审计主要从以下方面进行:

(1) 审查项目预算的执行情况。审计人员要审查建设内容与批准的预算和建设计划是否相符,如果决算与预算相比超支过多,则要核查有无擅自改变建设内容的情况,乱摊成本和搞计划外工程的现象,经发现,要及时上报,严肃处理。

(2) 审查项目的全部资金来源和资金运用是否正常。要认真审核竣工财务决算表和竣工决算总表是否正确,其反映的全部资金来源和资金占用情况是否正常,有没有与历年统计数额不相符的问题,有没有建设资金和专用基金等其他资金相互挪用的问题,有没有技术方面的问题。

(3) 审查交付使用财产总表和明细表是否正确。交付使用财产总表反映大、中型建设项目建成后新增固定资产和流动资产的价值,审查时要与各子项目或单项工程的交付使用财产明细表对比进行,看两者有无差异,交付使用财产价值的计算是否准确、可靠,有无虚列、重报等现象,发现问题要及时查明原因,尽快更正,并追究当事人责任。

(4) 审查竣工情况说明书的编制是否真实。竣工情况说明书是对竣工决算报表做进一步分析和补充说明的文件,主要应审查其内容与编制的竣工决算表是否一致,与实际情况是否相符,如发现内容不全、说明不充分、虚报成绩、掩盖问题等现象,审计人员要督促编制者及时做出修改和补充。

(5) 审查竣工决算的编报是否及时。项目竣工验收交付使用后一个月内,要编制好竣工决算,并按规定上报。审计人员要检查有无拖延编报期或未将编制好的竣工决算及时送交相关部门等现象的发生,检查经审查批复的竣工决算是否及时办理了调整和结束工作。项目终结阶段审计的做法是对照项目预算审核实际成本的发生情况,看是超支还是节约。如果超支,要查明是因为成本控制不利,还是因为擅自扩大项目范围或乱摊成本所致;如果节约,则要查明是否缩小了项目范围或降低了标准。

任务八　有效进行项目后评价

项目后评价(Post Project Evaluation)是指在项目已经完成并运行一段时间后,对项目的目的、执行过程、效益、作用和影响进行系统的、客观的分析和总结的一种技术经济活动。项目后评价于 19 世纪 30 年代产生在美国,直到 20 世纪 70 年代,才广泛地被许多国家和世界银行、亚洲银行等双边或多边援助组织用于世界范围的资助活动结果评价中。

一、项目后评价的目的和意义

1. 项目后评价的目的

我国投资项目后评价的目的是全面总结投资项目的决策、实施和运营情况,分析项目的技术、经济、社会和环境效益和影响,为投资决策和项目管理提供经验教训,改进并完善建成项目,提高其可持续性。

2. 项目后评价的意义

(1) 确定项目预期目标是否达到,主要效益指标是否实现;查找项目成败的原因,总结经验教训,及时有效地反馈信息,提高未来新项目的管理水平;

(2) 为项目投入运营中出现的问题提出改进意见和建议,以达到提高投资效益的目的;

(3) 后评价具有透明性和公开性,能客观、公正地评价项目活动成绩和失误的主客观原因,比较公正地、客观地确定项目决策者、管理者和建设者的工作业绩和存在的问题,从而进一步提高他们的责任心和工作水平。

二、项目后评价内容

(1) 项目后评价的基本前提:项目后评价是以项目前期所确定的目标和各方面指标与项目实际实施的结果之间的对比为基础的。

(2) 项目后评价的内容变迁

① 20 世纪 60 年代以前,国际通行的项目评估和评价的重点是财务分析,以财务分析的好坏作为评价项目成败的主要指标。

② 20 世纪 60 年代,西方国家能源、交通、通信等基础设施以及社会福利事业将经济评价(国内称国民经济评价)的概念引入了项目效益评价的范围。

③ 20 世纪 70 年代前后,世界经济发展带来的严重污染问题引起人们广泛的重视,项目评价因此而增加了"环境评价"的内容。此后,随着经济的发展,项目的社会作用和影响日益受到投资者的关注。

④ 20 世纪 80 年代,世行等组织十分关心其援助项目对受援地区的贫困、妇女、社会文化和持续发展等方面所产生的影响。因此,社会影响评价成为投资活动评估和评价的重要内容之一。国外援助组织多年实践的经验证明了机构设置和管理机制对项目成败的重要作

用,于是又将其纳入了项目评价的范围。

（3）项目后评价基本内容

根据现代项目后评价理论,项目后评价的基本内容包括以下五方面。

① 项目目标后评价

项目目标后评价的目的是评定项目立项时原定目的和目标的实现程度。项目目标后评价要对照原定目标主要指标,检查项目实际完成指标的情况和变化,分析实际指标发生改变的原因,以判断目标的实现程度。项目目标后评价的另一项任务是要对项目原定决策目标的正确性、合理性和实践性进行分析评价,对项目实施过程中可能会发生的重大变化（如政策性变化或市场变化等）,重新进行分析和评价。

② 项目实施过程后评价

项目的实施过程后评价应对照比较和分析项目、立项评估或可行性研究时所预计的情况和实际执行的过程,找出差别,分析原因。项目实施过程后评价一般要分析项目的立项、准备和评估项目内容和建设规模;项目进度和实施情况;项目配套设施和服务条件;项目干系人范围及其反映;项目的管理和运行机制;项目财务执行情况等几个方面。

③ 项目效益后评价

项目的效益后评价以项目投产后实际取得的效益为基础,重新测算项目的各项经济数据,并与项目前期评估时预测的相关指标进行对比,以评价和分析其偏差及其原因。项目效益后评价的主要内容与项目前评估无大的差别,主要分析指标还是内部收益率、净现值和贷款偿还期等项目盈利能力和清偿能力的指标,只不过项目效益后评价对已发生的财务现金流量和经济流量采用实际值,并按统计学原理加以处理,而且对后评价时点以后的现金流量需要作出新的预测。

④ 项目影响后评价

项目的影响后评价内容包括经济影响、环境影响和社会影响的后评价。

经济影响后评价主要分析评价项目对所在国家、地区和所属行业所产生的经济方面的影响,它区别于项目效益评价中的经济分析,评价的内容主要包括分配、就业、国内资源成本、技术进步等。

环境影响后评价包括项目的污染控制、地区环境质量、自然资源利用和保护、区域生态平衡和环境管理等几个方面。

社会影响后评价是对项目在经济、社会和环境方面产生的有形和无形的效益和结果所进行的一种分析,通过评价持续性、机构发展、参与、妇女、平等和贫困等六个要素,分析项目对国家或地方社会发展目标的贡献和影响,包括项目本身和对项目周围地区社会的影响。

⑤ 项目持续性后评价

项目的持续性是指在项目的建设资金投入完成以后,项目的既定目标是否还能继续,项目是否还可以持续地发展下去,接受投资的项目业主是否愿意并可能依靠自己的力量继续去实现既定目标,项目是否具有可重复性,即是否可在未来以同样的方式建设同类项目。持续性后评价一般可作为项目影响后评价的一部分,但是亚洲开发银行等组织把项目的可持续性视为其援助项目成败的关键之一。因此,要求对援助项目在评估和评价中进行单独的持续性分析和评价。

三、项目后评价类型

（1）项目后评价的内容范围包括经济、环境、社会和机构发展等几个方面，一般情况下国外项目后评价是按项目的效益评价方法和项目资金来源来分类的，通常可分为以下几类：

① 生产类。有直接的物质产品产出，通过投入产生并增加产出，其产出可提供更多的税收和财务收入，为社会提供直接的积累。如工业、农业等。

② 服务类。为生产类行业提供生产所必需的服务和条件，一般没有直接的产品产出。这类项目主要依靠社会生产者积累来投入，项目后评价的要点是项目的经济分析和社会影响的效果分析。

③ 社会基础设施和人力资源开发类项目。如公共教育、公共卫生、公共社会服务和福利事业、环境保护、人员培训和技能开发等。这类项目由社会的公共积累来开支，其后评价的重点是项目的社会效益。

（2）按项目投资渠道和管理体制分，我国的项目后评价可分为以下几类：

① 国家重点建设项目后评价——由国家计委制定评价规定，编制评价计划，委托独立的咨询机构来完成。目前国家计委主要委托中国国际工程咨询公司实施国家重点建设项目的项目后评价。

② 国际金融组织贷款项目后评价——世行和亚行在华的贷款项目，分别按其国际金融组织的规定开展项目后评价。

③ 国家银行贷款项目后评价——国家政府性投资项目 1987 年起由建设银行、1994 年起转由国家开发银行实施后评价工作。

④ 国家审计项目后评价——80 年代末审计署开始对国家投资和利用外资的大中型项目的完工、实施和竣工开展财务审计，目前正在积极开拓绩效审计等与项目后评价相关的业务。

⑤ 行业部门和地方项目后评价——由行业部门和地方政府安排投资的建设项目一般由行业部门和地方政府安排项目后评价。行业部门和地方政府也参与了在本地区或本部门的国家一级和世行、亚行项目的项目后评价工作。

国家计委和国家开发银行选择后评价项目的原则是：

a. 国家特大型项目，尤其是跨地区、跨行业的项目；

b. 与国家产业政策密切相关的项目，特别是带有引导发展方向的项目；

c. 有特点的项目，如采用新技术、新融资渠道、新政策的项目；

d. 国家急需了解情况的项目等。

（3）根据评价时间不同，分为跟踪评价、实施效果评价和影响评价。

① 项目跟踪评价是指项目开工以后到项目竣工验收之前任何一个时点所进行的评价，它又称为项目中间评价；

② 项目实施效果评价是指项目竣工一段时间之后所进行的评价，就是通常所称的项目后评价；

③ 项目影响评价是指项目后评价报告完成一定时间之后所进行的评价，又称为项目效益评价。

（4）从决策的需求来看，后评价也可分为宏观决策型后评价和微观决策型后评价。

① 宏观决策型后评价指涉及国家、地区、行业发展战略的评价；

② 微观决策型后评价指仅为某个项目组织、管理机构积累经验而进行的评价。

四、项目后评价特点

项目后评价和项目可行性研究(又称前评价)是既相联系又相区别的两种项目管理活动。他们的相同之处在于二者都是对项目生命周期全过程所进行的技术经济论证,评估的原则和方法没有太大的区别,都采用定量与定性相结合的方法。但是,由于两者的评价时点不同,目的也不完全相同,因此也存在一些区别:可行性论证在项目开始之前运用预测技术来分析评价项目未来的效益,其目的是确定项目投资是否值得并可行;而项目后评价在项目运营之后,总结项目的准备、实施、完工和运营,并通过预测对项目的未来进行新的分析评价,其目的是为了总结经验教训,改进项目决策和提高项目管理水平服务,即同时进行项目的回顾总结和前景预测。

由项目后评价的定义及项目后评价所涉及的内容可以看到,项目后评价与前期评价、中期评价相比具有如下特点:

(1)现实性

项目后评价是以项目建设和运营的实际情况为基础,对项目建设、运营中存在的现实情况、产生的实际数据进行评价,所以具有现实性的特点。这一点和项目前期评价不同,前期评价中的项目可行性研究是预测性的评价,它所使用的数据为预测数据。

(2)公正性

公正性表示在实施项目后评价时,应持有实事求是的态度,在发现问题、分析原因和做出结论中始终保持客观、负责的态度。公正性标志着后评价及评价者的信誉,应贯穿于整个后评价的全过程,即从后评价项目的选定、计划的编制、任务的委托、评价者的组成、具体评价过程直到形成报告。项目后评价必须保证公正性,这也是一条很重要的原则。

(3)全面性

项目后评价是对项目实践的全面评价,它不仅对项目立项决策、项目实施、项目运营等全过程进行系统评价,还对项目经济效益、社会影响、环境影响及项目综合管理等全方位进行系统评价。这种评价不仅涉及项目生命周期的各阶段,而且还涉及项目的方方面面,因此是比较系统、比较全面的技术经济活动。

(4)反馈性

项目后评价的结果需要反馈到决策部门,作为新项目立项和评估的基础以及调整投资计划和政策的依据,这是后评价的最终目标。因此,后评价结论的扩散和反馈机制、手段和方法便成为后评价成败的关键环节之一。国外一些国家建立了"项目管理信息系统",通过项目周期各个阶段的信息交流和反馈,系统地为后评价提供资料和向决策机构提供后评价的反馈信息。

五、项目后评价的程序和方法

1.项目后评价的程序

项目后评价主要是为决策服务的,决策需求有时是宏观的,涉及国家、地区、行业发展的战略;有时是微观的,仅为某个项目组织、管理机构积累经验,因此,应从宏观决策型后评价和微观决策型后评价两个方面分析项目后评价程序。

（1）面向宏观决策的后评价程序

① 制订后评价计划

国家的后评价和银行、金融组织的后评价相比，更注重投资活动的整体效果、作用和影响，应从较长远的角度和更高的层次上来考虑后评价计划的制定工作。后评价计划制定得越早越好，应把它作为项目生命周期的一个必不可少的阶段，以法律或规章的形式确定下来。项目后评价计划内容包括项目的选定、后评价人员的配备、组织机构、时间进度、内容、范围、评价方法、预算安排等。

② 后评价项目的选定

为在更高层次上总结出带有方向性的经验教训，不少国家和国际组织采用了"打捆"的方式，即将一个行业或一个地区的几个相关的项目一起列入后评价计划，同时进行评价。一般来讲，选择后评价项目有以下几条标准：项目实施出现重大问题的；非常规的；发生重大变化的；急迫需要了解项目作用和影响的；可为即将实施的国家预算、宏观战略和规划原则提供信息的；为投资规划确定未来发展方向有代表性的；对开展行业部门或地区后评价研究有重要意义的项目。

③ 后评价范围的确定

项目后评价范围和深度根据需要应有所侧重和选择。通常是在委托合同中确定评价任务的目的、内容、深度、时间和费用，一般包括项目后评价的目的和范围（包括对合同执行者明确的调查范围）；提出评价过程中所采用的方法；提出所评项目的主要对比指标；确定完成评价的经费和进度等内容。

④ 项目评价咨询专家的选择

项目后评价通常分自我评价阶段和独立评价阶段。在独立评价阶段，需委托一个独立的评价咨询机构或由银行内部相对独立的后评价专门机构来实施，由此机构任命后评价负责人，该负责人聘请和组织项目评价专家组去实施后评价。评价专家可以是评价咨询机构内部的人员，他们较熟悉评价方法和程序，费用较低；也可以是熟悉评价项目专业的行家，他们客观公正，同时弥补了评价机构内部的人手不足。

⑤ 项目后评价的执行

项目后评价的执行包括以下几方面工作：

a. 资料信息的收集。包括项目资料（如项目自我评价、完工、竣工验收、决算审计、概算调整、开工、初步设计、评估和可行性研究等报告及批复文件等）；项目所在地区的资料（如国家和地区的统计资料、物价信息等）；评价方法的有关规定和准则（如联合国开发署、亚洲开发银行、国家计委、国家开发银行等机构已颁布的手册和规范等）。

b. 后评价现场调查。现场调查可了解项目的基本情况、对其目标实现程度产生的直接和间接影响等。现场调查应事先做好充分准备，明确调查任务，制定调查提纲。

c. 分析和结论。在收集资料和现场调查后应进行全面认真的分析，就可得出一些结论性答案，如项目成功度、投入产出比、成败原因、经验教训、项目可持续性等等。

⑥ 项目后评价的报告

项目后评价报告是评价结果的汇总，应真实反映情况，客观分析问题，认真总结经验。后评价报告应包括：摘要、项目概况、评价内容、主要变化和问题、原因分析、经验教训、结论和建议、评价方法说明等。这些内容既可以形成一份报告,又可以单独成文上报。报告的发现和结论要与问题和分析相对应,经验教训和建议要把评价的结果与将来规划和政策的制定修改联系起来。后评价报告要有相对固定的内容格式,便于分解,便于计算机录入。

⑦ 后评价的反馈

反馈机制是后评价体系中的一个决定性环节。它是一个表达和扩散评价成果信息的动态过程,同时该机制还应保证这些成果在新建或已有项目以及其他开发活动中得到采纳和应用。反馈过程有两个要素,一是评价信息的报告和扩散,其中包含了评价者的工作责任。后评价的成果和问题应该反馈到决策、规划、立项管理、评估、监督和项目实施等机构和部门。二是应用后评价成果及经验教训,以改进和调整政策的分析和制定,这是反馈最主要的管理功能。在反馈程序里,必须在评价者及其评价成果与应用者之间建立明确的机制,以保持紧密的联系。

(2)面向微观决策的后评价程序

此类后评价往往注重某个项目和项目团队,涉及的环境较少,评价的程序比较简化,内容简单,形式多样。一般而言,可以包含如下几个步骤:

① 自我评价

自我评价由项目组织内部进行,通常以项目总结会的形式开展,通过对项目的整体总结、归纳、统计、分析,找出项目实施过程、结果等方面与计划的偏差,并给予分析。自我评价的结果是形成项目总结报告。自我评价注重于项目和项目成果本身,侧重找出项目在实施过程中的变化,以及变化对项目各方面的影响分析变化原因,以总结项目团队在工作中的经验教训。

② 成立项目后评价小组

这种专门的评价小组一般由项目组之外的人员组成,他们可以来自项目所属的业务部门、上级管理部门、独立的评价咨询机构或是外聘专家。评价小组要站在管理的角度来进一步地评价项目的管理业绩和产生的效益。

③ 信息的收集

项目后评价小组依据项目总结报告审查项目管理部、财务部、业务部等部门记载和递交的项目记录和报告,查阅有关项目各时段的文档资料,访问项目干系人,尤其是向客户或用户了解项目产品的质量、问题和影响,对这些信息进行综合分析。

④ 实施评价

为微观决策服务的后评价内容可能会比较具体,如涉及项目的各方面管理行为的评价、项目进度管理评价、项目成本管理评价、项目人力资源管理评价、客户管理评价、项目的质量管理评价、项目责任人业绩评价、项目的效益和前景评价等等。每一方面的评价可以细分为一些问题和条件,定制成几种便于操作的评分表,以便进行量化评价。

⑤ 形成评价报告

后评价小组根据评分标准及其评价模型对项目进行整体评价,给出结论,形成报告。该报告通过规定的渠道汇报给各个方面,以起到应有的评价现实项目、支持后续项目的评价目的。

2. 项目后评价的方法

我国项目后评价的方法主要参考项目评估的评价方法和国际上通用的后评价方法,国家计委和国家开发银行已经颁布了有关规定,并在不断完善项目后评价的方法。与项目前评价方法基本相同,国际通用的后评价方法有统计预测法、对比分析法、逻辑框架法(LFA)、定量和定性相结合的效益分析法等。

(1)统计预测法

项目后评价包括了对项目已经发生事实的总结和对项目未来发展的预测,这种总结和预测是以统计学原理和预测学原理为基础的。

统计是一种从数量方面认识事物的科学方法,包括统计资料的搜集、整理、分析三个阶段。统计资料的搜集(又称统计调查)是根据研究目的和要求,采用科学的调查方法,有策划、有组织地搜集被研究对象的原始资料的工作过程,它是统计工作的基础。统计资料整理是根据研究的任务,对统计调查阶段获得的大量原始资料进行加工汇总,使其系统化、条理化、科学化,以得出反映事物总体综合特征资料的工作过程。统计分析是根据研究的目的和要求,采用各种分析方法,对研究对象进行解剖、对比、分析和综合研究,以揭示事物的内在联系、发展变化的规律和矛盾,找出原因,提出解决问题的办法的过程。项目后评价大量的基础资料是以统计数据为依据的,后评价的调查、数据处理和分析方法也与统计工作十分类似。因此,统计原理和方法完全可以应用在后评价实践中。

预测是对尚未发生或目前还不明确的事物进行预先的估计和推测,是在现在对事物将要发生的结果进行探讨和研究。预测时,一般借助惯性原则、类推原则、相关原则、概率推断原则,从现在和已经发生的情况出发,利用一定的方法和技术去探索和模拟不可知的、未出现的或复杂的中间过程,以推断出未来的结果。

预测技术已广泛应用于项目的可行性研究评估及项目后评价的实践中,特别在项目效益评价方面普遍采用了预测学常用的模式,如趋势外推法、参照对比法、专家调查预测法等。

项目后评价中有两种主要的预测:一是有无对比预测,另一种是项目今后效益的预测。前者是对无项目条件下可能产生的效果进行假定的估测,后者以后评价时点为基准,参考时点前的发展趋势对项目今后的效益进行测算。

(2)对比分析法

项目的对比分析法包括前后对比法和有无对比法。项目后评价的"前后对比法"是将项目前期的可行性研究和评估的预测结论与项目的实际运行结果相比较,以发现变化和分析原因,用于揭示项目计划、决策和实施中存在的问题。"有无对比法"是指将项目实际发生的情况与若无项目可能发生的情况进行对比,以度量项目的真实效益、影响和作用。该方法是通过项目实施所付出的资源代价与项目实施后产生的效果进行对比,以评价项目好坏的项目后评价的一个重要方法。

项目后评价对比法的关键是要求投入的代价与产出的效果口径一致,即所度量的效果要真正归因于项目。但很多大型项目,特别是大型社会经济项目,实施后的效果不仅仅是项目单一的效果和作用,还有项目以外多种因素的影响。因此,项目后评价要剔除那些非项目因素,对归因于项目的效果加以正确的定义和度量。由于无项目时可能发生的情况往往无法确定地描述,故项目后评价中只能用一些方法近似地度量项目的作用。理想的做法是在项目受益范围之外找一个类似的"对照区",进行比较和评价。如某农业项目后评价对小麦产量进行"有无对比"分析,该项目在实施期间正值国家农业改革的时期,国家多次调整农产品价格,实行字库联产承包责任制,极大地推动了农村经济的发展,农产品产量大幅度提高。

因此,即使在没有安排项目的条件下,项目区的生产也会有很大的发展。在进行"有无对比"分析时,就必须选定一个"非项目对照区"来与项目区进行比较,对照区应选择在项目启动之前气候、水文、地貌、管理和生产技术与项目区基本相同的地区。把该对照区作为项目区在无项目条件下发展的假设情况,用来与项目区进行比较。

（3）逻辑框架法

逻辑框架法是由美国国际开发署在 1970 年开发并使用的一种设计、计划和评价的方法,目前三分之二的国际组织将该方法作为援助项目的计划管理和项目后评价的主要方法。

逻辑框架法是将一个复杂项目的多个具有因果关系的动态因素组合起来,用一张简单的框图分析其内涵和关系,以确定项目范围和任务,分清项目目标和达到目标所需手段的逻辑关系,以评价项目活动及其成果的方法。在国际上,该方法已广泛应用到项目策划设计、风险分析、评估、实施检查、监测评价和可持续性分析的实践中,成为通用的一种方法。在项目后评价中,应用逻辑框架法分析项目原定的预期目标、各种目标的层次、目标实现的程度和项目成败的原因,用以评价项目的效果、作用和影响。

项目后评价通过运用逻辑框架法来确立项目目标层次间的逻辑关系,用以分析项目的效率、效果、影响和持续性。项目的效率评价主要反映项目投入与产出的关系,即反映项目把投入转换为产出的程度,也反映项目管理的水平。项目的效果评价主要反映项目的产出对项目目的和目标的贡献程度。项目的影响分析主要反映项目目的与最终目标间的关系,评价项目对当地社区的影响和非项目因素对当地社区的影响。一般情况下项目的影响分析应在项目的效率、效果评价的基础上进行,有时可推迟几年单独进行。持续性分析主要通过项目产出、效果、影响的关联性,找出影响项目持续发展的主要因素,并区别内在因素和外部条件,提出相应的措施和建议。

（4）利益群体分析法

利益群体是指与项目有直接或间接的利害关系,并对项目的成功与否有直接或间接影响的所有有关各方,如项目的收益人、受害人、与项目有关的政府组织和非政府组织等。利益群体分析法首先要确定项目利益群体一览表,然后评估利益群体对项目成功所起的重要作用并根据项目目标对其重要性做出评价,最后提出在实施过程中对各利益群体应采取的步骤。

（5）综合评价法—项目成功度评价方法

项目后评价的综合评价方法很多,通常采用成功度评价的方法。综合评价要做出项目的逻辑框架图,评定项目的合理性、项目目标实现程度及其外部条件,列出项目主要效益指标,评定项目的投入产出结果,汇总报告的所有内容,采取分析打分的办法(即项目成功度评价法),为项目的实施和成果做出定性结论,划分为成功、部分成功、不成功三个等级。成功度评价是依靠评价专家或专家组的经验,综合后评价各项指标的评价结果,对项目的成功程度做出定性的结论,也就是通常所称的打分的方法。成功度评价是以用逻辑框架法分析的项目目标的实现程度和经济效益分析的评价结论为基础,以项目的目标和效益为核心所进行的全面系统的评价。

① 项目成功度的标准,项目评价的成功度可分为五个等级。

a. 完全成功的——项目的各项目标都已全面实现或超过;相对成本而言,项目取得巨大的效益和影响。

b. 成功的（A）——项目的大部分目标已经实现；相对成本而言，项目达到了预期的效益和影响。

c. 部分成功的（B）——项目实现了原定的部分目标；相对成本而言，项目只取得了一定的效益和影响。

d. 不成功的（C）——项目实现的目标非常有限；相对成本而言，项目几乎没有产生什么正效益和影响。

e. 失败的（D）——项目的目标是不现实的，无法实现；相对成本而言，项目不得不终止。

② 项目成功度的测定步骤和方法

进行项目综合评价时，评价人员首先要根据具体项目的类型和特点，确定综合评价指标及其与项目相关的程度，把它们分为"重要""次重要"和"不重要"三类。对"不重要"的指标就不用测定，只需测定重要和次重要的项目内容，一般的项目实际需测定的指标在 10 项左右。

在测定各项指标时，采用权重制和打分制相结合的方法，先给每项指标确定权重，再根据实际执行情况逐项打分，即按上述评定标准的第 2 至第 5 的四级别分别用 A、B、C、D 表示或打上具体分数，通过指标重要性权重分析和单项成功度结论的综合，可得到整个项目的成功度指标，用 A、B、C、D 表示，填在表的最底一行（总成功度）的成功度栏内。在具体操作时，项目评价组成员每人填好一张表后，对各项指标的取舍和等级进行内部讨论，或经必要的数据处理，形成评价组的成功度表，再把结论写入评价报告。

③ 成功度评价表

项目成功度评价表格是根据后评价任务的目的和性质决定的，包括评价项目及其权重和评价结论。国际上各个组织和机构的表格设计各不相同，在评定具体项目的成功度时，并不一定要测定表中所有的指标。例如英国海外开发署的成功度评价表样表如表 12-2 所示。

表 12-2　成功度评价表

项目实施评价指标	相关重要性	成功度
经济适应性		
扩大生产能力		
管理水平		
对贫困的影响		
人力资源：教育		
人力资源：健康		
人力资源：儿童		
环境影响		
对妇女的影响		
社会影响		
机构制度的影响		
技术成功度		

项目实施评价指标	相关重要性	成功度
进度		
预算成本控制		
项目辅助条件		
成本-效果分析		
财务回报率		
经济回报率		
财务持续性		
机构持续性		
项目总持续性		
总成功度		

六、项目后评价的成果与应用

1. 项目后评价成果

项目后评价的最终成果是形成项目后评价报告。项目后评价报告是评价结果的汇总，是反馈经验教训的重要文件。后评价报告必须反映真实情况，报告的文字要准确、简练，尽可能不用过分生疏的专业词汇；报告内容的结论、建议要和问题分析相对应，并把评价结果与未来规划以及政策的制定、修改相联系。

项目后评价报告的重点是对项目执行情况的判别和分析，项目后评价的主要内容及其评价结果均应在报告中反映，包括项目目标的实现程度、项目实施过程、项目效益、项目影响、项目可持续性的后评价及项目经验教训等。

项目目标的实现程度一般分三个等级（成功、部分成功和不成功）进行评价，评价内容涉及宏观产业政策目标、财务目标、机构发展目标、实物目标、扶贫和其他社会目标、环境目标以及公共行业管理和私营行业发展等目标。项目的可持续性后评价可采用可持续、不可持续和尚不明确三个等级来评定。项目主要经验教训主要讨论项目有何成功的经验和失败的教训，以及在项目未来发展中如何吸取这些经验教训，这些经验教训对类似国家或同类在建项目和未来待建项目中有哪些借鉴作用。

项目后评价报告主要由四部分组成，即概述、主报告、附件和附表。

（1）报告概述

报告概述部分包括封面及其内页、目录、前言、项目基础数据、报告摘要。报告封面要注明编号、密级、项目后评价者名称、日期等。世界银行、亚洲开发银行要求在报告内页中说明汇率、英文缩写、权重指标与其他。

报告摘要一般包括以下几部分内容：

① 项目目标和范围

② 项目投资和融资

③ 项目的实施

④ 项目的运营和财务状况

⑤ 项目的机构和管理

⑥ 项目环境和社会影响

⑦ 项目的财务和经济评价

⑧ 项目的可持续性

⑨ 项目后评价结论

⑩ 反馈信息

⑪ 其他内容

（2）主报告

主报告部分有项目背景、实施评价、效果评价、结论和建议。

项目背景说明项目的目标和目的、项目建设内容、工期、资金来源与安排、项目后评价的有关情况（包括项目后评价的任务来源和要求、项目自我评价报告完成时间，后评价时间安排、执行者、后评价的依据、方法、时点等）。

项目实施评价说明项目的设计、合同、组织管理、投资和融资、项目进度及其他情况，对照可行性研究评估找出重要变化，分析变化对项目效益影响的原因，讨论和评价这些因素及影响。

效果评价对项目运营和管理、项目财务状况、经济效益、环境和社会效果、可持续发展等几方面进行分析、评价项目的实际成果和作用。

结论、建议是项目独立后评价的最后一个部分，它包括项目的综合评价、评价结论、经验教训及建议对策等。

（3）附件

附件包括项目自我评价报告、借款国的评价报告摘要、联合融资者的评价意见，项目后评价专家组意见和其他相关文件和资料、地图等。

（4）附表

附表包括：

① 项目综合评价汇总表即项目成功度综合评价表

② 项目后评价逻辑框架图

③ 银行贷款/信贷相关表

④ 项目进度表

⑤ 项目实施的主要指标表

⑥ 项目运营的主要指标表

⑦ 项目主要效益指标对比表

⑧ 项目财务现金流量表

⑨ 项目经济效益费用流量表

⑩ 协议执行情况表

⑪ 对照银行业务手册的违约情况表

⑫ 其他附表

2. 项目后评价报告应用

（1）企业投资项目后评价成果（经验、教训和政策建议）应成为编制规划和投资决策的参考和依据。《项目后评价报告》应作为企业重大决策失误责任追究的重要依据。

（2）企业在新投资项目策划时，应参考过去同类项目的后评价结论和主要经验教训（相关文字材料应附在立项报告之后，一并报送决策部门）。在新项目立项后，应尽可能参考项目后评价指标体系，建立项目管理信息系统，随项目进程开展监测分析，改善项目日常管理，并为项目后评价积累资料。

参考文献

［1］美国项目管理学会.项目管理知识体系指南:2000 中文修订版［M］.北京:北京现代卓越管理技术交流中心,2000.

［2］罗伯特.K.威索基,拉德·麦加里.有效的项目管理［M］.北京:电子工业出版社,2006.

［3］邱菀华.现代项目管理学［M］.北京:科学出版社,2013.

［4］全国建筑施工企业项目经理培训教材编写委员会.工程招投标与合同管理［M］.北京:中国建筑工业出版社,2016.

［5］全国建筑施工企业项目经理培训教材编写委员会.施工组织设计与进度管理［M］.北京:中国建筑工业出版社,2016.

［6］全国建筑施工企业项目经理培训教材编写委员会.施工项目质量与安全管理［M］.北京:中国建筑工业出版社,2016.

［7］全国建筑施工企业项目经理培训教材编写委员会.施工项目成本管理［M］.北京:中国建筑工业出版社,2016.

［8］吴之明,卢有杰.项目管理引论［M］.北京:清华大学出版社,2000.

［9］朱宏亮.项目进度管理［M］.北京:清华大学出版社,2002.

［10］梁世连,惠恩才,等.工程项目管理学［M］.大连:东北财经大学出版社,2008.

［11］詹姆斯.P.刘易斯.项目经理案头手册［M］.王增东等,译.北京:电子工业出版社,2009.

［12］邱菀华.现代项目管理学.北京:科学出版社［M］,2013.

［13］［美］琼·努比森,等.怎样当好项目经理［M］.黄志强,等,译.上海:上海人民出版社.1995.

［14］沈建明.项目风险管理［M］.北京:机械工业出版社,2010.

［15］特莱沃.L.扬.成功的项目管理［M］.严鸿娟,译.长春:长春出版社,2009.

［16］［美］哈罗德·科兹纳.项目管理——计划、进度和控制的系统方法［M］.杨爱华,等,译.北京:电子工业出版社,2018.

［17］吴之明,卢有杰.项目管理引论［M］.北京:清华大学出版社,2000.

［18］詹姆斯.P.刘易斯.项目经理案头手册(原书 2 版)［M］.王增东,等,译.北京:机械工业出版社,2001.

［19］纪燕平,王亚慧,李小鹏.中外项目管理案例［M］.北京:人民邮电出版社,2002.